普通高等教育"十四五"会计与财务管理专业系列教材

Excel数据处理技术及其在财务管理和审计中的应用

主编 叶文显 王 锋

西安交通大学出版社
XI'AN JIAOTONG UNIVERSITY PRESS

内容提要

本书全面介绍了 Excel 在财务管理和审计中的应用,旨在帮助财务管理人员、审计人员以及相关学习者提升数据处理和分析能力。全书共十一章,从 Excel 的基本操作入手,逐步深入各类函数的高级应用,再到财务管理和审计的综合应用。内容涵盖了 Excel 各类基本操作、多种函数类型的高级运用、记账凭证编制、现金日记账登记、固定资产管理、购销存管理、职工工资管理、月末账户处理、会计报表编制及财务分析等,各个环节均配以大量实例和数据供读者练习。通过学习本书,读者将能熟练掌握 Excel 在财务管理和审计中的应用,显著提升工作效率。

图书在版编目(CIP)数据

Excel 数据处理技术及其在财务管理和审计中的应用 /
叶文显,王锋主编. -- 西安 :西安交通大学出版社,
2025.6. -- ISBN 978 - 7 - 5693 - 4025 - 9

Ⅰ. F275 - 39;F239.0 - 39

中国国家版本馆 CIP 数据核字第 202525S4E4 号

书　　名	Excel 数据处理技术及其在财务管理和审计中的应用
	Excel SHUJU CHULI JISHU JI QI ZAI CAIWU GUANLI HE SHENJI ZHONG DE YINGYONG
主　　编	叶文显　王　锋
责任编辑	史菲菲
责任校对	雒海宁
封面设计	任加盟
出版发行	西安交通大学出版社
	(西安市兴庆南路 1 号　邮政编码 710048)
网　　址	http://www.xjtupress.com
电　　话	(029)82668357　82667874(市场营销中心)
	(029)82668315(总编办)
传　　真	(029)82668280
印　　刷	西安五星印刷有限公司
开　　本	787mm×1092mm　1/16　印张 20　字数 502 千字
版次印次	2025 年 6 月第 1 版　2025 年 6 月第 1 次印刷
书　　号	ISBN 978 - 7 - 5693 - 4025 - 9
定　　价	59.80 元

如发现印装质量问题,请与本社市场营销中心联系。
订购热线:(029)82665248　(029)82667874
投稿热线:(029)82665379
读者信箱:511945393@qq.com

前　言

随着科技的飞速发展,数字化工具已经深入我们生活的方方面面,而在企业管理和学术研究中,Excel以其强大的数据处理和分析能力,无疑成为我们最重要的助手之一。然而,尽管Excel的使用已经相当普及,但真正能够全面、深入掌握其各项功能,并将其灵活应用于财务管理和审计领域的人才却并不多见。有鉴于此,我们编写了这样一本全面介绍Excel在财务管理和审计中应用的书籍,希望能够为广大的财务管理人员、审计人员以及对此有兴趣的学习者提供一本实用的参考书籍。

本书的出版对提升财务管理水平、提高审计工作效率以及推广数字化工具应用具有深远影响。它不仅为推动企业财务管理的现代化、高效化发挥了重要作用,更有助于培养众多的数字化人才。读者通过学习本书,将能够深入理解并熟练运用Excel,显著提高其在财务管理和审计工作中的数据处理和分析能力,进而提升整体工作效率。

本书共分为十一章,内容涵盖了从Excel的基本操作到其在财务管理和审计中的高级应用。具体内容如下:第1章为Excel基本操作,介绍了Excel的基本界面、常用操作方法以及数据输入与编辑的基本方法。第2章为Excel常用函数,详细介绍了逻辑函数、数学函数、统计函数、查找与引用函数、日期与时间函数、文本函数及财务函数等各类函数的用法和应用案例。第3章至第10章以财务管理的实际工作流程为主线,分别介绍了如何利用Excel进行记账凭证编制、现金日记账登记、固定资产管理、购销存管理、职工工资管理、月末账户处理、会计报表编制以及财务分析等操作。每一章都提供了大量的实例和数据供读者参考和练习。第11章为Excel在审计中的应用,重点介绍了如何利用Excel进行审计数据的处理和分析,包括直接复核与勾稽关系复核、验算复核、分析性复核、分类汇总复核、高级筛选复核、条件格式设置复核、数据透视表复核和数据透视图复核等操作。

本书具有以下特点:①全面介绍Excel的基本操作。从基本的界面操作到复杂的数据处理和分析功能,本书都有详细的介绍和实例演示。②函数介绍全面且应用案例经典。本书详细介绍了 Excel 中各类函数的用法和应用案例，涉及的函数种类全面，应用案例经典且实用。③提供全面的练习数据。为了方便读者进行实际操作和练习，本书提供了大量的练习数据和实例供读者参考和使用。④强调实际操作和应用。本书不仅介绍了 Excel 的各项功能和基本操作，更强调了如何将这些功能和基本操作应用于财务管理和审计的实际工作中，具有很强的实用性和操作性。

本书的编著工作由陕西国际商贸学院管理学院叶文显副教授和西安交通大学经济与金融学院王锋教授共同完成。其中，叶文显副教授负责第 1 章至第 9 章的编写工作，并对全书进行了构思与校对；王锋教授负责第 10 章、第 11 章的编写工作，并对本书的撰写内容提供了一些具有建设性的意见。本书的顺利出版还得到了陕西国际商贸学院教务处和管理学院相关领导的关心和支持，在此对他们的帮助表示由衷的感谢。在本书编写过程中，我们参考了大量的相关教材和网络资源，在此也表示由衷的感谢。

我们希望这本教材能够为广大读者带来实实在在的帮助和提升。由于时间仓促和作者水平有限，书中难免存在不足之处，恳请广大读者批评指正。

编　者

2025 年 3 月

目　录

第1章 Excel 基本操作

Microsoft Office Excel 是微软办公软件中的电子表格组件,也是办公自动化中非常重要的一款软件。许多企业都运用 Excel 进行数据管理。Excel 不仅具有强大的数据处理能力,可以帮助用户制作复杂的电子表格文档和处理复杂的数据计算,还可以制作各种精美的统计图表,提高数据的可视性。Excel 具备的强大的数据处理能力、便捷的图表生成工具和简单明了的用户界面,外加成功的市场营销,使其成为当前流行的数据处理软件之一。

1.1 认识 Excel 界面

我们以常用的 Excel 2007 为例进行讲解,如图 1.1 所示,从上到下、从左到右来看,Excel 2007 的主要构成要素有:①Office 按钮,包括新建、打开、打印、准备、保存、另存为、发布、关闭等操作;②快捷工具(快速访问工具),如图中的保存、撤销、记录单等,具体的快速访问工具可以通过单击记录单右边的倒三角形进行自定义设置;③标题栏,具体名字可以自己设置;④菜单栏,包括开始、插入、页面布局、公式、数据、审阅、视图、开发工具等菜单;⑤功能区,包括字体、对齐方式、数字、单元格、编辑等功能设置;⑥编辑区,可以编辑要输入的公式;⑦工作表区,是进行数据输入和数据处理的区域,每一个单元格都由唯一的列号和行号所确定;⑧工作表标签,默认是 Sheet1、Sheet2、Sheet3 等,可以根据自己的需要进行重命名。

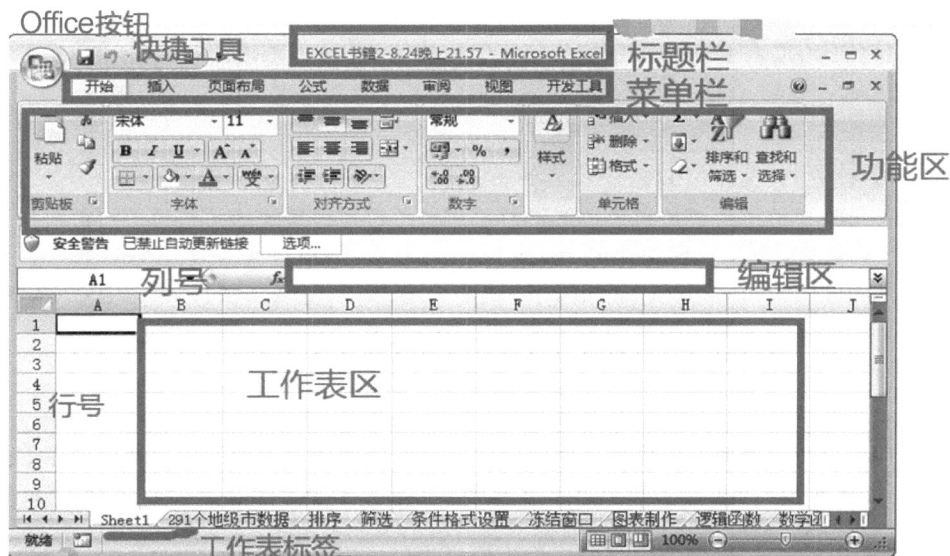

图 1.1 Excel 界面

1.2 Excel 常用基本操作

Excel 具有较多的实用基本操作,这里主要介绍的基本操作包括数据获取与输入、数据填充、数据的有效性、运算符号与单元格引用、数组、数据的转置、数据的查找与替换、数据的排序、数据的筛选、数据的条件格式、重排窗口与冻结窗口等。

1.2.1 数据获取与输入

我们用 Excel 可以直接打开已经存在的数据,也可以直接输入数据,还可以获取网页外部数据,具体操作如下:

(1)可以直接在 Excel 表格里面输入数据,之后保存即可。

(2)如果需要打开已有数据,只需找到已有数据文档,之后双击文档即可;也可以单击Excel 左上角的 Office 按钮,之后选择"打开",找到要打开的文件,再点击"打开"按钮即可,如图 1.2 所示。

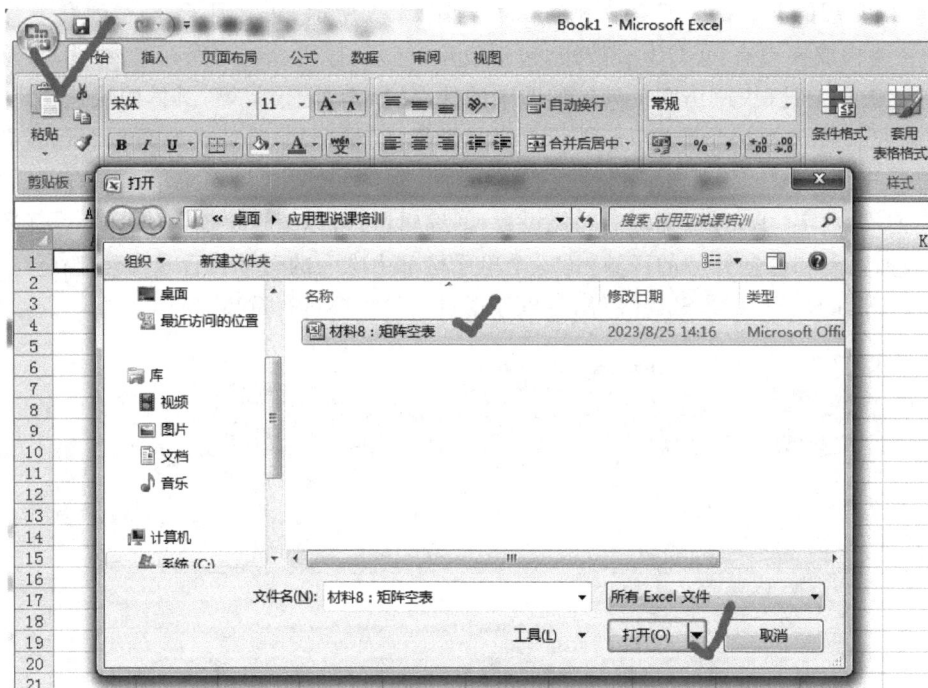

图 1.2 打开文件

(3)可以打开外部数据,如网页数据、Access 数据、文本数据、SQL Server 数据库等。如图1.3 所示,选择"数据"/"获取外部数据"中的"自 Access"(或"自网站""自文本""自其他来源"),找到相应的数据源,点击"打开"即可。

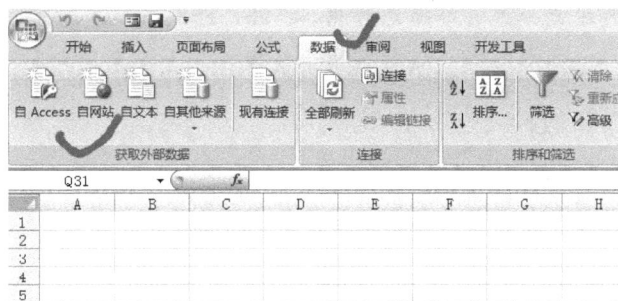

图 1.3　打开外部数据

1.2.2　数据填充

Excel 的数据填充是指通过一种简便的方式,在一列或一行中填充相似或有规律的数据。这个功能可以帮助用户迅速生成大量数据,而不必手动一个一个输入。Excel 提供了多种数据填充的方式,包括填充序列、日期、自定义列表等。

填充方法 1:如图 1.4 所示,选中含有数据(如 K1 中输入了 8)的单元格区域 K1:K8,之后点击菜单“开始”/“编辑”功能区中的填充工具箭头,在填充工具下拉框中选择“向下”,即可得到向下的复制填充结果。

图 1.4　填充数据

填充方法 2:如图 1.5 所示,选中 A1:A2 单元格区域并且将鼠标放在 A2 单元格的右下角,鼠标变成“＋”字后,按住鼠标左键不松手往下拖拉,到达指定单元格,松手后右下角有一个填充选项,可以选择复制单元格、填充序列、仅填充格式或者不带格式填充。

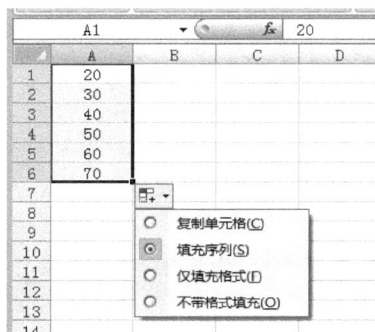

图 1.5　填充序列

注意：有时候需要填充一些有规律的数据，如 ab1、ab2、ab3 等，只需要将 ab1 和 ab2 输入两个连续的单元格区域（如 C1：C2），之后采用上述操作向下填充序列即可。

1.2.3　数据的有效性

在 Excel 中，数据的有效性是指限制数据输入范围、类型和条件，以确保数据的准确性和一致性。设置数据有效性，可以防止用户输入不合理的数据，从而减少错误和数据不一致性。数据有效性的设置类型包括数字、序列、日期、列表、文本长度和自定义公式等。

操作要点：首先，选中需要设置数据有效性的单元格区域；其次，点击菜单"数据"/"数据工具"中的"数据有效性"；最后，进行相关的功能设置即可。

1. 操作案例 1

假如 B 列只能输入性别（男或女），为了防止人为输错，可以设置 B 列的数据格式。首先选中 B 列，选择"数据"菜单下的"数据工具"/"数据有效性"，弹出如图 1.6 所示的下拉框，点击"数据有效性"。

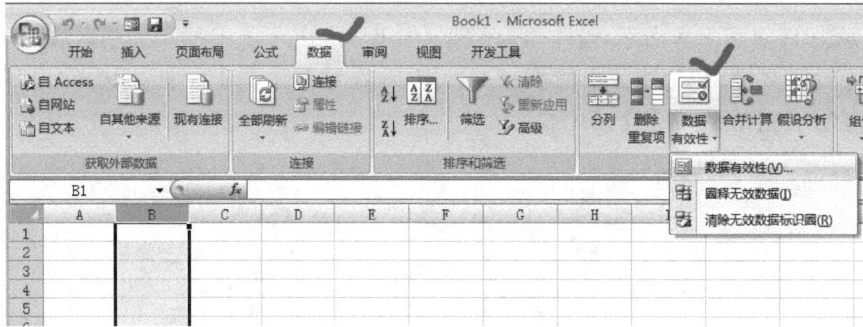

图 1.6　数据有效性窗口

如图 1.7 所示，设置数据有效性条件，如"允许"的对象条件为"序列"（里面还有其他设置类型），"来源"输入"男，女"（也可以点击来源输入框后面的红色箭头，选择要输入的序列资料区域即可），需要注意的是中间逗号为英文逗号。点击数据有效性对话框中的"出错警告"，在"错误信息"处输入：只能输入"男"或"女"，之后点击"确定"即可完成 B 列的数据有效性设置。

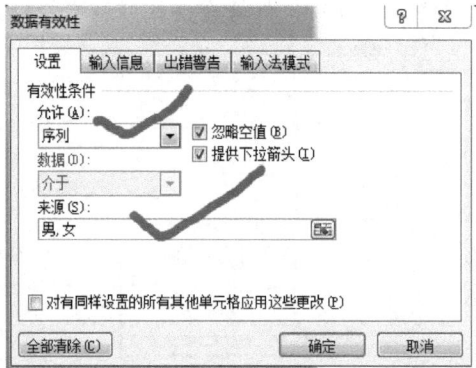

图 1.7　数据有效性设置序列

2. 操作案例 2

假设 C 列只能输入 50～70 的整数,操作过程如下:首先选中 C 列,选择"数据"菜单下的"数据工具"/"数据有效性",弹出如图 1.8 所示的对话框,点击对话框中的"设置"。"允许"的对象条件为"整数","数据"选择"介于",最小值、最大值分别输入 50 和 70。点击数据有效性对话框中的"出错警告",在"错误信息"处输入"只能输入 50～70 的整数",之后点击"确定"即可完成 C 列的数据有效性设置。

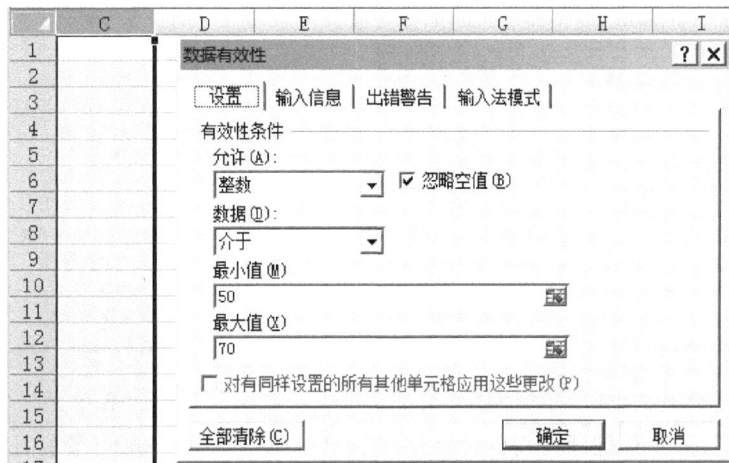

图 1.8　数据有效性设置整数

如图 1.9 所示,数据有效性还可以设置日期、时间等格式。日期的输入格式为"＊/＊/＊",中间用"/"或者"-"连接;时间的输入格式为"＊:＊:＊",中间用":"连接。

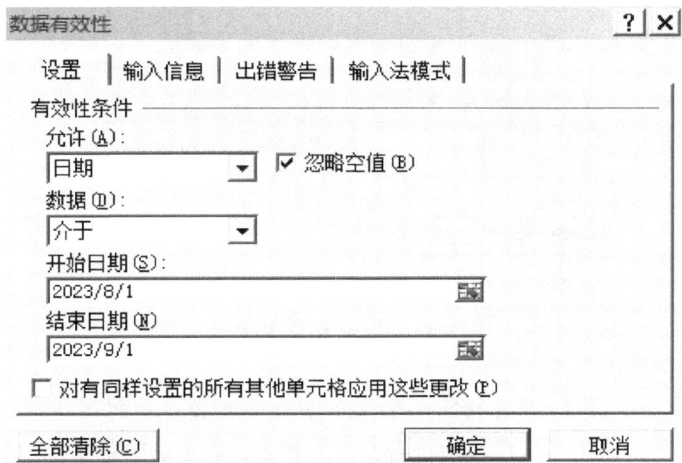

图 1.9　数据有效性设置日期

1.2.4　运算符号与单元格引用

1. 运算符号

Excel 包含四种类型的运算符:算术运算符、比较运算符、文本运算符和引用运算符。算术运算符是所有运算符中最简单、最常用的一类运算符,可以完成基本的数学运算以及数字的合并等操作;而比较运算符一般用于比较两个数值的大小关系,其计算结果为逻辑值 True(真)或 False(假)。常见的算术运算符和比较运算符如表 1.1 所示。

表 1.1 Excel 运算符表

算术运算符	含义	示例	比较运算符	含义	示例
＋	加法	7＋5	＝	等于	7＝7
－	负数或减法	－8 或 47－15	＞	大于	7＞5
*	乘法	12 * 9	＜	小于	8＜15
/	除法	48/6	＞＝	大于等于	25＞＝14
%	白分比	47％	＜＝	小于等于	16＜＝20
ˆ	乘方	8ˆ3	＜＞	不等于	24＜＞18

操作案例 1:如图 1.10 所示,假如要计算 $8 \times 9^3 - 420$,可以在 A2 单元格中直接输入公式 "＝8 * 9ˆ3－420",按回车键即可得到计算结果。另外,可以运用比较运算符比较 5ˆ6 和 6ˆ5 的大小,在 B3 单元格中输入公式"＝5ˆ6＞6ˆ5",按回车键结果显示 True,表明 5ˆ6 的确大于 6ˆ5。

图 1.10 算术运算符

在 Excel 中,可以使用 & 运算符将多个文本字符串连接在一起,以生成一段文本。例如,在单元格中输入"＝A1&" "&B1"表示将合并 A1 和 B1 单元格中的文本,并在它们之间添加一个空格。

操作案例 2:如图 1.11 所示,B3 单元格中文本内容为"North",C3 单元格中文本内容为"wind",可以在 D4 单元格中生产文本"Northwind",只需要在 D4 单元格中输入公式"＝B3&C3",按回车键即可得到"Northwind"。

在 Excel 中,引用运算符是用于引用单元格或单元格范围的符号或函数,以便在公式中使用它们。例如,"D1"表示引用单元格 D1 中的值,如果要引用多个单元格,可以使用冒号":"表示范围,如 B1:D5 表示引用 B1 到 D5 的单元格范围。

图 1.11　文本运算符

Excel 运算符号的优先顺序,如表 1.2 所示。

表 1.2　Excel 运算符号的优先顺序

优先级	符号
1 级	:和,
2 级	一(负号)
3 级	%
4 级	^
5 级	*和/
6 级	＋和一
7 级	&.
8 级	=,>,<,>=,<=

2.单元格引用

　　在 Excel 中,单元格引用通常是相对的,这意味着它们会随着复制和粘贴而自动调整。要创建绝对引用,可以在引用前面添加 $ 符号(按快捷键 F4 即可)。例如,$E$1 是一个绝对引用,无论如何复制它,它始终引用 E1 单元格。下面用例子来说明相对引用和绝对引用的区别。

　　操作案例 3:如图 1.12 所示,A2:A7 单元格区域已经输入了数据,在 B 列单元格中计算相应 A 列数据的平方,这是一个相对引用的例子,可以在 B2 单元格中输入公式"=A2^2",按回车键即可得到 A2 单元格中数据 14 的平方,之后将 B2 单元格的输出结果向下填充公式到 B7,即可得到 A 列相应数据的平方,可以发现,填充公式中 B3 到 B7 中的每一个单元格中的公式自动发生了改变,这就是相对引用的公式填充特点。

　　再来看看绝对引用的例子,假如要在 C 列中计算 A 列相应数据的平方再乘以单元格 A10 中的数据,则是一个混合引用的例子,既会用到相对引用,也会用到绝对引用。在 C2 单元格中输入公式"=A2^2 * $A$10",按回车键即可得到 A2 单元格中数据 14 的平方与单元格

A10 的乘积,之后将 C2 单元格的输出结果向下填充公式到 C7,即可得到 A 列相应数据的平方与 A10 单元格的乘积,可以发现,填充公式中相对引用的单元格名称自动发生了改变,而绝对引用的单元格名称并没有发生改变。

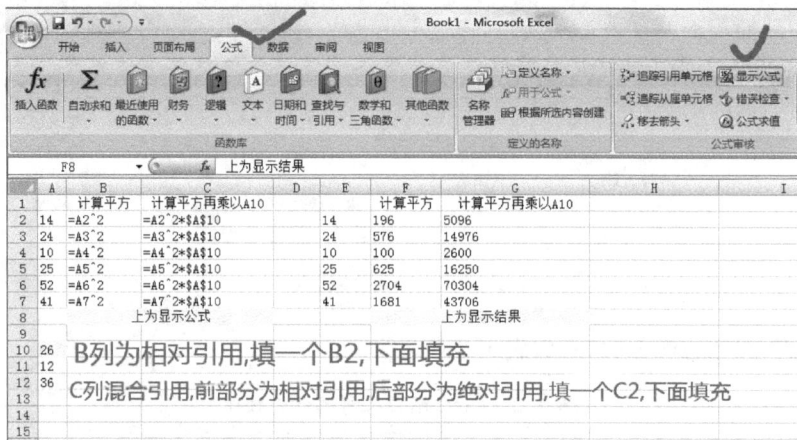

图 1.12　单元格引用

1.2.5　数组

在 Excel 中,数组是一组数据值,这些数据值按照特定的排列顺序存储在单元格范围内。这个范围可以是一列、一行或多行多列的单元格,数组的元素可以是数字、文本、日期等。数组通常用于数据分析、计算、建模等。数组计算一般需要先选中待输出结果的单元格区域,然后输入计算公式,再同时按下组合键 Ctrl+Shift+Enter,编辑栏显示为加了大括号的数组公式,如{A1:A5−B1:B5},这样就可以以数组的形式快速得到计算结果。

操作案例 1:如图 1.13 所示,固定资产净值＝固定资产原值－固定资产减值准备－累计折旧,要分别计算 7 种固定资产的净值,可以使用数组来完成。首先,选中数据区域 E2:E8,接着输入公式"＝B2:B8−C2:C8−D2:D8",再同时按下组合键 Ctrl+Shift+Enter 即可同时得到 7 种固定资产的净值。**注意**:更改公式需要在编辑栏待大括号消失后再修改,之后务必再按组合键。

图 1.13　数组计算

操作案例 2：如图 1.14 所示，已知 7 种商品的单价和数量，要计算每种商品的金额，可以运用数组来解决。首先，选中单元格区域 J2：J8，输入公式"＝H2：H8＊I2：I8"，再同时按下组合键 Ctrl＋Shift＋Enter，即可同时得到 7 种商品的金额。计算 7 种商品的合计金额，当然可以在 J9 单元格中输入公式"＝SUM(J2：J8)"，但如果前面没有计算每种商品的金额，也可以运用数组公式，直接在 J9 单元格中输入公式"＝SUM(H2：H8＊I2：I8)"，按下组合键 Ctrl＋Shift＋Enter 即可得到 7 种商品的合计金额。如果要计算第 2—4 名(以金额排序)商品的金额之和，我们也可以用数组来解决。在 J10 单元格中输入公式"＝SUM(LARGE(J2：J8，{2，3，4}))"，按下组合键 Ctrl＋Shift＋Enter 即可得到第 2—4 名商品的金额之和。

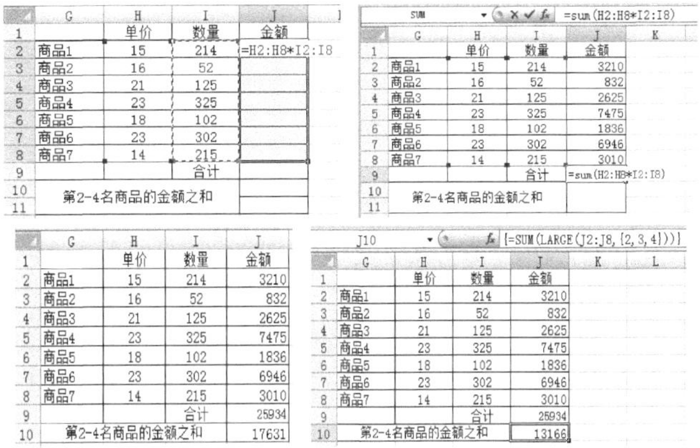

图 1.14　SUM 函数数组计算

1.2.6　数据的转置

在 Excel 中，数据的转置是一种数据处理技术，用于重新组织和调整数据的布局，如将行数据转换为列数据，以满足用户特定分析、报告或其他数据处理需求。我们可以手动操作或运用 TRANSPOSE 函数来执行数据转置。

1. 手动操作案例

(1)打开 Excel 数据表格，如图 1.15 所示，这是一个 6 行 4 列的数据区域，可以通过手动操作转换为 4 行 6 列的数据区域。

	A	B	C	D
1	城市	年末户籍人口/万人	行政区域土地面积/平方公里	地区生产总值(当年价格)/万元
2	石家庄市	982	15848	60826180
3	唐山市	758	14198	69549700
4	秦皇岛市	300	7803	16355631
5	邯郸市	1058	12065	34545705
6	邢台市	797	12433	21507611

图 1.15　原始数据

(2)选中需要转置的数据区域 A1：D6，点击鼠标右键选择复制，也可以按下 Ctrl＋C 进行复制。移动鼠标到结果输出区域的左上角空白单元格处(如图 1.16 中的 A8 单元格)，在 A8

单元格单击鼠标右键,点击"选择性粘贴",在弹出的选项框中勾选"转置"(见图 1.17),点击"确定"即可得到如图 1.18 所示的转置结果区域 A8:F11。

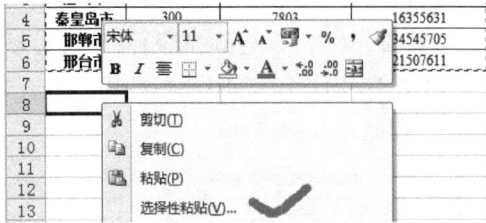

图 1.16　选择性粘贴　　　　　　　　　图 1.17　转置

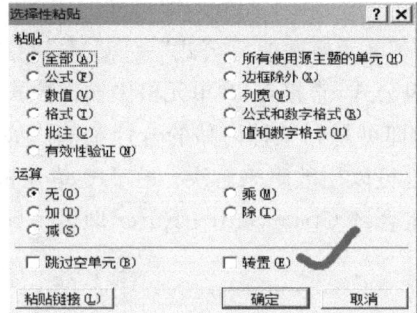

图 1.18　转置结果

2. TRANSPOSE 函数转置案例

TRANSPOSE 函数主要用于将一个矩阵或一列数据的行和列进行互换。其语法结构为"=TRANSPOSE(array)"。array 为要转置的数据范围,是必需参数。假设原数据区域为 a 行 b 列的矩阵 $M_{a\times b}$,经过转置后变成 b 行 a 列的矩阵 $M_{b\times a}$。因为本例原始数据为 6 行 4 列的数据区域,故转置后的数据区域为 4 行 6 列的数据区域。

使用 TRANSPOSE 函数前,先选中一个 4 行 6 列的目标空白区域(如图 1.19 所示),之后输入公式"=TRANSPOSE(A1:D6)",按组合键 Ctrl+Shift+Enter 即可得到转置结果。

图 1.19　TRANSPOSE 函数转置

1.2.7　数据的查找与替换

查找和替换是 Excel 的重要功能之一,如图 1.20 所示,可以在"开始"菜单下的"编辑"中找到"查找和选择"工具,也可以使用快捷键 Ctrl+F 或者 Ctrl+H 调出"查找和替换"对话框。可以单独使用查找功能,也可以先进行查找,之后将查找到的内容替换成其他内容。

注意:如果对替换的目标值有明确的单元格范围限制,可以先选定规定的数据区域,再进行查找和替换操作。

图 1.20　查找和替换

1. 操作案例 1

查找"291 个地级市数据"①中的"随州市",并将其替换为"随州市-你好",操作步骤如下:

(1)打开原始数据"291 个地级市数据"。

(2)在"开始"菜单"编辑"栏或者通过快捷键 Ctrl+F 或者 Ctrl+H 调出"查找和替换"对话框,查找内容处输入"随州市",按回车键即可得到查找结果,如图 1.21 所示,单元格 B172 中输入的是"随州市"。

注意:在查找某数据时,为了精确查找常常需要点击"查找内容"下方的"选项"按钮,在弹出的界面里面选择"单元格匹配",这样查找数据 17 时只会搜索数字 17,而不显示如 172、217 等数据。

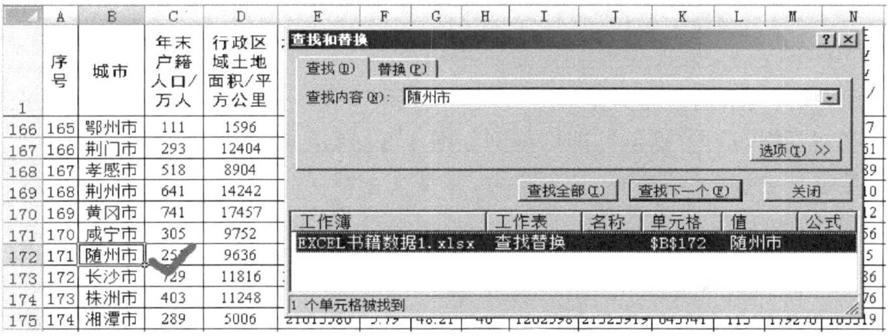

图 1.21　查找内容

(3)在步骤(2)的基础上,点击"查找和替换"对话框中的"替换",在"替换为"中输入"随州市-你好"(见图 1.22),点击"全部替换",会跳出"Excel 已经完成搜索并进行了 1 处替换"对话框,点击"确定",即可得到如图 1.22 所示的替换结果。

---

① 数据来源:国家统计局城市社会经济调查司.中国城市统计年鉴 2020[M].北京:中国统计出版社,2021.

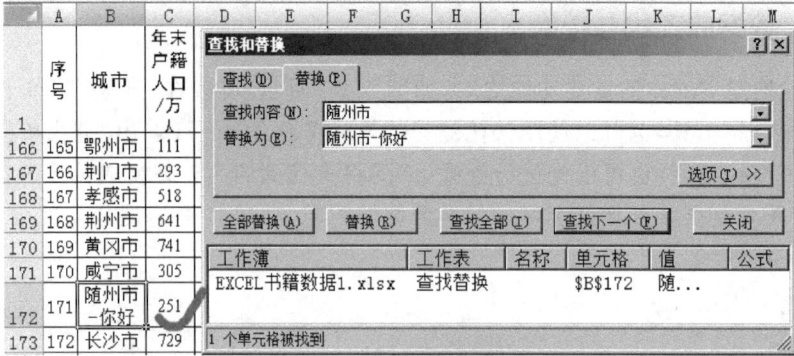

图 1.22　替换内容

　　（4）在步骤（3）的基础上，还可以对替换内容的格式进行调整，如设置"随州市-你好"为加粗字体、浅绿色填充。只需要点击图 1.22"查找和替换"对话框中的"选项"按钮，弹出如图 1.23 所示的窗口，点击"替换为"所在行的"格式"按钮，在"替换格式"中设置字形为"加粗"、设置颜色为浅绿色，如图 1.24 所示。

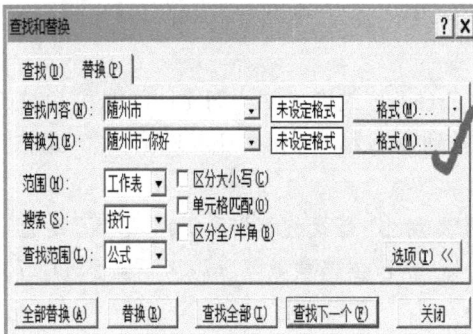

图 1.23　选项设置

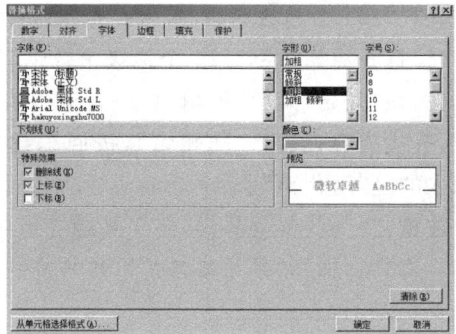

图 1.24　设置格式

　　设置好替换内容和替换格式后，点击"全部替换"，依然弹出"Excel 已经完成搜索并进行了 1 处替换"对话框，点击"确定"，即可得到如图 1.25 所示的替换结果。

　　注意：要取消查找（或替换）的设置格式，只需点击"格式"按钮后面的倒三角形中的"清除查找格式"即可，如图 1.26 所示。

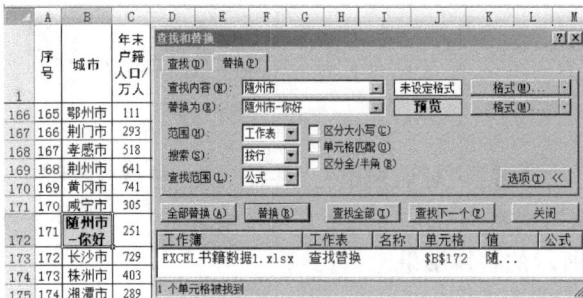

图 1.25　替换结果

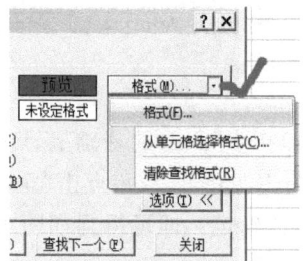

图 1.26　清除查找格式

2. 操作案例 2

在使用查找和替换功能时，要注意灵活使用通配符"＊"和"？"（英文状态的问号），其中"？"代表一个字符，"＊"代表任意多个字符（包括 0 个）。如果要查找"白"字开头的城市，可以在查找内容部分输入"白＊"（见图 1.27），勾选"选项"里的"单元格匹配"，点击"查找全部"可得到"白"字开头的城市，如白山市、白银市和白城市。

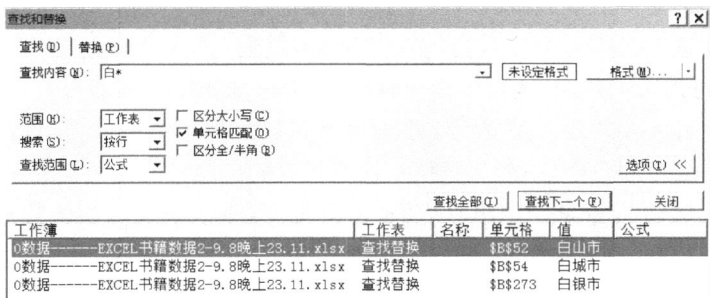

图 1.27　使用通配符 ＊ 查找

当然，也可以查找中间带"海"字的地级城市，只需要在查找内容部分输入"？海＊"（见图 1.28），勾选"选项"里的"单元格匹配"，点击"查找全部"即可得到带"海"字的地级城市，如乌海市、威海市、珠海市和北海市。

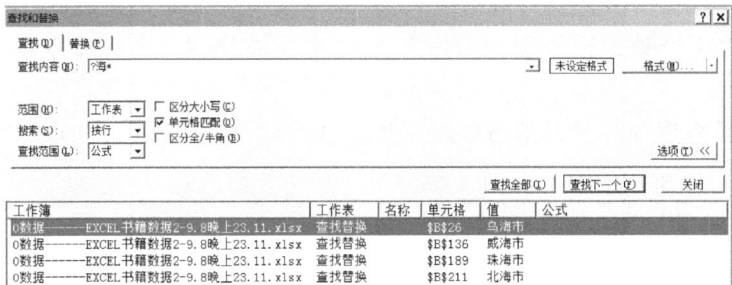

图 1.28　使用通配符 ＊ 和？ 查找

如果在查找内容部分输入"＊海＊"（见图 1.29），勾选"选项"里的"单元格匹配"，点击"查找全部"即可得到带"海"字的地级城市（不管"海"字的位置），如乌海市、威海市、珠海市、北海市、海口市和海东市。Excel 还有很多其他的查找替换案例，如可以把点"."替换为横线"-"，有兴趣的读者可以练习。

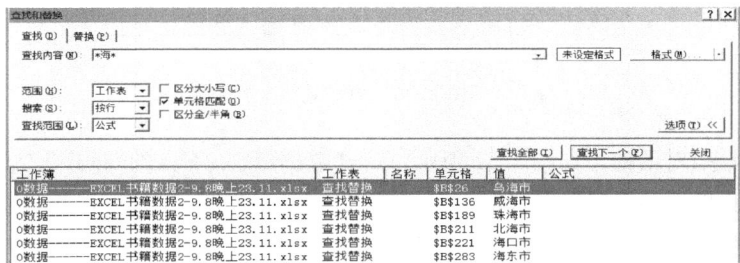

图 1.29　首尾使用通配符 ＊ 查找

1.2.8　数据的排序

在 Excel 中,排序是一种用于重新排列工作表中数据的操作,以便更容易地查找、分析和呈现信息。排序可按升序或降序排列数据,通常根据一列或多列的值来进行。数据的排序操作步骤一般如下:①选择需要排序的单元格区域。该区域可以是一列数据,也可以是多列的矩形区域,但不要出现合并的单元格区域。②打开"排序和筛选"功能。在"开始"菜单下的编辑栏就有"排序和筛选"工具,也可以点击"数据"菜单,找到"排序和筛选"工具。③设置排序规则。在 Excel 中可以单列排序,也可以多列排序(只需添加排序条件即可)。排序时,设置排序的列中的"主要关键字"和"次要关键字"(多列时需设置),设置排序依据(可以为单元格图标、字体颜色、单元格颜色和数值,一般为数值),设置排序的次序。次序包括升序(从 A 到 Z 或从小到大)、降序(从 Z 到 A 或从大到小)以及自定义排序(自己输入排序的数据资料顺序,输入时注意用英文状态下的逗号连接)。如果是多列排序,其排序规则是 Excel 先按第一列(主要关键字)的数据排序,当第一列相同时,Excel 将按照第二列的数据排序,如果第二列数据也相同,则按第三列的数据排序。④应用排序。排序条件设置完成后,点击"确定"即可实现数据的排序。

注意:排序是一种永久性的操作,会更改工作表中的数据顺序。如果需要保留原始数据,可以在排序之前复制原始数据到另一个工作表或范围中。此外,需排序的原始数据中不要出现合并单元格。

1.操作案例 1:单条件排序

如果要将"291 个地级市数据"中的"年末户籍人口/万人"进行降序排列,其操作过程如下:

(1)打开原始数据"291 个地级市数据",并选中 C 列(年末户籍人口的数据列),部分截图如图 1.30 所示。

序号	城市	年末户籍人口/万人	行政区域土地面积/平方公里	地区生产总值(当年价格)/万元	第一产业占 GDP 的比重/%	第二产业占 GDP 的比重/%	第三产业占 GDP 的比重/%	地方一般公共预算收入/万元	年末金融机构存款余额/万元	货物进口额/万元
1	石家庄市	982	15848	60826180	6.91	37.57	55.51	5196778	132251558	3439612
2	唐山市	758	14198	69549700	7.09	54.89	38.02	4324347	93697719	2802690
3	秦皇岛市	300	7803	16355631	12.43	33.14	54.43	1334339	32219920	536466
4	邯郸市	1058	12065	34545705	9.07	45.1	45.83	2433970	56536953	70088
5	邢台市	797	12433	21507611	12.34	40.77	46.89	1490014	41757544	35703
6	保定市	1208	22185	35897885	11.54	42.19	46.27	2863602	79978646	527154
7	张家口市	465	36797	15366202	14.75	33.74	51.51	1568804	37840431	35124
8	承德市	382	39490	14815102	18.05	36.27	45.68	1045531	26718862	7911
9	沧州市	783	14304	36764121	7.5	42.98	49.52	2633942	50975704	1194954
10	廊坊市	479	6419	31082249	6.33	36.61	57.06	3620321	61432367	2845672
11	衡水市	456	8837	15586909	12.86	41.02	46.12	1149935	31437628	183545
12	太原市	377	6988	38844778	1.06	37.05	61.9	3732275	120195000	4255974
13	大同市	318	14178	12719598	5.08	36.52	58.4	1196911	28794674	156749
14	阳泉市	132	4559	7336944	1.45	47.03	51.52	576166	15748802	29225

图 1.30　原始数据

(2)打开"排序"对话框。如图 1.31 所示,点击"数据"菜单下方的"排序"工具,会弹出"排序提醒"对话框。如果排序仅局限于特定区域,其他区域内容不变,那么可以选择排序依据:"以当前选定区域排序",否则就应该选择排序依据"扩展选定区域"。选择完成后,点击"排序"。

(3)设置排序规则。上一步操作完成后,会弹出如图 1.32 所示的"排序"对话框,注意原始数据是否选中了标题,如果包含标题,则需要将"排序"对话框中"数据包含标题"前面的方框打钩,否则就不需要打钩。选择下拉框内容,主要关键字为"年末户籍人口/万人",排序依据为"数值",次序为"降序"。当然,本界面还可以添加排序条件并进行类似的设置。

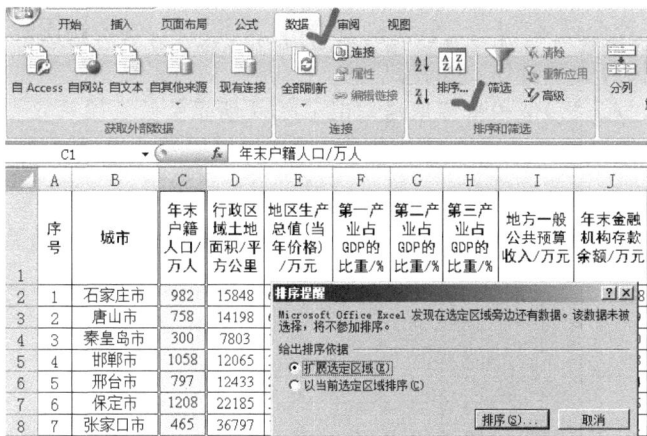

图 1.31　"排序提醒"对话框

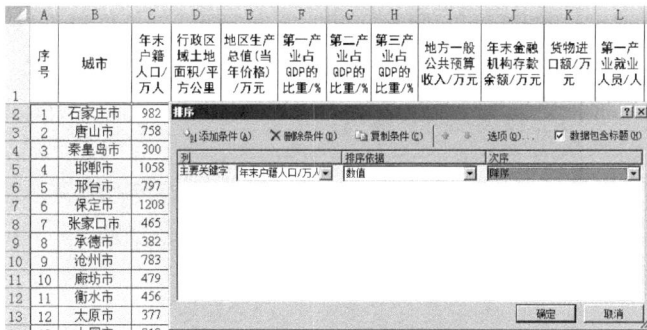

图 1.32　设置排序条件

（4）查看排序结果。上一步完成后,点击"确定",即可得到按照"年末户籍人口/万人"的降序排列结果,部分截图如图 1.33 所示。可以看出,"年末户籍人口/万人"数据已经完成降序排列,其他数据的排列顺序也进行了调整。

	A	B	C	D	E	F	G	H	I	J
1	序号	城市	年末户籍人口/万人	行政区域土地面积/平方公里	地区生产总值(当年价格)/万元	第一产业占GDP的比重/%	第二产业占GDP的比重/%	第三产业占GDP的比重/%	地方一般公共预算收入/万元	年末金融机构存款余额/万元
2	223	成都市	1476	14335	153427716	3.41	42.47	54.12	14241550	366561480
3	158	周口市	1259	11961	26872100	16.71	45.13	38.17	1293356	30396225
4	155	南阳市	1238	26509	35667734	14.69	41.36	43.95	1818980	40982915
5	6	保定市	1208	22185	35897885	11.54	42.19	46.27	2863602	79978646
6	138	临沂市	1180	17191	47178000	7.84	43	49.16	3118367	63476381
7	100	阜阳市	1071	10118	17595199	17.66	41.9	40.44	1871449	40535558
8	4	邯郸市	1058	12065	34545705	9.07	45.1	45.83	2433970	56536953
9	68	徐州市	1045	11765	67552300	9.35	41.63	49.03	5262133	71073928
10	142	荷泽市	1025	12155	30787800	9.78	51	39.22	2060321	39053026
11	156	商丘市	999	10704	23890346	15.98	41.34	42.68	1536592	29222857
12	259	西安市	987	10958	83498600	3.1	35.04	61.86	6847035	209481810
13	1	石家庄市	982	15848	60826180	6.91	37.57	55.51	5196778	132251558

图 1.33　排序结果

2. 操作案例 2：多条件排序

已知有小张、小李和小黄 3 个销售业务员 1—3 月的商品销售数量和销售金额数据，现在的排序要求是：优先按照姓名"小张、小李和小黄"的顺序排序，姓名相同时按销售数量排序，销售数量相同时则按销售金额排序。操作过程如下：

(1)打开原始数据表格，选中排序区域，如图 1.34 所示。

(2)打开"排序"对话框。点击"数据"菜单下方的"排序"工具，会弹出"排序"对话框，如图 1.35 所示。

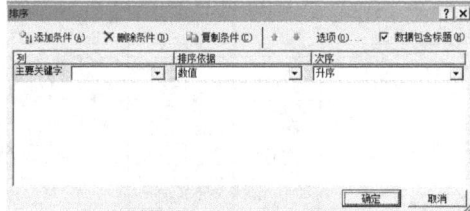

图 1.34　原始数据　　　　　　　　图 1.35　"排序"对话框

(3)设置主要关键字。如图 1.36 所示，在"主要关键字"下拉框选择"姓名"，在"排序依据"下拉框选择数值，在"次序"下拉框选择"自定义序列"，在弹出的"自定义序列"对话框中输入"小张,小李,小黄"（名字中间是英文输入法下的逗号），点击"确定"即可完成主要关键字的条件设置。

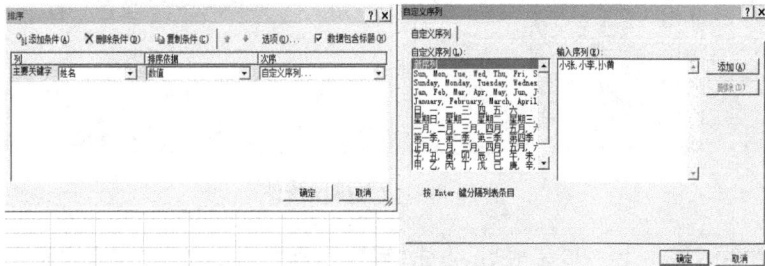

图 1.36　设置主要关键字

(4)设置次要关键字。在"排序"对话框中点击"添加条件"，分别设置"数量/个"和"金额/元"为次要关键字，排序依据为"数值"，排序规则为"降序"，如图 1.37 所示。

(5)查看排序结果。上一步操作完成后，点击"确定"，即可得到按照指定条件返回的排序结果，如图 1.38 所示。

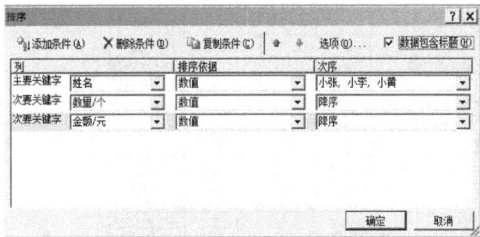

图 1.37　设置次要关键字　　　　　　图 1.38　排序结果

1.2.9　数据的筛选

数据筛选是 Excel 的重要功能之一，它允许用户根据特定的条件过滤和显示数据集中的部分信息，以便更有效地分析大量数据。它可以帮助用户快速找到满足特定标准的数据行，并隐藏不符合条件的行，使数据的显示更具针对性。如图 1.39 所示，单击数据区域中任意一个非空单元格，点击"数据"菜单下的"筛选"漏斗形工具即可启动自动筛选功能。

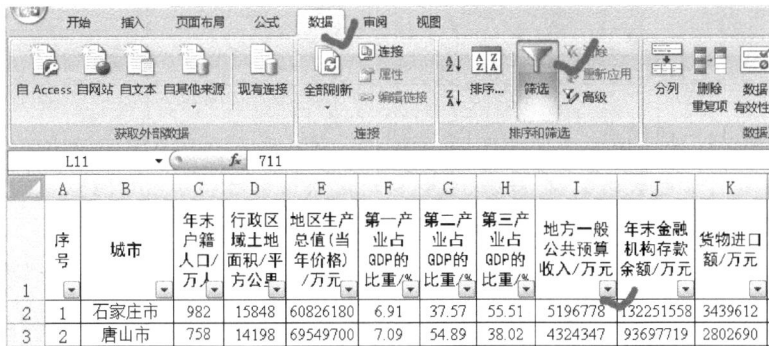

图 1.39　筛选工具

自动筛选功能启动后，第一行单元格的右下角会出现倒三角的图标。点击该图标可以弹出如图 1.40 所示的界面，可以对数据进行排序，也可以选择想要显示的单元格（取消全选，在自己希望显示的单元格前的方框打钩），还可以进行数字筛选。

图 1.40　数字筛选

数字筛选的功能较强大，可以进行"大于""等于""小于""介于""低于平均值""高于平均值"以及显示 N 个最大或最小的值等操作，还可以进行自定义筛选。如图 1.41 所示，可以设置 2 个条件，中间用逻辑"与"连接（表示这 2 个条件需要同时满足），也可以用逻辑"或"连接（表示这 2 个条件只需要满足 1 个即可）。每个条件除可以设置常见的"大于""等于""小于"以外，还可以设置如下条件："开头是""开头不是""结尾是""结尾不是""包含""不包含"，如图 1.42 所示。

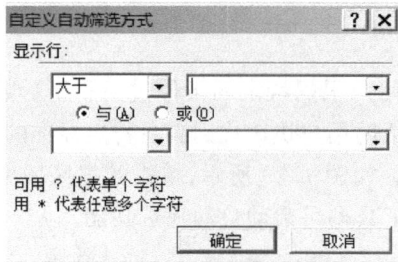

图 1.41　逻辑"与"筛选　　　　　图 1.42　筛选条件

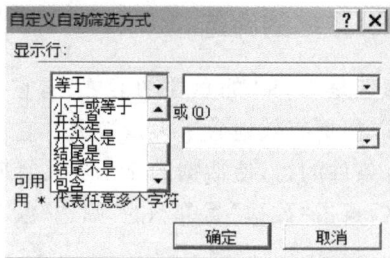

1. 操作案例 1：一般筛选

如果要在"291 个地级市数据"中筛选年末户籍人口介于 300 万人到 350 万人，第一产业占 GDP 的比重小于 8％的地级市，其操作过程如下：

（1）打开原始数据"291 个地级市数据"，点击任意一个非空单元格，点击"数据"菜单下的"筛选"漏斗形工具启动筛选功能，可以看到第一行每一个单元格右下角出现了一个倒三角的筛选图标，部分截图如图 1.43 所示。

图 1.43　筛选工具

序号	城市	年末户籍人口/万人	行政区域土地面积/平方公里	地区生产总值(当年价格)/万元	第一产业占GDP的比重	第二产业占GDP的比重	第三产业占GDP的比重	地方一般公共预算收入/万元	年末金融机构存款余额/万元	货物进口额/万元	第一产业就业人员/人	第二产业就业人员/人	第三产业就业人员/人	全社会用电量/万千瓦·时	邮政业务收入/万元
1	石家庄市	982	15848	60826180	6.91	37.57	55.51	5196778	132251558	3439612	1706	275156	682791	4975000	693936
2	唐山市	758	14198	69549700	7.09	54.89	38.02	4324347	93697719	2802690	14758	344368	426892	7955282	195342
3	秦皇岛市	300	7803	16355631	12.43	33.14	54.43	1334339	32219920	536466	491	92753	190300	1545332	85860
4	邯郸市	1058	12065	34545705	9.07	45.1	45.83	2433970	56536953	70088	596	235204	389259	4070411	135840

（2）对"年末户籍人口/万人"进行筛选。点击"年末户籍人口/万人"单元格（即 C1）右下角的倒三角筛选图标，将鼠标放在弹出界面的"数字筛选"，则弹出数字筛选条件，点击"介于"（见图 1.44），在弹出的自动筛选方式里面设置条件（见图 1.45）。在"大于或等于"后面的条件框输入"300"，逻辑条件选择默认"与"，在"小于或等于"后面的条件框输入"350"，点击"确定"即可完成"年末户籍人口/万人"的筛选。

（3）对"第一产业占 GDP 的比重"进行筛选。点击"第一产业占 GDP 的比重"单元格右下角的筛选图标，在"数字筛选"部分选择条件"小于"（见图 1.46），在弹出的自动筛选方式里面设置条件（见图 1.47），在"小于"后面的条件框输入"8"（**注意**：不要输入 8％），点击"确定"即可完成"第一产业占 GDP 的比重"的筛选。

（4）查看筛选结果。步骤（3）操作完成后，即可得到如图 1.48 所示的最终筛选结果。可以发现，完成筛选后单元格 C1 和 F1 的倒三角图标变成了漏斗型图标。筛选完成后如果要清除筛选结果，可以点击"排序和筛选"工具栏的"清除"，如图 1.48 所示。如果只想清除其中的一个条件，只需要点击单元格 C1 或 F1 的漏斗型图标，选择从"年末户籍人口/万人"中清除筛选或从"第一产业占 GDP 的比重"中清除筛选即可。

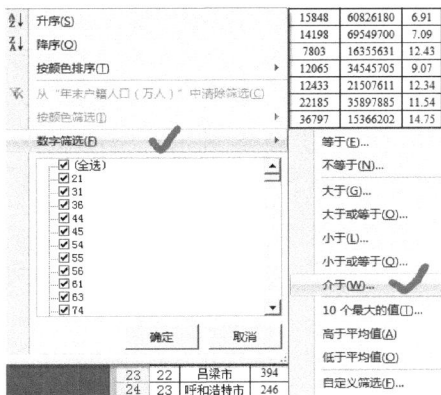

图 1.44　"介于"数字筛选

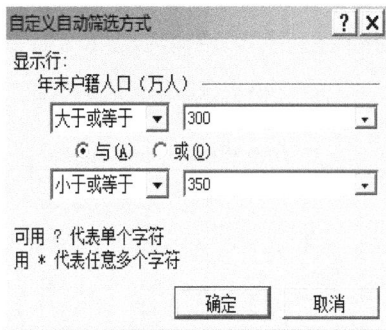

图 1.45　设置筛选条件

图 1.46　"小于"数字筛选

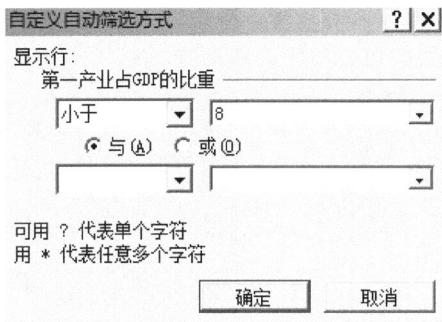

图 1.47　设置"小于"筛选条件

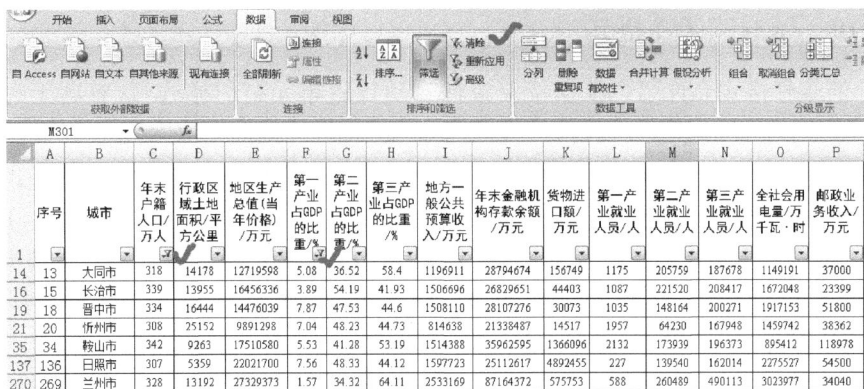

图 1.48　筛选结果

2. 操作案例 2:高级筛选

Excel 高级筛选是一种强大的筛选数据的工具,可以根据多个条件筛选数据,同时支持使用通配符和逻辑运算符。操作案例 1 还可以通过高级筛选来完成,操作过程如下:

(1)打开原始数据"291 个地级市数据",在空白区域 R1:T2 编辑高级筛选的条件设置(条件设置的标题务必与筛选数据的标题一致),部分截图如图 1.49 所示。

(2)设置高级筛选。在筛选条件编辑完成后,点击"数据"菜单下"排序和筛选"中的"高级",弹出如图 1.50 所示对话框,在列表区域输入要筛选的数据区域(也可以点击后面的红箭头进行选择),在条件区域输入"＄R＄1：＄T＄2"。

图 1.49　高级筛选　　　　　　　　　　　　图 1.50　设置高级筛选

(3)查看筛选结果。在上述步骤完成后,点击"确定"即可完成高级筛选。结果如图 1.51所示。我们可以发现高级筛选的结果和一般筛选的结果完全一样。

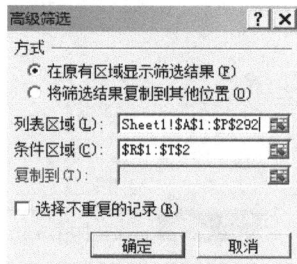

图 1.51　高级筛选结果

1.2.10　数据的条件格式

Excel 的条件格式允许用户根据特定条件自动设置单元格的样式,这有助于突出显示或强调数据中的特定部分,从而使数据更容易理解和分析。Excel 的条件格式设置步骤一般如下:①选择目标单元格范围,即选中要设置条件格式的数据区域。②打开条件格式工具。在"开始"菜单下的"样式"工具栏即可找到"条件格式"工具。③选择条件规则类型。Excel 提供了数值、文本、日期等格式的条件规则类型。④配置条件规则。对选择的条件规则类型配置规则,如"大于""小于""文本包含""重复值"等,样式选项包括字体样式与颜色、背景颜色等。⑤应用规则。条件规则配置完成后,即可单击"确定"应用条件格式规则。

如果要在"291 个地级市数据"中将年末户籍人口介于 300 万人到 310 万人的单元格用浅绿色填充,并将其筛选出来,操作过程如下:

(1)打开原始数据"291 个地级市数据",选中"年末户籍人口/万人"所在的 C 列,点击"开始"菜单下的"条件格式"工具,部分截图如图 1.52 所示。

(2)点击"条件格式"工具,选择"新建规则"(也可以点击"突出显示单元格规则",读者可以尝试,该界面还可以对条件格式进行"清除规则"和"管理规则"处理),弹出如图 1.53 所示对话框,选择第 2 种规则类型"只为包含以下内容的单元格设置格式",编辑规则部分选择"介于",

分别输入 300 和 310。点击"格式"按钮,设置填充颜色为浅绿色。

图 1.52　条件格式

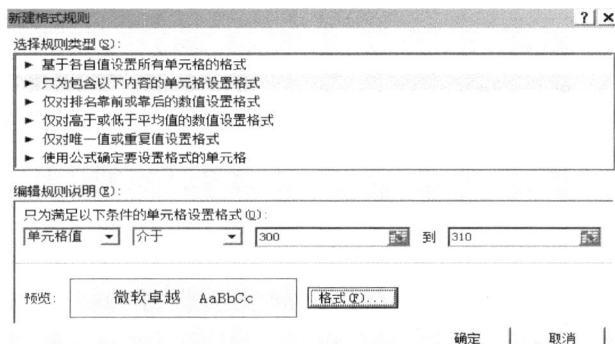

图 1.53　设置条件格式

(3)步骤(2)完成后即可得到想要的条件格式结果。我们可以发现尽管年末户籍人口介于 300 万人到 310 万人的单元格已经填充颜色,但这些单元格比较分散,不利于查看和分析。因此,可以进一步对其进行筛选。关于筛选的具体操作,如前所述,先选中"年末户籍人口/万人"所在的 C 列,再点击"数据"菜单下的"筛选"工具,部分截图如图 1.54 所示。

图 1.54　进一步筛选

(4)如图 1.55 所示,点击 C1 单元格右下角的倒三角,选择"按颜色排序",所选颜色为刚才条件格式设置的浅绿色。

图 1.55　按颜色排序

（5）在弹出的排序提醒窗口中选择默认的"扩展选定区域"，如图 1.56 所示。

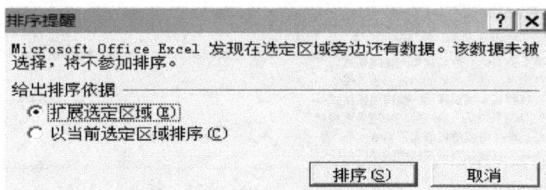

图 1.56　设置排序提醒

（6）最终筛选结果显示，年末户籍人口介于 300 万人到 310 万人的单元格居于 Excel 表格的上方，而不符合条件的"年末户籍人口/万人"单元格则居于 Excel 表格的下方。部分截图如图 1.57 所示。

	A	B	C	D	E	F	G	H	I	J	K	L	M	N	O
1	序号	城市	年末户籍人口/万人	行政区域土地面积/平方公里	地区生产总值(当年价格)/万元	第一产业占GDP的比重/%	第二产业占GDP的比重/%	第三产业占GDP的比重/%	地方一般公共预算收入/万元	年末金融机构存款余额/万元	货物进口额/万元	第一产业就业人员/人	第二产业就业人员/人	第三产业就业人员/人	全社会用电量/万千瓦·时
2	3	秦皇岛市	300	7803	16355631	12.43	33.14	54.43	1334339	32219920	536466	491	92753	190300	1545332
3	20	忻州市	308	25112	9891298	7.04	48.23	44.73	814638	21338487	14517	1957	64230	167948	1459742
4	136	日照市	307	5359	22021700	7.56	48.33	44.12	1597723	25112617	4892455	227	139540	162014	2275527
5	170	咸宁市	305	9752	13624200	13.72	48.65	37.63	913186	14991000	63594	476	43925	161156	887256
6	199	阳江市	300	7956	13503149	16.24	34.36	49.4	626165	13831404	305685	4116	70993	125671	1198466
7	205	云浮市	301	7787	8491284	18.23	37.78	43.99	576435	11994960	451984	292	71037	112243	685785
8	229	广元市	301	16319	8018500	14.73	44.72	40.56	476907	14800560	17178	489	49440	121927	632600
9	243	安顺市	304	9267	8494000	17.56	32.12	50.32	773187	11100493	29600	1376	47827	134368	656997
10	267	安康市	304	23536	11337700	10.87	55.28	33.84	275055	14191300	2357	218	57925	143602	516056
11	279	定西市	304	19609	3562609	18.41	22.04	59.55	240574	8605583	7522	942	28591	101826	459267
12	1	石家庄市	982	15848	60826180	6.91	37.57	55.51	5196778	132251558	3439612	1706	275156	682791	4975000
13	2	唐山市	758	14198	69549700	7.09	54.89	38.02	4324347	93697719	2802690	14758	344368	426892	7955282

图 1.57　筛选结果

注意：如图 1.58 所示，Excel 还可以设置其他的条件格式，包括为特定文本内容的单元格设置格式、为唯一值或重复值设置格式、为特定日期的单元格设置格式、对前几名或后几名的单元格设置格式、对高于平均值或低于平均值的单元格设置格式等，设置条件格式后，依然可以将这些进行了条件格式处理的单元格筛选出来。

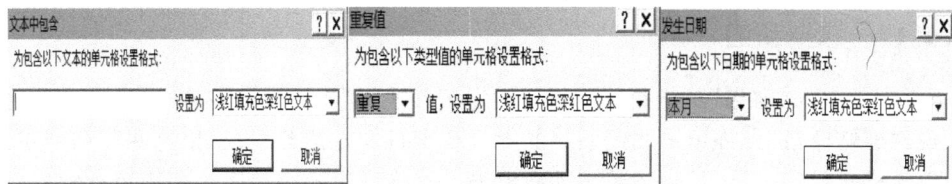

图 1.58　设置其他条件格式

1.2.11　重排窗口

在 Excel 中,重排窗口指的是当用户同时打开多个 Excel 工作簿时,为了能够方便地查看多个部分,用户可以优化调整工作簿窗口的大小、位置或排列,以更有效地比较和查看多个工作表或窗口,便于进行数据对比、编辑和分析,从而提高工作效率并优化工作体验。重排窗口的操作方法如下:

(1)分别打开 2 张以上的 Excel 表格,如表格 1 和表格 2。一般情况下,这 2 张 Excel 表格只会单独显示,不会出现在同一个 Excel 界面,是不便于编辑和分析的。

(2)点击上述打开的任意一个 Excel 表格,点击菜单栏上的"视图"选项卡,在"窗口"组中点击"全部重排",如图 1.59 所示。

(3)点击"全部重排"工具后会弹出"重排窗口"对话框,可以选择的排列方式有平铺、水平并排、垂直并排和层叠,如图 1.59 所示。常用的水平并排窗口效果如图 1.60 所示。常用的垂直并排窗口效果如图 1.61 所示。

图 1.59　重排窗口

图 1.60　水平并排窗口

图 1.61　垂直并排窗口

1.2.12　冻结窗口

Excel 中的"冻结窗格"功能是一种可以锁定工作表的特定行和列,使其保持可见的功能。具体来说,"冻结窗格"允许用户固定表格的上方若干行和左侧若干列,使这些行和列在向下或向右滚动表格时保持可见,不会随着滚动而消失。这样可以随时参考这些固定行和列,不会因为数据量过大而迷失在表格中。这种功能在查看大型数据集、复杂表格或需要比对数据时非常有用,能够提高工作效率并使数据分析更加方便和清晰。冻结窗口的操作方法如下:

(1)如图 1.62 所示,打开原始数据"291 个地级市数据",点击菜单"视图"/"窗口"下的"冻结窗格",点击"冻结首行"或"冻结首列"。点击右侧或下方的滚动条,可以发现数据表格的首行或首列被固定,其他行或列的数据资料会发生移动。窗格冻结后如果要取消,可以在"冻结窗格"工具下点击"取消冻结窗格"。

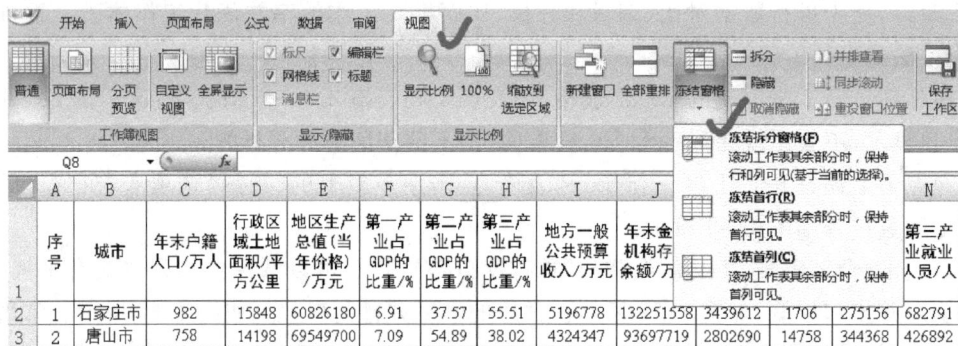

图 1.62　冻结窗格

(2)假如要冻结前 2 行和左 3 列,首先,点击"窗口"/"冻结窗格"下的"取消冻结窗格"。再点击 D3 单元格,点击"视图"/"窗口"下的"冻结窗格",在弹出窗口中选择最上方的一项"冻结拆分窗格"。可以发现,移动右侧或下方的滚动条,前 2 行和左 3 列的单元格区域并不移动,如图 1.63 所示。

	A	B	C	H	I	J	K	L	M	N	O	P
1	序号	城市	年末户籍人口/万人	第三产业占GDP的比重/%	地方一般公共预算收入/万元	年末金融机构存款余额/万元	货物进口额/万元	第一产业就业人员/人	第二产业就业人员/人	第三产业就业人员/人	全社会用电量/万千瓦·时	邮政业务收入/万元
2	1	石家庄市	982	55.51	5196778	132251558	3439612	1706	275156	682791	4975000	693936
7	6	保定市	1208	46.27	2863602	79978646	527154	1545	279726	515755	3817159	435780
8	7	张家口市	465	51.51	1568804	37840431	35124	1643	71464	252768	1654839	75418
9	8	承德市	382	45.68	1045531	26718862	7911	2488	65839	198597	1697976	52967
10	9	沧州市	783	49.52	2633942	50975704	1194954	26	129691	325382	3385062	217726
11	10	廊坊市	479	57.06	3620321	61432367	2845672	711	158709	238511	2865949	294787

图 1.63　指定位置冻结窗格

1.2.13　分列

分列是指按照特定的分隔符将单元格或整列的数据拆分,然后将拆分后的内容分别放入相应的单元格或列中。这对于处理包含多个数据项的单元格或列非常有帮助,可以将它们拆分成独立的列,以便更好地进行分析、排序、筛选或进行其他操作。

1. 操作案例 1

如图 1.64 所示，打开"分列"原始数据，可以发现学生姓名和分数合在一个单元格了，不利于进行考试成绩分析。因此，需要把姓名和分数分开。操作过程如下：

（1）考虑到分列完成后会多出 1 列，为了不覆盖 C 列（性别列）的资料信息，可以在 B 列后插入一列空白单元格。之后选中

	A	B	C
1	年级	姓名,分数	性别
2	二年级	黎明,85	男
3	四年级	余海,79	女
4	三年级	思科,82	男
5	四年级	王勇,76	男
6	二年级	赵玲,86	女
7	四年级	于红,74	女

图 1.64　原始数据

需要分列的单元格区域（即 B 列），点击"数据"菜单下"数据工具"中的"分列"工具，弹出如图 1.65 所示的"文本分列向导"对话框。

（2）选择合适的分列文件类型。通过观察原始数据可知，要分列的数据由姓名和分数组成，则可以采用分隔符号进行分列处理（如图 1.65 所示），即默认的分列设置，之后点击"下一步"，弹出如图 1.66 所示对话框。

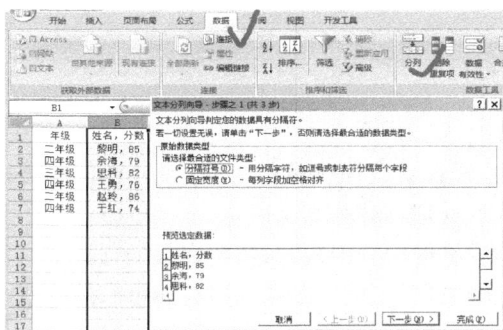

图 1.65　分列工具

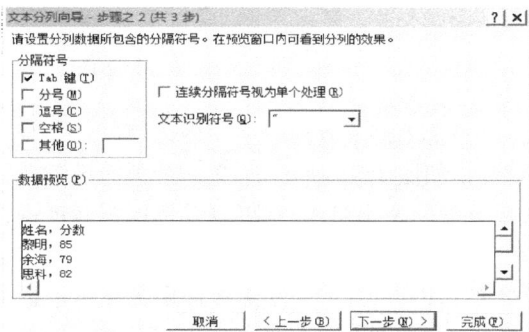

图 1.66　初始分隔符号设置

（3）选择合适的分隔符号。考虑到分列数据中间用英文逗号连接，因此，这里的分隔符号选择逗号（如果连接符是中文逗号，则需要自定义分隔符号，需在"其他"里输入中文逗号），即出现数据预览模式（会出现一条竖线），如图 1.67 所示。如果发现分隔预览不是想要的结果，则需要进一步分析数据结构，重新选择合适的分隔符号或者在"其他"自定义分隔符号。

（4）选择列数据格式。在分隔符号选择完成后点击"下一步"，选择列数据格式。由于分列数据是普通的文本格式，选择默认的"常规"即可，如图 1.68 所示。

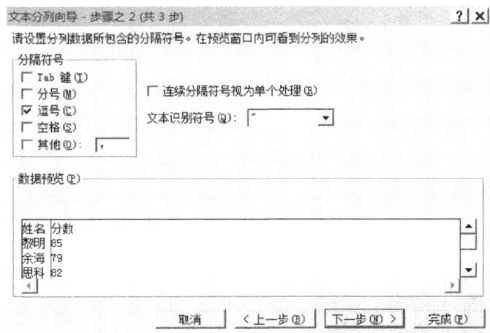

图 1.67　选择分隔符号

图 1.68　选择列数据格式

（5）列数据格式设置完成后，点击"完成"即可得到分列结果，如图 1.69 所示。

	A	B	C	D
1	年级	姓名	分数	性别
2	二年级	黎明	85	男
3	四年级	余海	79	女
4	三年级	思科	82	男
5	四年级	王勇	76	男
6	二年级	赵玲	86	女
7	四年级	于红	74	女

图 1.69　分列结果

2. 操作案例 2

如图 1.70 所示，H 列单元格中输入了较长一段文本，可对其进行分列处理。

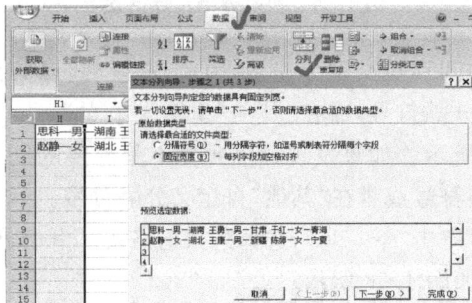

图 1.70　原始数据

（1）选中需要分列的单元格区域（即 H 列），点击"数据"菜单下"数据工具"中的"分列"工具，弹出如图 1.71 所示的"文本分列向导"对话框。通过观察原始数据可知，要分列的数据由固定长度的文本组成，则可以采用固定宽度进行分列处理，如图 1.71 所示。

（2）设置字段宽度。如图 1.72 所示，有箭头的垂直线为分列线，只需要在数据预览合适的文本处单击鼠标（一般在需要间隔的文本前后分别单击鼠标，生成 2 条间隔线即可），通过双击间隔线也可以清除它。

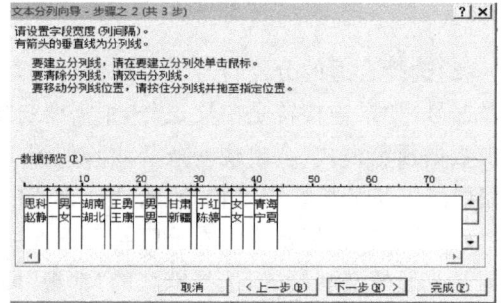

图 1.71　固定宽度分列

图 1.72　设置字段宽度

（3）如图 1.73 所示，列数据格式选择默认的常规即可。

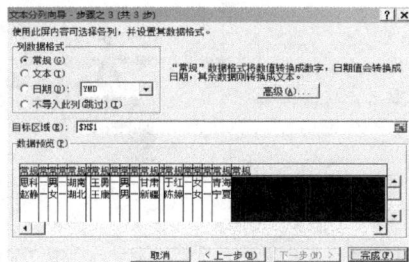

图 1.73　列数据格式

(4)在弹出的窗口"是否替换目标单元格内容"中点击"确定",结果如图 1.74 所示。

图 1.74　分列结果

1.2.14　组合分级显示

在 Excel 中,用户可以使用合并单元格和层级分组的方式来实现数据分级显示。Excel 允许用户以组合形式分级显示数据,使数据更具层次感和可读性。如图 1.75 所示,需要对一年级和二年级的教师身高进行组合分级显示。组合操作过程如下:

图 1.75　原始数据

(1)打开"组合"的原始数据,如图 1.75 所示。选中一年级的数据区域 A1:C6,点击"数据"菜单下"分级显示"中的"组合"工具,弹出"创建组"对话框,如图 1.76 所示。

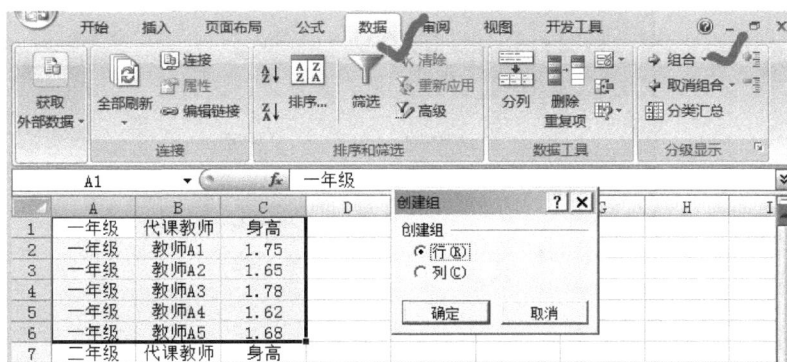

图 1.76　"创建组"对话框

（2）在"创建组"对话框中选择"行"，并点击"确定"。这时表格的左侧出现了 1、2 两个数字按钮（见图 1.77）。点击按钮 1 可将一年级折叠隐藏起来。点击按钮 2 可以看到全部内容。在表格左侧还出现了折叠"＋"和展开"－"按钮，可以将一年级内容折叠或展开。

图 1.77　组合分级显示

（3）选中二年级的数据区域 A7：C12，点击"数据"菜单下"分级显示"中的"组合"工具，弹出"创建组"对话框，选择"行"，如图 1.78 所示。

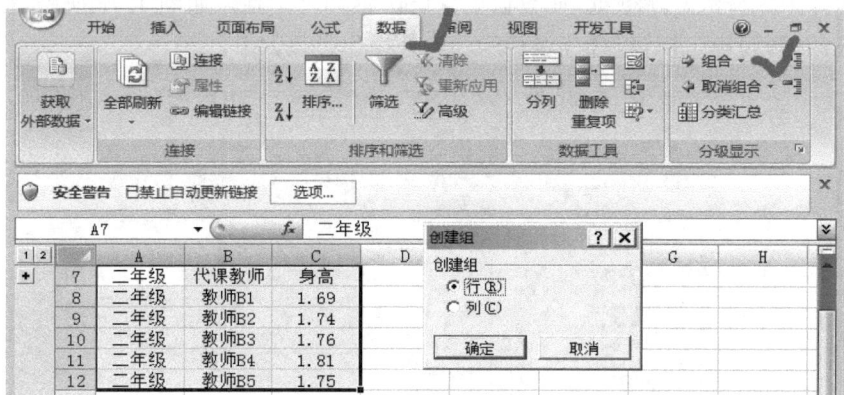

图 1.78　创建组

（4）可以看到，对二年级进行组合设置后，所有数据信息被隐藏起来，但点击表格左边的数字"2"或者符号"＋"，所有教师的身高信息又都显示出来，点击符号"－"，所有信息再次被隐藏起来，如图 1.79 所示。

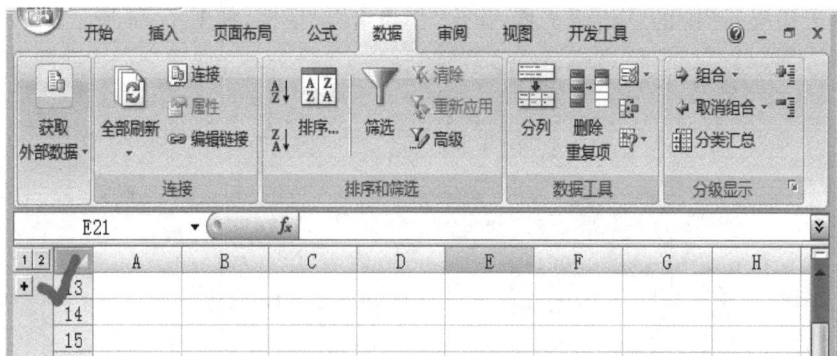

图 1.79　分级显示结果

1.2.15　名称管理器

名称管理器是 Excel 中非常实用的一个工具,可以用来管理单元格、范围、公式和常数等对象的名称。这些名称是标识特定单元格、范围、公式或常数的文本字符串。名称管理器可以提高 Excel 处理数据的准确性和效率,使公式的编写更加方便,同时也可以增加 Excel 文件的可读性,减少输入错误和跟踪错误的时间。使用名称管理器,用户可以创建、编辑和管理这些名称,使公式更容易理解和维护。

(1)定义名称。打开"名称管理器"原始数据,点击"公式"/"定义的名称"/"定义名称",见图 1.80。

图 1.80　定义名称

在"新建名称"对话框中输入名称为"PPP",引用位置为"＝名称管理器!＄A＄1:＄D＄14",点击"确定"即可完成定义名称,如图 1.81 所示。点击菜单"公式"/"定义的名称"/"名称管理器",可以查看、编辑和删除已经定义的名称,如图 1.82 所示。

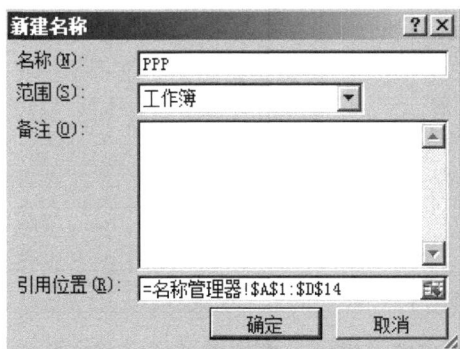

图 1.81　新建名称

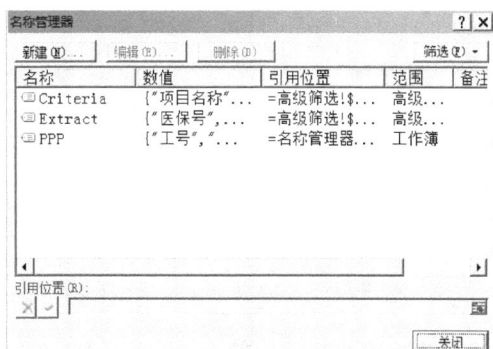

图 1.82　名称管理器

(2)直接引用名称。如图 1.83 所示,选择一个与原始数据 A1:D14 一样大小的空白区域,如 F1:I14,输入公式"＝PPP"(刚才已经定义的名称),按 Ctrl＋Shift＋Enter 组合键即可复制一份原始数据，如图 1.84 所示。

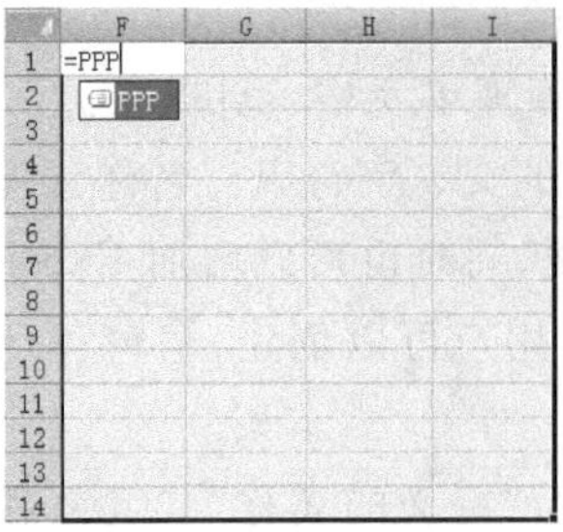

图 1.83　选择空白区域

	A	B	C	D	E	F	G	H	I
1	工号	地区	姓名	工资		工号	地区	姓名	工资
2	W001	武汉	吴红	5600		W001	武汉	吴红	5600
3	W002	西安	张帅	5700		W002	西安	张帅	5700
4	W003	武汉	王海	4800		W003	武汉	王海	4800
5	W004	郑州	黄华	7800		W004	郑州	黄华	7800
6	W005	西安	赵云	6800		W005	西安	赵云	6800
7	W006	武汉	郑玉	4900		W006	武汉	郑玉	4900
8	W007	郑州	张涛	5200		W007	郑州	张涛	5200
9	W008	武汉	张婷	3800		W008	武汉	张婷	3800
10	W009	西安	王涛	4500		W009	西安	王涛	4500
11	W010	郑州	王茹	6200		W010	郑州	王茹	6200
12	W011	武汉	李涛	7200		W011	武汉	李涛	7200
13	W012	西安	曹伟	4900		W012	西安	曹伟	4900
14	W013	郑州	洪文	5000		W013	郑州	洪文	5000

图 1.84　引用名称结果

(3)公式引用名称。如图 1.85 所示，需要根据员工工号查询姓名，可以运用 VLOOKUP 函数进行公式引用。在 L2 单元格中输入公式"＝VLOOKUP(K2,PPP,3,0)"，按回车键并向下填充公式到 L4，结果如图 1.86 所示。

	A	B	C	D	J	K	L
1	工号	地区	姓名	工资		工号	姓名
2	W001	武汉	吴红	5600		W003	
3	W002	西安	张帅	5700		W007	
4	W003	武汉	王海	4800		W011	
5	W004	郑州	黄华	7800			
6	W005	西安	赵云	6800			
7	W006	武汉	郑玉	4900			
8	W007	郑州	张涛	5200			
9	W008	武汉	张婷	3800			
10	W009	西安	王涛	4500			
11	W010	郑州	王茹	6200			
12	W011	武汉	李涛	7200			
13	W012	西安	曹伟	4900			
14	W013	郑州	洪文	5000			

图 1.85　原始数据

	A	B	C	D	J	K	L
1	工号	地区	姓名	工资		工号	姓名
2	W001	武汉	吴红	5600		W003	王海
3	W002	西安	张帅	5700		W007	张涛
4	W003	武汉	王海	4800		W011	李涛
5	W004	郑州	黄华	7800			
6	W005	西安	赵云	6800			
7	W006	武汉	郑玉	4900			
8	W007	郑州	张涛	5200			
9	W008	武汉	张婷	3800			
10	W009	西安	王涛	4500			
11	W010	郑州	王茹	6200			
12	W011	武汉	李涛	7200			
13	W012	西安	曹伟	4900			
14	W013	郑州	洪文	5000			

图 1.86　公式引用名称

(4)直接输入汉字公式。如图 1.87 和图 1.88 所示，选中 D1:D14，直接在 A 列上方的编辑栏输入汉字"工资"以快捷定义名称；同样选中 E1:E14，直接在 A 列上方的编辑栏输入汉字"比例"以快捷定义名称。之后可以在 M2 单元格中直接输入汉字公式"＝工资＊比例"，按回车键并向下填充公式到 M14，即可完成所有员工的提取工资计算，如图 1.89 所示。

工资　fx　工资

	A	B	C	D	E	M
1	工号	地区	姓名	工资	提取比例	提取工资
2	W001	武汉	吴红	5600	0.1	
3	W002	西安	张帅	5700	0.2	
4	W003	武汉	王海	4800	0.1	
5	W004	郑州	黄华	7800	0.2	
6	W005	西安	赵云	6800	0.1	
7	W006	武汉	郑玉	4900	0.1	
8	W007	郑州	张涛	5200	0.2	
9	W008	武汉	张婷	3800	0.1	
10	W009	西安	王涛	4500	0.2	
11	W010	郑州	王茹	6200	0.1	
12	W011	武汉	李涛	7200	0.2	
13	W012	西安	曹伟	4900	0.1	
14	W013	郑州	洪文	5000	0.2	

图 1.87　定义"工资"

比例　fx　提取比例

	A	B	C	D	E	M
1	工号	地区	姓名	工资	提取比例	提取工资
2	W001	武汉	吴红	5600	0.1	
3	W002	西安	张帅	5700	0.2	
4	W003	武汉	王海	4800	0.1	
5	W004	郑州	黄华	7800	0.2	
6	W005	西安	赵云	6800	0.1	
7	W006	武汉	郑玉	4900	0.1	
8	W007	郑州	张涛	5200	0.2	
9	W008	武汉	张婷	3800	0.1	
10	W009	西安	王涛	4500	0.2	
11	W010	郑州	王茹	6200	0.1	
12	W011	武汉	李涛	7200	0.2	
13	W012	西安	曹伟	4900	0.1	
14	W013	郑州	洪文	5000	0.2	

图 1.88　定义"比例"

	A	B	C	D	E	M
1	工号	地区	姓名	工资	提取比例	提取工资
2	W001	武汉	吴红	5600	0.1	560
3	W002	西安	张帅	5700	0.2	1140
4	W003	武汉	王海	4800	0.1	480
5	W004	郑州	黄华	7800	0.2	1560
6	W005	西安	赵云	6800	0.1	680
7	W006	武汉	郑玉	4900	0.1	490
8	W007	郑州	张涛	5200	0.2	1040
9	W008	武汉	张婷	3800	0.1	380
10	W009	西安	王涛	4500	0.2	900
11	W010	郑州	王茹	6200	0.1	620
12	W011	武汉	李涛	7200	0.2	1440
13	W012	西安	曹伟	4900	0.1	490
14	W013	郑州	洪文	5000	0.2	1000

图 1.89　汉字公式计算

1.2.16　分类汇总

在 Excel 中，分类汇总是将数据按照特定的分类标准进行分组，然后对每个分类进行汇总或统计,以便更好地组织、分析和呈现数据。这可以通过多种方法实现,如数据透视表、公式函数、条件汇总等。

如图 1.90 所示,需要对学生的考试成绩进行分类汇总。操作过程如下:

图 1.90　原始数据

(1)对班级进行排序。进行分类汇总前需要对数据信息进行排序,这一点非常重要。如前所述,点击任意一个非空单元格,之后点击"数据"菜单下的"排序"工具,如图 1.91 所示。

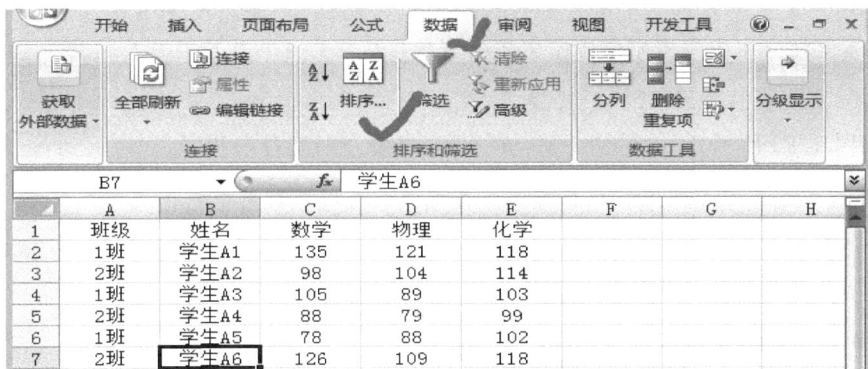

图 1.91　排序

(2)在弹出的"排序"对话框中设置条件,如图 1.92 所示,主要关键字中选择"班级",排序依据为"数值",次序为"升序"。

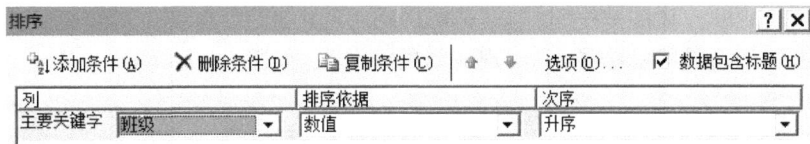

图 1.92　排序设置

(3)如图 1.93 所示,排序完成后可以发现,学生考试成绩信息按照班级 1、2 分别列示。

图 1.93　排序结果

（4）排序完成后选中任意一个非空单元格，点击数据菜单下"分级显示"栏中的"分类汇总"工具，如图1.94所示。

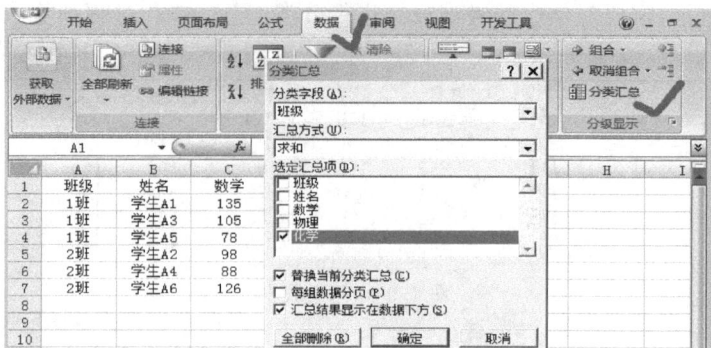

图1.94　分类汇总

（5）设置分类汇总条件。如图1.95所示，分类字段选择"班级"，汇总方式选择"求和"，汇总项把"数学""物理""化学"全部打钩，之后点击"确定"。

注意：汇总方式还有其他方式，如最小值、最大值、标准偏差、平均值、方差、计数、乘积等。

（6）如图1.96所示，可以看到1班与2班的成绩分别汇总求和了。

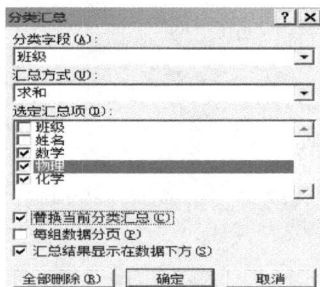

图1.95　设置分类汇总条件

图1.96　分类汇总结果

（7）点击图1.96左边的数字"1""2""3"以及符号"＋"和"－"，学生成绩将进行相应的隐藏与展示。点击"－"后成绩隐藏了，只出现成绩的汇总数，如图1.97所示。

图1.97　相应的隐藏与展示

1.2.17　数据透视表

Excel中的数据透视表是一种强大的数据分析工具，它能够快速总结和汇总大量数据，让用户更轻松地分析、理解和展示复杂的数据集。通过数据透视表，用户可以重新排列、排序、组织和计算数据，从而提取出有用的信息和模式，为数据分析和决策提供有力支持。

使用数据透视表时需要应用一定的数据源。该数据源一般应满足下列要求：不能包含合并单元格，不能包含空单元格，第一行包含该列的标题。

图 1.98 为某超市的商品销售金额数据，现在对其进行数据透视表分析。具体操作过程如下：

图 1.98　原始数据

（1）打开如图 1.98 所示的数据源，点击"插入"/"数据透视表"/"数据透视表"，如图 1.99 所示。

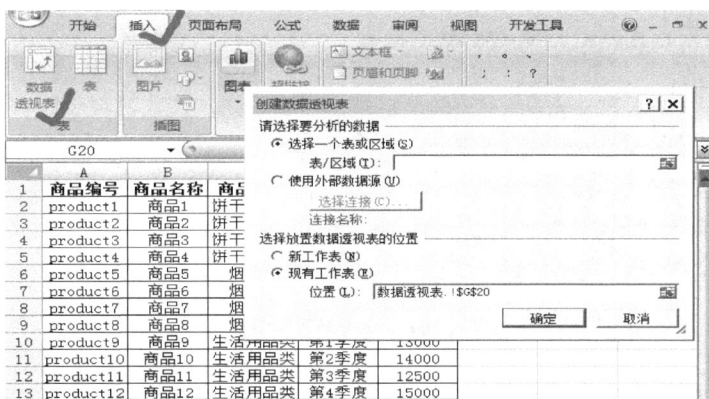

图 1.99　创建数据透视表

（2）设置数据透视表的数据区域，如图 1.100 所示，数据源选择该表格中的 $A$1:$E$13 区域，结果放在本表格的 G2 单元格。

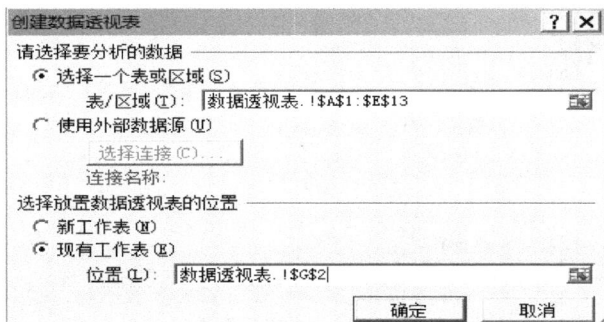

图 1.100　设置数据区域

（3）点击"确定"后，数据透视表创建成功（表格右边有一个字段列表对话框，点击其他空白单元格，该字段列表对话框会隐藏；点击数据透视表中的任意单元格，该字段列表对话框又会出现），如图 1.101 所示。创建数据透视表后，想要查看数据则点击右侧字段列表，先勾选哪个字段，哪个字段排在前面。如分别勾选"商品类别"和"销售金额"则返回如图 1.101 所示结果。容易看出，饼干糕点类的销售总金额为 32900 元，全部商品销售总额为 229800 元。

（4）数据透视表设置完成后，可以对其结果进行排序和筛选（见图 1.102，点击"行标签"后的倒三角）。可以进行的操作包括直接对销售金额进行升序或降序排列，对商品类别和销售金额进行筛选，筛选完成后还可以清除筛选。

（5）字段列表对话框的下方是一个标签和求和字段设置区域，在字段列表对话框的上方勾选的字段一般会自动显示到下方的标签设置区域，如图 1.103 所示。用户也可以采用拖动方式对字段列表对话框下方设置的字段进行调整或者删除。

图 1.101　查看数据透视表

图 1.102　排序和筛选

（6）把季节字段拖动到列标签后（见图 1.104）的数据透视表见图 1.105。

图 1.103　标签设置区域　　　　　图 1.104　设置列标签

求和项:销售金额	列标签				
行标签	第1季度	第2季度	第3季度	第4季度	总计
烟酒类	35400	36000	33000	38000	142400
生活用品类	13000	14000	12500	15000	54500
饼干糕点类	7800	8200	8100	8800	32900
总计	56200	58200	53600	61800	229800

图 1.105　设置列标签后的数据透视表

1.2.18　数据透视图

数据透视图是 Excel 中的一种特殊类型的图表,可以帮助用户理解和分析大量数据。使用数据透视图,可以通过调整过滤器、重新排列布局或深入研究特定细节来轻松更改数据的显示方式。

图 1.106 为某超市的季度商品销售金额数据,现在对其进行数据透视图分析。

	R	S	T	U	V
1	商品编号	商品名称	商品类别	季节	销售金额
2	product1	商品1	饼干糕点类	第1季度	7800
3	product2	商品2	饼干糕点类	第2季度	8200
4	product3	商品3	饼干糕点类	第3季度	8100
5	product4	商品4	饼干糕点类	第4季度	8800
6	product5	商品5	烟酒类	第1季度	35400
7	product6	商品6	烟酒类	第2季度	36000
8	product7	商品7	烟酒类	第3季度	33000
9	product8	商品8	烟酒类	第4季度	38000
10	product9	商品9	生活用品类	第1季度	13000
11	product10	商品10	生活用品类	第2季度	14000
12	product11	商品11	生活用品类	第3季度	12500
13	product12	商品12	生活用品类	第4季度	15000

图 1.106　原始数据

(1)打开如图 1.106 所示的数据源,并选中数据区域 R1:V13,点击"插入"/"表"/"数据透视表"/"数据透视图",在弹出窗口中点击"确定",如图 1.107 和图 1.108 所示。

图 1.107　数据透视图

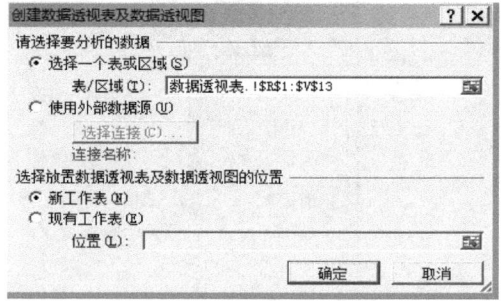

图 1.108　选择要分析的数据

（2）初始的数据透视图如图 1.109 所示，包括报表区域、图表区域和字段设置区域。点击图 1.109 右上角的柱形堆型图标可以调整字段设置区域的布局。

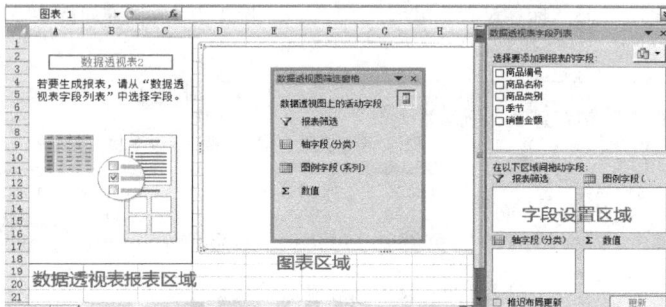

图 1.109　初始的数据透视图

（3）在字段设置区域勾选需要添加的字段，分别为商品名称、商品类别、季节和销售金额，系统默认将销售金额放入求和框（因为只有它是数值型数据），其他字段默认放入轴字段框（因为它们为文本型数据）。将轴字段框中的"季节"字段拖动到图例字段框，将"商品类别"字段拖动到报表筛选框，如图 1.110 所示。此时销售柱形图已经生成，可以点击鼠标右键设置标签和图例的显示格式及字体大小。报表区域中列标签对应字段设置区域中的图例字段，行标签对应字段设置区域中的轴字段，A1 单元格的下拉框区域对应字段设置区域中的报表筛选。读者必须清楚这种设置对应关系，以便更好理解数据透视图中三大区域的内在联系。

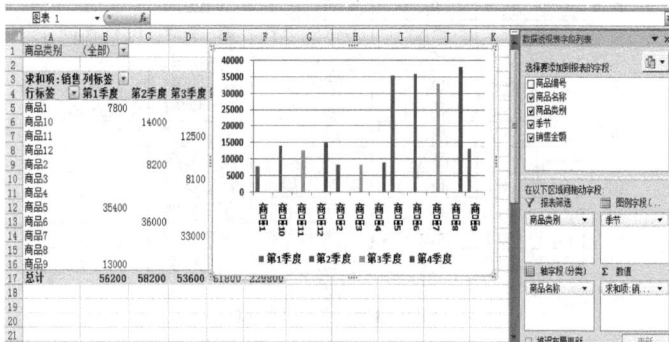

图 1.110　设置相关字段

（4）点击柱形图，可以对其进行排序和筛选、添加数据标签、添加趋势线、设置数据系列格式等操作，如图 1.111 所示；还可以更改图表类型、设置横轴和纵轴标签格式及字体等。

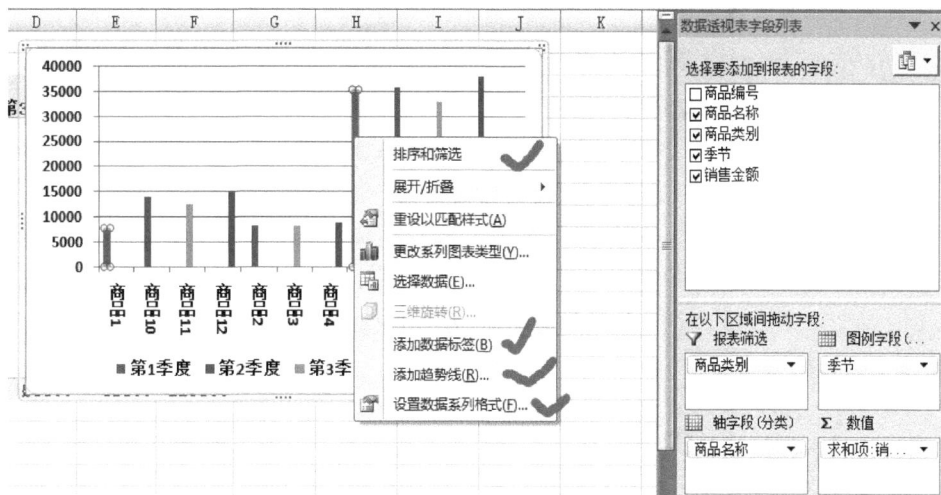

图 1.111　设置柱形图格式

（5）如图 1.112 所示，把鼠标移动到右上角的字段列表，会出现倒三角的下拉框，可以对该字段进行排序、筛选等操作；也可以点击"数据透视图工具"/"分析"/"数据透视图筛选"，弹出如图 1.113 所示的筛选窗格，可以对报表、轴字段和图例字段进行筛选。点击图 1.112 左上角的"字段列表"，可以显示或隐藏字段设置区域的对话框。

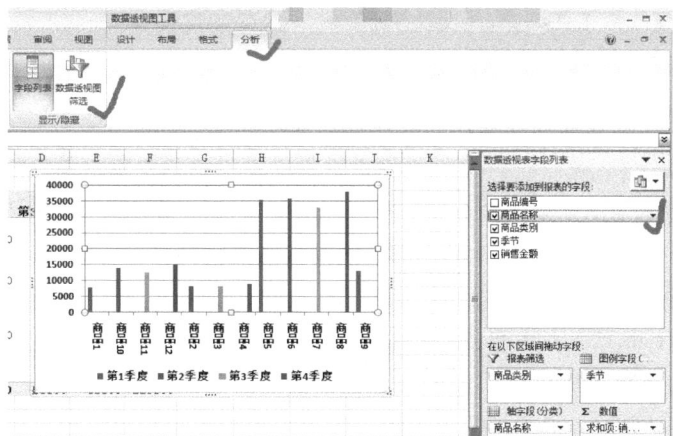

图 1.112　数据透视图工具　　　　　　　　　　图 1.113　数据透视图筛选

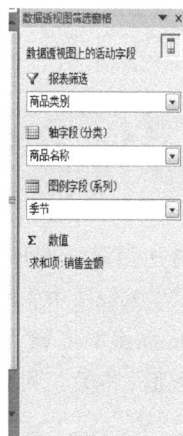

（6）点击横轴标签字段，如图 1.114 所示左上角的"展开整个字段"便处于激活状态，可以将商品类别进行展开，同时左边表格的商品类别也进行了展开，还可以点击"折叠整个字段"返回到原来的未展开状态。

（7）点击图 1.115 左边的表格区域中的"＋"，可以展开该商品类别，同时图形中也展开了该商品类别。选择某商品标签，点击鼠标右键后，可对商品类别进行排序、筛选、展开、组合等操作。

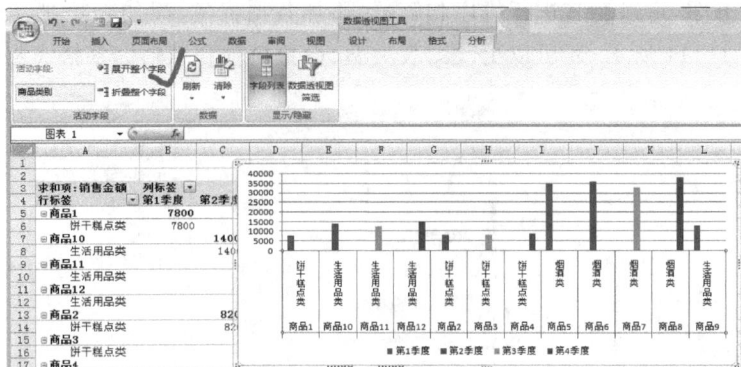

图 1.114　设置活动字段

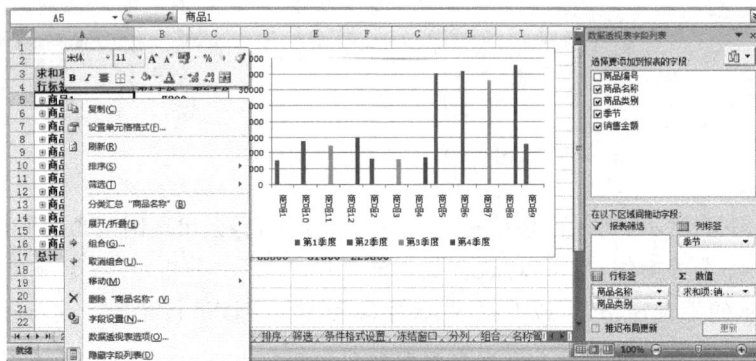

图 1.115　设置行标签

1.3　Excel 图形制作

　　Excel 不仅可以用于数据的录入、计算和分析,还可以用来可视化数据,以便用户更好地理解和传达信息。图形是其中一个强大的可视化工具,能够以直观的方式展示数据的关系、趋势和模式。Excel 中常见的图形类型包括散点图、面积图、条形图、饼图、折线图、柱形图等。制作图形的基本步骤为:①打开 Excel 并准备数据;②选中数据;③插入图表;④调整图表;⑤编辑数据;⑥保存和分享。

1.3.1　柱形图

　　基于图 1.116 销售数据制作柱形图(注:数据横轴、纵轴均有标题信息)。

　　(1)选中含有标题行的数据区域 A3:D7(见图 1.116),点击菜单栏中"插入"/"柱形图",如图 1.117 所示,选择第一个二维柱形图。

　　(2)系统默认设置的二维柱形图如图 1.118 所示。

　　(3)各系列的柱形图颜色可以调整,以便于普通黑白打印后查看。如果要调整 A 商品的柱形图颜色,只需要选择图例

	A	B	C	D
1	销售金额/万元			
2				
3	期间	A商品	B商品	C商品
4	1月份	12	18	28
5	2月份	21	11	22
6	3月份	27	23	19
7	4月份	13	30	11

图 1.116　原始数据

"A 商品",点击鼠标右键,选择"设置数据系列格式",如图 1.119 所示。

图 1.117　插入柱形图

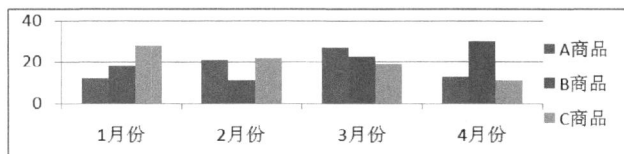

图 1.118　二维柱形图

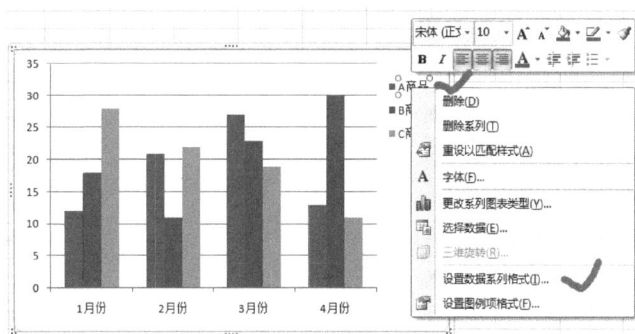

图 1.119　设置数据系列格式

（4）如图 1.120 所示,在数据系列格式里点击"填充"/"纯色填充",颜色选择浅灰色。在"系列选项"设置里面还可以将系列绘制在"次坐标轴"中。

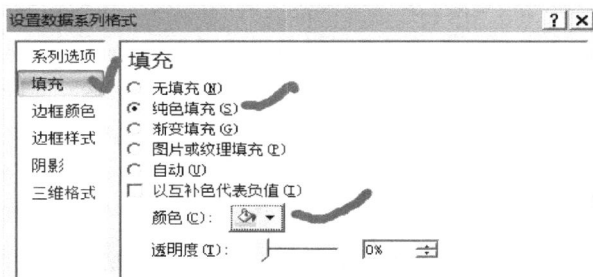

图 1.120　填充设置

（5）其他商品的柱形图颜色也可以调整,最终图形如图 1.121 所示。

（6）如图 1.122 所示,点击纵轴标签（也可点击横轴标签或图例标签）,调整字体大小。

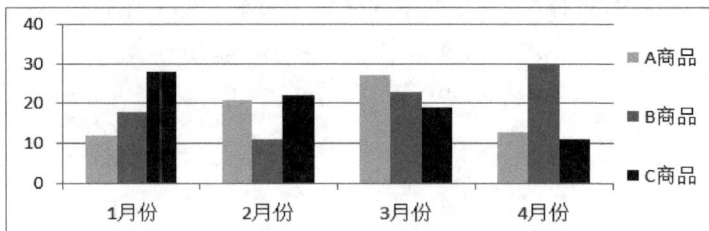

图 1.121　柱形图

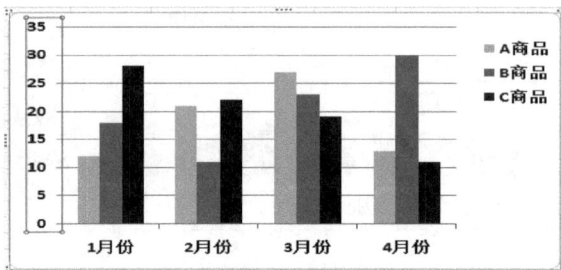

图 1.122　调整字体

（7）如图 1.123 所示，点击图形后，Excel 上方会出现一个"图表工具"，点击"布局"，可以对"标签"和"坐标轴"进行各种设置。

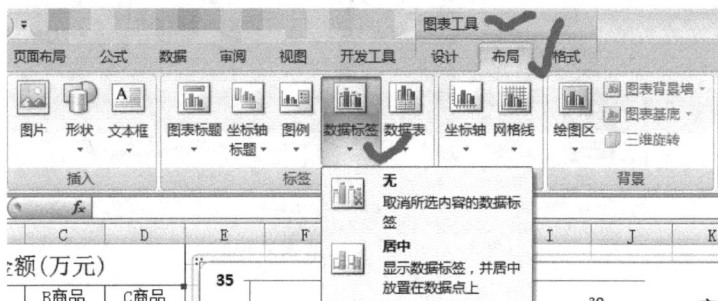

图 1.123　设置数据标签

（8）选中某条柱形图，点击"图表工具"/"布局"/"数据标签"中的某个类型（见图 1.123），图形中该系列的柱形图都会添加相应的数据标签，如图 1.124 所示。

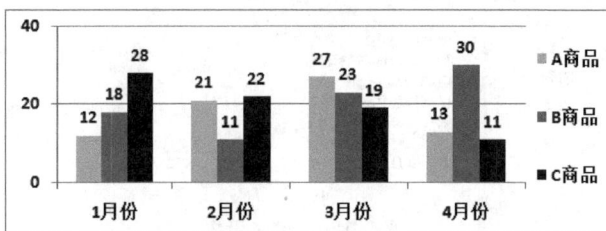

图 1.124　添加数据标签

（9）在"图表工具"/"布局"/"标签"里面可以设置图表以及坐标轴标题，如图 1.125 所示。

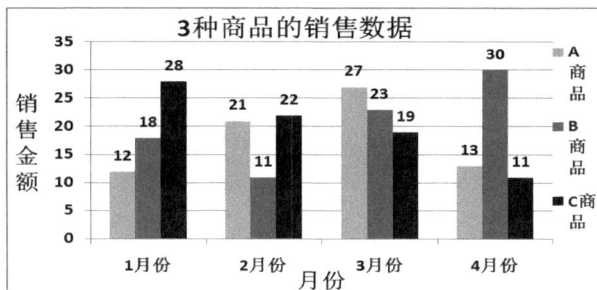

图 1.125　设置图表以及坐标轴标题

1.3.2　折线图

基于图 1.116 商品销售数据制作折线图。

(1)选中含有标题行的数据区域 A3:D7,点击菜单栏中"插入"/"折线图",如图 1.126 所示,选择第二行第一个二维折线图。

图 1.126　插入折线图

(2)系统默认设置的折线图如图 1.127 所示。

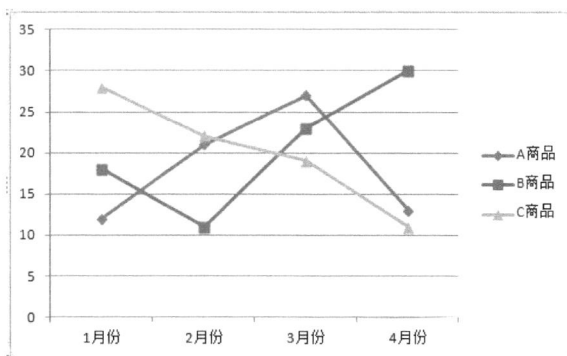

图 1.127　初始折线图

（3）各系列的数据标记图形可以调整。如果要调整 A 商品的数据标记图形，只需要选中图例"A 商品"，点击鼠标右键，选择"设置数据系列格式"，如图 1.128 所示。

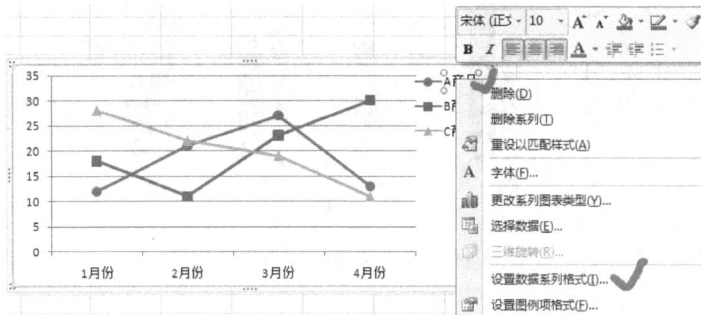

图 1.128　调整数据标记图形

（4）如图 1.129 所示，在数据系列格式里点击"数据标记选项"中的"内置"类型，类型为圆点。

（5）点击纵轴标签（也可点击横轴标签或图例标签），调整字体大小和加粗。选中图例，点击鼠标右键，选择"设置图例格式"，在图例位置中选择"靠上"。调整后结果如图 1.130 所示。

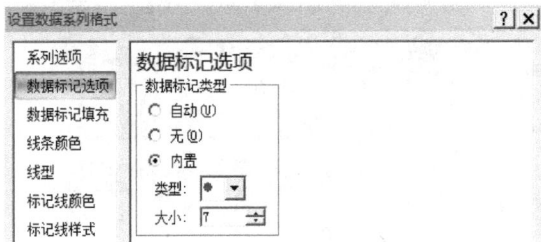

图 1.129　调整数据系列格式

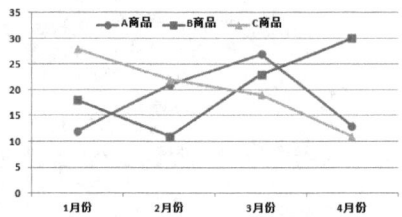

图 1.130　调整字体

（6）如图 1.131 所示，点击折线图形后，Excel 上方会出现一个"图表工具"，点击"布局"，可以对"数据标签""图例""坐标轴""图表标题"进行各种设置。

图 1.131　布局设置

（7）选中某条折线图，点击"图表工具"/"布局"/"数据标签"中的某个类型后（见图1.131），图形中该系列的折线图都会添加相应的数据标签，如图 1.132 所示。选中某数据标签后还可以移动位置以及调整其字体大小。

(8)在"图表工具"/"布局"/"标签"里面可以设置图表以及坐标轴标题,结果如图 1.133 所示。

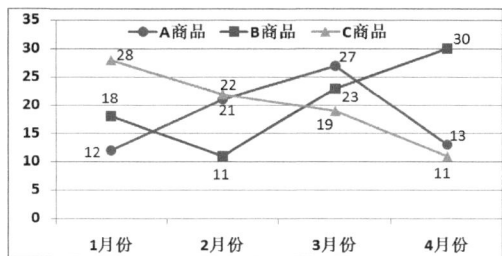

图 1.132　添加数据标签

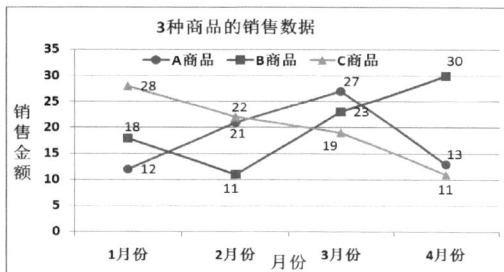

图 1.133　完成的折线图

1.3.3　大头针图

基于图 1.134 的商品销售数据制作大头针图。

	G	H	I	J	K	L	M	N	O	P	Q
1	姓名	吴红	张帅	王海	黄华	赵云	郑玉	张涛	张婷	王涛	王茹
2	销量	498	351	520	630	284	341	269	356	415	365

图 1.134　原始数据

(1)如图 1.134 所示,选中数据区域 G1:Q2,点击"插入"/"图表"/"折线图"/"带数据标记的折线图",如图 1.135 所示。

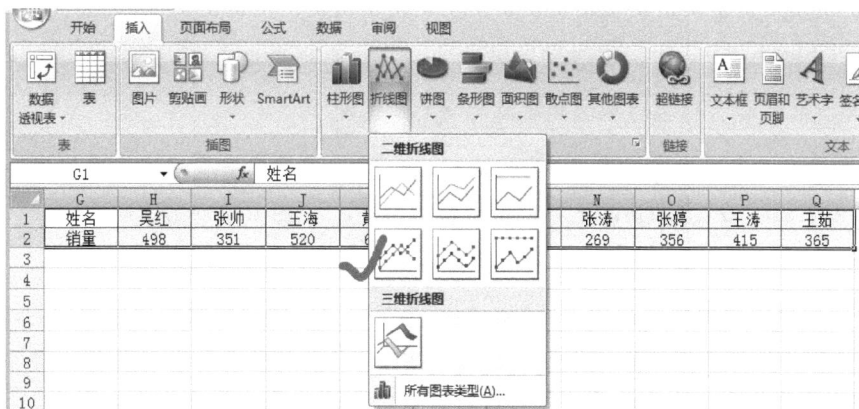

图 1.135　插入折线图

(2)点击初始生成的图形,在菜单栏上方出现"图表工具",点击"布局"/"分析"/"误差线"/"其他误差线选项",如图 1.136 所示。

(3)在显示方向框选择"负偏差",末端样式选择"无线端",误差量百分比输入"100",如图 1.137 所示。分别点击"设置误差线格式"对话框左上角线条颜色和线型,设置颜色为蓝色,线型为 2.25 磅(见图 1.138)。

(4)上一步操作完成的效果图如图 1.139 所示,点击图形中的标记点,右击选择最下方的"设置数据系列格式",如图 1.140 所示。

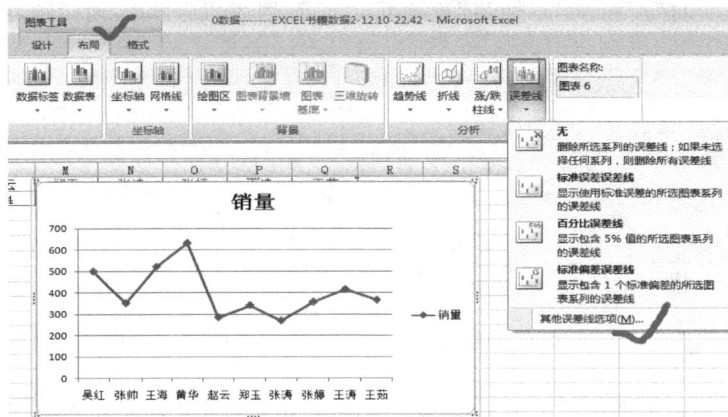

图 1.136　其他误差线选项

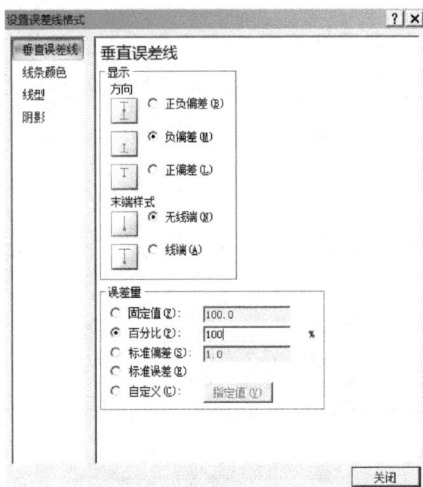

图 1.137　设置垂直误差线

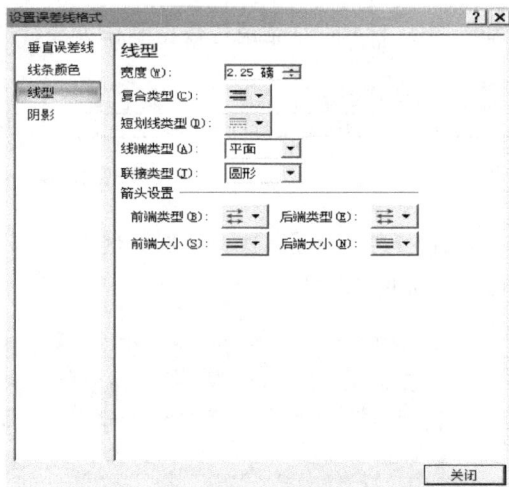

图 1.138　设置线型

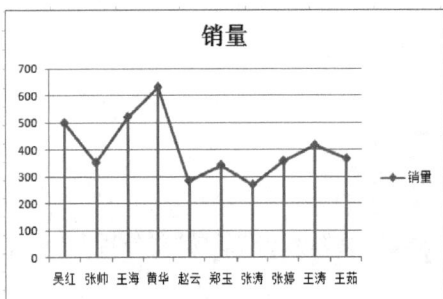

图 1.139　设置误差线效果图

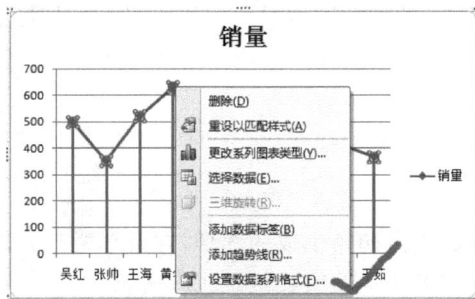

图 1.140　数据系列格式

（5）如图 1.141 所示，在数据标记选项里选择数据标记类型为内置，类型为圆点，大小为 10；数据标记填充为纯色填充，颜色选择浅灰色；线条颜色选无线条；标记线颜色选择实线、蓝色；标记线样式宽度为 2.25 磅。

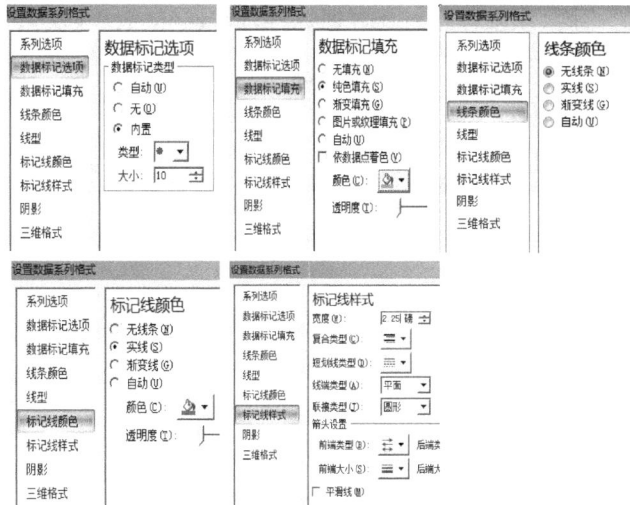

图 1.141　设置数据系列格式

(6)点击图形中的标记点,右击鼠标选择"添加数据标签",如图 1.142 所示,同时删除图例。

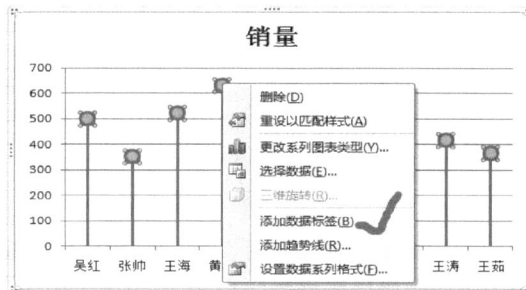

图 1.142　添加数据标签

(7)选中所有数据标签,并点击鼠标右键选择"设置数据标签格式",调出"设置数据标签格式"对话框,将标签位置设置为靠上,见图 1.143。

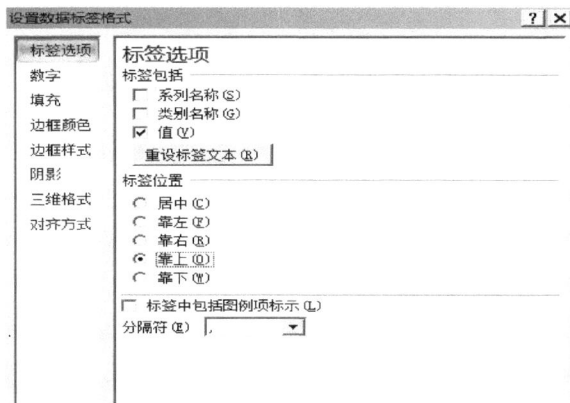

图 1.143　设置标签位置

（8）分别选择横轴标签、纵轴标签以及数据标签，调整字体大小，效果图见图 1.144。

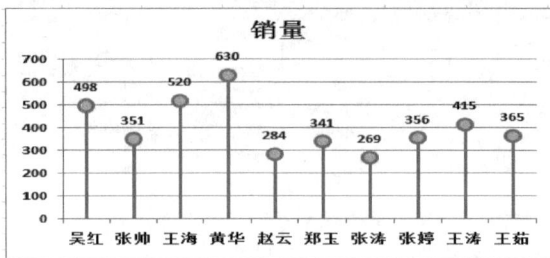

图 1.144　大头针效果图

1.3.4　温度计对比图

基于图 1.145 的完成率数据制作温度计对比图。

	J	K	L	M	N	O	P	Q	R	S	T
22	姓名	吴红	张帅	王海	黄华	赵云	郑玉	张涛	张婷	王涛	王茹
23	完成率	45%	54%	35%	78%	62%	87%	95%	49%	67%	81%

图 1.145　原始数据

（1）在原始数据中添加辅助行，数值都为 1，如图 1.146 所示。

姓名	吴红	张帅	王海	黄华	赵云	郑玉	张涛	张婷	王涛	王茹
完成率	45%	54%	35%	78%	62%	87%	95%	49%	67%	81%
辅助行	1	1	1	1	1	1	1	1	1	1

图 1.146　添加辅助行

（2）选中数据区域 J22：T24，点击"插入"/"图表"/"折线图"/"折线图"（第 1 个折线图），如图 1.147 所示，同时右键点击图例，选择"设置图例格式"，在图例位置选项中选择"底部"，使其位于图形下方。

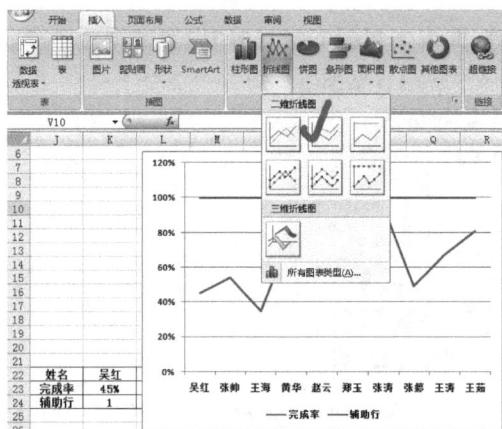

图 1.147　插入折线图

（3）点击图形中的辅助行折线，之后点击菜单栏上方的"图表工具"/"布局"/"分析"/"折线"/"垂直线"，如图 1.148 所示。

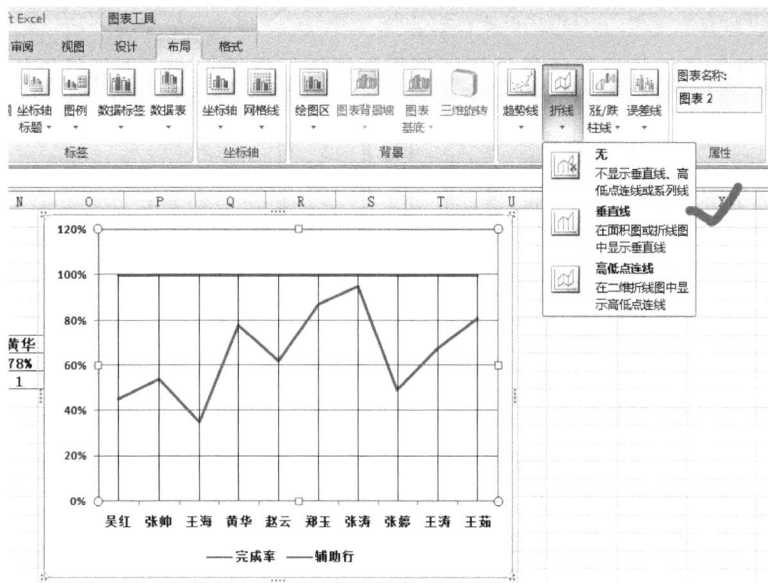

图 1.148 插入垂直线

（4）点击垂直线，之后右击鼠标选择"设置垂直线格式"（也可按 Ctrl＋1），将线型宽度设为6 磅，将复合类型设为双线，将线端类型设为圆形，在箭头设置中将前端类型设置为圆形，如图1.149 所示。

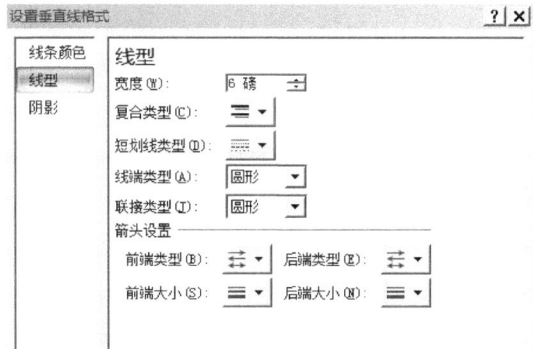

图 1.149 设置垂直线格式

（5）单击辅助行直线或图例，点击鼠标右键设置数据系列格式，在线条颜色中选择"无线条"，如图 1.150 所示（也可以在点击辅助行直线后，点击菜单栏上方的"图表工具"/"格式"/"形状轮廓"/"无轮廓"）。

（6）点击完成率折线，之后点击菜单栏上方的"图表工具"/"布局"/"分析"/"误差线"/"其他误差线选项"，在垂直误差线显示方向中选择"负偏差"，末端样式选择"无线端"，误差量百分比输入 100，在线型里面设置宽度为 5 磅，在线条颜色中选择实线和红色，如图 1.151 所示。

（7）点击完成率折线，点击鼠标右键设置数据系列格式，在线条颜色中选择"无线条"（也可以在点击完成率折线后，点击菜单栏上方的"图表工具"/"格式"/"形状轮廓"/"无轮廓"），结果如图 1.152 所示。

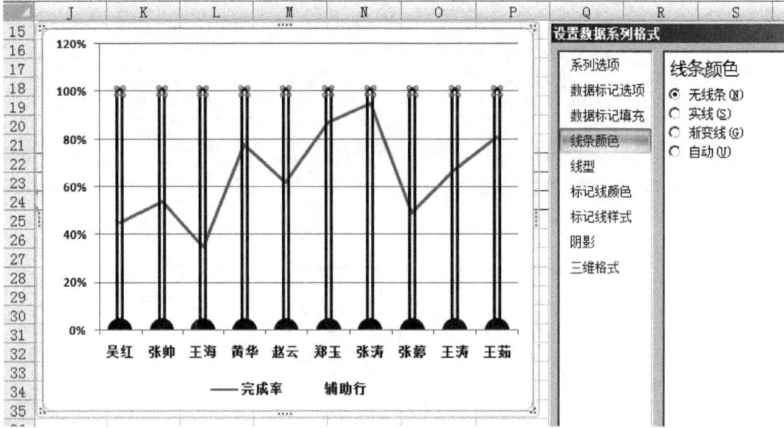

图 1.150　设置数据系列格式

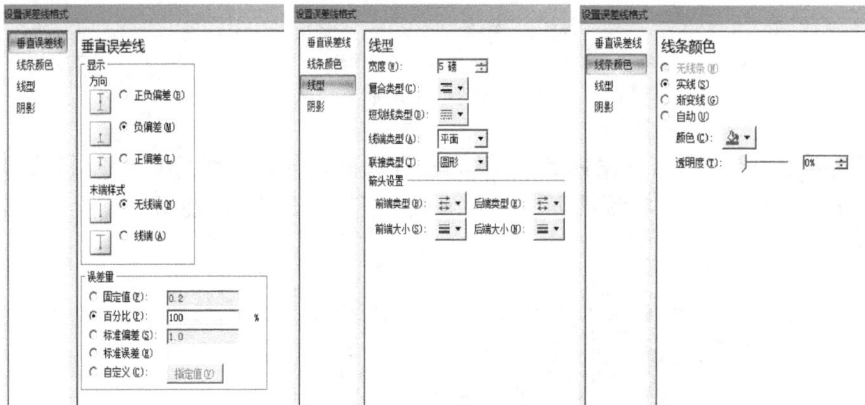

图 1.151　设置误差线格式

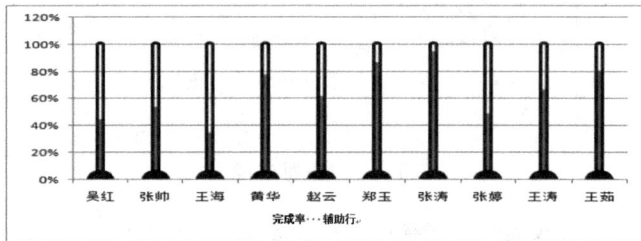

图 1.152　设置无线条的数据系列格式

　　(8)点击纵轴数据标签,之后右击鼠标设置坐标轴格式(也可按 Ctrl+1),在坐标轴选项中设置最小值为固定-0.1,如图 1.153 所示。

　　(9)同样点击横轴标签,之后右击鼠标设置坐标轴格式(也可按 Ctrl+1),在坐标轴选项中设置坐标轴标签为"低",如图 1.154 所示,同时删除图例。

　　(10)调整坐标轴文字和数字大小,最终效果图如图 1.155 所示。

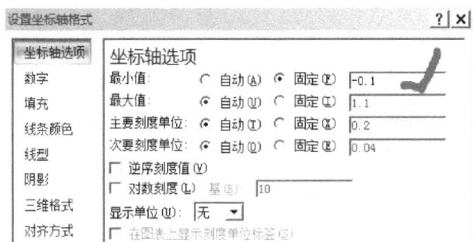

图 1.153 设置纵坐标轴格式

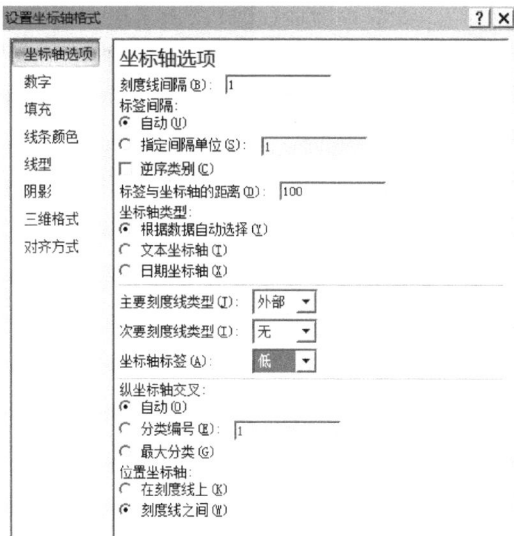

图 1.154 设置横坐标轴格式

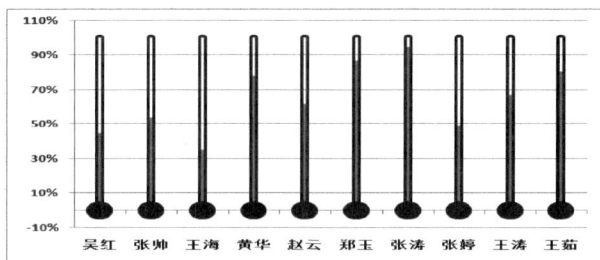

图 1.155 温度计效果图

1.3.5 波士顿矩阵图

基于图 1.156 所示的商品数据制作波士顿矩阵图。

(1)选中数据区域 L55:M64,点击"插入"/"图表"/"散点图"/"仅带数据标记的散点图",见图 1.157。

图 1.156 原始数据

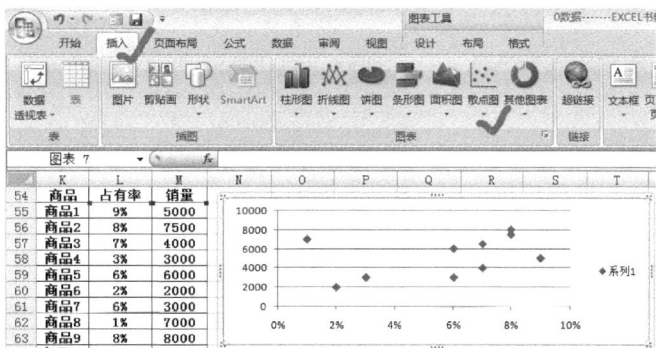

图 1.157 插入散点图

（2）点击散点图形，之后点击菜单上方的"图表工具"/"设计"/"数据"/"选择数据"，点击图例项下方的"添加"，见图 1.158。在弹出窗口中 X 轴系列值选择"占有率"的均值、Y 轴系列值选择"销量"的均值，点击"确定"，如图 1.159 所示。

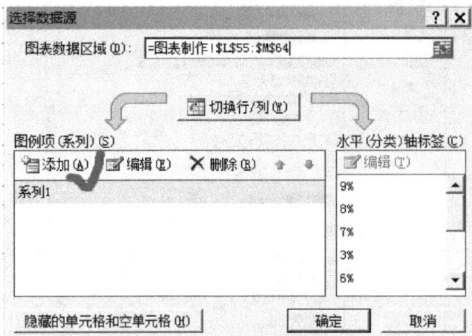

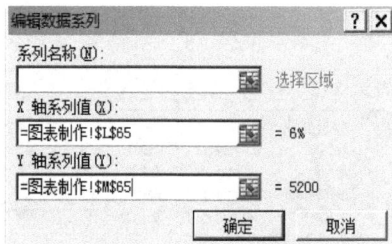

図 1.158　添加系列　　　　　　　　　　图 1.159　编辑数据系列

（3）之后散点图中多了一个均值分割点，如图 1.160 所示。

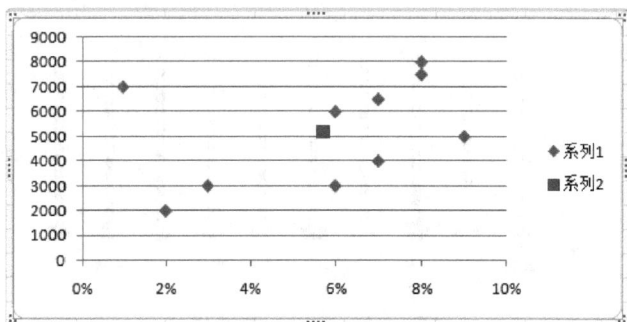

图 1.160　添加均值分割点

（4）点击散点图中的均值点，之后点击菜单上方的"图表工具"/"布局"/"分析"/"误差线"/"其他误差线选项"，如图 1.161 所示，设置误差量中的百分比为 300％。

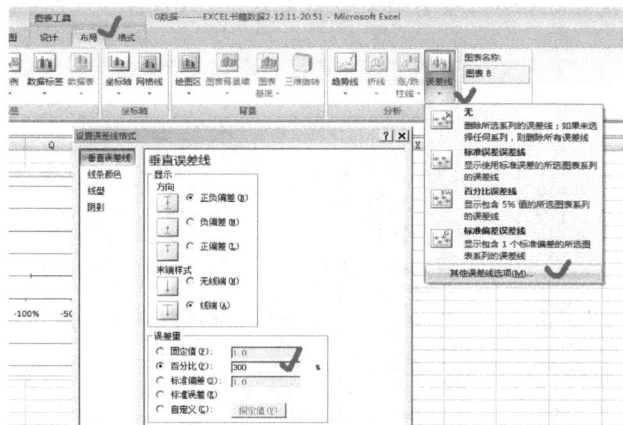

图 1.161　设置误差线格式

　　(5)分别设置纵轴最小、最大值固定为 0、9000,横轴最小、最大值固定为 0、0.1,见图 1.162。

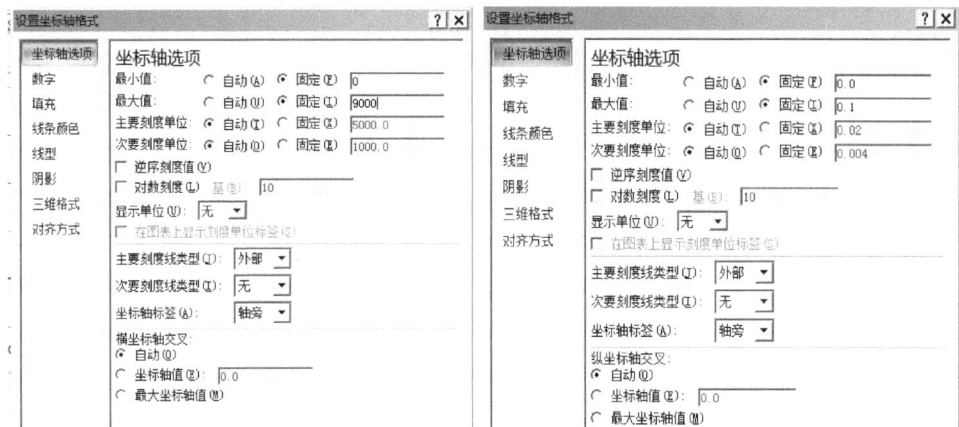

图 1.162　设置纵轴与横轴格式

　　(6)点击散点图,之后点击菜单上方的"图表工具"/"布局"/"坐标轴"/"网格线"/"主要横网格线"/"无",取消网格线,同时删除图例后的效果图如图 1.163 所示。

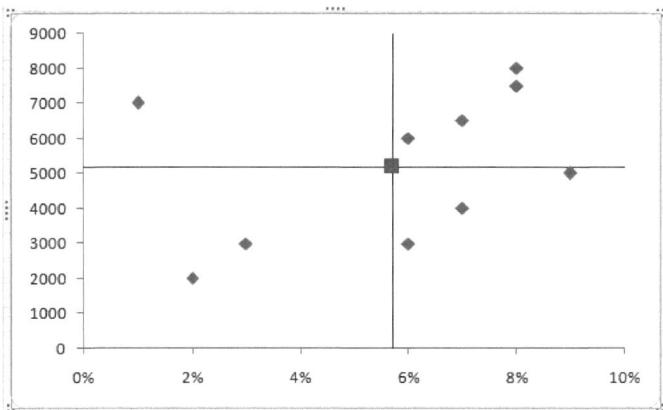

图 1.163　取消网格线和图例

　　(7)点击散点,之后右击鼠标设置数据系列格式(也可按 Ctrl+1),设置数据标记类型为内置圆点,大小为 9,见图 1.164。之后点击均值的散点,右击鼠标设置数据系列格式(也可按 Ctrl+1),在数据标记选项中的数据标记类型选为"无",这样不再显示均值点。

　　(8)点击散点,右击鼠标选择"添加数据标签",同时设置数据标签格式,使数据位置居于散点之上,如图 1.165 所示。

　　(9)点击散点,右击鼠标选择设置数据标签格式,勾选"X 值""Y 值",如图 1.166 所示。

　　(10)调整数值字体大小,最后效果图如图 1.167 所示。在高版本的 Excel 中还可以设置标签单元格中的值,即标记 X 值、Y 值所对应的商品类型。

　　当然,如果我们需要标记各个散点所对应的商品类别,我们可以根据 X 值和 Y 值,直接双击数据标签手动输入商品类型,最终结果如图 1.168 所示。

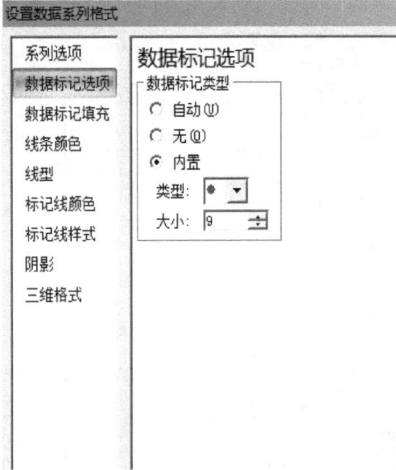

图 1.164　设置数据标记

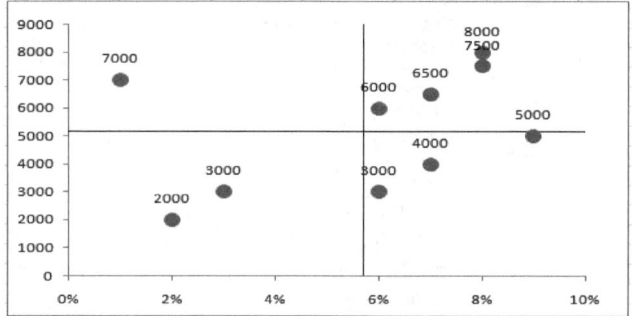

图 1.165　添加数据标签

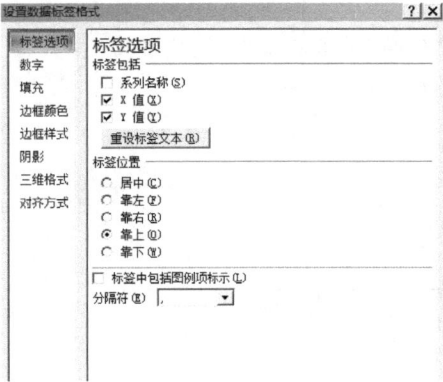

图 1.166　设置数据标签格式

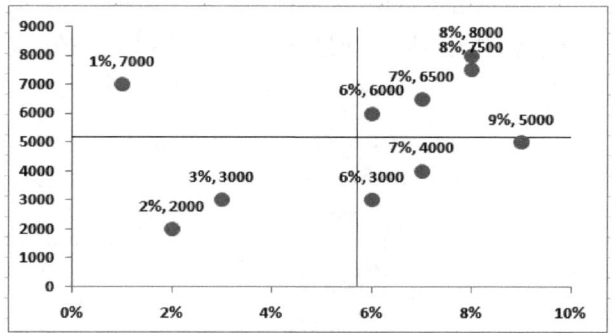

图 1.167　调整数值字体大小

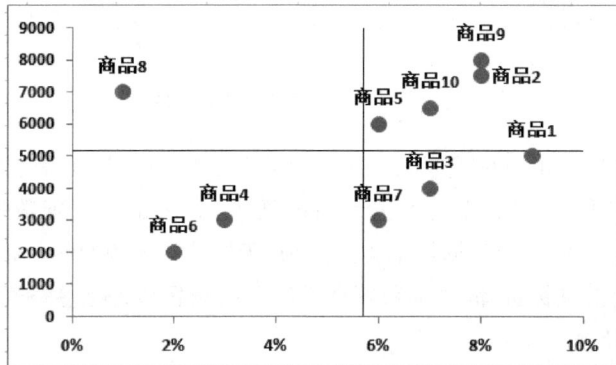

图 1.168　标记商品类别

当散点较多手动修改较麻烦时，也可以输入一段 VBA 代码来输入文字标签，首先将散点图类型更改为气泡图。点击气泡使其处于被选中的激活状态，再按"Alt＋F11"键，打开 VBA编辑器，点击"视图"/"代码窗口"，输入以下代码：

```
Sub AddLabel()
    '为气泡图数据系列添加文本数据标签
    Dim rng As Range
    Dim i As Integer
    On Error GoTo line1
    Set rng = Application.InputBox("选择包含数据标签的列区域", Title：= "选择区
域", Type：= 8)
    Selection.ApplyDataLabels
    For i = 1 To rng.Rows.Count
        Selection.Points(i).DataLabel.Text = rng.Item(i).Text
    Next i
line1：
End Sub
```

代码输入完后,点击运行按钮(此时气泡图中的气泡要处于被选中的激活状况),出现"选择包含数据标签的列区域"提示框(见图 1.169);提示框内选择文本数据值(直接选中数据区域中的文字标签区域即可),点击"确定";再将图形类型更改为散点图,点击"确定"即可完成文字标签输入。

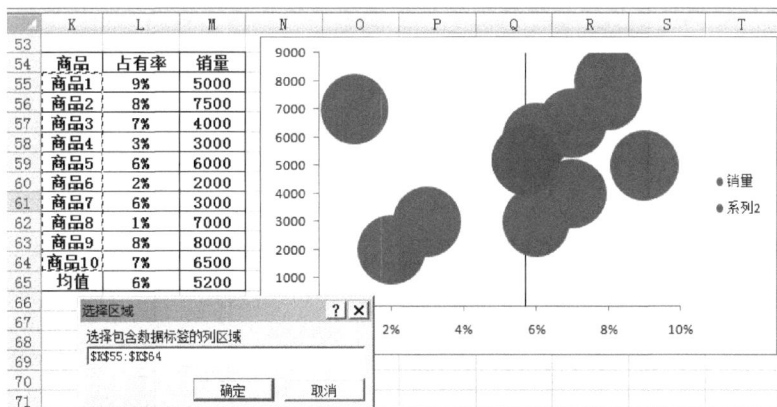

图 1.169　选择数据标签区域

1.3.6　四象限气泡图

基于图 1.170 所示的商品数据制作四象限气泡图。

(1)构建"大小"名称辅助列,在 N75 单元格中输入公式"＝L75 * M75",按回车键并向下填充公式到 N85,如图 1.171 所示。

(2)选中数据区域 L75:N84,点击"插入"/"图表"/"其他图表"/"气泡图",所得图形如图 1.172 所示。

(3)点击气泡图,之后点击菜单上方的"图表工具"/"设计"/"数据"/"选择数据",点击图例项下方的"添加",见图 1.173。在弹出窗口中 X 轴系列值选择"占有率"的均值、Y 轴系列值选择"销量"的均值,系列气泡大小选择"大小"的均值,如图 1.174 所示,之后点击"确定"。

	K	L	M
74	商品	占有率	销量
75	商品1	9%	5000
76	商品2	8%	7500
77	商品3	7%	4000
78	商品4	3%	3000
79	商品5	6%	6000
80	商品6	2%	2000
81	商品7	6%	3000
82	商品8	1%	7000
83	商品9	8%	8000
84	商品10	7%	6500
85	均值	6%	5200

图 1.170　原始数据

	K	L	M	N
74	商品	占有率	销量	大小
75	商品1	9%	5000	450
76	商品2	8%	7500	600
77	商品3	7%	4000	280
78	商品4	3%	3000	90
79	商品5	6%	6000	360
80	商品6	2%	2000	40
81	商品7	6%	3000	180
82	商品8	1%	7000	70
83	商品9	8%	8000	640
84	商品10	7%	6500	455
85	均值	6%	5200	296.4

图 1.171　构建辅助列

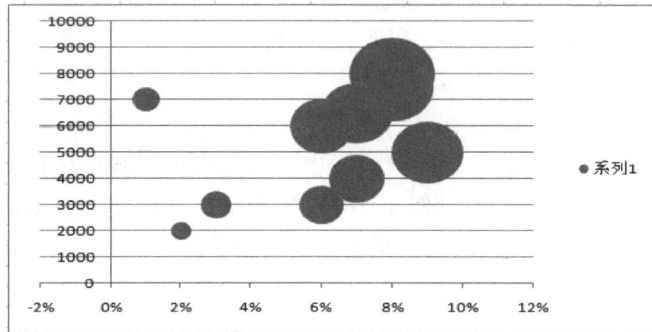

图 1.172　插入气泡图

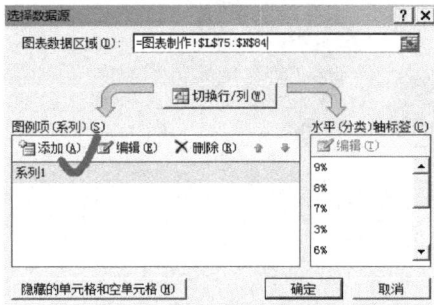

图 1.173　选择数据

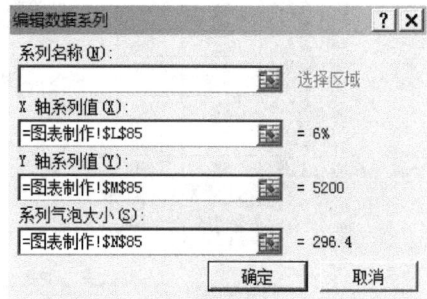

图 1.174　编辑数据系列

（4）气泡图中多了一个均值气泡，如图 1.175 所示。

（5）点击均值点的气泡，之后点击菜单上方的"图表工具"/"布局"/"分析"/"误差线"/"其他误差线选项"，设置误差量中的百分比为 300%，如图 1.176 所示。

（6）单击坐标轴后右键鼠标设置坐标轴格式（或再按 Ctrl+1），分别将纵轴最小、最大值固定为 0、9000，横轴最小、最大值固定为 0、0.1。点击"图表工具"/"布局"/"坐标轴"/"网格线"/"主要横网格线"/"无"，取消主要横网格线。点击最上方显示不全的气泡，右击鼠标设置数据点格式，将气泡大小缩放为 80%，最终效果见图 1.177。

（7）点击均值气泡，之后点击菜单上方的"图表工具"/"格式"/"形状填充"/"无填充颜色"。再点击其他气泡，右击鼠标添加数据标签。可以进一步右击鼠标设置数据标签格式，如图 1.178 所示。

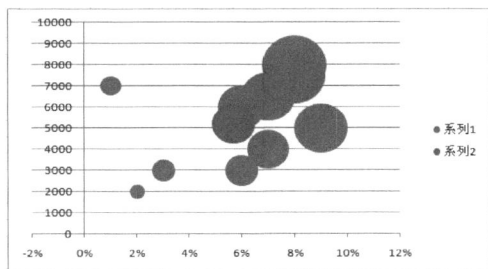

图 1.175　添加均值气泡

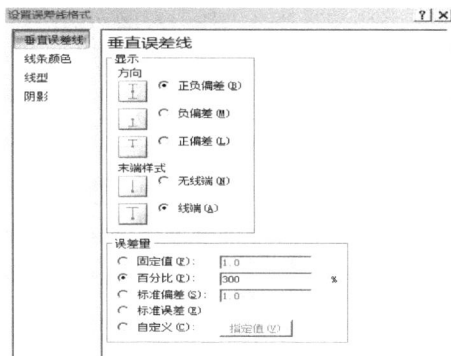

图 1.176　设置误差线格式

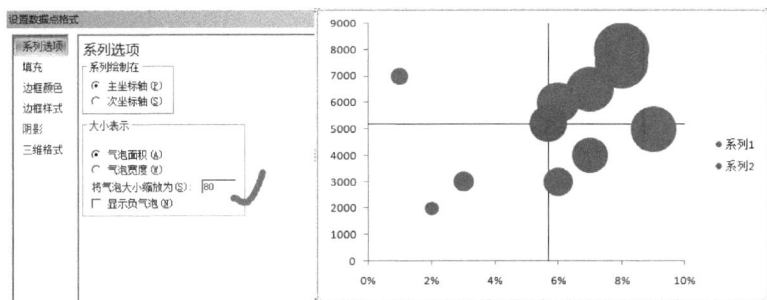

图 1.177　设置数据点格式及其效果图

(8)为气泡添加文字标签。可以通过 VBA 编辑器,输入相关代码(具体见 1.3.5 节中的波士顿矩阵图制作过程,这里不再重复),最终效果图如图 1.179 所示。

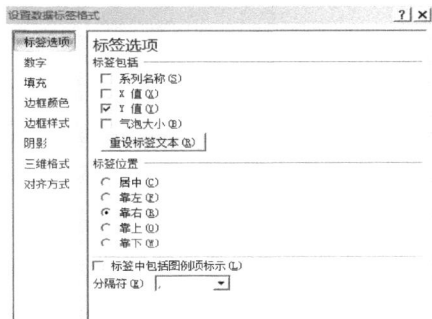

图 1.178　设置数据标签格式

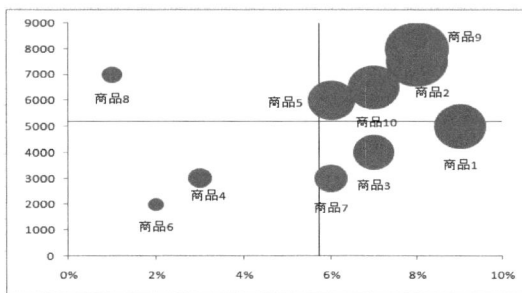

图 1.179　最终气泡图

1.3.7　条形瀑布图

基于图 1.180 所示数据制作条形瀑布图(注:W 列为分数文本格式)。

(1)构建辅助列,如图 1.181 所示,在 X2 单元格中输入公式“＝(MAX($Y$2:$Y$26)－Y2)/2”,按回车键并向下填充到 X26。

(2)选中数据区域 W1:Y26,点击菜单“插入”/“图表”/“条形图”/“二维条形图”/“堆积条形图”(第二个二维条形图),调整图例位置,结果如图 1.182 所示。

	W	X
1	分数	人数
2	590分	2
3	589分	7
4	588分	12
5	587分	21
6	586分	32
7	585分	47
8	584分	61
9	583分	80
10	582分	92
11	581分	130
12	580分	155
13	579分	216
14	578分	240
15	577分	214
16	576分	198
17	575分	170
18	574分	145
19	573分	118
20	572分	87
21	571分	65
22	570分	32
23	569分	24
24	568分	18
25	567分	11
26	566分	5

图 1.180　原始数据

	W	X	Y
1	分数	辅助列	人数
2	590分	119	2
3	589分	116.5	7
4	588分	114	12
5	587分	109.5	21
6	586分	104	32
7	585分	96.5	47
8	584分	89.5	61
9	583分	80	80
10	582分	74	92
11	581分	55	130
12	580分	42.5	155
13	579分	12	216
14	578分	0	240
15	577分	13	214
16	576分	21	198
17	575分	35	170
18	574分	47.5	145
19	573分	61	118
20	572分	76.5	87
21	571分	87.5	65
22	570分	104	32
23	569分	108	24
24	568分	111	18
25	567分	114.5	11
26	566分	117.5	5

图 1.181　构建辅助列

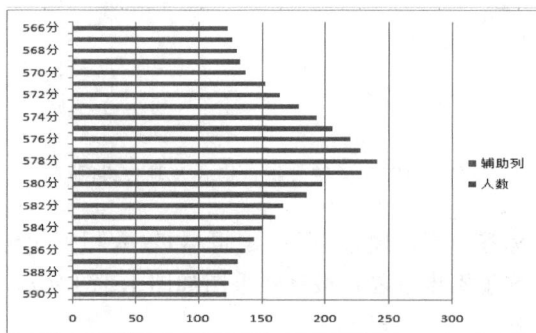

图 1.182　插入堆积条形图

（3）点击纵轴标签，右击鼠标设置坐标轴格式（也可再按 Ctrl＋1），在坐标轴选项中勾选"逆序类别"使纵轴分数从大到小排列，在横坐标轴交叉处选"最大分类"，如图 1.183 所示。效果如图 1.184 所示。

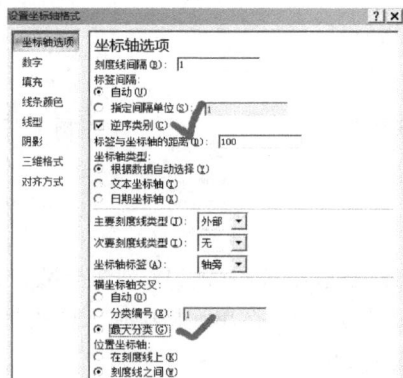

图 1.183　设置坐标轴格式

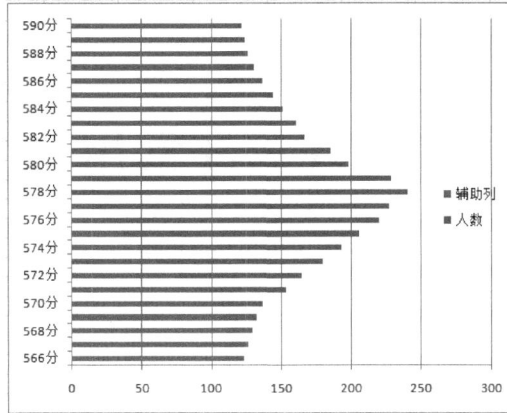

图 1.184　设置坐标轴格式效果图

（4）选中图形中的辅助列条形，之后点击菜单栏上方的"图表工具"/"格式"/"形状填充"/"无填充颜色"，使辅助列不在图形中显示，同时删除图例，设置横坐标轴格式，使最小值、最大值分别固定为 0、250，调整字体大小，最终结果如图 1.185 所示。

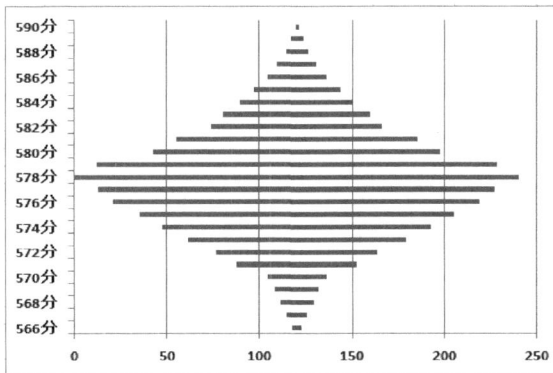

图 1.185　取消辅助列、图例后的效果图

第 2 章　Excel 常用函数

Excel 是一个非常强大的表格和数据分析工具,它提供了许多内置函数来帮助用户进行各种计算和分析。Excel 函数是预先定义的特定计算公式。按照这个特定的计算公式对一个或多个参数进行计算所得出的一个或多个计算的结果,叫作函数值。Excel 函数包括逻辑函数、日期和时间函数、数学和三角函数、财务函数、文本函数、查找与引用函数等。由于篇幅所限,结合财务人员的一般工作需求,我们选取了部分常用函数进行说明。

2.1　Excel 函数基础知识

2.1.1　Excel 函数简介

如图 2.1 所示,点击菜单"公式"/"函数库",可以发现有"插入函数""自动求和""最近使用的函数"以及函数库中的财务、逻辑、文本、日期和时间、查找与引用、数学和三角函数等函数,其他函数里还有统计、工程、多维数据集、信息等函数。

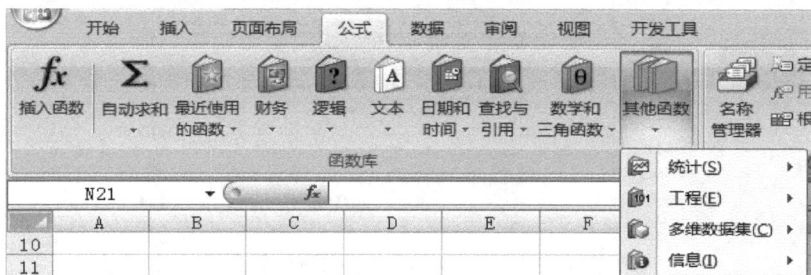

图 2.1　公式菜单

Excel 函数由以下几个部分构成:①等号。Excel 函数以等号(=)开始。②函数名称。函数名称代表了函数的作用,如求和函数"SUM"。③括号。括号内的一系列参数,代表了要执行的任务,不同的函数干不同的事,因此参数也不同。④参数。参数可以是数字、文本、逻辑值、数组、错误值或单元格引用。⑤逗号。逗号用于分隔参数。如我们要计算单元格 A1 到 A4 的数据之和,可以在任意一个非空单元格中输入函数"=SUM(A1:A4)",按回车键即可得到需要的结果。这里 SUM 是函数名称,用于求和;A1:A4 是参数,表示要求和的数据范围。

我们可以按照上述 Excel 函数的构成部分,直接在非空单元格中输入"="和"函数名"(可输入几个函数字母,Excel 有函数名提示),再输入括号和参数;也可以先选中某非空单元格,再点击菜单"公式"/"插入函数"(见图 2.2),选择需要的函数后点击"确定"即可完成函数输入。

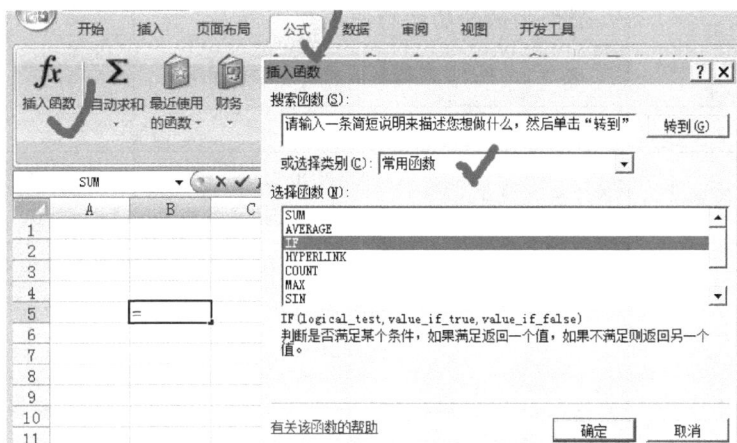

图 2.2　插入函数

2.1.2　函数的错误信息提示

用户在使用函数时出现错误，Excel 会提供相应的错误信息以帮助用户识别和解决问题。表 2.1 是常见的 Excel 函数错误及其相应的错误信息。

表 2.1　常见的 Excel 函数错误信息

错误信息	错误类型及原因
♯DIV/0!	除零错误，这种错误会在用户试图除以零时出现
♯REF!	引用错误，通常是因为用户引用了不存在的单元格或范围
♯N/A	不适用错误，通常是在查找函数中未找到匹配项时出现
♯NULL!	空值错误，通常是因为在函数中使用了空格分隔单元格引用(无效的引用方式)
♯NAME?	名称错误，通常是因为函数名称拼写错误或不正确
♯ERROR!	通用错误提示，表示公式包含错误
♯VALUE!	数值错误，通常是因为函数参数的类型不正确或无效
♯NUM!	数值范围错误，通常是因为参数超出了函数所能处理的数值范围
♯♯♯♯	返回的结果比所在单元格宽

2.2　逻辑函数

Excel 的逻辑函数是一组用于处理逻辑判断、条件分支和错误处理的内置函数。这些函数允许用户根据特定条件来执行不同的计算或返回不同的值，从而进行数据分析、决策和数据处理。常见的逻辑函数包括 IF、AND、OR、NOT、TRUE、FALSE、IFERROR 和 IFNA，它们帮助用户在 Excel 中执行复杂的逻辑操作和错误处理。如 IF 用于条件判断并返回不同值，AND 用于多条件同时成立判断，OR 用于多条件至少一项成立判断，NOT 用于返回相反逻辑值，IFERROR 和 IFNA 用于处理错误情况，它们都可提高数据处理的灵活性和精准度。

表 2.2 是大部分 Excel 逻辑函数的功能与使用举例。

表 2.2　Excel 逻辑函数的功能与使用举例

函数名	功能	使用举例
AND	同时测试多个条件是否为真	"=AND(A1>5,B1<10)",当 A1 的值大于 5 且 B1 的值小于 10 时,函数将返回 TRUE
FALSE	返回逻辑值 FALSE	=IF(A1<1000,"小于 1000",FALSE( ))
IF	条件判断函数	"IF(A2=100,SUM(B2:B5),"")",如果 A2 为 100,则计算单元格区域 B2:B5 之和,否则返回空文本
IFERROR	如果公式的计算结果为错误,则返回指定的值;否则将返回公式的结果	"=IFERROR(A2/B2,"计算中有错误")",检查第一个参数中是否存在公式错误,存在则返回"计算中有错误",如果未找到错误,返回公式计算结果
NOT	用来对其参数的逻辑值求反	"=IF(NOT(C4<5000),500,0)",如果总销售额不小于 5000,则给予奖金 500 元;否则返回 0
OR	任何一个参数逻辑值为 TRUE,即返回 TRUE	"=IF(OR(C2<60,D2<60),"不及格","及格")",任意一科小于 60 分就返回不及格
TRUE	返回逻辑值 TRUE	"=IF(A1>10,TRUE( ),FALSE( ))",A1 大于 10 返回 TRUE,否则返回 FALSE

2.2.1　AND 函数

AND 函数的语法结构为"=AND(条件 1,条件 2,……)"。"条件 1,条件 2,……"为要进行逻辑判断的条件,可以是数值、逻辑值(TRUE 或 FALSE)、公式等。我们可以输入多个条件,函数会判断所有条件是否都为真。如果所有条件都为真,函数会返回 TRUE;如果至少有一个条件为假,函数会返回 FALSE。

1. 操作案例 1

图 2.3 是 5 名学生的语文、数学、外语成绩。假如每门课程的考试成绩均大于 90 分则为优秀。要求:判断每名学生是否为优秀学生。

	AH	AI	AJ	AK	AL	AM	AN
2	姓名	语文	数学	外语			
3	张三	85	79	99			
4	李四	78	98	61			
5	王五	71	96	92			
6	赵六	72	70	79			
7	刘七	92	93	95			

图 2.3　学生成绩

(1)在 AL3 单元格中输入公式"=AND(AI3>90,AJ3>90,AK3>90)",按回车键即可得到张三的判断结果,如图 2.4 所示。返回结果为 FALSE,说明张三的考试成绩不满足条件,张三不是优秀学生。

	AH	AI	AJ	AK	AL	AM	AN	AO
2	姓名	语文	数学	外语				
3	张三	85	79	99	FALSE			
4	李四	78	98	61				
5	王五	71	96	92				
6	赵六	72	70	79				
7	刘七	92	93	95				

图 2.4　张三的成绩判断结果

(2)选中 AL3 单元格,并把鼠标放在其右下角,当出现"＋"符号时,向下填充公式到 AL7 单元格,如图 2.5 所示。可以发现,只有刘七的函数返回结果是 TRUE,其他的返回结果都是 FALSE。由此可知,只有刘七是优秀学生,其他学生都不是优秀学生。

	AH	AI	AJ	AK	AL	AM	AN	
2	姓名	语文	数学	外语				
3	张三	85	79	99	FALSE			
4	李四	78	98	61	FALSE			
5	王五	71	96	92	FALSE			
6	赵六	72	70	79	FALSE			
7	刘七	92	93	95	TRUE			

图 2.5　全部学生的成绩判断结果

2. 操作案例 2

使用"291 个地级市数据",假设同时满足下列条件的城市为经济强市:年末户籍人口超过 750 万人、地区生产总值超过 1 万亿元、第三产业比重超过 50%。要求:判断每一个城市是否为经济强市。

(1)打开"291 个地级市数据",部分截图如图 2.6 所示。

	A	B	C	D	E	F	G	H	I	J	K	L	M	N	O	P
1	序号	城市	年末户籍人口/万人	行政区域土地面积/平方公里	地区生产总值(当年价格)/万元	第一产业占GDP的比重/%	第二产业占GDP的比重/%	第三产业占GDP的比重/%	地方一般公共预算收入/万元	年末金融机构存款余额/万元	货物进口额/万元	第一产业就业人员/人	第二产业就业人员/人	第三产业就业人员/人	全社会用电量/万千瓦·时	邮政业务收入/万元
2	1	石家庄市	982	15848	60826180	6.91	37.57	55.51	5196778	132251558	3439612	1706	275156	682791	4975000	693936
3	2	唐山市	758	14198	69549700	7.09	54.89	38.02	4324347	93697719	2802690	14758	344368	426892	7955282	195342
4	3	秦皇岛市	300	7803	16355631	12.43	33.14	54.43	1334339	32219920	536466	491	92753	190300	1545332	85860
5	4	邯郸市	1058	12065	34545705	9.07	45.1	45.83	2433970	56536953	70088	596	235204	389259	4070411	135840
6	5	邢台市	797	12433	21507611	12.34	40.77	46.89	1490014	41757544	35703	500	115762	256838	2763152	169156

图 2.6　原始数据

(2)在 AA2 单元格中输入公式"＝AND(M2>750,O2>100000000,R2>50)",按回车键即可得到石家庄市的判断结果,如图 2.7 所示。返回结果为 FALSE,说明石家庄市的综合实力不满足经济强市条件,石家庄市不是经济强市。

AA2			fx	=AND(M2>750,O2>100000000,R2>50)												
K	L	M	N	O	P	Q	R	S	T	U	V	W	X	Y	Z	AA
序号	城市	年末户籍人口/万人	行政区域土地面积/平方公里	地区生产总值(当年价格)/万元	第一产业占GDP的比重/%	第二产业占GDP的比重/%	第三产业占GDP的比重/%	地方一般公共预算收入/万元	年末金融机构存款余额/万元	货物进口额/万元	第一产业就业人员/人	第二产业就业人员/人	第三产业就业人员/人	全社会用电量/万千瓦·时	邮政业务收入/万元	是否为经济强市
1	石家庄市	982	15848	60826180	6.91	37.57	55.51	5196778	132251558	3439612	1706	275156	682791	4975000	693936	FALSE
2	唐山市	758	14198	69549700	7.09	54.89	38.02	4324347	93697719	2802690	14758	344368	426892	7955282	195342	
3	秦皇岛市	300	7803	16355631	12.43	33.14	54.43	1334339	32219920	536466	491	92753	190300	1545332	85860	
4	邯郸市	1058	12065	34545705	9.07	45.1	45.83	2433970	56536953	70088	596	235204	389259	4070411	135840	
5	邢台市	797	12433	21507611	12.34	40.77	46.89	1490014	41757544	35703	500	115762	256838	2763152	169156	

图 2.7　石家庄市的判断结果

(3)选中 AA2 单元格,并把鼠标放在其右下角,当出现"＋"符号时,向下填充公式到 AA292 单元格,可以得到其他城市的判断结果。部分截图如图 2.8 所示。

	城市	年末户籍人口/万人	行政区域土地面积/平方公里	地区生产总值(当年价格)/万元	第一产业占GDP的比重/%	第二产业占GDP的比重/%	第三产业占GDP的比重/%	地方一般公共预算收入/万元	年末金融机构存款余额/万元	货物进口额/万元	第一产业就业人员/人	第二产业就业人员/人	第三产业就业人员/人	全社会用电量/万千瓦·时	邮政业务收入/万元	是否为经济强市
2	石家庄市	982	15848	60826180	6.91	37.57	55.51	5196778	132251558	3439612	1706	275156	682791	4975000	693936	FALSE
3	唐山市	758	14198	69549700	7.09	54.89	38.02	4324347	93697719	2802690	14758	344368	426892	7955282	195342	FALSE
4	秦皇岛市	300	7803	16355631	12.43	33.14	54.43	1334339	32219920	536466	491	92753	190300	1545332	85860	FALSE
5	邯郸市	1058	12065	34545705	9.07	45.1	45.83	2433970	56536953	70088	596	235204	389259	4070411	135840	FALSE

图 2.8 全部城市的判断结果

(4)为了方便查看,我们可以使用筛选功能把结果是 TRUE 的城市筛选出来。只需要选中 AA 列,点击"开始"菜单中的"排序和筛选",在默认筛选条件里把 FALSE 前面的勾选取消即可,筛选后的结果如图 2.9 所示。

序号	城市	年末户籍人口/万人	行政区域土地面积/平方公里	地区生产总值(当年价格)/万元	第一产业占GDP的比重/%	第二产业占GDP的比重/%	第三产业占GDP的比重/%	地方一般公共预算收入/万元	年末金融机构存款余额/万元	货物进口额/万元	第一产业就业人员/人	第二产业就业人员/人	第三产业就业人员/人	全社会用电量/万千瓦·时	邮政业务收入/万元	是否为经济强市
79	杭州市	774	16853	135091508	2.26	33.84	63.9	18250616	388100493	18281654	680	1327433	1463762	7969558	3646724	TRUE
127	青岛市	818	11282	120015200	3.22	40.42	56.36	12319138	155321863	21490342	741	699927	748797	4318172	628129	TRUE
143	郑州市	864	7446	101433173	1.45	43.88	54.67	11520568	217672027	15278657	1609	930576	947161	5603221	7585788	TRUE
160	武汉市	884	8569	148472900	2.44	42.96	54.61	15286984	257204643	8732000	3408	901760	1192567	5803372	1158500	TRUE
185	广州市	928	7434	228593471	0.98	27.27	71.75	16342242	526474721	42040898	1363	1057553	2427538	9369013	5181081	TRUE
223	成都市	1476	14335	153427716	3.41	42.47	54.12	14241550	366561480	22362832	54220	1973831	4107350	6374116	1289200	TRUE

图 2.9 筛选结果是 TRUE 的城市

2.2.2 OR 函数

在 Excel 中,OR 函数用于判断一个或多个条件是否为 TRUE,如果至少有一个条件为 TRUE,则返回 TRUE;如果所有条件都为 FALSE,则返回 FALSE。以下是 OR 函数的语法结构:"＝OR(logical1,logical2,…)"。"logical1,logical2,…"代表要测试的逻辑表达式或条件,可以是单个逻辑值、包含逻辑值的单元格引用、返回逻辑值的函数或公式。OR 函数可以包含多达 255 个逻辑参数,但至少需要一个逻辑参数。OR 函数遵循"短路求值"原则,即如果第一个条件为 TRUE,就不再继续计算后续条件。

1. 操作案例 1

图 2.10 是 5 名学生的语文、数学、外语成绩。假如学生只要有一门课程的考试成绩低于 65 分则为差生。要求:判断每名学生是否为差生。

	AH	AI	AJ	AK	AL	AM	AN	AO
2	姓名	语文	数学	外语	是否为优秀学生	是否为差生		
3	张三	85	79	99	FALSE			
4	李四	78	98	61	FALSE			
5	王五	71	96	92	FALSE			
6	赵六	72	70	79	FALSE			
7	刘七	92	93	95	TRUE			

图 2.10 原始数据

(1)在 AM3 单元格中输入公式"＝OR(AI3＜65,AJ3＜65,AK3＜65)",按回车键即可得到张三的判断结果,如图 2.11 所示。返回结果为 FALSE,说明张三的考试成绩不满足条件,张三不是差生。

图 2.11 张三的成绩判断结果

(2)选中 AM3 单元格,并把鼠标放在其右下角,当出现"＋"符号时,向下填充公式到 AM7 单元格,如图 2.12 所示。可以发现,只有李四的函数返回结果是 TRUE,其他的返回结果都是 FALSE。由此可知,只有李四是差生,其他学生都不是差生。

图 2.12 全部学生的成绩判断结果

2. 操作案例 2

使用"291 个地级市数据",假设只要满足下列任意一个条件即为经济弱市:年末户籍人口少于 750 万人、地区生产总值低于 1 万亿元、第三产业比重低于 50%。要求:判断每一个城市是否为经济弱市。

(1)打开"291 个地级市数据",部分截图如图 2.13 所示。

图 2.13 原始数据

(2)在 AB2 单元格中输入公式"＝OR(M2＜750,O2＜100000000,R2＜50)",按回车键即可得到石家庄市的判断结果,如图 2.14 所示。返回结果为 TRUE,说明石家庄市为经济弱市。

(3)选中 AB2 单元格,并把鼠标放在其右下角,当出现"＋"符号时,向下填充公式到 AB292 单元格,可以得到其他城市的判断结果。部分截图如图 2.15 所示。

AB2　=OR(M2<750,O2<100000000,R2<50)

	L	M	N	O	P	Q	R	S	T	U	V	W	X	Y	AA	AB
1	城市	年末户籍人口/万人	行政区域土地面积/平方公里	地区生产总值(当年价格)/万元	第一产业占GDP的比重/%	第二产业占GDP的比重/%	第三产业占GDP的比重/%	地方一般公共预算收入/万元	年末金融机构存款余额/万元	货物进口额/万元	第一产业就业人员/人	第二产业就业人员/人	第三产业就业人员/人	全社会用电量/万千瓦·时	是否为经济强市	是否为经济弱市
2	石家庄市	982	15848	60826180	6.91	37.57	55.51	5196778	132251558	3439612	1706	275156	682791	4975000	FALSE	TRUE
3	唐山市	758	14198	69549700	7.09	54.89	38.02	4324347	93697719	2802690	14758	344368	426892	7955282	FALSE	
4	秦皇岛市	300	7803	16355631	12.43	33.14	54.43	1334339	32219920	536466	491	92753	190300	1545332	FALSE	
5	邯郸市	1058	12065	34545705	9.07	45.1	45.83	2433970	56536953	70088	596	235204	389259	4070411	FALSE	

图 2.14　石家庄市的判断结果

	L	M	N	O	P	Q	R	S	T	U	V	W	X	Y	AA	AB
1	城市	年末户籍人口/万人	行政区域土地面积/平方公里	地区生产总值(当年价格)/万元	第一产业占GDP的比重/%	第二产业占GDP的比重/%	第三产业占GDP的比重/%	地方一般公共预算收入/万元	年末金融机构存款余额/万元	货物进口额/万元	第一产业就业人员/人	第二产业就业人员/人	第三产业就业人员/人	全社会用电量/万千瓦·时	是否为经济强市	是否为经济弱市
2	石家庄市	982	15848	60826180	6.91	37.57	55.51	5196778	132251558	3439612	1706	275156	682791	4975000	FALSE	TRUE
3	唐山市	758	14198	69549700	7.09	54.89	38.02	4324347	93697719	2802690	14758	344368	426892	7955282	FALSE	TRUE
4	秦皇岛市	300	7803	16355631	12.43	33.14	54.43	1334339	32219920	536466	491	92753	190300	1545332	FALSE	TRUE
5	邯郸市	1058	12065	34545705	9.07	45.1	45.83	2433970	56536953	70088	596	235204	389259	4070411	FALSE	TRUE

图 2.15　全部城市的判断结果

(4)可以发现,绝大多数城市的返回结果是 TRUE,即属于经济弱市,少数城市不属于经济弱市。为了方便查看,我们可以使用筛选功能把不属于经济弱市的城市筛选出来。只需要选中 AB 列,点击"开始"菜单中的"排序和筛选",在默认筛选条件里把 TRUE 前面的勾选取消即可,筛选后的结果如图 2.16 所示。可以发现,经济强市与经济弱市之间是对应的,经济强市的判断结果为 TRUE 时,经济弱市的判断结果就为 FALSE。

	L	M	N	O	P	Q	R	S	T	U	V	W	X	Y	AA	AB
1	城市	年末户籍人口/万人	行政区域土地面积/平方公里	地区生产总值(当年价格)/万元	第一产业占GDP的比重/%	第二产业占GDP的比重/%	第三产业占GDP的比重/%	地方一般公共预算收入/万元	年末金融机构存款余额/万元	货物进口额/万元	第一产业就业人员/人	第二产业就业人员/人	第三产业就业人员/人	全社会用电量/万千瓦·时	是否为经济强市	是否为经济弱市
80	杭州市	774	16853	135091508	2.26	33.84	63.9	18250616	388100493	18281654	680	1327433	1463762	7969558	TRUE	FALSE
128	青岛市	818	11282	120015200	3.22	40.42	56.36	12319138	155321863	21490342	741	699927	748797	4318172	TRUE	FALSE
144	郑州市	864	7446	101433173	1.45	43.88	54.67	11520568	217672027	15278657	1609	930576	947161	5603221	TRUE	FALSE
161	武汉市	884	8569	148472900	2.44	42.96	54.6	15286984	257204643	8732000	3408	901760	1192567	5803372	TRUE	FALSE
186	广州市	928	7434	228593471	0.98	27.27	71.75	16342242	526474721	42040898	1363	1057553	2427538	9369013	TRUE	FALSE
224	成都市	1476	14335	153427716	3.41	42.47	54.12	14241550	366561480	22362832	54220	1973831	4107350	6374116	TRUE	FALSE

图 2.16　筛选结果是 FALSE 的城市

2.2.3　IF 函数

IF 函数是 Excel 中非常常用且强大的函数,可以根据不同的情况进行灵活的结果返回,适用于各种数据分析和处理场景。IF 函数用于根据指定的条件进行条件判断,并返回不同的值。

IF 函数的基本语法为"=IF(logical_test,value_if_true,value_if_false)"。其中,"logical_test"为逻辑测试,是一个表达式或条件,用于判断是否为真或假,可以是数值、文本、逻辑值等;"value_if_true"表示如果逻辑测试结果为真,则返回的值;"value_if_false"表示如果逻辑测试结果为假,则返回的值。IF 函数根据逻辑测试的结果,返回相应的值。如果逻辑测试为真,返回"如果为真的值",如果逻辑测试为假,返回"如果为假的值"。例如,"=IF(A1>10,"大于 10"，"不大于 10"）"表示如果单元格 A1 大于 10 则返回结果"大于 10"，否则返回结果"不大于 10"。IF 函数还可以嵌套，用于复杂的条件判断。例如，可以嵌套多个 IF 函数来实现多重条件判断："＝IF（条件 1，"结果 1"，IF（条件 2，"结果 2"，IF（条件 3，"结果 3"，"默认结果"）））"（**注意**：半括号的个数，不要少写或多写），它的含义为：如果满足条件 1，就返回"结果 1"；如果不满足条件 1，但满足条件 2，则返回"结果 2"；如果同时不满足条件 1 和条件 2，但满足条件 3，则返回"结果 3"；如果条件 1、2、3 均不满足，则返回"默认结果"。

1. 操作案例 1

使用"291 个地级市数据"，假设一个城市年末户籍人口大于 500 万人，则为特大城市，否则就是非特大城市。要求：判断每一个城市是否为特大城市。

（1）打开"291 个地级市数据"，部分截图如图 2.17 所示。

	L	M	N	O	P	Q	R	S	T	U	V	W	X	Y	Z	AC
1	城市	年末户籍人口/万人	行政区域土地面积/平方公里	地区生产总值（当年价格）/万元	第一产业占GDP的比重/%	第二产业占GDP的比重/%	第三产业占GDP的比重/%	地方一般公共预算收入/万元	年末金融机构存款余额/万元	货物进口额/万元	第一产业就业人员/人	第二产业就业人员/人	第三产业就业人员/人	全社会用电量/万千瓦·时	邮政业务收入/万元	是否为特大城市
2	石家庄市	982	15848	60826180	6.91	37.57	55.51	5196778	132251558	3439612	1706	275156	682791	4975000	693936	
3	唐山市	758	14198	69549700	7.09	54.89	38.02	4324347	93697719	2802690	14758	344368	426892	7955282	195342	
4	秦皇岛市	300	7803	16355631	12.43	33.14	54.43	1334339	32219920	536466	491	92753	190300	1545332	85860	
5	邯郸市	1058	12065	34545705	9.07	45.1	45.83	2433970	56536953	70088	596	235204	389259	4070411	135840	
6	邢台市	797	12433	21507611	12.34	40.77	46.89	1490014	41757544	35703	500	115762	256838	2763152	169156	

图 2.17　原始数据

（2）在 AC2 单元格中输入公式"＝IF（M2＞500，"特大城市"，"非特大城市"）"，按回车键即可得到石家庄市的判断结果，如图 2.18 所示。返回结果表明石家庄市为特大城市。

	L	M	N	O	P	Q	R	S	T	U	V	W	X	Y	Z	AC
1	城市	年末户籍人口/万人	行政区域土地面积/平方公里	地区生产总值（当年价格）/万元	第一产业占GDP的比重/%	第二产业占GDP的比重/%	第三产业占GDP的比重/%	地方一般公共预算收入/万元	年末金融机构存款余额/万元	货物进口额/万元	第一产业就业人员/人	第二产业就业人员/人	第三产业就业人员/人	全社会用电量/万千瓦·时	邮政业务收入/万元	是否为特大城市
2	石家庄市	982	15848	60826180	6.91	37.57	55.51	5196778	132251558	3439612	1706	275156	682791	4975000	693936	特大城市
3	唐山市	758	14198	69549700	7.09	54.89	38.02	4324347	93697719	2802690	14758	344368	426892	7955282	195342	
4	秦皇岛市	300	7803	16355631	12.43	33.14	54.43	1334339	32219920	536466	491	92753	190300	1545332	85860	
5	邯郸市	1058	12065	34545705	9.07	45.1	45.83	2433970	56536953	70088	596	235204	389259	4070411	135840	

图 2.18　石家庄市的判断结果

（3）选中 AC2 单元格，并把鼠标放在其右下角，当出现"＋"符号时，向下填充公式到 AC292 单元格，可以得到其他城市的判断结果，部分截图如图 2.19 所示。

	L	M	N	O	P	Q	R	S	T	U	V	W	X	Y	Z	AC
1	城市	年末户籍人口/万人	行政区域土地面积/平方公里	地区生产总值（当年价格）/万元	第一产业占GDP的比重/%	第二产业占GDP的比重/%	第三产业占GDP的比重/%	地方一般公共预算收入/万元	年末金融机构存款余额/万元	货物进口额/万元	第一产业就业人员/人	第二产业就业人员/人	第三产业就业人员/人	全社会用电量/万千瓦·时	邮政业务收入/万元	是否为特大城市
2	石家庄市	982	15848	60826180	6.91	37.57	55.51	5196778	132251558	3439612	1706	275156	682791	4975000	693936	特大城市
3	唐山市	758	14198	69549700	7.09	54.89	38.02	4324347	93697719	2802690	14758	344368	426892	7955282	195342	特大城市
4	秦皇岛市	300	7803	16355631	12.43	33.14	54.43	1334339	32219920	536466	491	92753	190300	1545332	85860	非特大城市
5	邯郸市	1058	12065	34545705	9.07	45.1	45.83	2433970	56536953	70088	596	235204	389259	4070411	135840	特大城市
6	邢台市	797	12433	21507611	12.34	40.77	46.89	1490014	41757544	35703	500	115762	256838	2763152	169156	特大城市

图 2.19　全部城市的判断结果

2. 操作案例 2

使用"291 个地级市数据"，假设一个城市年末户籍人口大于 1000 万人，则为超大城市；人口大于 500 万人,小于 1000 万人,为特大城市;人口大于 100 万人,小于 500 万人,为大城市;人口大于 50 万人,小于 100 万人,为中等城市;人口小于 50 万人,则为小城市。要求:判断每一个城市的城市类型。

(1)打开"291 个地级市数据",部分截图如图 2.20 所示。

	L	M	N	O	P	Q	R	S	T	U	V	W	X	Y	Z	AD
1	城市	年末户籍人口/万人	行政区域土地面积/平方公里	地区生产总值(当年价格)/万元	第一产业占GDP的比重/%	第二产业占GDP的比重/%	第三产业占GDP的比重/%	地方一般公共预算收入/万元	年末金融机构存款余额/万元	货物进出口额/万元	第一产业就业人员/人	第二产业就业人员/人	第三产业就业人员/人	全社会用电量/万千瓦·时	邮政业务收入/万元	城市类型
2	石家庄市	982	15848	60826180	6.91	37.57	55.51	5196778	132251558	3439612	1706	275156	682791	4975000	693936	
3	唐山市	758	14198	69549700	7.09	54.89	38.02	4324347	93697719	2802690	14758	344368	426892	7955282	195342	
4	秦皇岛市	300	7803	16355631	12.43	33.14	54.43	1334339	32219920	536466	491	92753	190300	1545332	85860	
5	邯郸市	1058	12065	34545705	9.07	45.1	45.83	2433970	56536953	70088	596	235204	389259	4070411	135840	

图 2.20 原始数据

(2)在 AD2 单元格中输入公式"＝IF(M2＜50,"小城市",IF(M2＜100,"中等城市",IF(M2＜500,"大城市",IF(M2＜1000,"特大城市","超大城市"))))",按回车键即可得到石家庄市的判断结果,如图 2.21 所示。返回结果表明石家庄市为特大城市。

	L	M	N	O	P	Q	R	S	T	U	V	W	X	Y	Z	AD
1	城市	年末户籍人口/万人	行政区域土地面积/平方公里	地区生产总值(当年价格)/万元	第一产业占GDP的比重/%	第二产业占GDP的比重/%	第三产业占GDP的比重/%	地方一般公共预算收入/万元	年末金融机构存款余额/万元	货物进出口额/万元	第一产业就业人员/人	第二产业就业人员/人	第三产业就业人员/人	全社会用电量/万千瓦·时	邮政业务收入/万元	城市类型
2	石家庄市	982	15848	60826180	6.91	37.57	55.51	5196778	132251558	3439612	1706	275156	682791	4975000	693936	特大城市
3	唐山市	758	14198	69549700	7.09	54.89	38.02	4324347	93697719	2802690	14758	344368	426892	7955282	195342	
4	秦皇岛市	300	7803	16355631	12.43	33.14	54.43	1334339	32219920	536466	491	92753	190300	1545332	85860	
5	邯郸市	1058	12065	34545705	9.07	45.1	45.83	2433970	56536953	70088	596	235204	389259	4070411	135840	

图 2.21 石家庄市的判断结果

(3)选中 AD2 单元格,并把鼠标放在其右下角,当出现"＋"符号时,向下填充公式到 AD292 单元格,可以得到其他城市的判断结果,部分截图如图 2.22 所示。

AF9

	L	M	N	O	P	Q	R	S	T	U	V	W	X	Y	Z	AD
1	城市	年末户籍人口/万人	行政区域土地面积/平方公里	地区生产总值(当年价格)/万元	第一产业占GDP的比重/%	第二产业占GDP的比重/%	第三产业占GDP的比重/%	地方一般公共预算收入/万元	年末金融机构存款余额/万元	货物进出口额/万元	第一产业就业人员/人	第二产业就业人员/人	第三产业就业人员/人	全社会用电量/万千瓦·时	邮政业务收入/万元	城市类型
2	石家庄市	982	15848	60826180	6.91	37.57	55.51	5196778	132251558	3439612	1706	275156	682791	4975000	693936	特大城市
3	唐山市	758	14198	69549700	7.09	54.89	38.02	4324347	93697719	2802690	14758	344368	426892	7955282	195342	特大城市
4	秦皇岛市	300	7803	16355631	12.43	33.14	54.43	1334339	32219920	536466	491	92753	190300	1545332	85860	大城市
5	邯郸市	1058	12065	34545705	9.07	45.1	45.83	2433970	56536953	70088	596	235204	389259	4070411	135840	超大城市

图 2.22 全部城市的判断结果

(4)为了方便查看,可以对返回结果进行筛选。如要查看相关的超大城市,可以选中 AD 列,点击菜单"数据"/"排序和筛选"/"筛选",AD1 单元格会出现一个倒三角的筛选工具,点击该倒三角的筛选工具,在弹出框中仅勾选"超大城市",如图 2.23 所示。

(5)最终的筛选结果如图 2.24 所示。

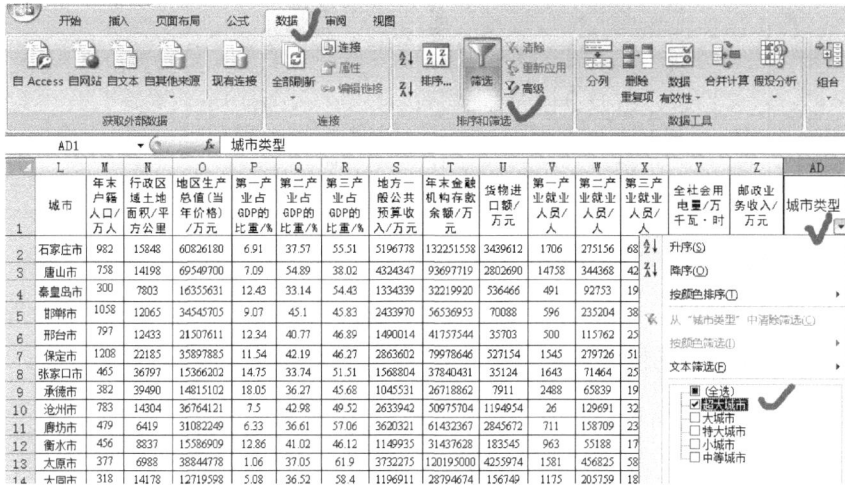

图 2.23　筛选

图 2.24　最终筛选结果

3. 操作案例 3

使用"291 个地级市数据",假设一个城市同时满足下列条件即为经济强市:年末户籍人口超过 750 万人、地区生产总值超过 1 万亿元、第三产业比重超过 50%。要求:使用 IF 函数返回每一个城市的类型判断结果。

(1)打开"291 个地级市数据",部分截图如图 2.25 所示。

图 2.25　原始数据

(2)在 AE2 单元格中输入公式"=IF(AND(M2>750,O2>100000000,R2>50),"经济强市","非经济强市")",按回车键即可得到石家庄市的判断结果,如图 2.26 所示。返回结果表明石家庄市为非经济强市。

	L	M	N	O	P	Q	R	S	T	U	V	W	X	Y	Z	AE
1	城市	年末户籍人口/万人	行政区域土地面积/平方公里	地区生产总值(当年价格)/万元	第一产业占GDP的比重/%	第二产业占GDP的比重/%	第三产业占GDP的比重/%	地方一般公共预算收入/万元	年末金融机构存款余额/万元	货物进口额/万元	第一产业就业人员/人	第二产业就业人员/人	第三产业就业人员/人	全社会用电量/万千瓦·时	邮政业务收入/万元	是否为经济强市
2	石家庄市	982	15848	60826180	6.91	37.57	55.51	5196778	132251558	3439612	1706	275156	682791	4975000	693936	非经济强市
3	唐山市	758	14198	69549700	7.09	54.89	38.02	4324347	93697719	2802690	14758	344368	426892	7955282	195342	
4	秦皇岛市	300	7803	16355631	12.43	33.14	54.43	1334339	32219920	536466	491	92753	190300	1545332	85860	
5	邯郸市	1058	12065	34545705	9.07	45.1	45.83	2433970	56536953	70088	596	235204	389259	4070411	135840	
6	邢台市	797	12433	21507611	12.34	40.77	46.89	1490014	41757544	35703	500	115762	256838	2763152	169156	

图 2.26　石家庄市的判断结果

（3）选中 AE2 单元格，并把鼠标放在其右下角，当出现"＋"符号时，向下填充公式到 AE292 单元格，可以得到其他城市的判断结果，部分截图如图 2.27 所示。

	L	M	N	O	P	Q	R	S	T	U	V	W	X	Y	Z	AE
1	城市	年末户籍人口/万人	行政区域土地面积/平方公里	地区生产总值(当年价格)/万元	第一产业占GDP的比重/%	第二产业占GDP的比重/%	第三产业占GDP的比重/%	地方一般公共预算收入/万元	年末金融机构存款余额/万元	货物进口额/万元	第一产业就业人员/人	第二产业就业人员/人	第三产业就业人员/人	全社会用电量/万千瓦·时	邮政业务收入/万元	是否为经济强市
2	石家庄市	982	15848	60826180	6.91	37.57	55.51	5196778	132251558	3439612	1706	275156	682791	4975000	693936	非经济强市
3	唐山市	758	14198	69549700	7.09	54.89	38.02	4324347	93697719	2802690	14758	344368	426892	7955282	195342	非经济强市
4	秦皇岛市	300	7803	16355631	12.43	33.14	54.43	1334339	32219920	536466	491	92753	190300	1545332	85860	非经济强市
5	邯郸市	1058	12065	34545705	9.07	45.1	45.83	2433970	56536953	70088	596	235204	389259	4070411	135840	非经济强市
6	邢台市	797	12433	21507611	12.34	40.77	46.89	1490014	41757544	35703	500	115762	256838	2763152	169156	非经济强市

图 2.27　全部城市的判断结果

2.2.4　其他逻辑函数

Excel 逻辑函数除了 IF、AND 和 OR 外，还有 NOT、TRUE、FALSE、IFERROR、ISERROR 等函数，由于使用相对较少，这里做简单的介绍，具体使用方法见表 2.3。

表 2.3　其他逻辑函数

函数类型	功能	特点	形式	举例
NOT	用于对逻辑值进行求反操作	逻辑值为 FALSE 时返回 TRUE；逻辑值为 TRUE 时返回 FALSE	=NOT(logical)	=IF(NOT(A1>=1000),"不达标","达标")
TRUE	是一个逻辑函数，它返回逻辑值 TRUE	不需要任何参数，只需输入函数名即可	=TRUE( )	=IF(A1=1,TRUE())
FALSE	一个逻辑函数，用于返回逻辑值 FALSE	不需要任何参数，只需输入函数名即可	=FALSE( )	=IF(A1<1000,"小于1000",FALSE())
IFERROR	用于检查某个表达式或函数是否返回错误	如果返回错误则执行一个指定的操作	=IFERROR(value, value_if_error)	=IFERROR(A1/B1,"除数不能为零")
ISERROR	用于判断公式运行结果是否出错	参数 value 为错误值时返回 TRUE，否则返回 FALSE	=ISERROR(value)	=ISERROR(A1/B1)

IFERROR 函数非常有用,可以帮助处理计算过程中可能出现的错误,使表格计算更稳定并提供友好的错误处理。如上述例子"=IFERROR(A1/B1,"除数不能为零")",这个公式会尝试计算 A1 除以 B1 的结果,如果 B1 为零或包含错误,它将返回文本"除数不能为零"。如果 B1 不为零,则返回计算结果。

逻辑函数在使用过程中,还有一些需要特别关注的内容:①直接运用比较运算符"=、<>、>、<、>=、<="等也可以进行逻辑运算,生成逻辑值。譬如在单元格 T2 中输入公式"=A2/C2>=80％"与公式"=IF(A2/C2>=80％,TRUE(),FALSE())"效果是一样的。②IF 函数的嵌套可以实现多条件判断并返回多个值。譬如在单元格 M2 中的公式"=IF(A2>=2000,IF(C2/A2>=80％,"重点产品","非重点产品"),"非重点产品")"中,第二个参数是一个嵌套的 IF 函数。该公式首先判断"A2"是否大于等于 2000,若否,则返回"非重点产品",计算结束;若是,则继续判断"C2/A2"是否大于等于 80％,然后根据判断结果返回不同值。③AND 函数有时候可以用"＊"来代替。公式"=(A2>=3000)＊(C2/A2>=80％)"等效于"=AND(A2>=3000,C2/A2>=80％)"。例如,输入公式"=(11<22)＊(22<44)"返回结果 1,输入公式"=(11<22)＊(22>44)"返回结果 0,输入公式"=(11>22)＊(22>44)"返回结果 0。④OR 函数可以用"＋"代替。如公式"=OR(A2>=3000,C2/A2>=80％)"也可以写作"=(A2>=3000)＋(C2/A2>=80％)"。例如,输入公式"=(11<22)＋(22<44)"返回结果 2,输入公式"=(11<22)＋(22>44)"返回结果 1,输入公式"=(11>22)＋(22>44)"返回结果 0。不过需要注意的是,加减乘除运算符计算后,逻辑值会自动转换为数值。当使用"＋"代替 OR 函数时,可能会产生大于 1 的非零数值,此时应提前判断是否会影响后续计算结果。

我们要统计图 2.28 中第一行的非数值数据的个数,可以使用 NOT 函数和 ISERROR 函数计算。为了方便读者理解,我们先采用分步方式进行操作说明。

	AO	AP	AQ	AR	AS	AT	AU	AV	AW	AX	AY	AZ	BA	BB	BC	BD	BE	BF	BG	BH	BI	BJ	BK	BL	BM
2	统计非数值数据的个数	w	14	11	12	zhangs	15	41	74	52	ysa	134	李四	23	#	q	54	65	584	\	12	@	76	85	t7

图 2.28　原始数据

(1)在 AP3 单元格中输入公式"=NOT(AP2)",按回车键即可得到单元格 AP2 的判断结果,返回结果为提示错误值。选中 AP3 单元格,并把鼠标放在其右下角,当出现"＋"符号时,向右填充公式到 BM3 单元格,可以得到其他单元格的判断结果,如图 2.29 所示。

	AO	AP	AQ	AR	AS	AT	AU	AV	AW	AX	AY	AZ	BA	BB	BC	BD	BE	BF	BG	BH	BI	BJ	BK	BL	BM
2	统计非数值数据的个数	w	14	11	12	zhangs	15	41	74	52	ysa	134	李四	23	#	q	54	65	584	\	12	@	76	85	t7
3	判断是否为数值	#VALUE!	FALSE	FALSE	FALSE	#VALUE!	FALSE	FALSE	FALSE	FALSE	#VALUE!	FALSE	#VALUE!	FALSE	#VALUE!	#VALUE!	FALSE	FALSE	FALSE	#VALUE!	FALSE	#VALUE!	FALSE	FALSE	#VALUE!

图 2.29　判断是否为数值

(2)判断第 3 行返回的结果是否为错误值。在 AP4 单元格中输入公式"=ISERROR(AP3)",按回车键即可得到单元格 AP3 的判断结果,返回结果为 TRUE。选中 AP4 单元格,并把鼠标放在其右下角,当出现"＋"符号时,向右填充公式到 BM4 单元格,可以得到其他单元格的判断结果,如图 2.30 所示。

AO	AP	AQ	AR	AS	AT	AU	AV	AW	AX	AY	AZ	BA	BB	BC	BD	BE	BF	BG	BH	BI	BJ	BK	BL	BM
统计非数值数据的个数	w	14	11	12	zhangs	15	41	74	52	ysa	134	李四	23	#	q	54	65	584	\	12	0	76	85	t7
判断是否为数值	#VALUE!	FALSE	FALSE	FALSE	#VALUE!	FALSE	FALSE	FALSE	FALSE	#VALUE!	FALSE	#VALUE!	FALSE	#VALUE!	#VALUE!	FALSE	FALSE	FALSE	#VALUE!	FALSE	FALSE	FALSE	FALSE	#VALUE!
是否为错误值	TRUE	FALSE	FALSE	FALSE	TRUE	FALSE	FALSE	FALSE	FALSE	TRUE	FALSE	TRUE	FALSE	TRUE	TRUE	FALSE	FALSE	FALSE	TRUE	FALSE	TRUE	FALSE	FALSE	TRUE

图 2.30　判断是否为错误值

(3)将逻辑值转为数值。在 AP5 单元格中输入公式"＝－－AP4",按回车键即可把 AP4 的逻辑值 TRUE 转化为数值 1。(**注意：**"－－"是两个减号,负负得正,所以不影响结果,但可以将逻辑值转化为数值 1 或者 0。)选中 AP5 单元格,并把鼠标放在其右下角,当出现"＋"符号时,向右填充公式到 BM5 单元格,可以得到其他单元格的转化结果,如图 2.31 所示。

AO	AP	AQ	AR	AS	AT	AU	AV	AW	AX	AY	AZ	BA	BB	BC	BD	BE	BF	BG	BH	BI	BJ	BK	BL	BM
统计非数值数据的个数	w	14	11	12	zhangs	15	41	74	52	ysa	134	李四	23	#	q	54	65	584	\	12	0	76	85	t7
判断是否为数值	#VALUE!	FALSE	FALSE	FALSE	#VALUE!	FALSE	FALSE	FALSE	FALSE	#VALUE!	FALSE	#VALUE!	FALSE	#VALUE!	#VALUE!	FALSE	FALSE	FALSE	#VALUE!	FALSE	FALSE	FALSE	FALSE	#VALUE!
是否为错误值	TRUE	FALSE	FALSE	FALSE	TRUE	FALSE	FALSE	FALSE	FALSE	TRUE	FALSE	TRUE	FALSE	TRUE	TRUE	FALSE	FALSE	FALSE	TRUE	FALSE	TRUE	FALSE	FALSE	TRUE
逻辑值转为数值	1	0	0	0	1	0	0	0	0	1	0	1	0	1	1	0	0	0	1	0	1	0	0	1

图 2.31　将逻辑值转为数值

(4)计算非数值数据的个数。在 AP6 单元格中输入公式"＝SUM(AP5:BM5)",按回车键即可得到数值 1 的个数,这个数值 1 的个数也就是非数值数据的个数,如图 2.32 所示,可以发现非数值数据的个数为 9。

AO	AP	AQ	AR	AS	AT	AU	AV	AW	AX	AY	AZ	BA	BB	BC	BD	BE	BF	BG	BH	BI	BJ	BK	BL	BM
统计非数值数据的个数	w	14	11	12	zhangs	15	41	74	52	ysa	134	李四	23	#	q	54	65	584	\	12	0	76	85	t7
判断是否为数值	#VALUE!	FALSE	FALSE	FALSE	#VALUE!	FALSE	FALSE	FALSE	FALSE	#VALUE!	FALSE	#VALUE!	FALSE	#VALUE!	#VALUE!	FALSE	FALSE	FALSE	#VALUE!	FALSE	FALSE	FALSE	FALSE	#VALUE!
是否为错误值	TRUE	FALSE	FALSE	FALSE	TRUE	FALSE	FALSE	FALSE	FALSE	TRUE	FALSE	TRUE	FALSE	TRUE	TRUE	FALSE	FALSE	FALSE	TRUE	FALSE	TRUE	FALSE	FALSE	TRUE
逻辑值转为数值	1	0	0	0	1	0	0	0	0	1	0	1	0	1	1	0	0	0	1	0	1	0	0	1
统计数值1个数	9																							

图 2.32　统计数值 1 的个数

当然,我们也可以采用数组形式进行一步计算。在 AP7 单元格中输入公式"＝SUM(－－ISERROR(NOT(AP2:BM2)))",按组合键 Ctrl＋Shift＋Enter 即可一步得到非数值数据的个数,如图 2.33 所示。

AP7　fx [=SUM(－－ISERROR(NOT(AP2:BM2)))]

AO	AP	AQ	AR	AS	AT	AU	AV	AW	AX	AY	AZ	BA	BB	BC	BD	BE	BF	BG	BH	BI	BJ	BK	BL	BM
统计非数值数据的个数	w	14	11	12	zhangs	15	41	74	52	ysa	134	李四	23	#	q	54	65	584	\	12	0	76	85	t7
判断是否为数值	#VALUE!	FALSE	FALSE	FALSE	#VALUE!	FALSE	FALSE	FALSE	FALSE	#VALUE!	FALSE	#VALUE!	FALSE	#VALUE!	#VALUE!	FALSE	FALSE	FALSE	#VALUE!	FALSE	FALSE	FALSE	FALSE	#VALUE!
是否为错误值	TRUE	FALSE	FALSE	FALSE	TRUE	FALSE	FALSE	FALSE	FALSE	TRUE	FALSE	TRUE	FALSE	TRUE	TRUE	FALSE	FALSE	FALSE	TRUE	FALSE	TRUE	FALSE	FALSE	TRUE
逻辑值转为数值	1	0	0	0	1	0	0	0	0	1	0	1	0	1	1	0	0	0	1	0	1	0	0	1
统计数值1个数	9																							
数组一步计算	9																							

图 2.33　数组计算结果

2.3　数学函数

Excel 数学函数用于执行各种数学运算和计算,为用户提供高效的数值处理方式,支持从简单的运算到复杂的数学操作,使数据分析和处理更轻松。表 2.4 是部分 Excel 数学函数的功能与使用举例。

表 2.4　**Excel 数学函数的功能与使用举例**

函数名	功能	使用举例
SUM	计算总和	"＝SUM(A1:A4)"，"＝SUM(1,5,8,41)"＝55
RAND	返回大于等于 0 且小于 1 的平均分布随机数	"＝RAND() * 100"，生成大于等于 0 但小于 100 的随机数，不需要设置参数
RANDBETWEEN	返回一个介于两个指定数之间的随机整数	"＝RANDBETWEEN(1,100)"，生成 1 到 100 之间的随机整数(可重复)。如果不希望生成的随机数变化，可以将其选择性粘贴为"数值"
EXP	返回 e 的指定次幂	"＝EXP(2)"＝7.389，即 e^2＝7.389，自然对数 e 约等于 2.71828
LOG	计算某数的对数	"＝LOG(1000,10)"＝3，后一个参数为底数，即 $\log_{10}^{1000}$＝3
LN	计算给定数的自然对数	"＝LN(2.718281828)"即 $\log_e^{2.718281828}$＝1，自然对数是以 e 为底的对数，"＝LN(5)"＝1.6094
LOG10	计算给定数的以 10 为底的对数	"＝LOG10(100)"＝2，"＝LOG10(10000)"＝4
POWER	返回某数的指定次幂	"＝POWER(2,3)"，即计算 2 的 3 次幂，结果是 8
SQRT	返回某数的平方根	"＝SQRT(100)"，计算 100 的平方根，结果是 10
ABS	返回某数的绝对值	"＝ABS(－10)"，计算－10 的绝对值，结果是 10
INT	返回小于或等于给定数字的最大整数	"＝INT(8.9)"，将 8.9 向下取整到最接近的整数，结果是 8；"＝INT(－8.9)"，将－8.9 向下舍入到最接近的整数－9
ROUND	将数字四舍五入到指定的位数	"＝ROUND(113.745,2)"结果会等于 113.75，即只截取小数点后两位数，两位数之后则四舍五入，"＝ROUND(－9.67,1)"＝－9.7
TRUNC	截断数字,保留指定位数的小数部分	"＝TRUNC(3.1415)"＝3，"＝TRUNC(－3.1418,3)"＝－3.141，"＝TRUNC(3.1418,3)"＝3.141
ROUNDUP	按指定位数向上舍入,不管四舍五入	"＝ROUNDUP(－3.14159,1)"，向上舍入保留一位小数，为－3.2；"＝ROUNDUP(31415.9,－2)"，向上舍入到小数点左侧两位，为 31500
ROUNDDOWN	按指定位数向下舍入,不管四舍五入	"＝ROUNDDOWN(－3.14159,1)"，向下舍入保留一位小数，为－3.1；"＝ROUNDDOWN(31415.9,－2)"向下舍入到小数点左侧两位，为 31400

函数名	功能	使用举例
FLOOR	向下舍入(沿绝对值减小方向)为最接近基数的倍数	"＝FLOOR(4.7,2)",将 4.7 沿绝对值减小的方向向下舍入,使其等于最接近 2 的倍数即 4;"＝FLOOR(1.58,0.1)",将 1.58 沿绝对值减小的方向向下舍入使其等于最接近 0.1 的倍数即 1.5
CEILING	向上舍入(沿绝对值增大方向)为最接近基数的倍数	"＝CEILING(1.61,0.1)",将 1.61 向上舍入到最接近 0.1 的倍数即 1.7;"＝CEILING(0.234,0.01)",将 0.234 向上舍入到最接近 0.01 的倍数,即 0.24;"＝CEILING(1.5,0.1)"＝1.5
DEGREES	将弧度转换为度	"＝DEGREES(PI())"＝180
RADIANS	将角度转换成弧度	"＝RADIANS(30)"－0.523598776,之后直接用弧度计算三角函数
EVEN	返回沿绝对值增大方向取整后最接近的偶数	"＝EVEN(－1)",将－1 沿绝对值增大方向向上舍入后最接近的偶数为－2;"＝EVEN(3)"＝4,"＝EVEN(1.5)"＝2
ODD	向上(远离 0)舍入到最接近的奇数	"＝ODD(4.2)"＝5,"＝ODD(－1.99)"＝－3
FACT	返回某数的阶乘	"＝FACT(3)"＝3!＝6,"＝FACT(4.2)"＝4!＝24。参数为非正整数时,计算其阶乘只需计算整数部分阶乘,小数部分直接舍掉
GCD	计算最大公约数	"＝GCD(6,3)",6 和 3 的最大公约数为 3;"＝GCD(34,48)"＝2
LCM	计算最小公倍数	"＝LCM(6,3)",6 和 3 的最小公倍数为 6;"＝LCM(32,48)"＝96
MOD	返回商的余数部分	"＝MOD(4,3)"＝1;"＝MOD(9,1.2)"＝0.6
QUOTIENT	返回商的整数部分	"＝QUOTIENT(14,4)"＝3
MROUND	返回最接近要舍入值的基数的倍数值	"＝MROUND(10,3)",将 10 四舍五入到最接近 3 的倍数即 9;"＝MROUND(1.3,0.2)"＝1.4
PI	返回常数 π	语法结构为 PI(),没有参数,π≈3.1415926
PRODUCT	计算所有数字的乘积	"＝PRODUCT(A1:A3)","＝PRODUCT(3,4,5)"＝60,"＝PRODUCT(A3,A2^(－1))",PRODUCT 函数也可以用来求除数

续表

函数名	功能	使用举例
ROMAN	将阿拉伯数字转换为罗马数字	"=ROMAN(3)"=Ⅲ,将阿拉伯数字 3 转换成罗马数字Ⅲ
SUMSQ	计算一组数的平方和	"=SUMSQ(1,2,3)"=14,等效于"=SUM({1,2,3}^2)"

	A	B	C	D	E
1	3	4		2	4
2	2	1		1	2

函数名	功能	使用举例
SUMPRODUCT	数组间对应的元素相乘,再求乘积之和	"=SUMPRODUCT(A1:B2,D1:E2)"=26,见上面数据; "=3*2+4*4+2*1+1*2"=26,等效于"=SUM(A1:B2*D1:E2)"
SUMX2MY2	计算两数组中对应数值平方差的和	"=SUMX2MY2(A1:B2,D1:E2)"=5,见上面数据; $(3^2-2^2)+(4^2-4^2)+(2^2-1^2)+(1^2-2^2)=5$
SUMX2PY2	返回两个数组中对应值的平方和的和	"=SUMX2PY2(A1:B2,D1:E2)"=55,见上面数据; $(3^2+2^2)+(4^2+4^2)+(2^2+1^2)+(1^2+2^2)=55$
SUMXMY2	返回两个数组中对应数值差的平方和	"=SUMXMY2(A1:B2,D1:E2)"=3,见上面数据; $(3-2)^2+(4-4)^2+(2-1)^2+(1-2)^2=3$
MDETERM	返回一个数组的矩阵行列式的值	"=MDETERM(A1:B2)"=-5,见上面数据,数组行数和列数应相等;"=MDETERM(D1:E2)"=0
MINVERSE	返回一个数组所代表的矩阵的逆矩阵	"=MINVERSE(A1:B2)",按组合键 Ctrl+Shift+Enter 得到逆矩阵
MMULT	返回两个数组的矩阵乘积	"=MMULT(A1:B2,D1:E2)",按组合键 Ctrl+Shift+Enter

为了熟练掌握上述数学函数,读者可以运用本书提供的"291 个地级市数据"进行如下练习:

(1)运用 ABS 函数,计算 291 个城市一产比重与二产比重的差距。

(2)在 291 个地级市数据中,选择一个行数和列数相等的数值区域,计算该数据区域所代表数组的矩阵行列式的值,并计算该数值的阶乘。

(3)计算上一步所选择的数据区域矩阵的逆矩阵,并运用 PRODUCT 函数计算该逆矩阵中的所有数据的乘积。

(4)选择两个数据区域作为数组矩阵,数组 1 为 $X \times N$,数组 2 为 $N \times Y$,结果矩阵放在 X 行$\times Y$ 列的空白区域,注意按组合键 Ctrl+Shift+Enter 返回结果。

(5)分别计算每个地级市年末户籍人口的 1/3 次幂以及土地面积的 1/4 次幂。

(6) 对上述年末户籍人口的 1/3 次幂数据,分别进行 INT、ROUND、TRUNC、ROUNDUP、ROUNDDOWN、FLOOR、CEILING 数据处理,根据设置需要保留 1 位小数或基数为 0.1。

(7)计算 291 个城市地区生产总值的和、最大值、最小值和平均值。

(8)运用 SUMPRODUCT 函数计算所有城市一产比重与二产比重的乘积之和。

(9)运用 SUMSQ 函数计算所有城市一产比重的平方和、二产比重的平方和。

(10)运用 SUMXMY2 函数计算所有城市一产比重与二产比重之差的平方和。

(11)计算所有城市二产比重的对数值,底数为一产比重。

(12)生成 0 到 10 之间的随机小数以及 0 到 10 之间的随机整数。

(13)计算所有城市三产比重与一产比重的商,运用 QUOTIENT 和 MOD 函数分别返回商的整数部分和余数部分。

2.3.1 SUM 函数

在 Excel 中,SUM 函数是一种常用的数学函数,用于对给定的数字进行求和操作。它的基本语法结构为“=SUM(number1,[number2],…)”。SUM 函数能够计算给定数字或单元格范围内的总和,如“=SUM(A1:A10)”“=SUM(10,20,30)”。SUM 函数也可以一次性对多个数字或单元格范围进行求和,如“=SUM(10,A1,30,B2:B5)”。除此之外,SUM 函数还可以与其他函数结合使用,如与 IF 函数一起使用,以在满足特定条件时进行求和,如“=SUM(IF(B1:B15>8,B1:B15,0))”,表示对 B1 到 B15 范围内大于 8 的数字进行求和。

1. 操作案例 1

使用“291 个地级市数据”,运用 SUM 函数先统计一产比重小于 10% 的城市个数,再统计二产比重大于 50% 的城市个数,最后统计一产比重小于 10%、二产比重大于 50% 的城市个数。操作过程如下:

(1)打开“291 个地级市数据”,在 F294 单元格中输入公式“=SUM(－－(F2:F292<10))”,按组合键 Ctrl+Shift+Enter 即可得到一产比重小于 10% 的城市个数,如图 2.34 所示。统计结果表明,144 个城市的一产比重小于 10%。

	A	B	C	D	E	F	G	H	I	J	K	L	M	N	O	P
1	序号	城市	年末户籍人口/万人	行政区域土地面积/平方公里	地区生产总值(当年价格)/万元	第一产业占GDP的比重/%	第二产业占GDP的比重/%	第三产业占GDP的比重/%	地方一般公共预算收入/万元	年末金融机构存款余额/万元	货物进出口额/万元	第一产业就业人员/人	第二产业就业人员/人	第三产业就业人员/人	全社会用电量/万千瓦·时	邮政业务收入/万元
286	285	吴忠市	144	16758	5345336	12.45	56.63	30.92	345724	6939418	2700	269	28286	62663	1626052	1350
287	286	固原市	151	13047	3031946	19.07	27.89	53.04	172600	4969699	1421	1044	10408	58709	322424	11617
288	287	中卫市	122	17448	4029947	14.32	43.52	42.16	226246	5324099	17932	3397	9125	49795	2273672	4965
289	288	乌鲁木齐市	222	13788	30997659	0.82	30.59	68.59	4582753	84279113	1521446	1741	213254	517010	3663958	51106
290	289	克拉玛依市	31	7735	8981420	0.56	72.9	26.54	1004860	17529087	21157	82	97096	80044	722461	14389
291	290	吐鲁番市	63	69759	3105938	15.95	50.57	33.48	419208	3107733	15608	516	46700	114781	1743744	13192
292	291	哈密市	56	137222	5366085	7.56	60.07	32.36	466679	6387215	81025	15444	39251	91543	837722	13998
293																
294						144										

图 2.34　统计一产比重小于 10% 的城市个数

说明:“(F2:F292<10)”逐一返回数组中数据是否<10 的逻辑值,结果是一个返回 TRUE 和 FALSE 的逻辑值数组,“－－”可以将该数组中的逻辑值转化为数值 1 和 0,最后统

计 1 的个数即统计逻辑值返回 TRUE 的个数，也就是一产比重小于 10% 的城市个数。因为是数组操作，因此务必要按组合键 Ctrl＋Shift＋Enter。

（2）在 G294 单元格中输入公式"＝SUM(－－(G2:G292＞50))"，按组合键 Ctrl＋Shift＋Enter 即可得到二产比重大于 50% 的城市个数，如图 2.35 所示，62 个城市二产比重大于 50%。

	A	B	C	D	E	F	G	H	I	J	K	L	M	N	O	P
1	序号	城市	年末户籍人口/万人	行政区域土地面积/平方公里	地区生产总值(当年价格)/万元	第一产业占GDP的比重/%	第二产业占GDP的比重/%	第三产业占GDP的比重/%	地方一般公共预算收入/万元	年末金融机构存款余额/万元	货物进口额/万元	第一产业就业人员/人	第二产业就业人员/人	第三产业就业人员/人	全社会用电量/万千瓦·时	邮政业务收入/万元
286	285	吴忠市	144	16758	5345336	12.45	56.63	30.92	345724	6939418	2700	269	28286	62663	1626052	1350
287	286	固原市	151	13047	3031944	19.07	27.89	53.04	172600	4969699	1421	1044	10408	58709	322424	11617
288	287	中卫市	122	17448	4029947	14.32	43.52	42.16	226246	5324099	17932	3397	9125	49795	2273672	4965
289	288	乌鲁木齐市	222	13788	30997659	0.82	30.59	68.59	4582753	84279113	1521446	1741	213254	517010	3663958	51106
290	289	克拉玛依市	31	7735	8981420	0.56	72.9	26.54	1004860	17529087	21157	82	97096	80044	722461	14389
291	290	吐鲁番市	63	69759	3105938	15.95	50.57	33.48	419208	3107733	15608	516	46700	114781	1743744	13192
292	291	哈密市	56	137222	5366085	7.56	60.07	32.36	466679	6387215	81025	15444	39251	91543	837722	13998
293																
294						144	62									

图 2.35　统计二产比重大于 50% 的城市个数

（3）在 F295 单元格中输入公式"＝SUM(－－(G2:G292＞50)＊(F2:F292＜10))"，按组合键 Ctrl＋Shift＋Enter 即可得到一产比重小于 10%，同时二产比重大于 50% 的城市个数，如图 2.36 所示，51 个城市满足条件。

	A	B	C	D	E	F	G	H	I	J	K	L	M	N	O	P
1	序号	城市	年末户籍人口/万人	行政区域土地面积/平方公里	地区生产总值(当年价格)/万元	第一产业占GDP的比重/%	第二产业占GDP的比重/%	第三产业占GDP的比重/%	地方一般公共预算收入/万元	年末金融机构存款余额/万元	货物进口额/万元	第一产业就业人员/人	第二产业就业人员/人	第三产业就业人员/人	全社会用电量/万千瓦·时	邮政业务收入/万元
288	287	中卫市	122	17448	4029947	14.32	43.52	42.16	226246	5324099	17932	3397	9125	49795	2273672	4965
289	288	乌鲁木齐市	222	13788	30997659	0.82	30.59	68.59	4582753	84279113	1521446	1741	213254	517010	3663958	51106
290	289	克拉玛依市	31	7735	8981420	0.56	72.9	26.54	1004860	17529087	21157	82	97096	80044	722461	14389
291	290	吐鲁番市	63	69759	3105938	15.95	50.57	33.48	419208	3107733	15608	516	46700	114781	1743744	13192
292	291	哈密市	56	137222	5366085	7.56	60.07	32.36	466679	6387215	81025	15444	39251	91543	837722	13998
293																
294						144	62									
295						51										

图 2.36　统计一产比重小于 10%、二产比重大于 50% 的城市个数

说明："(G2:G292＞50)"和"(F2:F292＜10)"都是条件判断，满足条件为 TRUE 即数值 1，不满足条件为 FALSE 即数值 0，生成一个逻辑值数组。数组计算规则是对应项进行计算，不满足条件的数量乘以 0 之后为 0，满足条件的数量乘以 1 仍然等于自己。"(G2:G292＞50)＊(F2:F292＜10)"中的 ＊ 相当于逻辑运算符 AND，"(G2:G292＞50)"和"(F2:F292＜10)"都为 TRUE 时返回 1，只要有一个为 FALSE 时就返回 0。与计数公式比较没有"－－"，是因为公式中的"＊"已经将逻辑值转化为数值。

2. 操作案例 2

使用"291 个地级市数据"，使用 SUM 函数进行单条件求和，先计算一产比重小于 10% 的城市年末户籍人口总数，再进行多条件求和，计算一产比重小于 10% 同时二产比重大于 50% 的城市年末户籍人口总数。操作过程如下：

（1）打开"291 个地级市数据"，在 B294 单元格中输入公式"＝SUM((F2:F292＜10)＊(C2:C292))"，按组合键 Ctrl＋Shift＋Enter 即可得到一产比重小于 10% 的城市年末户籍人

口总数,结果为 62232 万人,如图 2.37 所示。

序号	城市	年末户籍人口/万人	行政区域土地面积/平方公里	地区生产总值(当年价格)/万元	第一产业占GDP的比重/%	第二产业占GDP的比重/%	第三产业占GDP的比重/%	地方一般公共预算收入/万元	年末金融机构存款余额/万元	货物进口额/万元	第一产业就业人员/人	第二产业就业人员/人	第三产业就业人员/人	全社会用电量/万千瓦·时	邮政业务收入/万元
287	中卫市	122	17448	4029947	14.32	43.52	42.16	226246	5324099	17932	3397	9125	49795	2273672	4965
288	乌鲁木齐市	222	13788	30997659	0.82	30.59	68.59	4582753	84279113	1521446	1741	213254	517010	3663958	51106
289	克拉玛依市	31	7735	8981420	0.56	72.9	26.54	1004860	17529087	21157	82	97096	80044	722461	14389
290	吐鲁番市	63	69759	3105938	15.95	50.57	33.48	419208	3107733	15608	516	46700	114781	1743744	13192
291	哈密市	56	137222	5366085	7.56	60.07	32.36	466679	6387215	81025	15444	39251	91543	837722	13998
	62232				144	62									
					51										

图 2.37　统计一产比重小于 10% 的城市年末户籍人口总数

(2)在 B295 单元格中输入公式"=SUM((F2:F292<10) * (G2:G292>50) * (C2:C292))",按组合键 Ctrl+Shift+Enter 即可得到一产比重小于 10% 同时二产比重大于 50% 的城市年末户籍人口总数,结果为 16381 万人,如图 2.38 所示。通过上述操作可知,SUM 函数统计多条件的数据之和时,一般语法结构可以表示为"=SUM((条件 1) * (条件 2) * (条件 3)…… * (求和区域))"。

序号	城市	年末户籍人口/万人	行政区域土地面积/平方公里	地区生产总值(当年价格)/万元	第一产业占GDP的比重/%	第二产业占GDP的比重/%	第三产业占GDP的比重/%	地方一般公共预算收入/万元	年末金融机构存款余额/万元	货物进口额/万元	第一产业就业人员/人	第二产业就业人员/人	第三产业就业人员/人	全社会用电量/万千瓦·时	邮政业务收入/万元
287	中卫市	122	17448	4029947	14.32	43.52	42.16	226246	5324099	17932	3397	9125	49795	2273672	4965
288	乌鲁木齐市	222	13788	30997659	0.82	30.59	68.59	4582753	84279113	1521446	1741	213254	517010	3663958	51106
289	克拉玛依市	31	7735	8981420	0.56	72.9	26.54	1004860	17529087	21157	82	97096	80044	722461	14389
290	吐鲁番市	63	69759	3105938	15.95	50.57	33.48	419208	3107733	15608	516	46700	114781	1743744	13192
291	哈密市	56	137222	5366085	7.56	60.07	32.36	466679	6387215	81025	15444	39251	91543	837722	13998
	62232				144	62									
	16381				51										

图 2.38　统计相关条件的城市年末户籍人口总数

2.3.2　SUMIF 函数

在 Excel 中,SUMIF 函数用于根据特定条件对单元格范围内的数字进行求和。其基本语法结构为"=SUMIF(range,criteria,[sum_range])"。其中,range 为条件区域,criteria 为条件表达式,sum_range 为求和区域,如果省略,则将对与 range 中的符合条件的单元格相对应的值进行求和。如"=SUMIF(B1:B10,">8")"表示对 B1 到 B10 范围内大于 8 的单元格的值进行求和;"=SUMIF(B1:B10,">=20",D1:D10)"表示对 B1 到 B10 范围内值大于等于 20 的单元格对应的 D1 到 D10 范围内的值进行求和。SUMIF 函数可以使用通配符(如 * 和?)来匹配符合条件的单元格。如"=SUMIF(A1:A9,"as * ",B1:B9)"表示对 A1 到 A9 范围内以"as"开头的单元格对应的 B1 到 B9 范围内的值进行求和。SUMIF 函数还可以结合多个条件以及逻辑运算符(如 AND、OR)来进行复杂条件的求和。如"=SUMIF(A1:A9,">6",B1:B9)+SUMIF(A1:A9,"<15",B1:B9)"表示对 A1 到 A9 范围内大于 6 且小于 15 的单元格对应的 B1 到 B9 范围内的值进行求和。

注意:条件表达式如果是文本字符串、空格、文本型日期以及包含运算符时,一般需要加引号,如"Apple"、""、"<2022/5/20"、">12",如果条件表达式是单纯数值、数值型日期、单元格或单元格区域引用,则不需要加引号,如条件表达式为 13、2022/5/20、A5、A1：A3。此外,条件区域和求和区域可以都是一列或多列数据,但要注意两者的对应性。

打开"数学函数"表里的如图 2.39 所示数据,进行相关 SUMIF 函数操作。

(1)单条件跨列求和。要统计表格中江苏省的户籍人口总数,就涉及单条件跨列求和问题。在 AK12 单元格中输入公式"=SUMIF(AL3：AO11,"江苏",AM3：AP11)",按回车键即可得到江苏省的户籍人口总数,如图 2.40 所示。

	AK	AL	AM	AN	AO	AP
2	城市	省份	年末户籍人口	城市	省份	年末户籍人口
3	石家庄市	河北	982	沈阳市	辽宁	746
4	南京市	江苏	697	徐州市	江苏	1045
5	秦皇岛市	河北	300	鞍山市	辽宁	342
6	太原市	山西	377	厦门市	福建	243
7	合肥市	安徽	758	无锡市	江苏	497
8	阳泉市	山西	132	大连市	辽宁	595
9	包头市	内蒙古	224	景德镇市	江西	170
10	大同市	山西	318	宁波市	浙江	603
11	赤峰市	内蒙古	459	温州市	浙江	829

图 2.39　原始数据

	AK	AL	AM	AN	AO	AP
2	城市	省份	年末户籍人口	城市	省份	年末户籍人口
3	石家庄市	河北	982	沈阳市	辽宁	746
4	南京市	江苏	697	徐州市	江苏	1045
5	秦皇岛市	河北	300	鞍山市	辽宁	342
6	太原市	山西	377	厦门市	福建	243
7	合肥市	安徽	758	无锡市	江苏	497
8	阳泉市	山西	132	大连市	辽宁	595
9	包头市	内蒙古	224	景德镇市	江西	170
10	大同市	山西	318	宁波市	浙江	603
11	赤峰市	内蒙古	459	温州市	浙江	829
12	2239					

图 2.40　单条件跨列求和

(2)单条件累加求和。要统计表格中江苏省和辽宁省的户籍人口总数,就涉及单条件累加求和问题,我们仍然可以用 SUMIF 函数操作。选中 AL12：AM12(因为要汇总 2 个省份的户籍人口总数,这里需要选择 2 个空白单元格),输入公式"=SUMIF(AL3：AO11,{"江苏","辽宁"},AM3：AP11)",按组合键 Ctrl+Shift+Enter 即可分别得到江苏省和辽宁省的户籍人口总数,如图 2.41 所示。

计算结果表明,江苏省的户籍人口总数为 2239 万人,辽宁省的户籍人口总数为 1683 万人,合计人数是 3922 万人。当然,如果我们需要一次性统计出 2 个省份的户籍人口总数之和,我们可以在 AN12 单元格中输入下列公式"=SUM(SUMIF(AL3：AO11,{"江苏","辽宁"},AM3：AP11))",添加 SUM 函数相当于对汇总的数据进行再求和。按组合键 Ctrl+Shift+Enter 即可一次性统计出 2 个省份的户籍人口总数之和,如图 2.42 所示。

	AK	AL	AM	AN	AO	AP
2	城市	省份	年末户籍人口	城市	省份	年末户籍人口
3	石家庄市	河北	982	沈阳市	辽宁	746
4	南京市	江苏	697	徐州市	江苏	1045
5	秦皇岛市	河北	300	鞍山市	辽宁	342
6	太原市	山西	377	厦门市	福建	243
7	合肥市	安徽	758	无锡市	江苏	497
8	阳泉市	山西	132	大连市	辽宁	595
9	包头市	内蒙古	224	景德镇市	江西	170
10	大同市	山西	318	宁波市	浙江	603
11	赤峰市	内蒙古	459	温州市	浙江	829
12	2239	2239	1683			

图 2.41　单条件累加求和

	AK	AL	AM	AN	AO	AP
2	城市	省份	年末户籍人口	城市	省份	年末户籍人口
3	石家庄市	河北	982	沈阳市	辽宁	746
11	赤峰市	内蒙古	459	温州市	浙江	829
12	2239	2239	1683	3922		

图 2.42　一次性统计出 2 个省份的户籍人口总数之和

(3)单条件排除求和。计算非山西省的户籍人口总数,就涉及单条件排除求和问题。在 AO12 单元格中输入公式"=SUMIF(AL3：AO11,"<>山西",AM3：AP11)"(<>表示不等于),按回车键即可得到除山西省外的其他省份的户籍人口总数,结果为 8490 万人,如图 2.43 所示。

	AK	AL	AM	AN	AO	AP
2	城市	省份	年末户籍人口	城市	省份	年末户籍人口
3	石家庄市	河北	982	沈阳市	辽宁	746
4	南京市	江苏	697	徐州市	江苏	1045
5	秦皇岛市	河北	300	鞍山市	辽宁	342
6	太原市	山西	377	厦门市	福建	243
7	合肥市	安徽	758	无锡市	江苏	497
8	阳泉市	山西	132	大连市	辽宁	595
9	包头市	内蒙古	224	景德镇市	江西	170
10	大同市	山西	318	宁波市	浙江	603
11	赤峰市	内蒙古	459	温州市	浙江	829
12	2239	2239	1683	3922	8490	

图 2.43　单条件排除求和

（4）忽略错误值求和。如图 2.44 所示，要计算所有城市的年末户籍人口总数，可以发现部分城市的人口数是错误值，为了不影响计算，我们可以同时使用 SUMIF 函数和 IFERROR 函数。在 AP12 单元格中输入公式"＝SUM(IFERROR(AM3：AM11,0))＋SUM(IFERROR(AP3：AP11,0))＋SUM(IFERROR(AU3：AU11,0))"，按组合键 Ctrl＋Shift＋Enter 即可进行忽略错误值求和，得到所有非错误值城市的户籍人口总数，结果为 12009 万人，如图 2.44 所示。

	AK	AL	AM	AN	AO	AP	AQ	AR	AS	AT	AU
2	城市	省份	年末户籍人口	城市	省份	年末户籍人口	日期	备注	城市	省份	年末户籍人口
3	石家庄市	河北	982	沈阳市	辽宁	746	2023/2/9	调整	唐山市	河北	758
4	南京市	江苏	697	徐州市	江苏	1045	2023/2/10	调整	芜湖市	安徽	#NAME?
5	秦皇岛市	河北	300	鞍山市	辽宁	342	2023/2/11		蚌埠市	安徽	384
6	太原市	山西	377	厦门市	福建	243	2023/2/12	调整	福州市	福建	#DIV/0!
7	合肥市	安徽	758	无锡市	江苏	497	2023/2/13		杭州市	浙江	774
8	阳泉市	山西	132	大连市	辽宁	595	2023/2/14	调整	莆田市	福建	#N/A
9	包头市	内蒙古	224	景德镇市	江西	170	2023/2/15		南昌市	江西	532
10	大同市	山西	318	宁波市	浙江	603	2023/2/16	调整	乌海市	内蒙古	44
11	赤峰市	内蒙古	459	温州市	浙江	829	2023/2/17		萍乡市	江西	200
12	2239	2239	1683	3922	8490	12009					

图 2.44　忽略错误值求和

（5）计算备注为空的城市户籍人口总数。在 AR12 单元格中输入公式"＝SUMIF(AR3：AR11,"",AP3：AP11)"，按回车键即可得到备注为空的城市户籍人口总数，结果为 1838 万人，如图 2.45 所示。

	AK	AL	AM	AN	AO	AP	AQ	AR	AS	AT	AU
2	城市	省份	年末户籍人口	城市	省份	年末户籍人口	日期	备注	城市	省份	年末户籍人口
3	石家庄市	河北	982	沈阳市	辽宁	746	2023/2/9	调整	唐山市	河北	758
4	南京市	江苏	697	徐州市	江苏	1045	2023/2/10	调整	芜湖市	安徽	#NAME?
5	秦皇岛市	河北	300	鞍山市	辽宁	342	2023/2/11		蚌埠市	安徽	384
6	太原市	山西	377	厦门市	福建	243	2023/2/12	调整	福州市	福建	#DIV/0!
7	合肥市	安徽	758	无锡市	江苏	497	2023/2/13		杭州市	浙江	774
8	阳泉市	山西	132	大连市	辽宁	595	2023/2/14	调整	莆田市	福建	#N/A
9	包头市	内蒙古	224	景德镇市	江西	170	2023/2/15		南昌市	江西	532
10	大同市	山西	318	宁波市	浙江	603	2023/2/16	调整	乌海市	内蒙古	44
11	赤峰市	内蒙古	459	温州市	浙江	829	2023/2/17		萍乡市	江西	200
12	2239	2239	1683	3922	8490	12009		1838			

图 2.45　计算备注为空的城市户籍人口总数

（6）日期区间求和。假如要计算 AN 列城市在 2023 年 2 月 11 日至 2 月 16 日期间的总人口（这里的日期是依次排列的，只需要用 SUM 求和就可以。但如果这里的日期时间很多，而且顺序是乱的，肉眼观察就不行了。所以，这里重点讲解的是学习函数的使用方法与技巧），我们可以同时使用 SUM 函数和 SUMIF 函数。在 AQ12 单元格中输入公式"＝SUM(SUMIF(AQ3：AQ11,{"＞＝2023/2/11","＞2023/2/16"},AP3：AP11)＊{1,－1})"，按组合键 Ctrl＋Shift＋Enter 即可得到期间的总人口 2450 万人，如图 2.46 所示。

SUMIF(AQ3：AQ11,{"＞＝2023/2/11","＞2023/2/16"},AP3：AP11)为单条件叠加求和，得到的是大于等于 2 月 11 日的人口和大于 2 年 16 日的人口。读者不好理解的话，可以选中 2 个空白单元格区域，输入上述公式，按组合键 Ctrl＋Shift＋Enter 即可得到人口数组数据{3279,829}，再乘以数组{1,－1}得出{3279,－829}，再用 SUM 函数对{3279,－829}求和得到 2450。

	AK	AL	AM	AN	AO	AP	AQ	AR	AS	AT	AU
2	城市	省份	年末户籍人口	城市	省份	年末户籍人口	日期	备注	城市	省份	年末户籍人口
3	石家庄市	河北	982	沈阳市	辽宁	746	2023/2/9	调整	唐山市	河北	758
4	南京市	江苏	697	徐州市	江苏	1045	2023/2/10	调整	芜湖市	安徽	#NAME?
5	秦皇岛市	河北	300	鞍山市	辽宁	342	2023/2/11		蚌埠市	安徽	384
6	太原市	山西	377	厦门市	福建	243	2023/2/12	调整	福州市	福建	#DIV/0!
7	合肥市	安徽	758	无锡市	江苏	497	2023/2/13		杭州市	浙江	774
8	阳泉市	山西	132	大连市	辽宁	595	2023/2/14	调整	莆田市	福建	#N/A
9	包头市	内蒙古	224	景德镇市	江西	170	2023/2/15		南昌市	江西	532
10	大同市	山西	318	宁波市	浙江	603	2023/2/16	调整	乌海市	内蒙古	44
11	赤峰市	内蒙古	459	温州市	浙江	829	2023/2/17		萍乡市	江西	200
12	2239	2239	1683	3922	8490	12009	2450	1838			

图 2.46 日期区间求和

（7）结合判断运算符求和。要统计 AM 列和 AP 列人口大于 450 万人的城市户籍人口总数，就涉及判断运算求和问题。在单元格 AS12 中输入公式"＝SUMIF(AM3：AM11,"＞450")＋SUMIF(AP3：AP11,"＞450")"，按回车键即可得到人口大于 450 万人的城市户籍人口总数，结果为 7211 万人，如图 2.47 所示。

	AK	AL	AM	AN	AO	AP	AQ	AR	AS	AT	AU
2	城市	省份	年末户籍人口	城市	省份	年末户籍人口	日期	备注	城市	省份	年末户籍人口
3	石家庄市	河北	982	沈阳市	辽宁	746	2023/2/9	调整	唐山市	河北	758
4	南京市	江苏	697	徐州市	江苏	1045	2023/2/10	调整	芜湖市	安徽	#NAME?
5	秦皇岛市	河北	300	鞍山市	辽宁	342	2023/2/11		蚌埠市	安徽	384
6	太原市	山西	377	厦门市	福建	243	2023/2/12	调整	福州市	福建	#DIV/0!
7	合肥市	安徽	758	无锡市	江苏	497	2023/2/13		杭州市	浙江	774
8	阳泉市	山西	132	大连市	辽宁	595	2023/2/14	调整	莆田市	福建	#N/A
9	包头市	内蒙古	224	景德镇市	江西	170	2023/2/15		南昌市	江西	532
10	大同市	山西	318	宁波市	浙江	603	2023/2/16	调整	乌海市	内蒙古	44
11	赤峰市	内蒙古	459	温州市	浙江	829	2023/2/17		萍乡市	江西	200
12	2239	2239	1683	3922	8490	12009	2450	1838	7211		

图 2.47 结合判断运算符求和

注意：求和区域和条件区域一致可省略不写。当然，也可以直接输入公式"＝SUMIF(AM3：AP11,"＞450")"，结果也是 7211 万人。

（8）通配符求和。要统计 AK 列和 AN 列城市中带"州"的户籍人口总数，在 AT12 单元格中输入"＝SUMIF(AK3：AN11,"＊州＊",AM3：AP11)"，按回车键即可得到城市名字中带

"州"的城市户籍人口总数,结果为 1874 万人,如图 2.48 所示。

	AK	AL	AM	AN	AO	AP	AQ	AR	AS	AT	AU
2	城市	省份	年末户籍人口	城市	省份	年末户籍人口	日期	备注	城市	省份	年末户籍人口
3	石家庄市	河北	982	沈阳市	辽宁	746	2023/2/9	调整	唐山市	河北	758
4	南京市	江苏	697	徐州市	江苏	1045	2023/2/10	调整	芜湖市	安徽	#NAME?
5	秦皇岛市	河北	300	鞍山市	辽宁	342	2023/2/11		蚌埠市	安徽	384
6	太原市	山西	377	厦门市	福建	243	2023/2/12	调整	福州市	福建	#DIV/0!
7	合肥市	安徽	758	无锡市	江苏	497	2023/2/13		杭州市	浙江	774
8	阳泉市	山西	132	大连市	辽宁	595	2023/2/14	调整	莆田市	福建	#N/A
9	包头市	内蒙古	224	景德镇市	江西	170	2023/2/15		南昌市	江西	532
10	大同市	山西	318	宁波市	浙江	603	2023/2/16	调整	乌海市	内蒙古	44
11	赤峰市	内蒙古	459	温州市	浙江	829	2023/2/17		萍乡市	江西	200
12	2239	2239	1683	3922	8490	12009	2450	1838	7211		1874

图 2.48　通配符求和

2.3.3　SUMIFS 函数

SUMIFS 函数用于根据多个条件对范围内的值进行求和。它的语法结构为"＝SUMIFS (sum_range,criteria_range1,criteria1,[criteria_range2,criteria2],...)"。其中,sum_range 为求和区域;criteria_range1 和 criteria1 分别为第一个条件的条件区域和对应的条件; criteria_range2 和 criteria2 则分别为第二个条件的条件区域和对应的条件。SUMIFS 函数会 计算满足所有条件的单元格的和。如"＝SUMIFS(A2:A100,B2:B100,"2023-06",D2: D100,"Team B")"表示要计算 2023 年 6 月份销售团队"Team B"的销售总额,"＝SUMIFS (A:A,A:A,">15",B:B,"<8")"表示要对 A 列的数值满足大于 15 条件且 B 列的数值满足 小于 8 条件的单元格进行求和。

打开"数学函数"表里如图 2.49 所示的数据,进行相关 SUMIFS 函数操作。

(1)一般多条件求和问题。如要计算商品销售量大于 400 的"商品 3"的销售量总和,就涉 及 SUMIFS 函数的一般求和问题。在 BA3 单元格中输入公式"＝SUMIFS(AY3:AY11, AX3:AX11,"商品 3",AY3:AY11,">400")",按回车键即可得到商品销售量大于 400 的"商 品 3"的销售量总和,结果为 1156 个,如图 2.50 所示。

	AW	AX	AY	AZ	BA
2	姓名	商品	销售量/个	销售日期	
3	小张	商品1	982	2023/2/9	
4	小李	商品3	697	2023/2/10	
5	小黄	商品2	300	2023/2/11	
6	小张	商品3	377	2023/2/12	
7	小李	商品2	758	2023/2/13	
8	小黄	商品1	132	2023/2/14	
9	小张	商品2	224	2023/2/15	
10	小李	商品1	318	2023/2/16	
11	小黄	商品3	459	2023/2/17	

图 2.49　原始数据

	AW	AX	AY	AZ	BA
2	姓名	商品	销售量/个	销售日期	
3	小张	商品1	982	2023/2/9	1156
4	小李	商品3	697	2023/2/10	
5	小黄	商品2	300	2023/2/11	
6	小张	商品3	377	2023/2/12	
7	小李	商品2	758	2023/2/13	
8	小黄	商品1	132	2023/2/14	
9	小张	商品2	224	2023/2/15	
10	小李	商品1	318	2023/2/16	
11	小黄	商品3	459	2023/2/17	

图 2.50　一般多条件求和问题

(2)多条件叠加求和问题。如要计算小李的商品 2 和商品 3 的销售量总和,就涉及多条件 叠加求和问题。在 BA4 单元格中输入公式"＝SUM(SUMIFS(AY3:AY11,AW3:AW11,"小 李",AX3:AX11,{"商品 2","商品 3"}))",按组合键 Ctrl＋Shift＋Enter 即可得到小李的商品 2 和商品 3 的销售量总和,结果为 1455 个,如图 2.51 所示。

(3)复杂数组求和问题。要统计小李和小黄两个人的商品 2 和商品 3 销售量总和,就涉及 复杂数组求和问题。在 BA6 单元格中输入公式"＝SUM(SUMIFS(AY3:AY11,AW3:

AW11,{"小李";"小黄"},AX3:AX11,{"商品 2","商品 3"})))",按组合键 Ctrl＋Shift＋Enter 即可得到小李和小黄两个人的商品 2 和商品 3 销售量总和,结果为 2214 个,如图 2.52 所示。

	AW	AX	AY	AZ	BA
2	姓名	商品	销售里/个	销售日期	
3	小李	商品1	982	2023/2/9	1156
4	小李	商品3	697	2023/2/10	1455
5	小黄	商品2	300	2023/2/11	
6	小张	商品3	377	2023/2/12	
7	小李	商品2	758	2023/2/13	
8	小黄	商品1	132	2023/2/14	
9	小张	商品2	224	2023/2/15	
10	小李	商品1	318	2023/2/16	
11	小黄	商品3	459	2023/2/17	

图 2.51　多条件叠加求和问题

	AW	AX	AY	AZ	BA
2	姓名	商品	销售里/个	销售日期	
3	小张	商品1	982	2023/2/9	1156
4	小李	商品3	697	2023/2/10	1455
5	小黄	商品2	300	2023/2/11	1267
6	小张	商品3	377	2023/2/12	2214
7	小李	商品2	758	2023/2/13	
8	小黄	商品1	132	2023/2/14	
9	小张	商品2	224	2023/2/15	
10	小李	商品1	318	2023/2/16	
11	小黄	商品3	459	2023/2/17	

图 2.52　复杂数组求和问题

需要读者注意的是,数组{"小李";"小黄"}中间的分隔符号是英文的分号,而数组{"商品 2","商品 3"}中间的分隔符号是英文的逗号。为什么有这样的区别呢?我们来看下面的一个例子。如现在要统计小李的商品 2 和小黄的商品 3 的销量合计,可以在 BA7 单元格中输入公式"＝SUM(SUMIFS(AY3:AY11,AW3:AW11,{"小李","小黄"},AX3:AX11,{"商品 2","商品 3"})))",按组合键 Ctrl＋Shift＋Enter 即可得到小李的商品 2 和小黄的商品 3 的销售量总和,结果为 1217 个,如图 2.53 所示。

	AW	AX	AY	AZ	BA
2	姓名	商品	销售里/个	销售日期	
3	小张	商品1	982	2023/2/9	1156
4	小李	商品3	697	2023/2/10	1455
5	小黄	商品2	300	2023/2/11	1267
6	小张	商品3	377	2023/2/12	2214
7	小李	商品2	758	2023/2/13	1217
8	小黄	商品1	132	2023/2/14	
9	小张	商品2	224	2023/2/15	
10	小李	商品1	318	2023/2/16	
11	小黄	商品3	459	2023/2/17	

图 2.53　统计小李的商品 2 和小黄的商品 3 的销售量总和

看到这里,读者也许明白了函数条件{"小李";"小黄"}和{"小李","小黄"}的结果差异了。为了方便读者理解,我们制作了表 2.5,同时将最后结论归纳如下:函数条件 1 间隔符和条件 2 间隔符不一致时(任一个为逗号,另一个为分号),函数返回的是交叉结果,即"小李商品 2＋小李商品 3＋小黄商品 2＋小黄商品 3"的销售量;而函数条件 1 间隔符和条件 2 间隔符一致时(都为逗号或分号),函数返回的是指定结果,即"小李商品 2＋小黄商品 3"的销售量(这里需要关注函数条件中的人名顺序或商品顺序)。

表 2.5　分隔符号的使用区别

姓名	商品	销售量/个	条件 1 间隔符	条件 2 间隔符	返回结果
小李	商品 3	697	{"小李";"小黄"}	{"商品 2","商品 3"}	2214
小黄	商品 2	300	{"小李","小黄"}	{"商品 2","商品 3"}	1217
小李	商品 2	758	{"小李";"小黄"}	{"商品 2","商品 3"}	1217
小黄	商品 3	459	{"小李","小黄"}	{"商品 2","商品 3"}	2214

（4）期间求和问题。如要计算 2023 年 2 月 11 日至 2023 年 2 月 15 日期间（不含两端时间）的销售量，就涉及期间求和问题。在 BA5 单元格中输入公式"＝SUMIFS（AY3：AY11， AZ3：AZ11，"＞2023/2/11"）－SUMIFS（AY3：AY11，AZ3：AZ11，"＞＝2023/2/15"）"，按回车键即可得到指定期间的销售量总和，结果为 1267 个，如图 2.54 所示。当然，读者也可以输入公式"＝SUMIFS

	AW	AX	AY	AZ	BA
2	姓名	商品	销售里/个	销售日期	
3	小张	商品1	982	2023/2/9	1156
4	小李	商品3	697	2023/2/10	1455
5	小黄	商品2	300	2023/2/11	1267
6	小张	商品3	377	2023/2/12	
7	小李	商品2	758	2023/2/13	
8	小黄	商品1	132	2023/2/14	
9	小张	商品2	224	2023/2/15	
10	小李	商品1	318	2023/2/16	
11	小黄	商品3	459	2023/2/17	

图 2.54　期间求和问题

（AY3：AY11，AZ3：AZ11，"＞2023/2/11"，AZ3：AZ11，"＜2023/2/15"）"，结果是一样的。

需要特别提醒读者的是，如果单元格中已经存在需要用到的时间条件，也可以不用在公式中对应的条件部分输入时间，只需要输入符号 ＆ 以及单元格引用即可（运算符需要用英文双引号），如上述期间求和问题也可以在 BA5 单元格中输入公式"＝SUMIFS（AY3：AY11，AZ3：AZ11，"＞"＆AZ5）－SUMIFS（AY3：AY11，AZ3：AZ11，"＞＝"＆AZ9）"，结果完全一样，也就是条件表达式"＞"＆AZ5 和"＞2023/2/11"完全等效（单元格 AZ5 里面的内容是时间 2023/2/11）。当然，也可以输入公式"＝SUMIFS（AY3：AY11，AZ3：AZ11，"＞"＆AZ5，AZ3：AZ11，"＜"＆AZ9）"，结果是一样的。

2.3.4　SUMPRODUCT 函数

SUMPRODUCT 函数是 Excel 中一种灵活多用、功能强大的数学函数，可以进行多种计算，包括统计符合条件的数量、计算加权平均值等。其基本语法结构为"＝SUMPRODUCT（array1，array2，...）"，其中，"array1，array2，..."是要相乘并相加的数组。主要用途如下。①数组乘法与求和："＝SUMPRODUCT（A1：A5，B1：B5）"，这将计算 A1B1＋A2B2＋…＋A5B5 的总和。②加权平均值："＝SUMPRODUCT（values，weights）/SUM（weights）"，将数值乘以权重，然后相加并除以权重的总和。③条件统计："＝SUMPRODUCT（－－（A1：A5＞10））"，统计数组中满足特定条件的元素个数。④多条件求和："＝SUMPRODUCT（（A1：A5＞10）＊（B1：B5＝"Category"））"，统计满足多个条件的元素个数。⑤统计不重复的个数："＝SUMPRODUCT（1/COUNTIF（A2：A10，A2：A10））"。需要注意的是，SUMPRODUCT 函数在使用时要确保数组的长度和顺序是正确的。

打开如图 2.55 所示的数据，进行 SUMPRODUCT 函数相关操作。

（1）计算总成绩。SUMPRODUCT 函数的常规用法是求和，如要计算学生语数两科的总成绩，可以在 BM3 单元格输入公式"＝SUMPRODUCT（BK3：BL3）"，按回车键并向下填充即可得到每个学生的总成绩，如图 2.56 所示。

注意：参数 BK3：BL3 构建一个数组，可以看作是"（BK3：BL3）＊1"，也就是说公式可以写成"＝SUMPRODUCT（（BK3：BL3）＊1）"，相当于 1 与这个数组中的每个元素对应相乘，然后再求乘积之和，即数组 BK3：BL3 中所有数据之和，可以发现，此时 SUMPRODUCT 函数的功能与 SUM 函数是一样的。也就是当参数只有 1 个数组时，SUMPRODUCT 函数的功能其实就是对该数组中的数据求和。

	BI	BJ	BK	BL
2	姓名	班级	语文成绩	数学成绩
3	学生1	2(1)	85	84
4	学生2	2(2)	78	68
5	学生3	2(1)	91	88
6	学生4	2(2)	69	74
7	学生5	2(1)	72	78
8	学生6	2(2)	85	81
9	学生7	2(1)	78	83
10	学生8	2(1)	67	74
11	学生9	2(2)	72	78
12	学生10	2(2)	88	93

图 2.55　原始数据

	BI	BJ	BK	BL	BM
2	姓名	班级	语文成绩	数学成绩	总成绩
3	学生1	2(1)	85	84	169
4	学生2	2(2)	78	68	146
5	学生3	2(1)	91	88	179
6	学生4	2(2)	69	74	143
7	学生5	2(1)	72	78	150
8	学生6	2(2)	85	81	166
9	学生7	2(1)	78	83	161
10	学生8	2(1)	67	74	141
11	学生9	2(2)	72	78	150
12	学生10	2(2)	88	93	181

图 2.56　计算总成绩

（2）计算加权成绩。假设不同总成绩对应不同的权重，现在要计算每个学生的加权成绩。可以在单元格 BO3 中输入公式"＝SUMPRODUCT(BM3＊BN3)"，即可得到学生 1 的加权成绩。向下填充公式得到其他学生的加权成绩，如图 2.57 所示。

	BI	BJ	BK	BL	BM	BN	BO
2	姓名	班级	语文成绩	数学成绩	总成绩	权重	加权成绩
3	学生1	2(1)	85	84	169	0.97	163.93
4	学生2	2(2)	78	68	146	0.95	138.7
5	学生3	2(1)	91	88	179	0.98	175.42
6	学生4	2(2)	69	74	143	0.95	135.85
7	学生5	2(1)	72	78	150	0.96	144
8	学生6	2(2)	85	81	166	0.97	161.02
9	学生7	2(1)	78	83	161	0.97	156.17
10	学生8	2(1)	67	74	141	0.95	133.95
11	学生9	2(2)	72	78	150	0.96	144
12	学生10	2(2)	88	93	181	0.99	179.19

图 2.57　计算加权成绩

假如要计算学生的加权成绩之和，则可以在 BO13 单元格中输入"＝SUMPRODUCT(BM3:BM12,BN3:BN12)"或者"＝SUMPRODUCT(BM3:BM12＊BN3:BN12)"，结果均为 1532.23，见图 2.58。

	BI	BJ	BK	BL	BM	BN	BO
2	姓名	班级	语文成绩	数学成绩	总成绩	权重	加权成绩
3	学生1	2(1)	85	84	169	0.97	163.93
4	学生2	2(2)	78	68	146	0.95	138.7
5	学生3	2(1)	91	88	179	0.98	175.42
6	学生4	2(2)	69	74	143	0.95	135.85
7	学生5	2(1)	72	78	150	0.96	144
8	学生6	2(2)	85	81	166	0.97	161.02
9	学生7	2(1)	78	83	161	0.97	156.17
10	学生8	2(1)	67	74	141	0.95	133.95
11	学生9	2(2)	72	78	150	0.96	144
12	学生10	2(2)	88	93	181	0.99	179.19
13							1532.23

图 2.58　计算学生的加权成绩之和

（3）单条件计数。SUMPRODUCT 函数也可以用来计数。如要统计 2(1)班人数，可以在 BJ13 单元格输入公式"＝SUMPRODUCT((BJ3:BJ12＝"2(1)")＊1)"或者"＝SUMRODUCT((BJ3:BJ12＝BJ3)＊1)"（这里的 SUMPRODUCT 函数写成 SUM 函数结果一样），结果均为 5 人，如图 2.59 所示。

	BI	BJ	BK	BL	BM	BN	BO
2	姓名	班级	语文成绩	数学成绩	总成绩	权重	加权成绩
3	学生1	2(1)	85	84	169	0.97	163.93
4	学生2	2(2)	78	68	146	0.95	138.7
5	学生3	2(1)	91	88	179	0.98	175.42
6	学生4	2(2)	69	74	143	0.95	135.85
7	学生5	2(1)	72	78	150	0.96	144
8	学生6	2(2)	85	81	166	0.97	161.02
9	学生7	2(1)	78	83	161	0.97	156.17
10	学生8	2(1)	67	74	141	0.95	133.95
11	学生9	2(2)	72	78	150	0.96	144
12	学生10	2(2)	88	93	181	0.99	179.19
13		5					1532.23

图 2.59　单条件计数

注意："BJ3∶BJ12＝"2(1)""或者"BJ3∶BJ12＝BJ3"将形成以 TRUE 和 FALSE 为元素的逻辑值组成的数组，逻辑值再进行四则运算，TRUE 可以看作 1，FALSE 看作 0，"(BJ3∶BJ12＝"2(1)")＊1"结果为以 1 和 0 为元素的数组，然后 SUMPRODUCT 函数再对这个数组进行求和，得到 2(1)班的人数。

（4）多条件计数。利用 SUMPRODUCT 函数可以进行多条件计数。如要统计 2(1)班总成绩大于 150（不含）的总人数，可以在 BK13 单元格中输入公式"＝SUMPRODUCT((BJ3∶BJ12＝"2(1)")＊(BM3∶BM12＞150))"，按组合键 Ctrl＋Shift＋Enter 即可得到 2(1)班总成绩大于 150（不含）的总人数，结果显示有 3 人，如图 2.60 所示。参数中的两个判断条件都会形成 TRUE 和 FALSE 组成的数组，两个数组相乘结果为以 1 和 0 为元素的数组。

	BI	BJ	BK	BL	BM	BN	BO
2	姓名	班级	语文成绩	数学成绩	总成绩	权重	加权成绩
3	学生1	2(1)	85	84	169	0.97	163.93
4	学生2	2(2)	78	68	146	0.95	138.7
5	学生3	2(1)	91	88	179	0.98	175.42
6	学生4	2(2)	69	74	143	0.95	135.85
7	学生5	2(1)	72	78	150	0.96	144
8	学生6	2(2)	85	81	166	0.97	161.02
9	学生7	2(1)	78	83	161	0.97	156.17
10	学生8	2(1)	67	74	141	0.95	133.95
11	学生9	2(2)	72	78	150	0.96	144
12	学生10	2(2)	88	93	181	0.99	179.19
13		5	3				1532.23

图 2.60　多条件计数

（5）单条件求和。SUMPRODUCT 函数可以用来单条件求和。如要统计 2(1)班数学的总分数，可以在 BL13 单元格中输入公式"＝SUMPRODUCT((BJ3∶BJ12＝"2(1)")＊(BL3∶BL12))"，按组合键 Ctrl＋Shift＋Enter 即可得到 2(1)班数学的总分数，结果为 407，如图 2.61 所示。

（6）多条件"且"关系求和。SUMPRODUCT 函数可以进行多条件求和。如要统计 2(1)班数学成绩高于 80 分的学生数学课程的总分数，可以在 BI13 单元格中输入公式"＝SUMPRODUCT((BJ3∶BJ12＝"2(1)")＊(BL3∶BL12＞80)＊(BL3∶BL12))"，按组合键 Ctrl＋Shift＋Enter 即可得到 2(1)班数学成绩高于 80 分的学生数学课程的总分数，结果为 255，如图 2.62 所示。

姓名	班级	语文成绩	数学成绩	总成绩	权重	加权成绩
	BI	BJ	BK	BL	BM	BN	BO
学生1	2(1)	85	84	169	0.97	163.93
学生2	2(2)	78	68	146	0.95	138.7
学生3	2(1)	91	88	179	0.98	175.42
学生4	2(2)	69	74	143	0.95	135.85
学生5	2(1)	72	78	150	0.96	144
学生6	2(2)	85	81	166	0.97	161.02
学生7	2(1)	78	83	161	0.97	156.17
学生8	2(1)	67	74	141	0.95	133.95
学生9	2(2)	72	78	150	0.96	144
学生10	2(2)	88	93	181	0.99	179.19
	5	3		407		1532.23

图 2.61　单条件求和

姓名	班级	语文成绩	数学成绩	总成绩	权重	加权成绩
学生1	2(1)	85	84	169	0.97	163.93
学生2	2(2)	78	68	146	0.95	138.7
学生3	2(1)	91	88	179	0.98	175.42
学生4	2(2)	69	74	143	0.95	135.85
学生5	2(1)	72	78	150	0.96	144
学生6	2(2)	85	81	166	0.97	161.02
学生7	2(1)	78	83	161	0.97	156.17
学生8	2(1)	67	74	141	0.95	133.95
学生9	2(2)	72	78	150	0.96	144
学生10	2(2)	88	93	181	0.99	179.19
255	5	3		407		1532.23

图 2.62　多条件"且"关系求和

（7）多条件"或"关系求和。如要统计 2(2) 班或者数学成绩高于 80 分的学生语文课程的总分数，就涉及多条件"或"关系求和，因为这里有两个条件：属于 2(2) 班或者数学成绩高于 80 分，满足任意一个条件即可。可以在 BM13 单元格中输入公式" ＝ SUMPRODUCT(((((BJ3：BJ12＝"2(2)")＋(BL3：BL12＞80))＜＞0) * (BK3：BK12))) "，按组合键 Ctrl＋Shift＋Enter 即可得到 2(2) 班或者数学成绩高于 80 分的学生语文课程的总分数，结果为 646，如图 2.63 所示。

姓名	班级	语文成绩	数学成绩	总成绩	权重	加权成绩
学生1	2(1)	85	84	169	0.97	163.93
学生2	2(2)	78	68	146	0.95	138.7
学生3	2(1)	91	88	179	0.98	175.42
学生4	2(2)	69	74	143	0.95	135.85
学生5	2(1)	72	78	150	0.96	144
学生6	2(2)	85	81	166	0.97	161.02
学生7	2(1)	78	83	161	0.97	156.17
学生8	2(1)	67	74	141	0.95	133.95
学生9	2(2)	72	78	150	0.96	144
学生10	2(2)	88	93	181	0.99	179.19
255	5	3		407	646	1532.23

图 2.63　多条件"或"关系求和

对于上述输入的函数，有些读者可能不好理解。解释如下：参数"BJ3：BJ12＝"2(2)""用于判断数组中的每一个元素是否为 2(2)，返回结果为｛FALSE；TRUE；FALSE；TRUE；FALSE；TRUE；FALSE；FALSE；TRUE；TRUE｝；同样，"(BL3：BL12＞80)"用于判断数组中的每一个元素是否大于 80,结果也是以 TRUE 和 FALSE 为元素的数组。这两个逻辑值数组用加法运算符连接,就会将逻辑值转化为数值,如 TRUE＋TRUE＝2,TRUE＋FALSE＝1,FALSE＋FALSE＝0,运算结果就是一个包含 0、1、2 的数值数组。我们再判断该数值数组中的每一个元素是否非 0($<>$0),结果又会变成逻辑值 TRUE 和 FALSE 为元素的数组。我们最后用这个逻辑值数组和 BK3:BK12 相乘,逻辑值数组中的 TRUE 和 FALSE 等效于 1 和 0,相当于{1;1;1;1;0;1;1;0;1;1}×{85;78;91;69;72;85;78;67;72;88},两个数组中对应元素相乘后所有乘积再相加,结果就是 646。

(8)数据查询。根据学生姓名和班级查询数学成绩,如要查询 2(1)班学生 5 的数学成绩,可以在 BN13 单元格中输入公式"＝SUMPRODUCT((BI3:BI12＝"学生 5")＊(BJ3:BJ12＝"2(1)"),BL3:BL12)",按组合键 Ctrl＋Shift＋Enter 即可得到 2(1)班学生 5 的数学成绩,结果为 78,如图 2.64 所示。

	BI	BJ	BK	BL	BM	BN	BO
2	姓名	班级	语文成绩	数学成绩	总成绩	权重	加权成绩
3	学生1	2(1)	85	84	169	0.97	163.93
4	学生2	2(2)	78	68	146	0.95	138.7
5	学生3	2(1)	91	88	179	0.98	175.42
6	学生4	2(2)	69	74	143	0.95	135.85
7	学生5	2(1)	72	78	150	0.96	144
8	学生6	2(2)	85	81	166	0.97	161.02
9	学生7	2(1)	78	83	161	0.97	156.17
10	学生8	2(1)	67	74	141	0.95	133.95
11	学生9	2(2)	72	78	150	0.96	144
12	学生10	2(2)	88	93	181	0.99	179.19
13	255	5	3	407	646	78	1532.23

图 2.64 数据查询

为了方便读者理解上述查询公式,我们编制了如表 2.6 所示的函数计算过程。

表 2.6 函数计算过程

过程	结果									
＝(BI3:BI12＝"学生 5")	FALSE	FALSE	FALSE	FALSE	TRUE	FALSE	FALSE	FALSE	FALSE	FALSE
＝(BJ3:BJ12＝"2(1)")	TRUE	FALSE	TRUE	FALSE	TRUE	FALSE	TRUE	TRUE	FALSE	FALSE
上述两式相乘	0	0	0	0	1	0	0	0	0	0
所有学生的数学成绩	84	68	88	74	78	81	83	74	78	93
查询学生的数学成绩	78(上面 2 行对应数据的乘积之和就是 78)									

2.3.5 MOD 函数

MOD 函数是 Excel 中的一个求余函数,用于返回两数相除的余数。它的语法结构为"＝MOD(被除数,除数)"。该函数会返回除法运算后的余数,且返回结果的符号与除数的符号相同。例如,公式"＝MOD($-10,-3$)"返回-1,"＝MOD(10,3)"返回 1。MOD 函数不仅可以用于数值,也可用于日期。当用于日期时,MOD 函数将返回两个日期之间的天数差异。例如,公式"＝MOD("2023－5－10","2023－5－1")"将返回 9。表 2.7 为 MOD 函数使用举例。

表 2.7 MOD 函数使用举例

功能	使用举例
1. 判断数字的奇偶性	"=IF(MOD(1653,2),"奇数","偶数")",返回"奇数"
2. 计算两个日期间隔天数	"=MOD("2023-12-9","2023-12-1")",返回 8
3. 生成循环序列	"=MOD(ROW(A1)-1,4)+1"向下填充即可生成循环序列 1,2,3,4,1,2,3,4,…
4. 将多列数据转为一列	前三列转为一列"=INDEX($A$1:$C$10,INT((ROW(A1)-1)/3)+1,MOD(ROW(A1)-1,3)+1)"
5. 从日期中提取时间	"=MOD("2023-6-9 08:10",1)",返回 0.340278,设置单元格格式为时间后为 8:10
6. 计算跨天时长	晚班时长"=MOD("09:00"-"23:00",1)*24",返回 10
7. 按身份证号判断性别	"=IF(MOD(MID("426671197003153293",17,1),2),"男","女")",返回男,身份证第 17 位数字为奇数表示为男
8. 隔行或隔列求和	A1:F1 的偶数列求和,公式为"=SUM((A1:F1)*(MOD(COLUMN(A1:F1),2)=0))",按组合键 Ctrl+Shift+Enter A1:F1 的奇数列求和,公式"=SUM((A1:F1)*(MOD(COLUMN(A1:F1),2)-1=0))",按组合键 Ctrl+Shift+Enter A1:A4 的偶数行求和,公式"=SUM((A1:A4)*(MOD(ROW(A1:A4),2)=0))",按组合键 Ctrl+Shift+Enter A1:A4 的奇数行求和,公式"=SUM((A1:A4)*(MOD(ROW(A1:A4),2)-1=0))",按组合键 Ctrl+Shift+Enter
9. 判断是否为闰年(能被 4 整除不能被 100 整除)	"=IF((MOD(2020,400)=0)+(MOD(2020,4)=0)*MOD(2020,100),"闰年","平年")",返回"闰年" "=IF((MOD(2023,400)=0)+(MOD(2023,4)=0)*MOD(2023,100),"闰年","平年")",返回"平年"
10. 提取小数	"=MOD(1.14,1)",返回 0.14
11. 判断日期是否为周末	"=IF(MOD("2023/12/9",7)<2,"是","不是")",返回"是"

2.3.6 SUBTOTAL 函数

SUBTOTAL 函数用于返回列表或数据库中的分类汇总。它可以对一个数据范围执行各种不同的函数,如求和、平均值、最大值、最小值等。SUBTOTAL 函数的语法结构为"=SUBTOTAL(function_num,range1,[range2],…)"。其中,"range1,[range2],…"为要计算的数据区域或引用。function_num 是一个整数,代表所需的函数,这个数字是 1 到 11 或 101 到 111 之间的一个值,它表示不同的函数,指定使用何种函数在列表中进行分类汇总计算,参数数值为 1~11(或 101~111)时,其含义如表 2.8 所示。function_num 取 1~11 时,SUBTOTAL 函数对筛选后的数据进行统计,包括手工隐藏的数据。function_num 取 101~111 时,SUBTOTAL 函数对可见的数据进行统计,忽略筛选掉的数据和手工隐藏的数据。如

"＝SUBTOTAL(1,B3:B5)",表示对数据区域 B3:B5 求平均值。

表 2.8　SUBTOTAL 函数的参数含义

参数	含义
1	AVERAGE 平均值
2	COUNT 非空值单元格计数
3	COUNTA 非空值单元格计数(含字母)
4	MAX 最大值
5	MIN 最小值
6	PRODUCT 乘积
7	STDEV 标准偏差值(忽略逻辑值和文本)
8	STDEVP 标准偏差值
9	SUM 求和
10	VAR 给定样本的方差(忽略逻辑值和文本)
11	VARP 总体方差

下面以表 2.9 中的数据为例,讲解 SUBTOTAL 函数的使用。

表 2.9　原始数据

序号	A	B	C	D	E	F	G	H	I	J	K
1	商品 1	商品 2	商品 3	商品 4	商品 5	商品 6	商品 7	商品 8	商品 9	商品 10	商品 11
2	糕点类	糕点类	糕点类	糕点类	烟酒类	烟酒类	烟酒类	烟酒类	生活用品类	生活用品类	生活用品类
3	7800	8200	8100	8800	35400	36000	33000	38000	13000	14000	12500

运用上述数据,计算 SUBTOTAL 函数的各种参数结果,如表 2.10 所示。

表 2.10　各参数的计算结果

参数为 1	参数为 2	参数为 3	参数为 4	参数为 5	参数为 6
＝SUBTOTAL (1,A3:K3) ＝19527.27273	＝SUBTOTAL (2,A3:K3) ＝11	＝SUBTOTAL (3,A3:K3) ＝11	＝SUBTOTAL (4,A3:K3) ＝38000	＝SUBTOTAL (5,A3:K3) ＝7800	＝SUBTOTAL (6,A3:K3) ＝1.65753E＋46

参数为 7	参数为 8	参数为 9	参数为 10	参数为 11	
＝SUBTOTAL (7,A3:K3) ＝12961.79701	＝SUBTOTAL (8,A3:K3) ＝12358.58854	＝SUBTOTAL (9,A3:K3) ＝214800	＝SUBTOTAL (10,A3:K3) ＝168008181.8	＝SUBTOTAL(11,A3:K3) ＝152734710.7	

2.4　统计函数

统计函数是用于分析和总结数据。这些函数包括计算总和、平均值、最大和最小值、中位数、众数、标准偏差、方差，以及带条件的计数和求和等，它们允许用户在数据中找出趋势、集中度和分散度，从而做出数据驱动的决策。

2.4.1　统计函数概况与使用举例

Excel 统计函数可以帮助用户进行各种统计和分析任务，从简单的求平均值到更复杂的分位数和方差计算。用户根据需求可选择适当的函数来处理数据。表 2.11 是 Excel 统计函数的功能与使用举例。

表 2.11　Excel 统计函数的功能与使用举例

函数名	功能	使用举例
AVEDEV	计算数据的平均绝对偏差	"=AVEDEV(10,15,12,18,20)"=3.2，先算均值，再算绝对偏差，最后算绝对偏差的平均值
AVERAGE	计算算术平均数	"=AVERAGE(10,15,12,18,20)"=15，"=AVERAGE(A1:A5)"=15
AVERAGEA	计算包含数字、文本、逻辑值的平均值	"=AVERAGEA(10,"15",TRUE,18,"20")"=12.8，文本"15"和"20"被转换为数字 15 和 20，TRUE 被视为 1
AVERAGEIF	计算满足条件的平均值	"=AVERAGEIF(A1:A10,">5")"，计算 A1 到 A10 中所有大于 5 的数字的平均值
AVERAGEIFS	计算多重条件的平均值	"=AVERAGEIFS(F2:F12,D2:D12,"广州",E2:E12,">80",E2:E12,"<90")"，计算销售地区为"广州"、价格大于 80 同时小于 90 的服装销量的平均值
BETADIST	返回累积贝塔分布的概率密度	"=BETADIST(0.3,2,5,FALSE)"=0.58，计算参数 α 为 2，β 为 5，贝塔分布在 $x=0.3$ 处的概率密度函数值
BETAINV	返回累积贝塔分布的概率密度的反函数值	"=BETAINV(0.7,2,5,0,1)"=0.36，参数 α 为 2，β 为 5 时，计算累积分布概率为 0.7 时的反函数值
BINOMDIST	返回一元二项式分布的概率值	"=BINOMDIST(3,10,0.3,FALSE)"=0.2668，试验次数为 10 次，成功概率为 0.3，想要计算成功事件发生 3 次的概率函数值
CHIDIST	计算 χ^2 分布的单尾概率	"=CHIDIST(5.0,2)"=0.082，计算自由度为 2 的卡方分布在卡方统计量为 5.0 时的累积分布概率
CHIINV	返回 χ^2 分布的单尾概率的反函数值	"=CHIINV(0.05,3)"=7.815，计算自由度为 3 的卡方分布在概率为 0.05 时的卡方统计量

函数名	功能	使用举例
CHITEST	返回独立性检验	"=CHITEST({100,120},{110,110})"=0.178,两个参数分别为观察到的频数和期望的频数,公式将返回卡方检验 P 值,P 值大于 0.05 则接受原假设,两组数据差异不显著
CONFIDENCE	返回置信区间的上下浮动值	"=CONFIDENCE(0.05,10,100)"=1.96,计算了置信水平为 95%、总体标准偏差为 10、样本大小为 100 的情况下,对总体均值的置信区间的半宽度。置信区间的上限是样本均值加上半宽度,下限是样本均值减去半宽度
CORREL	返回两组数据的相关系数(含线性、非线性关系,允许缺失值)	"=CORREL({1,2,3,4,5},{2,3,5,8,9})"=0.985,计算了两组数据{1,2,3,4,5}和{2,3,5,8,9}之间的相关系数
COUNT	返回数字参数的个数	"=COUNT(10,15,20)"=3,"=COUNT(10,15,20,a,w)"=3
COUNTA	返回包含任何值的参数列表中的单元格个数	"=COUNTA(10,15,20,a,w)"=5
COUNTBLANK	计算空单元格的个数	"=COUNTBLANK(A1:C10)",计算区域 A1 到 C10 中的空单元格数量
COUNTIF	计算满足条件的单元格个数	"=COUNTIF(A1:A10,">50")",计算 A1:A10 中大于 50 的单元格的数量; "=COUNTIF(B1:B20,"Apple")",计算 B1:B20 中等于"Apple"的单元格的数量
COUNTIFS	计算满足多重条件的单元格个数	"=COUNTIFS(A1:A10,">50",B1:B10,"Apple")",计算 A1:A10 中数值大于 50 且 B1:B10 中等于"Apple"的单元格数量
COVAR	返回协方差	"=COVAR({100,120,110,130,150},{80,100,90,110,120})"=240
CRITBINOM	返回累积二项分布大于或等于临界值的最小整数	"=CRITBINOM(100,0.3,0.05)"=23,表示在 100 次二元试验中,以 0.3 的成功概率,累积概率不超过 0.05 的最小成功次数
DEVSQ	返回数据点与各自样本平均值偏差的平方和	"=DEVSQ(2,4,6,8,10)"=40,"=(2-6)^2+(4-6)^2+(6-6)^2+(8-6)^2+(10-6)^2"=40,均值为 6
EXPONDIST	返回指数分布	"=EXPONDIST(2,0.5,TRUE)"=0.63,表示指数分布在 $x=2$ 处的累积分布函数,$\lambda=0.5$ "=EXPONDIST(1,0.8,FALSE)"=0.36,表示指数分布在 $x=1$ 处的概率密度函数,$\lambda=0.8$

续表

函数名	功能	使用举例
FDIST	返回 F 概率分布	"=FDIST(3.0,5,10)"=0.065,计算 F 分布在 $x=3.0$ 处的累积分布函数的值,分子自由度为 5,分母自由度为 10
FREQUENCY	根据数值在某区域内的出现频率返回垂直数组	"=FREQUENCY({10,15,22,30,35,40,45,50},{29,39})"={3,2,3},参数 1、2 分别为待分析的数组(数据范围)、分组边界数值,3 个分区为 $\leqslant29$、$(29,39]$、>39,结果显示参数 1 中的数 $\leqslant29$ 的有 3 个,在 $(29,39]$ 有 2 个,>39 的有 3 个
FTEST	判断两组数据的方差是否相等,返回 F 检验的结果	"=FTEST({12,13,24},{24,26,30})"=0.348 或 "=FTEST(C2:C4,D2:D4)",小于 0.05 的概率值表示两组数据方差显著不同
GAMMADIST	返回伽马分布	"=GAMMADIST(5,2,3,FALSE)"=0.105,计算参数 α、β 分别为 2、3,$x=5$ 的概率密度函数值;"=GAMMADIST(5,2,3,TRUE)"=0.496,计算使用上述相同的参数,$x=5$ 的累积分布函数值
GAMMAINV	返回伽马累积分布函数的反函数值	"=GAMMAINV(0.8,2,3)"=8.983,计算参数 α、β 分别为 2、3,累积概率 0.8 对应的 x 值;"=GAMMAINV(0.5,2,3)"=5.035,计算同样的参数下累积概率为 0.5 的 x 值
GAMMALN	返回伽马函数的自然对数	"=GAMMALN(5)"=3.178,在 $x=5$ 时计算伽马函数的自然对数值
GEOMEAN	返回几何平均数	"=GEOMEAN(10,20,30)"=18.171 "=GEOMEAN(A1:A5)"
GROWTH	预测指数增长值	"=GROWTH({10,20,40,80,160},{1,2,3,4,5},6)"=320,参数 1 为已知的 Y 值数组(数据区域),参数 2 为已知的 X 值数组,6 为已知的预测 X 值,则预测的 Y 值为 320
HARMEAN	返回调和平均数	"=HARMEAN(2,4,6)"=3.27,"=HARMEAN(A1:A3)"
HYPGEOMDIST	返回超几何分布	"=HYPGEOMDIST(1,4,8,20)"=0.363,1 为样本中成功的次数,4 为样本容量,8 为总体中成功的次数,20 为总体容量。再如 120 个人中男生 78 人,现在抽取 18 个人,有 12 个男生的概率为 "=HYPGEOMDIST(12,18,78,120)"=0.2096
INTERCEPT	计算拟合直线与 Y 轴的截距	"=INTERCEPT({3,5.4,7.8,8.6},{2,1.5,1.8,3.2})"=2.428;"=INTERCEPT(B1:B100,A1:A100)",参数分别为因变量和自变量,常和拟合直线斜率"=SLOPE(B1:B100,A1:A100)"、相关系数"=CORREL(B1:B100,A1:A100)"一起使用

函数名	功能	使用举例
KURT	返回数据集的峰度值	"=KURT({10,15,20,12,8})"=0.068,"=KURT(A2:A6)",峰度值越大,表示数据分布的尖峰程度越高
LARGE	返回数据集中的某个最大值	"=LARGE({10,15,20,25,30},3)"=20,"=LARGE(A2:A6,3)",返回数据集中第3大的值
LINEST	使用最小二乘法对数据进行直线拟合,并返回描述此直线的数组	假设拟合直线为 $Y=MX+B$,"=LINEST(B2:B5,A2:A5,TRUE,TRUE)",其中,B2:B5 和 A2:A5 分别为已知的 Y 值和 X 值集合;前一个参数 TRUE(可省略)代表正常计算拟合直线的截距(若为 FALSE 则截距强制为 0);后一个参数 TRUE 表示返回拟合统计值,若为 FALSE 或省略则仅返回斜率和截距。其使用与 LOGEST 函数类似
LOGEST	计算指数回归拟合曲线,并返回该曲线的相关数值	假设拟合曲线为 $Y=B*M^X$,"=LINEST(B2:B5,A2:A5,TRUE,TRUE)",其中,B2:B5 和 A2:A5 分别为已知的 Y 值和 X 值集合;前一个参数 TRUE(可省略)代表正常计算常数项 B(若为 FALSE 则强制使常数 B 为 1,同时调整曲线为 $Y=M^X$);后一个参数 TRUE 表示返回拟合统计值,若为 FALSE 或省略则仅计算系数 M 和常数项 B
LOGINV	返回对数累积分布函数的反函数值	"=LOGINV(0.8,1.5,0.2)"=5.303,返回对数正态分布在给定概率 0.8 处的反函数值,其中均值为 1.5,标准偏差为 0.2
LOGNORMDIST	返回 X 的对数累积分布函数	"=LOGNORMDIST(3,1.5,0.35)=0.126,3 为要计算的 X 数值,1.5 为对数 ln X 平均值,0.35 为对数 ln X 的标准偏差,结果为 X 的对数累积分布函数值
MAX	返回数据集中的最大值	"=MAX(10,15,8,20,12)=20","=MAX(A2:A6)"
MAXA	返回参数列表中的最大值	"=MAXA({5,"apple",TRUE})"=5,MAXA 函数可以计算数值、文本和逻辑值,TRUE 的参数作为 1 来计算,文本或 FALSE 的参数作为 0 来计算
MEDIAN	返回数据集的中位数	"=MEDIAN(10,15,8,20,12)"=12,"=MEDIAN(A2:A6)"
MIN	返回数据集中的最小值	"=MIN(10,5,8,15)"=5,"=MIN(A1:A5)"
MINA	返回参数列表中的最小值	"=MINA(F3:F5)"=0,F3:F5 分别为 2、5 和 abc,文本视为 0 参与计算
MODE	返回出现频率最高的数	"=MODE(2,3,4,2,5,3,2,1)"=2
NEGBINOMDIST	返回负二项式分布函数值	"=NEGBINOMDIST(40,10,0.3)"=0.0077,参数分别为失败次数、成功的临界次数和成功的概率

续表

函数名	功能	使用举例
NORMDIST	返回给定平均值和标准偏差的正态分布	"=NORMDIST(20,19,2.75,TRUE)"=0.642,参数分别为要计算其分布的数值、分布的算术平均数、分布的标准偏差以及逻辑值。逻辑值为 TRUE 时返回累积分布函数,逻辑值为 FALSE 时返回概率密度函数
NORMINV	返回给定平均值和标准偏差的正态累积分布函数的反函数值	"=NORMINV(0.9796,15,0.45)"=15.92,参数分别为正态分布的概率值、分布的算术平均数和分布的标准偏差
NORMSDIST	返回标准正态累积分布函数的函数值	"=NORMSDIST(1.5)"=0.933,参数为需要计算其分布的数值。该分布的平均值为 0,标准偏差为 1
NORMSINV	返回标准正态累积分布函数的反函数值	"=NORMSINV(0.8)"=0.841,参数为正态分布的概率值。该分布的平均值为 0,标准偏差为 1
PEARSON	返回皮尔逊相关系数	如果 A1:A6 为 74、83、71、49、92、88,B1:B6 为 64、80、76、40、90、81,则 "=PEARSON(A1:A6,B1:B6)"=0.952,PEARSON 函数含线性关系,不允许有缺失值,范围为 $[-1,1]$
PERCENTILE	返回数值区域的 K 百分比数值点	A1:A6 为 71、83、71、49、92、88,"=PERCENTILE(A1:A6,0.8)"=88,参数分别为定义相对位置的数据区域、0 到 1 之间的百分比数字
PERCENTRANK	返回某个数值在一个数据集合中的百分比排位	如果 A1:A6 为 75、83、71、49、92、88,"=PERCENTRANK(A1:A6,75)"=0.4,即 75 在 6 个数中的相对位置为 40%
PERMUT	返回从给定数目的元素集合中选取的若干元素的排列数	"=PERMUT(10,9)"=3628800,参数分别为对象总数、每个排列中的对象数
POISSON	返回泊松分布	"=POISSON(5,10,TRUE)"=0.067,"=POISSON(3,12,FALSE)"=0.002。参数分别为事件数、期望值和逻辑值。逻辑值为 TRUE 时返回 $[0,x]$ 的累积泊松概率,为 FALSE 时返回 x 的泊松概率密度函数
PROB	返回区域中的数值落在指定区间内的对应概率	"=PROB({0,1,2,3},{0.2,0.3,0.1,0.4},3)"=0.4,参数分别为具有各自相应概率值的 x 数值区域、与 x 数值区域相对应的一组概率值、计算概率的数值下界,也可以加第 4 个参数(本例省略了),即计算概率的数值上界

函数名	功能	使用举例
QUARTILE	返回数据集的四分位点	如果 A1：A5 为 78、45、90、12、85，"＝QUARTILE(A1：A5，3)"＝85。参数分别为需要计算四分位点的数据集、需要返回哪一个四分位点。参数 2 取 0、1、2、3、4 时，则函数分别返回最小值、第一个四分位数（即 25％处的数据）、中分位数（即 50％处的数据）、第三个四分位数（即 75％处的数据）和最大值
RANK	返回一个数字在一组数字中的排位	如果 A1：A5 为 88、55、90、12、85，"＝RANK(88,A1：A5)"＝2,该函数的参数分别为需要排位的数字、引用区域和排序方式。排序方式有两种：若是省略或者为 0,则为降序；若是非零值，则是升序。RANK 函数对重复数字的排位相同且重复数的存在将影响后续数字的排位。如整数 30 出现两次，其排位均为 7,则下一个数的排位为 9(没有排位为 8 的数值)
RSQ	返回皮尔逊相关系数的平方	"＝RSQ({42,23,29,19,38,27,25},{16,15,19,17,15,14,34})"＝0.055
SKEW	返回分布的不对称度	"＝SKEW(22,23,29,19,38,27,25)"＝1.211,文本、逻辑值或空单元格将被忽略
SLOPE	返回数据点的线性回归线的斜率	"＝SLOPE({22,23,29,19,38,27},{16,15,19,17,15,14})"＝－0.5625,参数分别为因变量数值区域和自变量数值区域
SMALL	返回数据集中第 k 个最小值	如果 A1：A5 为 88、55、90、12、85，"＝SMALL(A1：A5,3)"＝85
STANDARDIZE	通过平均值和标准方差返回分布的正态化数值	"＝STANDARDIZE(62,60,10)"＝0.2,参数分别为需要进行正态化的数值、数据分布的算术平均数、数据分布的标准偏差
STDEV	估算样本的标准偏差	如果 A1：A5 为 85、45、90、12、85，"＝STDEV(A1：A5)"＝33.99,将忽略参数中的逻辑值和文本，且参数是总体中的样本。如果参数是全部样本总体，用 STDEVP 函数
STDEVA	计算基于给定样本的标准偏差	如果 A1：A5 为 85、45、90、12、abc，"＝STDEVA(A1：A5)"＝41.02,参数包括文本值和逻辑值,参数 TRUE 作为 1,文本或 FALSE 作为 0 来计算；函数参数为总体的一个样本。如果数据代表的是样本总体，则必须使用 STDEVPA 函数来计算

续表

函数名	功能	使用举例
STDEVP	返回整个样本总体的标准偏差	如果 A1：A5 为 86、45、90、12、85，"=STDEVP(A1：A5)"=30.546，计算过程中忽略逻辑值和文本，同时参数为整个样本总体
STDEVPA	计算样本总体的标准偏差	如果 A1：A5 为 86、45、90、12、as，"=STDEVPA(A1：A5)"=36.898，该函数文本值和逻辑值参与计算，参数为样本总体
STEYX	返回通过线性回归法计算 y 预测值时所产生的标准误差	"=STEYX({43,26,29,19,18,17,15},{26,25,19,17,25,14,17})"=8.55，"=STEYX(C1：C7,D1：D7)"，参数分别为因变量数值区域和自变量数值区域
TDIST	返回学生 t 分布的百分点（概率）	"=TDIST(13,2,1)"=0.0029，参数分别为需要计算分布的数值、表示自由度数的整数以及分布类型，tails=1 时返回单尾分布，tails=2 时返回双尾分布
TINV	返回学生 t 分布的 t 值	"=TINV(0.5,30)"=0.6827，参数分别为与双尾学生 t 分布相关的概率、分布的自由度数
TREND	返回一条线性回归拟合线的值	"=TREND(B2：B12,A2：A12,A14)"，参数分别为 $y=mx+b$ 中的 y 值集合、x 值集合以及给出的新的 x 值，参数 4 为逻辑值（本例中省略了），为 TRUE 或省略时常数项 b 正常计算；为 FALSE 时，b 的值为 0，此时方程变为 $y=mx$
TRIMMEAN	返回数据集的内部平均值	如果 A1：A5 为 86、45、90、12、25，"=TRIMMEAN(A1：A5,0.4)"=52，参数分别为需要进行整理并求平均值的数组或数据区域、要除去的数据点的比例，如果 percent=0.1，30 个数据点的 10% 等于 3 个数据点。TRIMMEAN 函数将除去的数据点数目向下舍入为最接近的 2 的倍数，则在数据集的头部和尾部各除去一个数据
TTEST	返回与学生 t 检验相关的概率	"=TTEST({3,4,5,8,9,1,2,4,5},{6,19,3,2,14,4,5,17,1},2,1)"=0.196，参数分别为第一个数据集、第二个数据集、分布曲线的尾数（1 为单尾分布，2 为双尾分布）、t 检验的类型（1、2、3 分别对应成对检验、等方差双样本检验和异方差双样本检验）
VAR	估算样本方差	若 A1：A5 为 86、45、90、12、25，"=VAR(A1：A5)"=1244.3，不含文本和逻辑值

函数名	功能	使用举例
VARA	估算给定样本的方差	如果 A1:A5 为 86、45、90、12、as,"＝VARA(A1:A5)"＝1701.8,此时"＝VAR(A1:A5)"＝1364.25。VARA 函数还可计算文本和逻辑值,如参数 TRUE 作为 1、文本或FALSE 作为 0 来计算,其参数是总体样本。若参数是样本总体则用 VARPA 函数计算方差
VARP	根据整个总体计算方差	若 A1:A5 为 86、45、90、12、25,"＝VARP(A1:A5)"＝995.44,不含文本和逻辑值
VARPA	计算样本总体的方差	如果 A1:A5 为 86、45、90、12、as,"＝VARPA(A1:A5)"＝1361.44。与 VARA 函数一样,VARPA 函数也计算文本和逻辑值
WEIBULL	返回韦布尔分布	"＝WEIBULL(98,21,100,TRUE)"＝0.480,"＝WEIBULL(58,11,67,FALSE)"＝0.032,此函数可以进行可靠性分析,参数分别为用来计算函数值的数值、Alpha 分布参数、Beta 分布参数和函数的形式,TRUE 返回累积分布函数值,FALSE 返回概率密度函数值
ZTEST	返回 Z 检验单尾概率值	"＝ZTEST({5,6,7,8,6,5,4,2,1,9},4)"＝0.05,参数分别为用来检验的数据区域、被检验的值和总体标准偏差(已知)。总体标准偏差如果省略,则使用样本标准偏差

为了熟练掌握上述函数,读者可运用本书提供的"291 个地级市数据",进行如下练习:

(1)计算年末户籍人口的算术平均数、几何平均数(前 30 个城市)和调和平均数(前 255 个城市);计算二产比重的算术平均数、几何平均数(前 30 个城市)和调和平均数(前 255 个城市)。

(2)计算 C2:F256 区域内的数据个数,计算 A2:B260 区域内的非空单元格个数;计算C5:F236 区域内的数据个数,计算 A7:B160 区域内的非空单元格个数。

(3)计算年末户籍人口大于 800 万人的城市个数,计算年末户籍人口大于 800 万人且一产比重小于 10％的城市个数,计算年末户籍人口大于 700 万人且二产比重大于 50％的城市个数。

(4)计算每个城市的户籍人口在所有城市的降序排名,计算每个城市的一产比重在所有城市中的降序排名。

(5)计算 C2:C252 区域的最大值和最小值,计算 D2:D248 区域的最大值和最小值。

(6)计算 C2:C252 区域的第 3 个最大值和最小值,计算 D2:D248 区域的第 4 个最大值。

(7)计算石家庄市所有指标的方差、标准差,计算石家庄市和唐山市所有指标的协方差,计算邯郸市所有指标的方差、标准差,计算邢台市和保定市所有指标的协方差。

(8)计算一产比重和二产比重的相关系数,计算一产比重和三产比重的相关系数。

(9)求地区生产总值对全社会用电量和邮政业务收入的回归结果(含统计值),求地区生产总值对地方一般公共预算收入和年末金融机构存款余额的回归结果(含统计值)。

2.4.2　COUNT 函数

COUNT 函数是 Excel 中的一个非常实用的统计函数,用于计算指定范围内数值单元格的个数。它的语法结构为"＝COUNT(value1,value2,value3,...)"。其中,"value1,value2,value3,..."是要计算的各个参数,它们可以是数值、文本、逻辑值等格式的数据,也可以是一个单元格区域的引用。COUNT 函数只计算数值单元格的个数,对于文本、逻辑值、空单元格等非数值类型会忽略不计。我们可以将 COUNT 函数与其他函数结合使用,例如 SUM 函数和 AVERAGE 函数等,以便对数据进行更复杂的计算和分析。

(1)统计满足指定条件的个数。图 2.65 列示了不同水果的销量,假如要统计销量大于 2000 的水果品种数,可以通过 COUNT 函数来实现。在 B12 单元格中输入公式"＝COUNT(IF(B2:B11>2000,B2:B11,""))",按组合键 Ctrl＋Shift＋Enter 即可得到销量大于 2000 的水果品种数,如图 2.66 所示。

	A	B
1	水果	销量
2	苹果	2300
3	香蕉	1850
4	橘子	2400
5	梨	1930
6	西瓜	3500
7	西红柿	1840
8	黄瓜	2314
9	柿子	2610
10	火龙果	1895
11	橙子	2460
12	品种个数	

	A	B
1	水果	销量
2	苹果	2300
3	香蕉	1850
4	橘子	2400
5	梨	1930
6	西瓜	3500
7	西红柿	1840
8	黄瓜	2314
9	柿子	2610
10	火龙果	1895
11	橙子	2460
12	品种个数	6

图 2.65　原始数据　　　　图 2.66　统计满足指定条件的个数

(2)统计重复值的个数。如图 2.67 所示,假如要统计水果表中苹果出现的次数,可以通过 COUNT 函数来实现。在 E12 单元格中输入公式"＝COUNT(FIND("苹果",D2:D11))",按组合键 Ctrl＋Shift＋Enter 即可得到水果表中苹果出现的次数,如图 2.68 所示。

	D	E
1	水果	销量
2	苹果	2300
3	香蕉	1850
4	苹果	2400
5	梨	1930
6	西瓜	3500
7	苹果	1840
8	黄瓜	2314
9	柿子	2610
10	火龙果	1895
11	苹果	2460
12	苹果次数	

	D	E
1	水果	销量
2	苹果	2300
3	香蕉	1850
4	苹果	2400
5	梨	1930
6	西瓜	3500
7	苹果	1840
8	黄瓜	2314
9	柿子	2610
10	火龙果	1895
11	苹果	2460
12	苹果次数	4

图 2.67　原始数据　　　　图 2.68　统计重复值的个数

(3)统计不重复的个数。图 2.69 列示了不同水果的单价和销量,现在需要统计不重复单价的个数,可以通过 COUNT 函数来实现。在 I12 单元格中输入公式"＝COUNT(0/(FREQUENCY(H2:H11,$H$2:$H$11)))",按回车键即可得到不重复单价的个数,如

图 2.70 所示。对上述公式的解释如下："FREQUENCY(H2：H11，＄H＄2：＄H＄11)"统计每个数字在＄H＄2：＄H＄11 中出现的次数，已经统计过的数字不再计入统计，因此结果为 0，由此返回数组结果｛4；2；0；1；1；0；0；1；1；0｝，"0/(FREQUENCY(H2：H11，＄H＄2：＄H＄11))"返回｛0；0；♯DIV/0！；0；0；♯DIV/0！；♯DIV/0！；0；0；♯DIV/0！｝，最后用 COUNT 函数统计 0 的个数。

	G	H	I
1	水果	单价/元	销量/斤
2	苹果	6	2300
3	香蕉	5	1850
4	苹果	6	2400
5	梨	2	1930
6	西瓜	4	3500
7	苹果	6	1840
8	香蕉	5	2314
9	柿子	3	2610
10	火龙果	7	1895
11	苹果	6	2460
12	单价不重复的次数		

图 2.69　原始数据

	G	H	I
1	水果	单价/元	销量/斤
2	苹果	6	2300
3	香蕉	5	1850
4	苹果	6	2400
5	梨	2	1930
6	西瓜	4	3500
7	苹果	6	1840
8	香蕉	5	2314
9	柿子	3	2610
10	火龙果	7	1895
11	苹果	6	2460
12	单价不重复的次数		6

图 2.70　统计不重复的个数

2.4.3　COUNTA 函数

COUNTA 函数用于计算一个区域中非空单元格的个数。这些非空单元格可以是文本、数字、逻辑值或错误值等。COUNTA 函数的语法结构为"＝COUNTA(value1，value2，…)"。其中，"value1，value2，…"表示要计数的值或单元格引用。在使用 COUNTA 函数时，应确保选择的区域准确。COUNTA 函数可以与其他函数结合使用，如 SUM 函数，可以先使用 COUNTA 函数计算非空单元格的数量，然后使用 SUM 函数对这些单元格求和。在使用 COUNTA 函数时需要注意数据类型，如果不需要统计逻辑值、文字或错误值，可以使用 COUNT 函数来替代 COUNTA 函数。如果要统计区域中空单元格的个数，可以使用 COUNTBLANK 函数。

(1)统计户主人数。如图 2.71 所示，要统计每户人家有几口人，可以通过 COUNTA 函数来实现。在 P2 单元格输入"＝IF(N2＝"户主"，COUNTA(N2：N12)－SUM(P3：P12)，"")"，按回车键并向下填充即可统计每户人家有几口人，如图 2.72 所示。

	N	O	P
1	关系	姓名	每户人数
2	户主	吴红	
3	儿子	张帅	
4	妻子	王海	
5	户主	黄华	
6	妻子	赵云	
7	儿子	郑玉	
8	长女	张涛	
9	户主	张婷	
10	妻子	王涛	
11	长子	王茹	
12	次子	李涛	

图 2.71　原始数据

	N	O	P
1	关系	姓名	每户人数
2	户主	吴红	3
3	儿子	张帅	
4	妻子	王海	
5	户主	黄华	4
6	妻子	赵云	
7	儿子	郑玉	
8	长女	张涛	
9	户主	张婷	4
10	妻子	王涛	
11	长子	王茹	
12	次子	李涛	

图 2.72　统计户主人数

（2）统计非空单元格的个数。如图 2.73 所示，要统计 K1:K6 区域中的非空单元格个数，可以通过 COUNTA 函数来实现。在 L1 单元格中输入公式"＝COUNTA(K1:K6)"，按回车键即可得到非空单元格的个数 5，如图 2.74 所示。

	K	L
1	语文	
2	2023/1/5	
3	18	
4		
5	TRUE	
6	#DIV/0!	

图 2.73　原始数据

	K	L
1	语文	5
2	2023/1/5	
3	18	
4		
5	TRUE	
6	#DIV/0!	

图 2.74　统计非空单元格的个数

2.4.4　COUNTIF 函数

COUNTIF 函数用于根据指定的条件统计单元格的数量。它的语法结构为"＝COUNTIF(range,criteria)"，其中，range 表示要统计的单元格区域，criteria 表示要满足的条件。COUNTIF 函数一般只能对单一条件进行统计，即只能根据一个条件来筛选和计数单元格，它可以统计包括数字、文本、逻辑值和错误值等在内的所有非空单元格的数量。COUNTIF 函数在条件参数中可以使用通配符，如问号(?)和星号(*)，还可以通过使用"AND"或"OR"连接多个条件，实现多个条件的组合计数；与 SUM 函数、AVERAGE 函数结合，可以实现更复杂的统计计算；与数组结合使用，通过输入数组作为条件参数，可以实现更灵活的统计计算。

（1）统计指定文字的个数。如图 2.75 所示，要统计 S 列中出现"武汉"的次数，可以通过 COUNTIF 函数来实现。在 S12 单元格中输入公式"＝COUNTIF(S2:S11,"武汉")"，按回车键即可得到"武汉"出现的次数，如图 2.76 所示。

	R	S	T	U
1	水果	地区	单价/元	销量/斤
2	苹果	武汉	6	230
3	香蕉	西安	5	185
4	苹果	郑州	6	240
5	梨	武汉	2	193
6	西瓜	郑州	4	350
7	苹果	西安	6	184
8	香蕉	武汉	5	231
9	柿子	西安	3	261
10	火龙果	郑州	7	189
11	苹果	武汉	6	246
12				

图 2.75　原始数据

	R	S	T	U
1	水果	地区	单价/元	销量/斤
2	苹果	武汉	6	230
3	香蕉	西安	5	185
4	苹果	郑州	6	240
5	梨	武汉	2	193
6	西瓜	郑州	4	350
7	苹果	西安	6	184
8	香蕉	武汉	5	231
9	柿子	西安	3	261
10	火龙果	郑州	7	189
11	苹果	武汉	6	246
12		4		

图 2.76　统计指定文字的个数

（2）用＞＝或＜组合条件统计。如图 2.77 所示，要统计 U 列中销量低于 200 斤的次数，可以通过 COUNTIF 函数来实现。在 U12 单元格中输入公式"＝COUNTIF(U2:U11,"＜200")"，按回车键即可得到销量低于 200 斤的次数，如图 2.78 所示。

（3）用通配符组合条件统计。图 2.79 列示了不同水果的颜色、单价和销量，现在需要分别统计颜色中含有"浅""深""黄""红"的水果,可以通过 COUNTIF 函数来实现。假如要统计颜色中以"浅"字开头的水果数,可以在 W12 单元格中输入公式"＝COUNTIF(X2：X11，"浅＊")",按回车键即可得到以"浅"字开头的水果数,如图 2.80 所示。

	R	S	T	U
1	水果	地区	单价/元	销量/斤
2	苹果	武汉	6	230
3	香蕉	西安	5	185
4	苹果	郑州	6	240
5	梨	武汉	2	193
6	西瓜	郑州	4	350
7	苹果	西安	6	184
8	香蕉	武汉	5	231
9	柿子	西安	3	261
10	火龙果	郑州	7	189
11	苹果	武汉	6	246
12			4	

图 2.77 原始数据

	R	S	T	U
1	水果	地区	单价/元	销量/斤
2	苹果	武汉	6	230
3	香蕉	西安	5	185
4	苹果	郑州	6	240
5	梨	武汉	2	193
6	西瓜	郑州	4	350
7	苹果	西安	6	184
8	香蕉	武汉	5	231
9	柿子	西安	3	261
10	火龙果	郑州	7	189
11	苹果	武汉	6	246
12			4	4

图 2.78 用＞＝或＜组合条件统计

	W	X	Y	Z
1	水果	颜色	单价/元	销量/斤
2	苹果	浅红色	6	230
3	香蕉	浅黄色	5	185
4	橘子	美丽的深黄色	6	240
5	梨	浅黄色	2	193
6	西瓜	浅绿色	4	350
7	西红柿	好看的深红色	6	184
8	黄瓜	深绿色	5	231
9	柿子	浅红色	3	261
10	火龙果	美丽的深红色	7	189
11	橙子	浅黄色	6	246
12				

图 2.79 原始数据

	W	X	Y	Z
1	水果	颜色	单价/元	销量/斤
2	苹果	浅红色	6	230
3	香蕉	浅黄色	5	185
4	橘子	美丽的深黄色	6	240
5	梨	浅黄色	2	193
6	西瓜	浅绿色	4	350
7	西红柿	好看的深红色	6	184
8	黄瓜	深绿色	5	231
9	柿子	浅红色	3	261
10	火龙果	美丽的深红色	7	189
11	橙子	浅黄色	6	246
12	6			

图 2.80 用通配符组合条件统计

说明:"浅＊"表示以"浅"字开头即可,后面可以有一个或多个任意字符;如果条件为"浅??",意思是以"浅"字开头且后面仅有两个字。＊可以是一个或多个字符,包括空值。

(4)统计不为空且不包含重复值的个数。如图 2.81 所示,要统计 AC 列中不为空且不包含重复值的地区个数,可以通过 COUNTIF 函数来实现。在 AC12 单元格中输入公式"＝SUM(IF(AC2：AC11＜＞"",1/COUNTIF(AC2：AC11,AC2：AC11)))",按组合键 Ctrl＋Shift＋Enter 即可得到不为空且不包含重复值的地区个数,如图 2.82 所示。对上述公式的解释如下:"COUNTIF(AC2：AC11,AC2：AC11)"返回 AC2：AC11 中的每一个值在其自身数据区域中的重复次数,返回数组{4;3;3;4;3;3;4;3;3;4},"1/COUNTIF(AC2：AC11,AC2：AC11)"返回数组{1/4;1/3;1/3;1/4;1/3;1/3;1/4;1/3;1/3;1/4},当 AC2：AC11 不为空时,计算上述数组的和为3。

(5)多条件统计。如图 2.83 所示,假如要统计销量为 180～235 斤的水果个数,可以通过

COUNTIF 函数来实现。在 AJ12 单元格中输入公式"＝SUM（COUNTIF（AJ2：AJ11，{">＝180","＞235"}）＊{1,－1}）"，按回车键即可得到销量为 180～235 斤的水果个数是 6，如图 2.84 所示。对上述公式的解释如下："COUNTIF（AJ2：AJ11，{"＞＝180","＞235"}）"为在区域 AJ2：AJ11 中分别统计满足条件"＞＝180"以及满足条件"＞235"的水果个数，结果返回数组{10,4}，再计算"SUM（{10,4}＊{1,－1}）"即 10×1－4×1＝6，即用销量超过 180 斤的水果个数减去销量超过 235 斤的水果个数。当然，为了方便理解，读者也可以输入公式"＝COUNTIF（AJ2：AJ11，"＞＝180"）－COUNTIF（AJ2：AJ11，"＞235"）"，结果也是 6。

	AB	AC	AD	AE
1	水果	地区	单价/元	销量/斤
2	苹果	武汉	6	230
3	香蕉	西安	5	185
4	苹果	郑州	6	240
5	梨	武汉	2	193
6	西瓜	郑州	4	350
7	苹果	西安	6	184
8	香蕉	武汉	5	231
9	柿子	西安	3	261
10	火龙果	郑州	7	189
11	苹果	武汉	6	246
12				

图 2.81　原始数据

	AB	AC	AD	AE
1	水果	地区	单价/元	销量/斤
2	苹果	武汉	6	230
3	香蕉	西安	5	185
4	苹果	郑州	6	240
5	梨	武汉	2	193
6	西瓜	郑州	4	350
7	苹果	西安	6	184
8	香蕉	武汉	5	231
9	柿子	西安	3	261
10	火龙果	郑州	7	189
11	苹果	武汉	6	246
12		3		

图 2.82　统计不为空且不包含重复值的个数

	AG	AH	AI	AJ
1	水果	地区	单价/元	销量/斤
2	苹果	武汉	6	230
3	香蕉	西安	5	185
4	橘子	郑州	6	240
5	梨	武汉	2	193
6	西瓜	郑州	4	350
7	西红柿	西安	6	184
8	黄瓜	武汉	5	231
9	柿子	西安	3	261
10	火龙果	郑州	7	189
11	橙子	武汉	6	246
12				

图 2.83　原始数据

	AG	AH	AI	AJ
1	水果	地区	单价/元	销量/斤
2	苹果	武汉	6	230
3	香蕉	西安	5	185
4	橘子	郑州	6	240
5	梨	武汉	2	193
6	西瓜	郑州	4	350
7	西红柿	西安	6	184
8	黄瓜	武汉	5	231
9	柿子	西安	3	261
10	火龙果	郑州	7	189
11	橙子	武汉	6	246
12				6

图 2.84　多条件统计

2.4.5　COUNTIFS 函数

COUNTIFS 函数用于计算多个区域中满足给定条件的单元格的个数。它可以同时设定多个条件，是 COUNTIF 函数的扩展。它的语法结构为"＝COUNTIFS（条件区域 1，条件 1，[条件区域 2，条件 2]，……）"。COUNTIFS 函数可以对多个区域进行多条件多字段计数。在设定条件时，如果条件为文本，需要使用双引号将文本引起来；如果条件为数字，则无须使用双引号。在设定多个条件时，应注意条件的匹配与逻辑关系，确保结果的准确性。如想要统计性别为"男"且销量大于 150 的人数，可以使用公式"＝COUNTIFS（A2：A10，"男"，B2：B10，"＞150"）"，这样就可以得到满足这两个条件的单元格数量。

（1）统计 1 班成绩大于 80 分的人数。图 2.85 列示了不同班级的学生考试成绩，现在需要统计 1 班成绩在 80 分以上的人数，可以通过 COUNTIFS 函数来实现。在 AO2 单元格中输入公式"=COUNTIFS(AL2:AL14,"1 班",AN2:AN14,">80")"，按回车键即可得到 1 班成绩大于 80 分的人数，如图 2.86 所示。当然，也可以统计[80,90)区间的人数，在 AO4 单元格中输入公式"=COUNTIFS(AN2:AN14,">=80",AN2:AN14,"<90")"，按回车键即可得到[80,90)区间的人数，如图 2.86 所示。

	AL	AM	AN
1	班级	姓名	成绩
2	1班	吴红	78
3	3班	张帅	86
4	2班	王海	91
5	1班	黄华	85
6	2班	赵云	79
7	3班	郑玉	68
8	1班	张涛	76
9	2班	张婷	83
10	1班	王涛	94
11	3班	王茹	81
12	2班	李涛	76
13	3班	曹伟	86
14	1班	洪文	92

	AL	AM	AN	AO
1	班级	姓名	成绩	
2	1班	吴红	78	3
3	3班	张帅	86	
4	2班	王海	91	5
5	1班	黄华	85	
6	2班	赵云	79	
7	3班	郑玉	68	
8	1班	张涛	76	
9	2班	张婷	83	
10	1班	王涛	94	
11	3班	王茹	81	
12	2班	李涛	76	
13	3班	曹伟	86	
14	1班	洪文	92	

图 2.85　原始数据　　　图 2.86　统计 1 班成绩大于 80 分和成绩位于[80,90)区间的人数

（2）统计 2 班成绩中大于平均成绩的个数。继续使用上述例子中的数据，假如要统计 2 班成绩中大于平均成绩的个数，可以通过 COUNTIFS 函数来实现。在 AO6 单元格输入公式"=COUNTIFS(AL2:AL14,"2 班",AN2:AN14,">"&AVERAGE(AN2:AN14))"，按回车键即可得到 2 班成绩大于平均成绩的个数为 2，如图 2.87 所示。

	AL	AM	AN	AO
1	班级	姓名	成绩	
2	1班	吴红	78	3
3	3班	张帅	86	
4	2班	王海	91	5
5	1班	黄华	85	
6	2班	赵云	79	2
7	3班	郑玉	68	
8	1班	张涛	76	
9	2班	张婷	83	
10	1班	王涛	94	
11	3班	王茹	81	
12	2班	李涛	76	
13	3班	曹伟	86	
14	1班	洪文	92	

图 2.87　统计 2 班成绩中大于平均成绩的个数

（3）统计多条件且不重复的个数。如图 2.88 所示，要统计班级为 1 且姓名不重复的人数，可以通过 COUNTIFS 函数来实现。在 AT2 单元格中输入公式"=SUM(IFERROR(1/COUNTIFS(AQ2:AQ14,"1 班",AR2:AR14,AR2:AR14),""))"，按 Ctrl＋Shift＋Enter 组合键即可得到班级为 1 且姓名不重复的人数为 3，如图 2.89 所示。上述公式的解释如下："COUNTIFS(AQ2:AQ14,"1 班",AR2:AR14,AR2:AR14)"统计班级为 1 班以及 AR2:

AR14 中的每一个学生在区域 AR2：AR14 中名字出现的次数，班级为 1 就返回该学生名字出现的次数，班级不为 1 返回 0，于是先返回数组{2;0;0;2;0;0;2;0;2;0;0;0;1}，用 1 除以上述数组后得到{0.5;♯DIV/0!;♯DIV/0!;0.5;♯DIV/0!;♯DIV/0!;0.5;♯DIV/0!;0.5;♯DIV/0!;♯DIV/0!;♯DIV/0!;1}，IFERROR 处理后上述错误值 ♯DIV/0! 转化为空("")，{0.5;"";"";0.5;"";"";0.5;"";0.5;"";"";"";1}，再对其求和就等于 3。

	AQ	AR	AS	AT
1	班级	姓名	成绩	
2	1班	吴红	78	
3	3班	张帅	86	
4	2班	王海	91	
5	1班	黄华	85	
6	2班	赵云	79	
7	3班	郑玉	68	
8	1班	吴红	76	
9	2班	王海	83	
10	1班	黄华	94	
11	3班	王茹	81	
12	2班	李涛	76	
13	3班	张帅	86	
14	1班	洪文	92	

图 2.88　原始数据

	AQ	AR	AS	AT
1	班级	姓名	成绩	
2	1班	吴红	78	3
3	3班	张帅	86	
4	2班	王海	91	
5	1班	黄华	85	
6	2班	赵云	79	
7	3班	郑玉	68	
8	1班	吴红	76	
9	2班	王海	83	
10	1班	黄华	94	
11	3班	王茹	81	
12	2班	李涛	76	
13	3班	张帅	86	
14	1班	洪文	92	

图 2.89　统计多条件且不重复的个数

（4）单列多条件判断。如图 2.90 所示，假如要统计品名中包括"空调"或"冰箱"词条的品名数量，可以通过 COUNTIFS 函数来实现。在 AX2 单元格中输入公式"＝COUNTIFS(AV2：AV12,"空调＊")＋COUNTIFS(AV2：AV12,"冰箱＊")"，按回车键即可得到品名中包括"空调"或"冰箱"词条的品名数量为 7。也可以在 AX4 单元格中输入数组公式"＝SUM(COUNTIFS(AV2：AV12,{"空调＊","冰箱＊"}))"，得到同样的结果，如图 2.91 所示。

	AV	AW
1	商品	销量
2	电视1	87
3	冰箱1	82
4	电视3	68
5	空调3	58
6	空调1	85
7	空调2	84
8	电视2	59
9	空调4	76
10	电视4	74
11	冰箱2	76
12	冰箱3	69

图 2.90　原始数据

	AV	AW	AX
1	商品	销量	
2	电视1	87	7
3	冰箱1	82	
4	电视3	68	7
5	空调3	58	
6	空调1	85	
7	空调2	84	
8	电视2	59	
9	空调4	76	
10	电视4	74	
11	冰箱2	76	
12	冰箱3	69	

图 2.91　单列多条件判断

（5）对重复项进行累计编号。图 2.92 列示了不同的商品名称，现在需要统计每种商品出现的累计次数，可以通过 COUNTIFS 函数来实现。在 BA2 单元格中输入公式"＝COUNTIFS($AZ$2：AZ2,AZ2)"，按回车键并向下填充到 BA12 单元格即可得到每种商品出现的累计次数，如图 2.93 所示。

	AZ	BA
	名称	出现次数累计
1	名称	出现次数累计
2	商品1	
3	商品2	
4	商品1	
5	商品2	
6	商品1	
7	商品2	
8	商品1	
9	商品2	
10	商品1	
11	商品3	
12	商品2	

图 2.92　原始数据

	AZ	BA
	名称	出现次数累计
1	名称	出现次数累计
2	商品1	1
3	商品2	1
4	商品1	2
5	商品2	2
6	商品1	3
7	商品2	3
8	商品1	4
9	商品2	4
10	商品1	5
11	商品3	1
12	商品2	5

图 2.93　对重复项进行累计编号

（6）对数据进行核对。图 2.94 列示了 2 组商品销售信息，现在需要核对 2 组信息的一致性，可以通过 COUNTIFS 函数来实现。在 BH2 单元格中输入公式"＝COUNTIFS($BC$2：$BC$10,BF2,$BD$2：$BD$10,BG2)"，按回车键并向下填充到 BH10 单元格即可得到 2 组商品信息的核对结果，如图 2.95 所示。结果为 1 表示记录 1 和记录 2 信息一致，结果为 0 表示记录 1 和记录 2 信息不一致。

	BC	BD	BE	BF	BG	BH
1	记录1			记录2		核对
2	商品1	235		商品4	28	
3	商品2	148		商品3	68	
4	商品5	126		商品1	233	
5	商品8	132		商品6	70	
6	商品3	69		商品9	38	
7	商品7	86		商品2	148	
8	商品9	38		商品7	85	
9	商品4	28		商品8	132	
10	商品6	70		商品5	126	

图 2.94　原始数据

	BC	BD	BE	BF	BG	BH
1	记录1			记录2		核对
2	商品1	235		商品4	28	1
3	商品2	148		商品3	68	0
4	商品5	126		商品1	233	0
5	商品8	132		商品6	70	1
6	商品3	69		商品9	38	1
7	商品7	86		商品2	148	1
8	商品9	38		商品7	85	0
9	商品4	28		商品8	132	1
10	商品6	70		商品5	126	1

图 2.95　对数据进行核对

2.4.6　FREQUENCY 函数

Excel 中的 FREQUENCY 函数是一个用于计算数值在给定数据集中出现的频率的函数。它可以帮助用户分析数据的分布情况，将数据集中的数值划分为指定的区间，并计算每个区间中数值出现的次数。FREQUENCY 函数的语法结构为"＝FREQUENCY（data_array，bins_array)"，其中，data_array 表示要统计的一组数值或对这组数值的引用，bins_array 表示用于定义区间的数值数组或对区间的引用。FREQUENCY 函数将返回一个垂直数组，其中包含每个区间的频率计数，计算时会忽略数据集中的空单元格和文本值。在使用 FREQUENCY 函数时，选择合适的区间非常重要。另外，由于 FREQUENCY 函数返回的是一个数组，因此在输入公式时需要使用 Ctrl＋Shift＋Enter 组合键。

（1）分段计频。图 2.96 列示了员工的销量情况，现在需要根据 BL 列的分段数统计销量频率,可以通过 FREQUENCY 函数来实现。选中单元格区域 BM2:BM5(选择的单元格个数比分段数多 1),输入公式"＝FREQUENCY($BK$2:$BK$12,$BL$2:$BL$4)",按 Ctrl＋Shift＋Enter 组合键即可得到分段计频结果,如图 2.97 所示。

	BJ	BK	BL	BM
1	姓名	销量	分段数	频率
2	吴红	78	59	
3	张帅	87	79	
4	王海	64	89	
5	黄华	78		
6	赵云	74		
7	郑玉	56		
8	张涛	58		
9	张婷	82		
10	王涛	97		
11	王茹	58		
12	李涛	68		

图 2.96　原始数据

	BJ	BK	BL	BM
1	姓名	销量	分段数	频率
2	吴红	78	59	3
3	张帅	87	79	5
4	王海	64	89	2
5	黄华	78		1
6	赵云	74		
7	郑玉	56		
8	张涛	58		
9	张婷	82		
10	王涛	97		
11	王茹	58		
12	李涛	68		

图 2.97　分段计频

(2)求不重复值的个数。如图 2.98 所示,现在要统计 BO 列中不重复数据的个数,可以通过 FREQUENCY 函数来实现。在 BP2 单元格中输入公式"＝COUNT(0/FREQUENCY($BO$2:$BO$12,$BO$2:$BO$12))",按 Ctrl＋Shift＋Enter 组合键即可得到不重复数据的个数为 7,如图 2.99 所示。对上述公式的解释如下:"＝FREQUENCY($BO$2:$BO$12,$BO$2:$BO$12)"返回数组{2;1;2;0;1;2;2;0;1;0;0;0},"0"表示该位置上的数据重复了。0 除以上述数组后得到{0;0;0;♯DIV/0!;0;0;0;♯DIV/0!;0;♯DIV/0!;♯DIV/0!;♯DIV/0!},COUNT 计数得到 0 的个数 7。

	BO	BP
1	数量	不重复个数
2	0	
3	1	
4	3	
5	0	
6	7	
7	5	
8	4	
9	3	
10	9	
11	4	
12	5	

图 2.98　原始数据

	BO	BP
1	数量	不重复个数
2	0	7
3	1	
4	3	
5	0	
6	7	
7	5	
8	4	
9	3	
10	9	
11	4	
12	5	

图 2.99　求不重复值的个数

再来看下面的例子,如图 2.100 所示,要统计 BS 列非重复数值的个数,也可以通过 FREQUENCY 函数来实现。在 BT2 单元格中输入公式"＝SUM(－－(FREQUENCY(BS2:BS8,BS2:BS8)＞0))",按 Ctrl＋Shift＋Enter 组合键即可得到非重复数值的个数,如图 2.101 所示。上述公式的基本原理为:"FREQUENCY(BS2:BS8,BS2:BS8)"会统计每个数字在 BS2:BS8 中出现的频率(已经统计过的分界区域再统计时会返回 0),然后判断频率数组中的每一个值是否大于 0,返回 TRUE 和 FALSE 为元素的数组,再用"——"运算将 TRUE 和 FALSE 转换为 1 和 0,最后对 1 和 0 的数组进行求和。

	BR	BS	BT
1	姓名	数值	非重复数值个数
2	吴红	4	
3	张帅	2	
4	王海	3	
5	黄华	1	
6	赵云	1	
7	郑玉	5	
8	张涛	3	

图 2.100　原始数据

	BR	BS	BT
1	姓名	数值	非重复数值个数
2	吴红	4	5
3	张帅	2	
4	王海	3	
5	黄华	1	
6	赵云	1	
7	郑玉	5	
8	张涛	3	

图 2.101　统计非重复数值的个数

(3)按条件计数。如图 2.102 所示,如果要统计供应商 B 能够提供的规格种类,可以通过 FREQUENCY 函数来实现。在 BU2 单元格中输入公式"=COUNT(0/FREQUENCY(ROW(BR:BR),MATCH($BS$2:$BS$12,$BS$2:$BS$12)*($BR$2:$BR$12=BT2)))-1",按回车键即可得到供应商 B 能够提供的规格种类,如图 2.103 所示。

	BR	BS	BT	BU
1	供应商名称	规格	供应商名称	数量
2	供应商B	B-001	供应商B	
3	供应商B	B-002		
4	供应商B	B-003		
5	供应商B	B-003		
6	供应商B	B-004		
7	供应商C	C-001		
8	供应商C	C-002		
9	供应商C	C-003		
10	供应商C	C-001		
11	供应商C	C-002		
12	供应商C	C-003		

图 2.102　原始数据

	BR	BS	BT	BU
1	供应商名称	规格	供应商名称	数量
2	供应商B	B-001	供应商B	4
3	供应商B	B-002		
4	供应商B	B-003		
5	供应商B	B-003		
6	供应商B	B-004		
7	供应商C	C-001		
8	供应商C	C-002		
9	供应商C	C-003		
10	供应商C	C-001		
11	供应商C	C-002		
12	供应商C	C-003		

图 2.103　按条件计数

(4)计算各年龄段女性员工人数。图 2.104 列示了员工的姓名、性别、年龄以及年龄分界点,现在需要计算各年龄段女员工的人数,可以通过 FREQUENCY 函数来实现。选中区域 CA2:CA4(比分界点多 1),输入公式"=FREQUENCY(IF($BX$2:$BX$12="女",$BY$2:$BY$12,""),$BZ$2:$BZ$3)",按 Ctrl+Shift+Enter 组合键即可得到各年龄段女性员工人数,如图 2.105 所示。统计结果表明,29 岁以下的女性有 3 人,29～39 岁的女性有 3 人,没有 39 岁以上的女性。

(5)统计非重复文本出现的个数。如图 2.106 所示,要统计非重复的员工人数,可以通过 FREQUENCY 函数来实现。在 CI2 单元格中输入公式"=SUMPRODUCT(——(FREQUENCY(MATCH(CH2:CH12,CH2:CH12,0),ROW(1:11))>0))",按回车键即可得到非重复的员工人数为 5,如图 2.107 所示。FREQUENCY 函数不能直接用于统计文本出现的频率,因此先使用 MATCH 函数查找文本出现的位置,将文本转为数值,然后再使用 FREQUENCY 函数。

	BW	BX	BY	BZ	CA
	姓名	性别	年龄	分界点	女性人数
1					
2	吴红	男	48	29	
3	张帅	男	43	39	
4	王海	女	25		
5	黄华	女	28		
6	赵云	女	37		
7	郑玉	男	40		
8	张涛	男	39		
9	张婷	男	26		
10	王涛	女	35		
11	王茹	女	25		
12	李涛	女	35		

图 2.104　原始数据

	BW	BX	BY	BZ	CA
	姓名	性别	年龄	分界点	女性人数
1					
2	吴红	男	48	29	3
3	张帅	男	43	39	3
4	王海	女	25		0
5	黄华	女	28		
6	赵云	女	37		
7	郑玉	男	40		
8	张涛	男	39		
9	张婷	男	26		
10	王涛	女	35		
11	王茹	女	25		
12	李涛	女	35		

图 2.105　计算各年龄段女性员工人数

	CH	CI
	姓名	非重复人数
1		
2	吴红	
3	张帅	
4	王海	
5	吴红	
6	黄华	
7	张帅	
8	吴红	
9	王海	
10	刘明	
11	吴红	
12	黄华	

图 2.106　原始数据

	CH	CI
	姓名	非重复人数
1		
2	吴红	5
3	张帅	
4	王海	
5	吴红	
6	黄华	
7	张帅	
8	吴红	
9	王海	
10	刘明	
11	吴红	
12	黄华	

图 2.107　统计非重复文本出现的个数

　　(6)计算设置条件下非重复文本出现的个数。图 2.108 列示了学生的姓名和班级,现在需要统计 1 班的非重复人数,可以通过 FREQUENCY 函数来实现。在 CM2 单元格中输入公式"＝SUM(－－(FREQUENCY(IF(CK2:CK12＝"1 班",MATCH(CL2:CL12,CL2:CL12,0)),ROW(1:11))＞0)))",按 Ctrl＋Shift＋Enter 组合键即可得到计 1 班的非重复人数,如图 2.109 所示。对上述公式的解释如下:"ROW(1:11)"返回从 1 到 11 的数组,"MATCH(CL2:CL12,CL2:CL12,0)"返回 CL2:CL12 中的每一个数值出现的位置(重复文本按首次出现的位置统计),"IF(CK2:CK12＝"1 班",MATCH(CL2:CL12,CL2:CL12,0)"统计如果学生不是 1 班就返回 0,否则返回该学生的名字在 CL2:CL12 中出现的位置,得到数值{1;2;0;1;0;0;1;0;9;0;0},公式"－－(FREQUENCY(IF(CK2:CK12＝"1 班",MATCH(CL2:CL12,CL2:CL12,0)),ROW(1:11))"将得到数组{1;1;0;0;0;0;0;0;0;1;0;0;0},最后统计大于 0 的个数即为 3。

	CK	CL	CM
	班级	姓名	1班非重复人数
1	班级	姓名	1班非重复人数
2	1班	吴红	
3	1班	张帅	
4	2班	王海	
5	1班	吴红	
6	2班	黄华	
7	2班	张帅	
8	1班	吴红	
9	2班	王海	
10	1班	刘明	
11	2班	吴红	
12	2班	黄华	

图 2.108　原始数据

	CK	CL	CM
	班级	姓名	1班非重复人数
1	班级	姓名	1班非重复人数
2	1班	吴红	3
3	1班	张帅	
4	2班	王海	
5	1班	吴红	
6	2班	黄华	
7	2班	张帅	
8	1班	吴红	
9	2班	王海	
10	1班	刘明	
11	2班	吴红	
12	2班	黄华	

图 2.109　计算设置条件下非重复文本出现的个数

2.4.7　AVERAGE 函数

AVERAGE 函数用于计算指定数值的平均值,其语法结构为"= AVERAGE(number1, [number2],...)",其中,"number1,number2,..."是要计算平均值的参数。如果数组或单元格引用参数中有文字、逻辑值或空单元格,则忽略其值,而零值会计算在内。在使用 AVERAGE 函数时应确保引用的数据源是准确的。我们可以将 AVERAGE 函数和其他函数结合使用,如使用 AVERAGE 和 IF 函数可以计算出满足特定条件的数值的平均值。AVERAGE 函数使用举例见表 2.12。

表 2.12　AVERAGE 函数使用举例

功能	使用举例
1.求连续区域的平均值	"= AVERAGE(B2:B5)"
2.求不连续区域的平均值	"= AVERAGE(B2:B3,D2:D4)"
3.求常数组里的平均值	"= AVERAGE({1;9;10;20},{10;20;30;60})",返回 20
4.定义名称做参数求平均值	将数据区域 B2:B5 定义名称为"AAA",公式"= AVERAGE(AAA)"也可以获取平均值

2.4.8　AVERAGEIF 函数

AVERAGEIF 函数用于返回满足给定条件的单元格的平均值。它的语法结构为"= AVERAGEIF(条件区域,条件,求平均值的区域)"。使用 AVERAGEIF 函数应注意,条件区域和求平均值的区域可以是不连续的,但是必须具有相同的形状和大小。如果条件区域中没有满足条件的单元格,那么 AVERAGEIF 函数将返回"♯DIV/0!"错误。用户可以根据实际需求,灵活设置条件区域和求平均值区域,以确保函数能够正确计算出所需的结果。用户还可以结合其他 Excel 函数的操作技巧,如 SUMIF 函数、IF 函数等,实现更复杂的计算和数据处理需求。AVERAGEIF 函数使用举例见表 2.13。

表 2.13　AVERAGEIF 函数使用举例

功能	使用举例
1.规避错误值求平均	如果 A1：A6 内容为"60、60、－70、－80、数据、≠N/A","＝AVERAGEIF(A1：A6,"＜9e307",A1：A6)"＝－7.5,"9e307"是一个很大的数字,文本和错误值被规避
2.单条件求平均值	"＝AVERAGEIF(A2：A8,"1 部门",C2：C8)",A2：A8 为部门资料,C2：C8 为工资,该公式计算 1 部门的平均工资;"＝AVERAGEIF(A2：A8,"＜＞1 部门",C2：C8)"为除 1 部门外的平均工资;"＝AVERAGEIF(A2：A8,"＜＞",C2：C8)"为部门不为空的平均工资。
3.文本比较,求中文名的平均值	"＝AVERAGEIF(A2：A8,"＞吖",C2：C8)"统计中文名员工的平均工资,A2：A8 为员工名字,C2：C8 为员工工资,"吖"是一个很小字符的汉字,比很多常见的汉字小,但是又比英文字符大,所以用"＞吖"来判断是不是中文名
4.通配符用法	"＝AVERAGEIF(A2：A8,"张＊",C2：C8)"统计姓张员工的平均工资,A2：A8 为员工名字,C2：C8 为员工工资;"＝AVERAGEIF(A2：A8,"＊张＊",C2：C8)"统计名字中含"张"字的员工的平均工资;"＝AVERAGEIF(A2：A8,"??",C2：C8)"统计姓名为两个字的员工的平均工资

2.4.9　AVERAGEIFS 函数

AVERAGEIFS 函数用于计算满足多个条件的数据的平均值。语法结构为"＝AVERAGEIFS(求平均值区域,条件区域 1,条件 1,条件区域 2,条件 2……)"。当需要基于一个或多个条件计算数据的平均值时,可以使用 AVERAGEIFS 函数。在使用 AVERAGEIFS 函数时,要确保所有的条件区域和平均值区域都具有相同的大小和形状,以避免出现错误或不准确的结果。AVERAGEIFS 函数可以与 SUMIFS、COUNTIFS 等其他 IFS 函数结合使用,以便执行更复杂的数据分析和计算任务。当使用多个条件时,可以使用逻辑运算符(如 AND、OR)来组合这些条件。为了将 AVERAGEIFS 函数与 SUMIFS 函数、SUMIF 函数、COUNTIF 函数、COUNTIFS 函数进行区分,我们制作了表 2.14,以便读者进行深入对比分析。

表 2.14　相关函数的功能、语法结构的对比

函数	功能	语法结构	使用举例
SUMIF	对符合条件的值求和	＝SUMIF(条件区域,相关条件,求和区域)	＝SUMIF(B2：B20,"行政部",D2：D20)
SUMIFS	对多条件单元格求和	＝SUMIFS(求和区域,条件区域 1,条件 1,条件区域 2,条件 2……)	＝SUMIFS(C：C,B：B,"电视机",A：A,"杭州")
AVERAGEIF	求满足条件的平均值	＝AVERAGEIF(条件区域,条件,求平均值的区域)	＝AVERAGEIF(A3：A26,"刘＊",C3：C26)

函数	功能	语法结构	使用举例
AVERAGEIFS	返回多重条件的平均值	＝AVERAGEIFS（求平均值区域,条件区域1,条件1,条件区域2,条件2……）	＝AVERAGEIFS(B2:B5,B2:B5,">70",B2:B5,"<90")
COUNTIF	满足条件的单元格个数	＝COUNTIF(数据区域,判断条件)	＝COUNTIF(E2:E12,">=90")
COUNTIFS	多个条件的单元格计数	＝COUNTIFS（条件区域1,条件1,条件区域2,条件2……）	＝COUNTIFS(B2:B10,"广州",C2:C10,">=3")

AVERAGEIFS 函数更为详细的使用举例	
功能	使用举例
1.求满足两个条件的平均值	"＝AVERAGEIFS（F2:F12,C2:C12,"苹果",D2:D12,"深圳")",F2:F12、C2:C12、D2:D12 分别为销量、水果类别和地区,公式统计在深圳销售的苹果的平均销量
2.在条件中使用通配符？或＊求平均值	"＝AVERAGEIFS（F2:F12,A2:A12,"NS＊",B2:B12,"????")",F2:F12、A2:A12、B2:B12 分别为商品销量、编号和名称,公式统计编号以 NS 开头且商品名称仅有四个字的商品的平均销量
3.同列多条件求平均值	"＝AVERAGEIFS（E2:E12,D2:D12,">＝200",D2:D12,"<＝300")",E2:E12、D2:D12 分别为商品销量和价格,公式统计价格在[200,300]区间的商品的平均销量
4.在两个条件为日期的条件下求平均值	"＝AVERAGEIFS（D2:D11,B2:B11,">=2020/7/10",B2:B11,"<=2020/7/11")",D2:D11、B2:B11 分别为商品销量和销售日期,公式统计在特定期间商品的平均销量

2.4.10　MAX 函数

MAX 函数用于求出一组数中的最大值。语法结构为：" ＝ MAX（number1,[number2],...）",其中,number1 是必需的,后续数值是可选的。这些数值可以是数字、单元格引用、逻辑值或文本,但文本或逻辑值将会被忽略,不参与计算。当参数中包含错误值时,MAX 函数也将忽略这些错误值并计算其余参数的最大值。MAX 函数还支持数组公式,这意味着它可以处理多个单元格区域的数据并返回一个结果。在使用 MAX 函数时,可以结合 IF 函数来找到满足特定条件的最大值。例如,要找到 A 列大于 10 的最大值,可以使用 "＝MAX(IF(A1:A10>10,A1:A10))",也可以与其他函数结合使用,如 SUM 函数、AVERAGE 函数等,以实现更复杂的数据分析和处理任务。MAX 函数使用举例见表 2.15。

表 2.15　MAX 函数使用举例

功能	使用举例
1.提取同类中的最大值	"＝MAX((（\$B\$2：\$B\$15＝"电视机")＊(\$C\$2：\$C\$15))"，\$B\$2：\$B\$15、\$C\$2：\$C\$15 分别为商品名称和销量，该公式统计电视机的最大销量，注意按 Ctrl＋Shift＋Enter 组合键
2.根据工号或姓名混合查询销量	"＝MAX((\$A\$2：\$B\$15＝E2)＊\$C\$2：\$C\$15)"，A、B、C 列分别为工号、姓名和销量，E2 为已知的工号或姓名，该公式主要根据工号或姓名查询销量(混合查找)，注意按 Ctrl＋Shift＋Enter 组合键
3.查询最近一次的销售业务日期	"＝MAX((\$A\$2：\$A\$18＝D2)＊\$B\$2：\$B\$18)"，A、B 列分别为经销商名字和销售日期，D2 为要查询的经销商，该公式统计指定经销商的最近一次的销售业务日期，注意按 Ctrl＋Shift＋Enter 组合键
4.快速查询人员的销售额数据(单条件查询)	"＝MAX((\$A\$2：\$A\$8＝F5)＊\$D\$2：\$D\$8)"，A、D 列分别为员工姓名和销售额，F5 为要查询的姓名，该公式统计指定员工的销售额(人名不重复)，注意按 Ctrl＋Shift＋Enter 组合键
5.多条件查询	"＝MAX(((\$A\$2：\$A\$9＝E5)＊(\$B\$2：\$B\$9＝F5)＊\$C\$2：\$C\$9))"，A、B、C 列分别为产品名称、销售日期和销量，E5 和 F5 为要查询的产品和日期，该公式统计特定员工在指定日期内的销量

2.4.11　MIN 函数

MIN 函数用于求出一组数中的最小值。语法结构为"＝MIN(number1,[number2],...)"，其中，number1 是必选的，后续数字是可选的。MIN 函数适用于日期和时间数据，将返回最早的日期或时间。如果引用的单元格或区域中包含空单元格、文本或者错误值，MIN 函数将忽略这些错误值并计算其余数值的最小值。MIN 函数支持数组公式，可以处理多个单元格区域的数据并返回一个结果。MIN 函数可以与其他函数结合使用，如 SUM 函数、AVERAGE 函数等，以实现更复杂的数据分析和处理任务。例如，"＝MIN(30,45,6,40)"返回 6；"＝CHOOSE({1,2,3},MIN(\$A\$2：\$A\$9),MIN(\$B\$2：\$B\$9),MIN(\$C\$2：\$C\$9))"，按 Ctrl＋Shift＋Enter 组合键返回 A、B、C 列相应数据的最小值。鉴于 MIN 函数与 MAX 函数使用较为类似，我们在这里不再赘述 MIN 函数的使用举例，读者可以参考上述 MAX 函数的 5 种使用举例计算相应的最小值。

2.4.12　LARGE 函数

LARGE 函数用于返回一组数据中的第 k 个最大值。语法结构为"＝LARGE(array,k)"，array 为需要找到第 k 个最大值的数组或数字型数据区域，k 为返回的数据在数组或数据区域里的位置(从大到小排)。LARGE 函数计算时会忽略逻辑值(TRUE 和 FALSE)以及文本型数字，当 k 不为整数时，计算时会截尾取整。LARGE 函数可以和 ROW 函数结合使用，快速返回一组数据中的多个最大值。例如，在单元格中输入公式"＝LARGE(D2：D13,ROW(A1))"，按回车键下拉填充即可。LARGE 函数使用举例见表 2.16。

表 2.16 LARGE 函数使用举例

功能	使用举例
1. 查找指定大小序号的值	"=LARGE(B2:B16,3)"，返回数据区域 B2:B16 中排名第三大的数值
2. 有条件查找指定序号的值	"=LARGE((B2:B16<100)*B2:B16,1)"，B2:B16 为商品销量数据，该公式为统计小于 100 的最大值，B2:B16<100 会返回以 TRUE 和 FALSE 为元素的逻辑值数组，然后计算数组"(B2:B16<100)*B2:B16"。在进行算术计算时，逻辑值 TRUE 等于 1，FALSE 等于 0，计算时需要按 Ctrl+Shift+Enter 组合键。 "=SMALL(IF(B2:B16>100,B2:B16),1)"返回大于 100 的最小值，"IF(B2:B16>100,B2:B16)"会返回一个由符合条件数值(>100)和 FALSE 为元素的数组
3. 升序或者降序排列	"=LARGE($B$2:$B$16,ROW(A1))"按回车键并向下填充即可得到 $B$2:$B$16 的降序排列，"=SMALL($B$2:$B$16,ROW(A1))"按回车键并向下填充即可得到 $B$2:$B$16 的升序排列
4. 汇总指定序号的值(前几名之和)	"=SUM(LARGE(B2:B16,{1,2,3,4,5}))"计算排名前五的销售数量合计，按 Ctrl+Shift+Enter 组合键。也可以输入公式"=SUM(LARGE($A$2:$E$15,ROW(A1:A3)))"
5. 求大于 60 分的最小值	"=LARGE(B24:B33,COUNTIF(B24:B33,">60"))"，B24:B33 为学生的分数
6. 求小于 60 分的最大值	"=LARGE(B11:B20,COUNTIF(B11:B20,">=60")+1)"，B11:B20 为学生的分数
7. 求销售部员工的最小年龄	"=LARGE(IF(B37:B46="销售部",C37:C46),COUNTIF(B37:B46,"销售部"))"，B37:B46、C37:C46 分别为不同的部门和员工年龄

2.4.13 SMALL 函数

SMALL 函数用于返回一组数据中的第 k 个最小值。语法结构为"=SMALL(array, k)"，其中，array 为需要找到第 k 个最小值的数组或数字型数据区域，k 为返回的数据在数组或数据区域里的位置(从小到大排)。SMALL 函数计算时会忽略逻辑值(TRUE 和 FALSE)以及文本型数字。如果 $k \leqslant 0$ 或 k 大于数据点的个数，则返回错误值。与 LARGE 函数类似，SMALL 函数也可以和 ROW 函数结合使用，以快速返回一组数据中的多个最小值。例如，在单元格中输入公式"=SMALL(D2:D13,ROW(A1))"，按回车键下拉填充即可。鉴于 SMALL 函数与 LARGE 函数使用较为类似，这里不再赘述 SMALL 函数的使用举例，读者可以参考上述 LARGE 函数的 7 种使用举例计算相应的最小值。

2.4.14 TRIMMEAN 函数

TRIMMEAN 函数主要用于返回数据集的内部平均值。TRIMMEAN 函数先从数据集的头部和尾部(最高值和最低值)除去一定百分比的数据点，然后再求平均值，其语法结构为

"=TRIMMEAN(array,percent)",其中,array 为需要进行整理并求平均值的一组数据或数据区域,percent 为要除去的数据点的比例。在计算时,TRIMMEAN 函数将除去的数据点数目向下舍入为最接近的 2 的倍数。在使用 TRIMMEAN 函数时,可以根据具体的数据集和分析需求调整 percent 的值,以排除偏差较大或较小的数值,从而更精准地计算平均值。TRIMMEAN 函数虽然好用,但是只能成对进行剔除,现实中还有不对称去除最高分和最低分的情况,如除去 2 个最高分和 1 个最低分的情形,这时可以用传统的数学逻辑去做,如公式"=(SUM(求和区域)−LARGE(求和区域,1)−LARGE(求和区域,2)−SMALL(求和区域,1))/(COUNT(求和区域)−3))"。TRIMMEAN 函数使用举例见表 2.17。

表 2.17　TRIMMEAN 函数使用举例

功能	使用举例
1.返回一组数组的内部平均值	"=TRIMMEAN(C3:I3,2/COUNT(C3:I3))",计算除去 1 个最高分和 1 个最低分的平均值 "=TRIMMEAN(C3:I3,4/COUNT(C3:I3))",计算除去 2 个最高分和 2 个最低分的平均值
2.返回附条件的内部平均值	"=TRIMMEAN(IF(B2:H2>0,B2:H2,""),2/COUNTIF(B2:H2,">0"))",B2:H2 为评委打分,可能有 0 分,按 Ctrl+Shift+Enter 组合键

2.4.15　RANK 函数

Excel 中的 RANK 函数用于返回一个数字在数字列表中的排名。RANK 函数的主要功能是对一组数字进行排名,它可以按照升序或降序的方式对数字进行排序,并返回每个数字在排序后的位置。它的语法结构为"=RANK(number,ref,[order])",其中,number 为需要排名的数字,ref 为需要排名的数字区域,order 为可选参数,用于指定排名的方式。如果 order 为 0(或省略),则按照降序排名;如果 order 为 1,则按照升序排名。如果有多个数字相同,RANK 函数会给它们分配相同的排名,并且会占用下一个名次。例如,如果两个数字并列第 3 名,那么下一个名次将是第 5 名。如果需要对多列数字进行排名,可以将多列数字合并为一个区域,再使用 RANK 函数对这个区域进行排名。RANK 函数使用举例见表 2.18。

表 2.18　RANK 函数使用举例

功能	使用举例
1.普通排序	"=RANK(B10,$B$10:$B$19)"按降序排序,"=RANK(B10,$B$10:$B$19,1)"按升序排序
2.多列数据排序	"=RANK(C17,($C$17:$C$28,$G$17:$G$28))"
3.多条件排序	如先按考试总分排序,总分相同时按数学分排序。先增加一个辅助列 E2,输入如下公式"=D2*10000+B2",D2 和 B2 分别为总分和数学分,再对辅助列排序"=RANK(E2,$E$2:$E$10)",这样可以实现先按考试总分排序,总分相同时按数学分排序
4.不出现相同排名排序	"=RANK(B2,$B$2:$B$11)+COUNTIF($B$2:B2,B2)−1",B 列为销量数据

2.4.16　MODE 函数

MODE 函数用于找出给定数据集合中出现次数最多的数值，即众数。MODE 函数的语法结构为"＝MODE(number1,[number2,...])"，其中，number1 是必需的，后续的数字是可选的。这些参数可以是数字、包含数字的名称、数组或引用。如果数组或引用参数包含文本、逻辑值或空单元格，则这些值将被忽略，但包含零值的单元格将计算在内。MODE 函数可以结合其他函数进行数据分析，如结合 COUNTIF 函数统计某个数值出现的次数，结合 IF 函数进行条件判断等。MODE 函数使用举例见表 2.19。

表 2.19　MODE 函数使用举例

功能	使用举例
1.求 A1:B5 中出现次数最多的数（众数）	"＝MODE(A1:B5)"统计区域 A1:B5 中的众数，"＝COUNTIF(A1:B5,62)"统计 62 出现的次数
2.计算次众数	"＝MODE(IF(A1:A7<>MODE(A1:A7),A1:A7))"，按 Ctrl＋Shift＋Enter 组合键
3.提取出现最多的姓名	"＝INDEX(B2:D2,MODE(MATCH(B2:D2,B2:D2,0)))"，如 B2:D2 为"小王、陈霞、小王"，先得到"＝INDEX(B2:D2,MODE({1,2,1}))"，再得到"＝INDEX(B2:D2,1)"，最后得到"小王"

2.5　查找与引用函数

Excel 的查找与引用函数是用于在工作表中查找和引用数据的工具，使用户能够根据条件或位置提取信息，从而实现数据检索、汇总和分析的功能，提高数据处理的效率和精确性。

2.5.1　查找与引用函数的功能与使用举例

查找与引用函数是一组用于查找、提取和引用工作表中的数据的强大工具，允许用户根据特定条件或位置获取单元格值，实现各种数据分析和处理任务。表 2.20 是 Excel 查找与引用函数的功能与使用举例。

表 2.20　Excel 查找与引用函数的功能与使用举例

函数名	功能	使用举例
VLOOKUP	按列查找，先搜索指定数在查询数据区域首列中的行位置，后返回该查询数据区域的指定列和上述行所对应的数值	如果 A1:A4 分别为 23、45、50、65，B1:B4 分别为 6、7、8、9，"＝VLOOKUP(50,A1:B4,2,FALSE)"＝8。参数分别为需要在数据表第一列中查找的数值、要查找的数据区域、返回数据在查找区域的第几列数、精确匹配/近似匹配。参数为 TRUE 或 1，则返回近似匹配值，若找不到精确匹配值时返回小于查找值的最大数值；参数为 FALSE 或 0 代表精确匹配，找不到匹配值则返回错误值

续表

函数名	功能	使用举例
HLOOKUP	在表格的首行或数值数组中查找指定的数值,并返回表格或数组中指定行的同一列的数值(原理类似VLOOKUP)	如果 A1:D1 分别为 3、6、12、9,A2:D2 分别为 11、7、10、5,"＝HLOOKUP(9,A1:D2,2,FALSE)"＝5;"＝HLOOKUP(3,{1,2,3;"a","b","c";"d","e","f"},2,TRUE)"＝c。参数分别为需要在数据表第一行中查找的数值、需要在其中查找数据的数据表、待返回匹配值的行序号、逻辑值(精确或近似匹配)
LOOKUP	从向量或数组中查找符合条件的数值(有多个符合值时,仅返回最后一个)	向量型"＝LOOKUP(F3,A2:A8,C2:C8)",参数分别为查找值、查找的数据区域(必须是单行或者单列且升序排序)、查询结果的数据区域(也必须为单行或者单列)。数组型"＝LOOKUP(C3,A2:E8)",参数分别为查找值、查找的数据区域;原理:先查询 C3 值在首列(A 列)的行位置,后返回尾列(E 列)中上述行位置的数值
MATCH	返回指定数值在指定数组区域中的位置(需匹配元素的位置而不是匹配元素本身)	如果 A1:A5 分别为 68、76、85、90、56,"＝MATCH(56,A1:A5,0)"＝5。参数分别为需要查找的数值、所要查找的数值区域、匹配类型(为数字－1、0 或 1),1 表示匹配小于或等于查找值的最大值,0 表示匹配等于查找值的第一个数值,－1 表示匹配大于或等于查找值的最小值。匹配类型为 0(最常用)时查找值可包含通配符"＊"和"?"
INDEX	返回数据区域中指定位置(行和列)的值或值的引用	数值型:"＝INDEX(A2:F5,4,6)",参数分别为需要查询的数据区域、需要查询的数据在参数 1 数据区域中的行序号、需要查询数据的列序号,如上述公式表示要查询数据区域 A2:F5 中的第 4 行、第 6 列的数据。 引用型:"＝INDEX((A2:C5,E3:F7),3,3,1)",参数分别为引用的数据区域(本例引用了 2 个不连续的区域)、要查询的数据行序号(即在引用数据区域的第几行)、需要查询数据的列序号(即在引用数据区域的第几列)、需要选择的查询数据区域序号(本例有 2 个数据区域,故此处可写 1 或 2,1 代表选择数据区域 1 作为查询区域)
OFFSET	通过给定偏移量返回引用数值	"＝OFFSET(A2,4,3,2,1)",返回 A2 单元格向下移动 4 行,再向右移动 3 列,2 行高 1 列宽的新单元格引用。参数 2 至参数 5 中的向下、向右移动为正数,向上、向左移动为负数。"＝OFFSET(A2:B3,4,3,2,2)",以 A2:B3 单元格区域为参照系,向下偏移 4 行,再向右偏移 3 列,再向下向右返回 2 行高 2 列宽的新单元格区域引用,如果省略参数 4 或 5,则假设其高度或宽度与参数 1 相同

函数名	功能	使用举例
ROW	返回给定引用的行号(属于第几行)	"=ROW(A3)"=3,参数为需要得到其行号的单元格或单元格区域(可省略)。如果在 C4 单元格中输入"=ROW( )",其计算结果为 4,此时不需要输入参数。"=ROW(E4:F5)"=4,返回单元格区域最上面一行的行号
ROWS	返回引用或数组的行数(共有几行)	"=ROWS(A1:A8)"=8,"=ROWS({5,7,9;4,5,6;1,2,3;4,7,8})"=4。参数为需要得到其行数的数组、数组公式或对单元格区域的引用
COLUMN	返回给定引用的列号(属于第几列)	"=COLUMN(B3)"=2,参数为需要得到其列号的单元格或单元格区域(可省略)。如果在 C4 单元格中输入"=COLUMN()",其计算结果为 3。"=COLUMN(E4:F5)"=5,返回单元格区域最左边一列的列号
COLUMNS	返回引用或数组的列数(共有几列)	"=COLUMNS(B3:D5)"=3,"=COLUMNS({5,7,9;4,5,6;1,2,3;4,7,8})"=3,参数含义同 ROWS
TRANSPOSE	返回区域的转置	如果 A1:B2 中的数据为 68、76、85、90,在 C3:D4 中输入"=TRANSPOSE(A1:B2)",参数为需要转置的数组或单元格区域,按组合键 Ctrl+Shift+Enter 即可得到转置后的结果
ADDRESS	按照给定的行号和列号,建立文本类型的单元格地址	"=ADDRESS(2,3)",表示绝对引用($C$2),"=ADDRESS(1,1,1,TRUE,"Sheet2")",结果为""Sheet2"!$A$1"。参数分别为引用中的行号、引用中的列号、引用类型(如果省略或写作 1 为绝对引用,2 为绝对行号、相对列标,3 为相对行号、绝对列标,4 是相对引用)、逻辑值(TRUE 或省略表示生成的地址采用 A1 样式,FALSE 表示采用 R1C1 样式)、引用的工作表名称或索引(如果省略此参数,则默认引用当前工作表)
AREAS	返回引用中涉及的区域个数	"=AREAS((C2:E4,F5,G6:J9))"=3,参数为对某个单元格或单元格区域的引用,也可以引用多个区域。注:如果需要将几个引用指定为一个参数,则必须用括号括起来
CHOOSE	从参数列表中选择并返回一个指定的值	"=CHOOSE(2,B2,B3,B4,B5)",结果返回 B3 单元格的内容,参数 1 为待选参数的序号,即结果返回后面的第几个待选参数,后续参数为待选参数 1、2、3、4。"=SUM(CHOOSE(2,A1:A10,B1:B10,C1:C10))"相当于"=SUM(B1:B10)"
INDIRECT	返回由文本字符串指定的引用	"=INDIRECT(A2)"=33,"=INDIRECT(A3)"=ABC,如果需要始终对单元格 A10 进行引用则为"=INDIRECT("A10")"

2.5.2　LOOKUP 函数

在 Excel 中,LOOKUP 函数是一种用于查找值并返回对应值的函数,它主要有两种使用形式——向量形式和数组形式。向量形式的语法结构为"＝LOOKUP(查找值,查找范围,[返回值的范围])",数组形式的语法结构为"＝LOOKUP(查找值,查找范围)"。

注意:查找范围中的值必须按照升序排列,否则无法返回正确的值;如果查找范围和返回值的范围相同,返回值的范围可以省略。

LOOKUP 函数可以进行逆向查询、单条件和多条件查询,通用格式为"＝LOOKUP(1,0/((条件 1)＊(条件 2)＊(条件 3)＊(……)),目标区域或数组)",参数 2 中所有条件都满足时返回 TRUE,否则返回 FALSE,而 0/TRUE 返回 0,0/FALSE 返回"♯DIV/0!"(读者也可以用 1 除以上述条件),所以参数 2 返回了一个由 0、"♯DIV/0!"组成的数组,避免了查找范围必须升序排列的弊端。再用 1 作为查找值,根据 LOOKUP 函数的向下匹配原则,则得到查询范围中 0 所对应的返回值。

操作案例:打开"查找与引用函数"表里的下面数据,如图 2.110 所示,进行相关 LOOKUP 函数操作。

	A	B	C	D	E	F	G	H
1	学号	姓名	班级	宿舍号		学号	宿舍号	
2	Q101	吴红	3(1)	701		R102		
3	Q102	武进	3(1)	702		T103		
4	Q103	张帅	3(1)	703				
5	R101	孔燕	3(3)	901		姓名	学号	
6	R102	刘洋	3(3)	902		王海		
7	R103	刘茹	3(3)	903		赵云		
8	T101	王海	3(2)	203				
9	T102	叶伟	3(2)	204		姓名	班级	宿舍号
10	T103	王宇	3(2)	205		王宇	3(2)	
11	W101	赵云	3(4)	502		孔燕	3(3)	
12	W102	黄华	3(4)	503				
13	W103	赵瑞	3(4)	505				

图 2.110　原始数据

(1)普通查询。使用 LOOKUP 函数的普通查找功能,查询学号为 R102 和 T103 的学生宿舍号,可以进行 LOOKUP 函数的一般向量形式查找。在 G2 单元格中输入公式"＝LOOKUP(F2,＄A＄2:＄A＄13,＄D＄2:＄D＄13)",按回车键并向下填充即可得到学生的宿舍号(这里查询的学号不是数值型,不用升序排列),如图 2.111 所示。

	A	B	C	D	E	F	G	H
1	学号	姓名	班级	宿舍号		学号	宿舍号	
2	Q101	吴红	3(1)	701		R102	902	
3	Q102	武进	3(1)	702		T103	205	
4	Q103	张帅	3(1)	703				
5	R101	孔燕	3(3)	901		姓名	学号	
6	R102	刘洋	3(3)	902		王海		
7	R103	刘茹	3(3)	903		赵云		
8	T101	王海	3(2)	203				
9	T102	叶伟	3(2)	204		姓名	班级	宿舍号
10	T103	王宇	3(2)	205		王宇	3(2)	
11	W101	赵云	3(4)	502		孔燕	3(3)	
12	W102	黄华	3(4)	503				
13	W103	赵瑞	3(4)	505				

图 2.111　普通查询

（2）单条件逆向查询。如需要根据 F6：F7 中的学生姓名查询学号，可以进行 LOOKUP 函数的单条件逆向查询。在 G6 单元格中输入公式"＝LOOKUP(1,0/(＄B＄2：＄B＄13＝F6),＄A＄2：＄A＄13)"，按回车键并向下填充即可得到学生的学号信息。当然，在 G6 单元格中也可以输入公式"＝LOOKUP(1,1/(＄B＄2：＄B＄13＝F6),＄A＄2：＄A＄13)"，结果是一样的。主要原因如下："0/(＄B＄2：＄B＄13＝F6)"构建了一个唯一"0"以及错误值"♯DIV/0!"组成的数组，而"1/(＄B＄2：＄B＄13＝F6)"构建了一个唯一"1"以及错误值"♯DIV/0!"组成的数组，再用 1 作为查找值，根据 LOOKUP 函数的向下匹配原则，必然找到的是这个唯一"0"或者唯一"1"所对应的学生学号，结果必然是一样的。最终结果如图 2.112 所示。

	A	B	C	D	E	F	G	H
1	学号	姓名	班级	宿舍号		学号	宿舍号	
2	Q101	吴红	3(1)	701		R102	902	
3	Q102	武进	3(1)	702		T103	205	
4	Q103	张帅	3(1)	703				
5	R101	孔燕	3(3)	901		姓名	学号	
6	R102	刘洋	3(3)	902		王海	T101	
7	R103	刘茹	3(3)	903		赵云	W101	
8	T101	王海	3(2)	203				
9	T102	叶伟	3(2)	204		姓名	班级	宿舍号
10	T103	王宇	3(2)	205		王宇	3(2)	
11	W101	赵云	3(4)	502		孔燕	3(3)	
12	W102	黄华	3(4)	503				
13	W103	赵瑞	3(4)	505				

图 2.112　单条件逆向查询

（3）多条件查询。如需要根据学生姓名和班级查询宿舍号，可以进行 LOOKUP 函数的多条件查询。在 H10 单元格中输入公式"＝LOOKUP(1,0/((＄B＄2：＄B＄13＝F10)＊(＄C＄2：＄C＄13＝G10)),＄D＄2：＄D＄13)"，也可以输入"＝LOOKUP(1,1/((＄B＄2：＄B＄13＝F10)＊(＄C＄2：＄C＄13＝G10)),＄D＄2：＄D＄13)"，按回车键并向下填充即可得到学生的宿舍号，结果如图 2.113 所示。

	A	B	C	D	E	F	G	H
1	学号	姓名	班级	宿舍号		学号	宿舍号	
2	Q101	吴红	3(1)	701		R102	902	
3	Q102	武进	3(1)	702		T103	205	
4	Q103	张帅	3(1)	703				
5	R101	孔燕	3(3)	901		姓名	学号	
6	R102	刘洋	3(3)	902		王海	T101	
7	R103	刘茹	3(3)	903		赵云	W101	
8	T101	王海	3(2)	203				
9	T102	叶伟	3(2)	204		姓名	班级	宿舍号
10	T103	王宇	3(2)	205		王宇	3(2)	205
11	W101	赵云	3(4)	502		孔燕	3(3)	901
12	W102	黄华	3(4)	503				
13	W103	赵瑞	3(4)	505				

图 2.113　多条件查询

（4）查询最后一次出现的数据。如果有多个符合值，LOOKUP 函数仅返回最后一个值。如图 2.114 所示，需要查询张帅和吴红最后一笔销量记录，可以通过 LOOKUP 函数来实现。

在 O2 单元格中输入公式"＝LOOKUP(1,0/(＄K＄2：＄K＄14＝N2),＄L＄2：＄L＄14)"，也可以输入"＝LOOKUP(1,1/(＄K＄2：＄K＄14＝N2),＄L＄2：＄L＄14)"，按回车键并向下填充即可得到 2 名员工的最后一笔销量，如图 2.115 所示。

	J	K	L	M	N	O
1	日期	姓名	销量		姓名	最后一笔销量
2	2023/10/10	吴红	498		张帅	
3	2023/10/10	张帅	351		吴红	
4	2023/10/10	王海	520			
5	2023/10/10	吴红	630			
6	2023/10/11	黄华	284			
7	2023/10/11	张帅	341			
8	2023/10/11	吴红	269			
9	2023/10/12	王海	356			
10	2023/10/12	张帅	415			
11	2023/10/13	吴红	365			
12	2023/10/14	黄华	425			
13	2023/10/14	王海	435			
14	2023/10/14	黄华	378			

图 2.114　查询最后一次出现的数据

	J	K	L	M	N	O
1	日期	姓名	销量		姓名	最后一笔销量
2	2023/10/10	吴红	498		张帅	415
3	2023/10/10	张帅	351		吴红	365
4	2023/10/10	王海	520			
5	2023/10/10	吴红	630			
6	2023/10/11	黄华	284			
7	2023/10/11	张帅	341			
8	2023/10/11	吴红	269			
9	2023/10/12	王海	356			
10	2023/10/12	张帅	415			
11	2023/10/13	吴红	365			
12	2023/10/14	黄华	425			
13	2023/10/14	王海	435			
14	2023/10/14	黄华	378			

图 2.115　查询最后一笔销量

（5）查询最后一个记录、数值、文本。如图 2.116 所示，要分别查询 Q 列中的最后一个记录、最后一个数值和最后一个文本，可以通过 LOOKUP 函数来实现。

	Q	R	S	T
1	提升今晚开始		最后一个记录	
2	654321		最后一个数值	
3	ywhsoassda		最后一个文本	
4	TRUE			
5				
6	#DIV/0!			
7	陕西			
8	4852			
9	武汉			
10	郑州			
11	98752			
12	****			
13	，－			

图 2.116　原始数据

在 T1 单元格中输入公式"=LOOKUP(1,0/(Q1:Q13<>""),Q1:Q13)"或"=LOOKUP(1,1/(Q1:Q13<>""),Q1:Q13)"，按回车键即可得到最后一个记录"，－"。在 T2 单元格中输入公式"=LOOKUP(9e307,Q1:Q13)"，按回车键即可得到最后一个数值"98752"。"9e307"被认为是接近 Excel 规范与限制中允许键入最大数值的数。用它做查询值，可以返回一列或一行中的最后一个数值。在 T3 单元格中输入公式"=LOOKUP("々",

Q1:Q13)"或"＝LOOKUP("座",Q1:Q13)",都可以返回最后一个文本",－"。"々"通常被看作是一个编码较大的字符,第一参数写成"々"和"座"都可以返回一列或一行中的最后一个文本。结果如图 2.117 所示。

	Q	R	S	T
1	提升今晚开始		最后一个记录	, －
2	654321		最后一个数值	98752
3	ywhsoassda		最后一个文本	, －
4	TRUE			
5				
6	#DIV/0!			
7	陕西			
8	4852			
9	武汉			
10	郑州			
11	98752			
12	****			
13	, －			

图 2.117　查询最后一个记录、数值、文本

(6)多个区间的条件判断。根据如图 2.118 所示的学生考试分数确定学生的等级,也可以通过 LOOKUP 函数来实现。

	V	W	X	Y	Z
1	考试成绩等级标准		姓名	分数	等级
2	分数	等级	吴红	18	
3	0	特差生	武进	41	
4	20	很差生	张帅	37	
5	40	较差生	孔燕	79	
6	60	较优生	刘洋	81	
7	80	优秀生	刘茹	78	
8	90	特优生	王海	92	

图 2.118　原始数据

在 Z2 单元格中输入公式"＝LOOKUP(Y2,{0;20;40;60;80;90},＄W＄3:＄W＄8)"或"＝LOOKUP(Y2,＄V＄3:＄W＄8)",此处查找区域必须升序排序。按回车键并向下填充即可得到每位学生的等级,如图 2.119 所示。

	V	W	X	Y	Z
1	考试成绩等级标准		姓名	分数	等级
2	分数	等级	吴红	18	特差生
3	0	特差生	武进	41	较差生
4	20	很差生	张帅	37	很差生
5	40	较差生	孔燕	79	较优生
6	60	较优生	刘洋	81	优秀生
7	80	优秀生	刘茹	78	较优生
8	90	特优生	王海	92	特优生

图 2.119　多个区间的条件判断

(7)提取单元格内的数字。要提取如图 2.120 所示的 AB 列单元格内的数字,可以通过

LOOKUP 函数来实现。在 AC2 单元格中输入公式"=－LOOKUP(1,－LEFT(AB2,ROW($1:$99)))",按回车键并向下填充即可提取 AB 列单元格内的数字,如图 2.121所示。

	AB	AC
1	数量/单位	数量
2	152W	
3	84g	
4	50km	
5	85m	
6	84公斤	
7	150kg	
8	95升	

图 2.120　原始数据

	AB	AC
1	数量/单位	数量
2	152W	152
3	84g	84
4	50km	50
5	85m	85
6	84公斤	84
7	150kg	150
8	95升	95

图 2.121　提取单元格内的数字

2.5.3　VLOOKUP 函数

VLOOKUP 函数用于查找某个值在另一个表格或区域中的位置,并返回该位置的值。语法结构为"=VLOOKUP(查找值,查找区域,列序数,匹配条件)",可以简单理解为"=VLOOKUP(找谁,在哪里找,第几列,0 或 1)"。查找的数据区域也就是所选择的区域,注意所选择的区域要根据查找值位于第一列开始选择,比如根据"姓名"来查找"成绩",那数据表所选的区域要从"姓名"列开始选择。匹配条件若为 0 或 FALSE 代表精确匹配,1 或 TRUE代表近似匹配。如果查找值在数据表中多次出现,函数仅仅会返回第一个找到的结果。

打开如图 2.122 所示的"查找与引用函数"表中的数据,进行相关 VLOOKUP 函数操作。

	A	B	C	D	E	F
19	工号	姓名	地区	销量	姓名	销量
20	W001	吴红	武汉	498	王海	
21	W002	张帅	西安	351	黄华	
22	W003	王海	武汉	520		
23	W004	吴红	郑州	630		
24	W005	黄华	西安	284		
25	W006	张帅	武汉	341		
26	W007	吴红	郑州	269		
27	W008	王海	武汉	356		
28	W009	张帅	西安	415		
29	W010	吴红	郑州	365		
30	W011	黄华	武汉	425		
31	W012	王海	西安	435		
32	W013	黄华	郑州	378		

图 2.122　原始数据

(1)精确匹配。要查询员工的销量记录可以使用 VLOOKUP 函数的精确匹配功能。在单元格 F20 中输入公式"=VLOOKUP(E20,$B$20:$D$32,3,0)",按回车键并向下填充即可得到 2 名员工的销量记录(第一个找到的记录),如图 2.123 所示。

(2)近似匹配。员工不同的销售额会有不同的销售提成,如图 2.124 所示,现在已知 4 名员工的销售额,需要分别计算他们的提成工资,可以通过 VLOOKUP 函数的近似匹配实现。

	A	B	C	D	E	F
19	工号	姓名	地区	销量	姓名	销量
20	W001	吴红	武汉	498	王海	520
21	W002	张帅	西安	351	黄华	284
22	W003	王海	武汉	520		
23	W004	吴红	郑州	630		
24	W005	黄华	西安	284		
25	W006	张帅	武汉	341		
26	W007	吴红	郑州	269		
27	W008	王海	武汉	356		
28	W009	张帅	西安	415		
29	W010	吴红	郑州	365		
30	W011	黄华	武汉	425		
31	W012	王海	西安	435		
32	W013	黄华	郑州	378		

图 2.123　精确匹配

	H	I	J	K	L	M	N
19	销售区间	销售额	提成比率		销售员	销售额	提成工资
20	100-199	100	5%		吴红	526	
21	200-299	200	10%		张帅	418	
22	300-399	300	15%		王海	1160	
23	400-499	400	20%		黄华	783	
24	500-699	500	25%				
25	700-999	700	30%				
26	1000及以上	1000	35%				

图 2.124　原始数据

在 N20 单元格中输入公式"＝VLOOKUP(M20,\$I\$20:\$J\$26,2,1)＊M20",按回车键并向下填充即可得到每名员工的提成工资。运用 VLOOKUP 函数的近似匹配功能时,读者务必要构建好准确的查找数据区域,这非常重要。如本例中的销售区间是 100～199,销售额写的是 100,即区间的下限值;销售区间是 500～699,销售额写的是 500;当然,如果销售区间是 0～99,销售额可以写为 0。最终结果如图 2.125 所示。

	H	I	J	K	L	M	N
19	销售区间	销售额	提成比率		销售员	销售额	提成工资
20	100-199	100	5%		吴红	526	131.5
21	200-299	200	10%		张帅	418	83.6
22	300-399	300	15%		王海	1160	406
23	400-499	400	20%		黄华	783	234.9
24	500-699	500	25%				
25	700-999	700	30%				
26	1000及以上	1000	35%				

图 2.125　近似匹配

(3)运用辅助列反向查找。原始数据如图 2.126 所示。如果需要根据员工姓名反向查询员工的工号(这里查询首次出现的工号),可以通过构建辅助列来进行反向查找。可以在 Q 列前构建姓名列,当然也可以在 T 列之后插入一个新的工号列,这里仅讲解在 Q 列前构建姓名列。

将 R 列的姓名信息复制到 P 列,在 V19 单元格中输入公式"＝VLOOKUP(U19,\$P\$19:\$Q\$31,2,0)",按回车键并向下填充即可得到 2 名员工的工号,如图 2.127 所示。

(4)运用辅助列进行多条件查找。原始数据如图 2.128 所示。如果需要根据员工姓名和地区信息确定相应的产品价格,可以通过构建辅助列来解决。

	P	Q	R	S	T	U	V
18		工号	姓名	地区	销量	姓名	工号
19		W001	吴红	武汉	498	王海	
20		W002	张帅	西安	351	黄华	
21		W003	王海	武汉	520		
22		W004	吴红	郑州	630		
23		W005	黄华	西安	284		
24		W006	张帅	武汉	341		
25		W007	吴红	郑州	269		
26		W008	王海	武汉	356		
27		W009	张帅	西安	415		
28		W010	吴红	郑州	365		
29		W011	黄华	武汉	425		
30		W012	王海	西安	435		
31		W013	黄华	郑州	378		

图 2.126　原始数据

	P	Q	R	S	T	U	V
18	姓名	工号	姓名	地区	销量	姓名	工号
19	吴红	W001	吴红	武汉	498	王海	W003
20	张帅	W002	张帅	西安	351	黄华	W005
21	王海	W003	王海	武汉	520		
22	吴红	W004	吴红	郑州	630		
23	黄华	W005	黄华	西安	284		
24	张帅	W006	张帅	武汉	341		
25	吴红	W007	吴红	郑州	269		
26	王海	W008	王海	武汉	356		
27	张帅	W009	张帅	西安	415		
28	吴红	W010	吴红	郑州	365		
29	黄华	W011	黄华	武汉	425		
30	王海	W012	王海	西安	435		
31	黄华	W013	黄华	郑州	378		

图 2.127　运用辅助列反向查找

	Y	Z	AA	AB	AC	AD	AE	AF
18		姓名	地区	销量	价格	姓名	地区	价格
19		吴红	湖北	498	6.1	王海	福建	
20		张帅	湖南	351	7.2	黄华	西藏	
21		王海	陕西	520	6.5			
22		吴红	山西	630	8.2			
23		黄华	山东	284	7.9			
24		张帅	河南	341	6.8			
25		吴红	江西	269	6.4			
26		王海	福建	356	7.5			
27		张帅	辽宁	415	6.9			
28		吴红	青海	365	8.2			
29		黄华	西藏	425	7.6			
30		王海	广西	435	6.8			
31		黄华	广东	378	7.5			

图 2.128　原始数据

首先在 Y 列构建辅助列,在 Y19 单元格中输入公式"＝Z19&AA19",之后向下填充到单元格 Y31,即可得到"姓名区域"的辅助列。然后在 AF19 单元格中输入公式"＝VLOOKUP(AD19&AE19,＄Y＄19：＄AC＄31,5,0)",按回车键并向下填充即可得到相应的产品价格,如图 2.129 所示。

(5)通配符 * 关键字查找。原始数据如图 2.130 所示。如果需要根据公司简称查询公司人数,可以通过通配符 * 关键字查找来进行。

辅助列	姓名	地区	销量	价格	姓名	地区	价格
	Y	Z	AA	AB	AC	AD	AE	AF
18	辅助列	姓名	地区	销量	价格	姓名	地区	价格
19	吴红湖北	吴红	湖北	498	6.1	王海	福建	7.5
20	张帅湖南	张帅	湖南	351	7.2	黄华	西藏	7.6
21	王海陕西	王海	陕西	520	6.5			
22	吴红山西	吴红	山西	630	8.2			
23	黄华山东	黄华	山东	284	7.9			
24	张帅河南	张帅	河南	341	6.8			
25	吴红江西	吴红	江西	269	6.4			
26	王海福建	王海	福建	356	7.5			
27	张帅辽宁	张帅	辽宁	415	6.9			
28	吴红青海	吴红	青海	365	8.2			
29	黄华西藏	黄华	西藏	425	7.6			
30	王海广西	王海	广西	435	6.8			
31	黄华广东	黄华	广东	378	7.5			

图 2.129　运用辅助列进行多条件查找

	AH	AI	AJ	AK	AL
18	公司名称	人数		简称	人数
19	天津美诺威铝业集团有限公司	985		大滤师	
20	天津助友钢结构有限公司	685		沣泽	
21	天津汉邦伟业科技发展有限公司	785		金视颉	
22	天津大滤师水处理有限公司	892			
23	天津冷联机电设备有限公司	751			
24	天津沣泽财务咨询有限公司	584			
25	北京聚华信达科技有限公司	475			
26	天津长城安保服务有限公司	680			
27	达莱（天津）科技有限公司	452			
28	金视颉科技（天津）有限公司	674			
29	天津昊泰电热元器件有限公司	548			

图 2.130　原始数据

在 AL19 单元格中输入公式"＝VLOOKUP(" * "＆AK19＆" * ",＄AH＄19：＄AI＄29，2,0)"，按回车键并向下填充即可得到各个公司的人数，如图 2.131 所示。

	AH	AI	AJ	AK	AL
18	公司名称	人数		简称	人数
19	天津美诺威铝业集团有限公司	985		大滤师	892
20	天津助友钢结构有限公司	685		沣泽	584
21	天津汉邦伟业科技发展有限公司	785		金视颉	674
22	天津大滤师水处理有限公司	892			
23	天津冷联机电设备有限公司	751			
24	天津沣泽财务咨询有限公司	584			
25	北京聚华信达科技有限公司	475			
26	天津长城安保服务有限公司	680			
27	达莱（天津）科技有限公司	452			
28	金视颉科技（天津）有限公司	674			
29	天津昊泰电热元器件有限公司	548			

图 2.131　通配符 * 关键字查找

（6）文本型与数值型数据混合查找。原始数据如图 2.132 所示。如果需要根据数值型工号查询员工姓名，而查询区域是文本型工号，则可以通过文本数值混合查找来进行。

	AN	AO	AP	AQ	AR	AS
18	工号(文本型)	姓名	销量		工号(数值型)	姓名
19	101	吴红	498		105	
20	102	张帅	351		108	
21	103	王海	520		110	
22	104	吴红	630			
23	105	黄华	284			
24	106	张帅	341			
25	107	吴红	269			
26	108	王海	356			
27	109	张帅	415			
28	110	吴红	365			
29	111	黄华	425			
30	112	王海	435			
31	113	黄华	378			

图 2.132　原始数据

在 AS19 单元格中输入公式"＝VLOOKUP(AR19&"",＄AN＄19：＄AP＄31,2,0)",按回车键并向下填充即可得到 3 名员工的姓名。当然,也可以在 AN 列前面插入一个辅助列,在 AM19 单元格中输入"＝AN19＊1",之后向下填充即可把 AN 列中的文本型工号转为数值型工号,再运用 VLOOKUP 函数进行查询。读者应重点掌握文本型数据与数值型数据的转换方法。本例查询结果如图 2.133 所示。

	AN	AO	AP	AQ	AR	AS
18	工号(文本型)	姓名	销量		工号(数值型)	姓名
19	101	吴红	498		105	黄华
20	102	张帅	351		108	王海
21	103	王海	520		110	吴红
22	104	吴红	630			
23	105	黄华	284			
24	106	张帅	341			
25	107	吴红	269			
26	108	王海	356			
27	109	张帅	415			
28	110	吴红	365			
29	111	黄华	425			
30	112	王海	435			
31	113	黄华	378			

图 2.133　文本型与数值型数据混合查找

(7)去除空格查找。原始数据如图 2.134 所示。如果需要根据员工姓名查询销量记录,而查询区域中部分姓名中间有空格,直接查找的话会返回错误值,则可以构建一个姓名中间没有空格的姓名辅助列,再运用 VLOOKUP 函数进行查询。

在 AU 列构建辅助列,在 AU19 单元格中输入公式"＝SUBSTITUTE(AW19：AW31," ","")",之后向下填充即可得到没有空格的姓名辅助列。公式"＝SUBSTITUTE(AW19：AW31," ","")"表示的是将空格去除。接着在 BA19 单元格中输入公式"＝VLOOKUP(AZ19,＄AU＄19：＄AX＄31,4,0)",之后向下填充即可得到 4 名员工的销量记录,如图 2.135 所示。

(8)多列批量查找。原始数据如图 2.136 所示。如果需要根据员工工号批量查询员工姓名、地区和销量记录,也可以通过 VLOOKUP 函数来实现。

	AV	AW	AX	AY	AZ	BA
18	工号	姓名	销量		姓名	销量
19	W101	吴红	498		王海	
20	W102	张帅	351		黄华	
21	W103	王 海	520		赵云	
22	W104	黄华	630		郑玉	
23	W105	赵云	284			
24	W106	郑 玉	341			
25	W107	张涛	269			
26	W108	张婷	356			
27	W109	王涛	415			
28	W110	王茹	365			
29	W111	李涛	425			
30	W112	曹伟	435			
31	W113	洪文	378			

图 2.134　原始数据

	AU	AV	AW	AX	AY	AZ	BA
18	辅助列	工号	姓名	销量		姓名	销量
19	吴红	W101	吴红	498		王海	520
20	张帅	W102	张帅	351		黄华	630
21	王海	W103	王 海	520		赵云	284
22	黄华	W104	黄华	630		郑玉	341
23	赵云	W105	赵云	284			
24	郑玉	W106	郑 玉	341			
25	张涛	W107	张涛	269			
26	张婷	W108	张婷	356			
27	王涛	W109	王涛	415			
28	王茹	W110	王茹	365			
29	李涛	W111	李涛	425			
30	曹伟	W112	曹伟	435			
31	洪文	W113	洪文	378			

图 2.135　去除空格查找

	BC	BD	BE	BF	BG	BH	BI	BJ	BK
18	工号	姓名	地区	销量		工号	姓名	地区	销量
19	W001	吴红	武汉	498		W004			
20	W002	张帅	西安	351		W008			
21	W003	王海	武汉	520					
22	W004	吴红	郑州	630					
23	W005	黄华	西安	284					
24	W006	张帅	武汉	341					
25	W007	吴红	郑州	269					
26	W008	王海	武汉	356					
27	W009	张帅	西安	415					
28	W010	吴红	郑州	365					
29	W011	黄华	武汉	425					
30	W012	王海	西安	435					
31	W013	黄华	郑州	378					

图 2.136　原始数据

在 BI19 单元格中输入公式"＝VLOOKUP($BH$19,$BC$19：$BF$31,COLUMN (B19),0)",按回车键并向右填充即可得到工号 W004 的员工姓名、地区和销量;COLUMN 函数表示返回引用的列号,公式中 COLUMN(B19)表示的是返回 B 列的列号,也就是第 2 列;同样,在 BI20 单元格中输入公式"＝VLOOKUP($BH$20,$BC$19:$BF$31,COLUMN(B20),0)",按回车键并向右填充即可得到工号 W008 的员工姓名、地区和销量。最终结果如图 2.137 所示。

	BC	BD	BE	BF	BG	BH	BI	BJ	BK
18	工号	姓名	地区	销量		工号	姓名	地区	销量
19	W001	吴红	武汉	498		W004	吴红	郑州	630
20	W002	张帅	西安	351		W008	王海	武汉	356
21	W003	王海	武汉	520					
22	W004	吴红	郑州	630					
23	W005	黄华	西安	284					
24	W006	张帅	武汉	341					
25	W007	吴红	郑州	269					
26	W008	王海	武汉	356					
27	W009	张帅	西安	415					
28	W010	吴红	郑州	365					
29	W011	黄华	武汉	425					
30	W012	王海	西安	435					
31	W013	黄华	郑州	378					

图 2.137　多列批量查找

(9)一对多查找。一个地区对应几个不同的员工,如图 2.138 所示。如果需要根据地区查询员工姓名则涉及一对多查找,也可以通过 VLOOKUP 函数来实现。

	BO	BP	BQ	BR	BS	BT	BU	BV	BW
18	工号	地区	姓名	销量		地区	姓名1	姓名2	姓名3
19	W001	武汉	吴红	498		西安			
20	W002	西安	张帅	351		郑州			
21	W003	武汉	王海	520					
22	W004	郑州	吴红	630					
23	W005	西安	黄华	284					
24	W006	武汉	张帅	341					
25	W007	郑州	吴红	269					
26	W008	武汉	王海	356					
27	W009	西安	张帅	415					

图 2.138　原始数据

考虑到 VLOOKUP 函数只能查找最近的一个数据,无法查找多个数据,可以在数据表中增加一列辅助列来解决。在 BN19 单元格中输入公式"＝BP19&COUNTIF($BP$19:BP19,BP19)",按回车键并向下填充即可得到"地区次数"的复合型文本,如图 2.139 所示。

	BN	BO	BP	BQ	BR	BS	BT	BU	BV	BW
18	辅助列	工号	地区	姓名	销量		地区	姓名1	姓名2	姓名3
19	武汉1	W001	武汉	吴红	498		西安			
20	西安1	W002	西安	张帅	351		郑州			
21	武汉2	W003	武汉	王海	520					
22	郑州1	W004	郑州	吴红	630					
23	西安2	W005	西安	黄华	284					
24	武汉3	W006	武汉	张帅	341					
25	郑州2	W007	郑州	吴红	269					
26	武汉4	W008	武汉	王海	356					
27	西安3	W009	西安	张帅	415					

图 2.139　构建辅助列

在 BU19 单元格中输入公式"＝IFERROR(VLOOKUP($BT$19&COLUMN(A19),$BN$19:$BQ$27,4,0),"")",按回车键并向右填充即可得到西安对应的员工信息;同样,在 BU20 单元格中输入公式"＝IFERROR(VLOOKUP($BT$20&COLUMN(A20),

$BN$19:$BQ$27,4,0),"")",按回车键并向右填充即可得到郑州对应的员工信息。这里 IFERROR 函数主要用来屏蔽由于没有查到相应值而出现的错误值,"$BT$19&COLUMN (A19)"就是查询"西安 1"的信息。最终结果如图 2.140 所示。

	BN	BO	BP	BQ	BR	BS	BT	BU	BV	BW
18	辅助列	工号	地区	姓名	销量		地区	姓名1	姓名2	姓名3
19	武汉1	W001	武汉	吴红	498		西安	张帅	黄华	张帅
20	西安1	W002	西安	张帅	351		郑州	吴红	吴红	
21	武汉2	W003	武汉	王海	520					
22	郑州1	W004	郑州	吴红	630					
23	西安2	W005	西安	黄华	284					
24	武汉3	W006	武汉	张帅	341					
25	郑州2	W007	郑州	吴红	269					
26	武汉4	W008	武汉	王海	356					
27	西安3	W009	西安	张帅	415					

图 2.140　一对多查找

2.5.4　MATCH 函数

MATCH 函数的主要功能是返回指定数值在指定数组区域中的位置,常和 VLOOKUP、INDEX、OFFSET 等函数搭配使用。语法结构为"=MATCH(要查找的数据,查找区域,匹配类型)",其中,匹配类型为可选项,它有 1、0 和 -1 三个取值,如果省略则默认取 1。如果匹配值为 1,则返回小于或等于查找值的最大数值,此时要求查找区域(参数 2)必须按升序排列;如果匹配值为 -1,则返回大于或等于查找值的最小数值,此时要求查找区域(参数 2)必须按降序排列;如果匹配值为 0,则返回等于查找值的第一个数值,此时查找区域不需要排序。

打开"查找与引用函数"表里的下面数据(见图 2.141),进行相关 MATCH 函数操作。

	A	B	C	D	E	F	G
36	工号	地区	姓名	级别		张婷在第几行	
37	W001	武汉	吴红	二级			
38	W002	西安	张帅	五级			
39	W003	武汉	王海	三级			
40	W004	郑州	黄华	一级			
41	W005	西安	赵云	二级			
42	W006	武汉	郑玉	六级			
43	W007	郑州	张涛	四级			
44	W008	武汉	张婷	五级			
45	W009	西安	王涛	六级			
46	W010	郑州	王茹	四级			
47	W011	武汉	李涛	三级			
48	W012	西安	曹伟	二级			
49	W013	郑州	洪文	一级			

图 2.141　原始数据

(1)查找目标值所在的位置。要查询张婷在上述数据区域 A36:D49 中的第多少行,可以通过 MATCH 函数来实现。在 F37 单元格中输入公式"=MATCH("张婷",C36:C49,0)",按回车键即可得到张婷在数据区域 A36:D49 中处于第 9 行。虽然 MATCH 函数的匹配类型参数可以设置为 -1、0 和 1,但通常情况下设置为 0。因此,读者应重点掌握匹配类型为 0 的情形。最终结果如图 2.142 所示。

	A	B	C	D	E	F	G
36	工号	地区	姓名	级别		张婷在第几行	
37	W001	武汉	吴红	二级			9
38	W002	西安	张帅	五级			
39	W003	武汉	王海	三级			
40	W004	郑州	黄华	一级			
41	W005	西安	赵云	二级			
42	W006	武汉	郑玉	六级			
43	W007	郑州	张涛	四级			
44	W008	武汉	张婷	五级			
45	W009	西安	王涛	六级			
46	W010	郑州	王茹	四级			
47	W011	武汉	李涛	三级			
48	W012	西安	曹伟	二级			
49	W013	郑州	洪文	一级			

图 2.142　查找目标值所在的位置

（2）模糊条件查找。图 2.143 列出了 2017—2019 年的物品批号，现在要查询 2018 年的批号从哪行开始出现，可以通过 MATCH 函数来实现。在 K37 单元格中输入公式"＝MATCH(" * 2018 * ",J36:J49,0)"，按回车键即可得到 2018 年的批号从第 7 行开始出现，如图 2.144 所示。

	J	K	L
36	物品批号	2018年第起始位置	
37	WP2017-3		
38	WP2017-5		
39	WP2017-7		
40	WP2017-9		
41	WP2017-11		
42	WP2018-1		
43	WP2018-3		
44	WP2018-5		
45	WP2018-7		
46	WP2018-9		
47	WP2018-11		
48	WP2019-1		
49	WP2019-3		

图 2.143　原始数据

	J	K	L
36	物品批号	2018年第起始位置	
37	WP2017-3		7
38	WP2017-5		
39	WP2017-7		
40	WP2017-9		
41	WP2017-11		
42	WP2018-1		
43	WP2018-3		
44	WP2018-5		
45	WP2018-7		
46	WP2018-9		
47	WP2018-11		
48	WP2019-1		
49	WP2019-3		

图 2.144　模糊条件查找

（3）按条件提取最后一个数据的位置。图 2.145 列出了员工在不同地区的销量，现在要查询最后一个销量大于 400 的行号，可以通过 MATCH 函数来实现。在 Q37 单元格中输入公式"＝MATCH(1,0/(P36:P49＞400))"，按 Ctrl＋Shift＋Enter 组合键即可得到最后一个销量大于 400 的行号。最终结果如图 2.146 所示。

说明：MATCH 函数匹配类型参数如果省略则默认取 1，此时返回小于或等于查找值的最大数值的位置。"P36:P49＞400"为判断每一个元素是否大于 400，结果返回以 TRUE 和 FALSE 为元素的数组。"0/(P36:P49＞400)"返回数组{＃DIV/0!,0,＃DIV/0!,0,0,＃DIV/0!,＃DIV/0!,＃DIV/0!,＃DIV/0!,0,0,＃DIV/0!,＃DIV/0!,＃DIV/0!}，MATCH 函数此时返回了小于查询值（即 1）的最后一个数（即 0）的位置，即第 11 行。需要注意的是，当匹配类型参数为 0 且有多个符合值时，一般返回第一个符合值的位置。

	N	O	P	Q	R
36	姓名	地区	销量	最后一个销量大于400的行号	
37	吴红	武汉	498		
38	张帅	西安	351		
39	王海	武汉	520		
40	吴红	郑州	630		
41	黄华	西安	284		
42	张帅	武汉	341		
43	吴红	郑州	269		
44	王海	武汉	356		
45	张帅	西安	415		
46	吴红	郑州	435		
47	黄华	武汉	298		
48	王海	西安	389		
49	黄华	郑州	378		

图 2.145　原始数据

	N	O	P	Q	R
36	姓名	地区	销量	最后一个销量大于400的行号	
37	吴红	武汉	498	11	
38	张帅	西安	351		
39	王海	武汉	520		
40	吴红	郑州	630		
41	黄华	西安	284		
42	张帅	武汉	341		
43	吴红	郑州	269		
44	王海	武汉	356		
45	张帅	西安	415		
46	吴红	郑州	435		
47	黄华	武汉	298		
48	王海	西安	389		
49	黄华	郑州	378		

图 2.146　按条件提取最后一个数据的位置

(4)统计不重复数据个数。图 2.147 列出了不同地区的员工姓名,现在要统计参与销售的员工人数,可以通过 MATCH 函数来实现。

在 V37 单元格中输入公式"=COUNT(0/(MATCH(T37:T49,T37:T49,0)=ROW(1:13)))",按 Ctrl+Shift+Enter 组合键即可得到参与销售的员工人数,如图 2.148 所示。

	T	U	V	W
36	姓名	地区	参与销售的人数	
37	吴红	湖北		
38	张帅	湖南		
39	王海	陕西		
40	吴红	山西		
41	黄华	山东		
42	张帅	河南		
43	吴红	江西		
44	王海	福建		
45	张帅	辽宁		
46	吴红	青海		
47	黄华	西藏		
48	王海	广西		
49	黄华	广东		

图 2.147　原始数据

	T	U	V	W
36	姓名	地区	参与销售的人数	
37	吴红	湖北	4	
38	张帅	湖南		
39	王海	陕西		
40	吴红	山西		
41	黄华	山东		
42	张帅	河南		
43	吴红	江西		
44	王海	福建		
45	张帅	辽宁		
46	吴红	青海		
47	黄华	西藏		
48	王海	广西		
49	黄华	广东		

图 2.148　统计不重复数据个数

本例中的 MATCH 函数用到了数组计算,计算过程稍显复杂,解释如下:函数"MATCH(T37:T49,T37:T49,0)"将返回 T37:T49 范围内每个值第一次出现的位置,如{1,2,3,1,5,2,1,3,2,1,5,3,5},"ROW(1:13)"生成数组{1,2,3,4,5,6,7,8,9,10,11,12,13},"MATCH(T37:T49,T37:T49,0)=ROW(1:13)"为判断 2 个数组对应的元素是否一致,相同返回 TRUE,不同返回 FALSE,结果返回以 TRUE 和 FALSE 为元素的数组,再用 0 除以上一步得到的 TRUE/FALSE 数组,将得到一个由 1 和错误值组成的数组。其中 1 表示对应的姓名是首次出现,错误值表示对应的姓名是重复的。最后,我们使用 COUNT 函数来计算数组中 1 的数量,也就是首次出现的唯一姓名的数量。

(5)统计两列数据的相同个数。图 2.149 列出了 2 组员工名单。现在要统计 2 组员工名单中的相同数据的个数,也可以通过 MATCH 函数来实现。

在 AD37 单元格中输入公式"=COUNT(MATCH(AA37:AA46,AB37:AB46,0))",按 Ctrl+Shift+Enter 组合键即可得到 2 组员工名单中的相同数据的个数,如图 2.150 所示。

	AA	AB	AC	AD	AE
36	名单1	名单2		相同数据的个数	
37	张雪	刘生			
38	李娜	李盼			
39	刘生	宋福			
40	李萍	王梅			
41	王梅	刘燕			
42	张先	张娴			
43	王强	赵丽			
44	吕彩	李娜			
45	范景	宋娟			
46	白利	李福			

图 2.149　原始数据

	AA	AB	AC	AD	AE
36	名单1	名单2		相同数据的个数	
37	张雪	刘生		3	
38	李娜	李盼			
39	刘生	宋福			
40	李萍	王梅			
41	王梅	刘燕			
42	张先	张娴			
43	王强	赵丽			
44	吕彩	李娜			
45	范景	宋娟			
46	白利	李福			

图 2.150　统计两列数据的相同个数

本例中的 MATCH 函数也用到了数组计算,解释如下:函数"MATCH(AA37:AA46,AB37:AB46,0)"将在第一个参数中(AA37:AA46)搜索第二个参数(AB37:AB46)中的值。COUNT 函数用于统计 MATCH 函数返回的结果中非错误值(即匹配成功的位置)的数量,结果表示 AA37:AA46 中有多少个值在 AB37:AB46 中找到了匹配项(完全匹配),即 2 组员工名单中的相同数据的个数。本例也可以通过以下公式实现,有兴趣的读者可以尝试一下,"=SUMPRODUCT(--(ISNUMBER(MATCH(AA37:AA46,AB37:AB46,0))))"。

(6)按多条件计数统计。图 2.151 列出了不同水果销售给商家的时间,现在要统计苹果卖给 A 公司和 C 公司的次数,也可以通过 MATCH 函数来实现。

	AI	AJ	AK	AL	AM	AN
36	时间	产品	商家	苹果卖给A公司和C公司的次数		
37	2022/3/5	苹果	A公司			
38	2022/3/6	葡萄	A公司			
39	2022/3/7	苹果	A公司			
40	2022/3/8	苹果	B公司			
41	2022/3/9	梨	B公司			
42	2022/3/10	葡萄	C公司			
43	2022/3/11	苹果	C公司			

图 2.151　原始数据

在 AL37 单元格中输入公式"＝COUNT(MATCH(AJ37：AJ43＆AK37：AK43,"苹果"＆{"A 公司","C 公司"},0))",按 Ctrl＋Shift＋Enter 组合键即可得到苹果卖给 A 公司和 C 公司的次数,如图 2.152 所示。

	AI	AJ	AK	AL	AM	AN
36	时间	产品	商家	苹果卖给A公司和C公司的次数		
37	2022/3/5	苹果	A公司	3		
38	2022/3/6	葡萄	A公司			
39	2022/3/7	苹果	A公司			
40	2022/3/8	苹果	B公司			
41	2022/3/9	梨	B公司			
42	2022/3/10	葡萄	C公司			
43	2022/3/11	苹果	C公司			

图 2.152　按多条件计数统计

(7)判定重复值。如图 2.153 所示,第 36 行有重复的字母。要判断每一个字母是否存在重复现象,可以通过 MATCH 函数来实现。

	AP	AQ	AR	AS	AT	AU	AV	AW	AX	AY
36	值	A	B	C	D	B	G	C	T	A
37	是否重复									

图 2.153　原始数据

在 AQ37 单元格中输入公式"＝IF(MATCH(AQ36,＄AQ＄36：＄AY＄36,0)＝COLUMN(A37),"唯一","重复")",按回车键并向右填充即可得到每一个字母是否存在重复的判断结果,如图 2.154 所示。

	AP	AQ	AR	AS	AT	AU	AV	AW	AX	AY
36	值	A	B	C	D	B	G	C	T	A
37	是否重复	唯一	唯一	唯一	唯一	重复	唯一	重复	唯一	重复

图 2.154　判定重复值

(8)提取不重复值。如图 2.155 所示,BA 列存在重复的文本。现在要提取不重复的文本,可以通过 MATCH 函数来实现。在 BB37 单元格中输入公式"＝OFFSET(＄BA＄36,SMALL(IF(MATCH(＄BA＄37：＄BA＄46,＄BA＄37：＄BA＄46,0)＝ROW(＄BA＄37：＄BA＄46)－36,ROW(＄BA＄37：＄BA＄46)－36),ROW()－36),0)",按 Ctrl＋Shift＋Enter 组合键并向下填充即可得到所有不重复的文本,如图 2.156 所示。

	BA	BB
36		不重复值
37	甲	
38	乙	
39	丙	
40	丁	
41	甲	
42	坏	
43	乙	
44	甲	
45	以	
46	冲	

图 2.155　原始数据

	BA	BB
36		不重复值
37	甲	甲
38	乙	乙
39	丙	丙
40	丁	丁
41	甲	坏
42	坏	以
43	乙	冲
44	甲	#NUM!
45	以	#NUM!
46	冲	#NUM!

图 2.156　提取不重复值

上述公式较复杂,该公式的内涵解释如下:"MATCH($BA$37:$BA$46,$BA$37: $BA$46,0)"这个函数会返回每个值在其范围内的位置。"ROW(BA37:BA46)-36"这个函数返回范围内每个单元格的行号,然后减去 36。这是为了得到一个与上述 MATCH 函数结果相匹配的数字,从 1 开始而不是从 37。"MATCH(…)=ROW(…)-36"这个等式检查每个值的位置是否与其行号(减去 36)相匹配。这会返回一个由 TRUE 和 FALSE 组成的数组。"IF(MATCH(…)=ROW(…)-36,ROW(…)-36)"检查之前的等式是否为真。如果为真,它会返回与位置相匹配的行号(已减去 36)。这会返回一个只包含符合条件的行号的数组。"SMALL(…,ROW()-36)"返回数组中的第 k 小的数值,其中 k 是由"ROW()-36"定义的。"ROW()"返回当前单元格的行号。因此,当沿列向下拖动公式,"ROW()"的值会增加,从而从 IF 函数返回的数组中提取不同的最小值。最后,"OFFSET($BA$36,…,0)"以 $BA$36 为参照点,并基于 SMALL 函数返回的行号进行偏移。因为列偏移是 0,所以它总是在同一列中。综上所述,该函数从 $BA$37:$BA$46 范围中提取唯一的值。它首先使用 MATCH 和 ROW 函数识别唯一的值,然后使用 SMALL 和 OFFSET 函数按顺序返回这些唯一值。当沿着一个列拖动这个函数时,它会连续返回这个范围内的唯一值。

(9)中国式排名。在中国式排名中无论有几个数据并列,之后的数据排名仍然按照顺位排列。如有 4 个同学并列排名第 3,那么接下来的一个同学排名第 4。图 2.157 中的 10 个数据,如果要进行中国式排名,可以通过 MATCH 函数来实现。在 BE37 单元格中输入公式"=SUM(--IF($BD$37:$BD$46>=BD37,MATCH($BD$37:$BD$46,$BD$37:$BD$46,0)=ROW($37:$46)-36))",按 Ctrl+Shift+Enter 组合键并向下填充得到 10 个数据的中国式排名,如图 2.158 所示。

◢	BD	BE
36	数据	排名
37	12	
38	24	
39	32	
40	32	
41	42	
42	42	
43	52	
44	62	
45	75	
46	75	

图 2.157　原始数据

◢	BD	BE
36	数据	排名
37	12	7
38	24	6
39	32	5
40	32	5
41	42	4
42	42	4
43	52	3
44	62	2
45	75	1
46	75	1

图 2.158　中国式排名

上述公式的解释如下:"MATCH($BD$37:$BD$46,$BD$37:$BD$46,0)"返回{1;2;3;3;5;5;7;8;9;9};"ROW($37:$46)-36"返回{1;2;3;4;5;6;7;8;9;10};"MATCH=ROW"对比的结果是{TRUE;TRUE;TRUE;FALSE;TRUE;FALSE;TRUE;TRUE;TRUE;FALSE};"$BD$37:$BD$46>=BD37"返回的结果是{TRUE;TRUE;TRUE;TRUE;TRUE;TRUE;TRUE;TRUE;TRUE;TRUE},表明有 10 个数大于等于 BD37 中的数据;当 IF 函数逻辑值判断为真时,返回上面"MATCH=ROW"相比的结果{TRUE;TRUE;TRUE;FALSE;TRUE;FALSE;TRUE;TRUE;TRUE;FALSE};利用"--"运算得到{1;1;1;0;1;0;1;1;1;0};利用 SUM 函数求和得到"7",表示 BD37 单元格中的数值排名

第 7。

（10）实现动态查找。原始数据如图 2.159 所示。要建立一个关于学生姓名、学科和成绩的动态查找结果，可以通过 MATCH 函数来实现。首先在单元格区域 BL37：BL46、BM37：BM46 建立下拉清单，即数据的有效性设置，选择菜单"数据"/"数据工具"/"数据有效性"，在设置有效性条件里允许部分选择"序列"，再选择相应的学生名单或者学科即可。在 BN37 单元格中输入公式"＝VLOOKUP(BL37,$BH$36：$BK$46,MATCH(BM37,$BH$36：$BK$36,0),FALSE)"，按回车键并向下填充即可得到下一个同学的学科成绩，如图 2.160 所示。调整 BL 列和 BM 列的学生姓名和学科，相应的学生成绩会自动调整。

	BH	BI	BJ	BK	BL	BM	BN
36	姓名	语文成绩	数学成绩	英语成绩	姓名	学科	成绩
37	学生1	85	84	87			
38	学生2	78	68	79			
39	学生3	91	88	69			
40	学生4	69	74	75			
41	学生5	72	78	78			
42	学生6	85	81	84			
43	学生7	78	83	88			
44	学生8	67	74	87			
45	学生9	72	78	92			
46	学生10	88	93	86			

图 2.159　原始数据

	BH	BI	BJ	BK	BL	BM	BN
36	姓名	语文成绩	数学成绩	英语成绩	姓名	学科	成绩
37	学生1	85	84	87	学生2	语文成绩	78
38	学生2	78	68	79	学生9	英语成绩	92
39	学生3	91	88	69			
40	学生4	69	74	75			
41	学生5	72	78	78			
42	学生6	85	81	84			
43	学生7	78	83	88			
44	学生8	67	74	87			
45	学生9	72	78	92			
46	学生10	88	93	86			

图 2.160　实现动态查找

2.5.5　INDEX 函数

INDEX 函数可以帮助用户在庞大的数据中迅速定位并返回所需的值。它可以根据行号和列号来定位单元格，并返回单元格中的值；也可以与其他函数（如 MATCH 函数）结合使用，实现更复杂的查找功能。它有数值型和引用型两种形式，数值型的语法结构为"＝index(引用区域,行序号,列序号)"，引用型的语法结构为"＝index(多个引用区域,行序号,列序号,第几个引用区域)"。行号和列号是参数 1 确定的引用区域中的行和列号，而非表格中的行号和列号。当数组只包含一行或一列时，相应的行号或列号参数可以省略。当需要使用 INDEX 函数返回整行或整列的数据时，可以使用数组公式的方式输入，这样可以一次性返回多行的数据。在使用 INDEX 函数时，应确保正确地使用绝对引用和相对引用。

（1）查找行/列数据。如在 B 列中查找第 4 行的数据，直接输入公式"＝INDEX(B：B,4)"即可；如果要在第 2 行中查找第 4 列的数据，可以直接输入公式"＝INDEX(2：2,4)"。

（2）动态查找。不同员工的销量数据如图 2.161 所示。如果要构建动态查找，可以通过 INDEX 函数和 MATCH 函数来实现。首先，对单元格 C54 进行数据有效性设置，选择菜单"数据"/"数据工具"/"数据有效性"，在设置有效性条件里允许部分选择"序列"，再选择相应的姓名区域。在 C54 的下拉列表中选择张涛，在 D54 单元格中输入公式"＝INDEX(B53：B63,MATCH(C54,A53：A63,0))"，按回车键即可得到张涛的销量结果，如图 2.162 所示。调整员工姓名，可以发现对应的销量也会发生变化。

（3）多条件动态查找。图 2.163 列示了不同员工在 1 月、2 月和 3 月的销量数据。现在要构建一个多条件动态查找结果，也可以通过 INDEX 函数和 MATCH 函数来实现。

同上面的动态查找案例一样，先设置单元格 K54 和 L54 的数据有效性，设置员工和月份的下拉框,之后选择员工为王海,月份为 2 月。在 M54 单元格中输入公式"＝INDEX（＄G＄53:＄J＄63,MATCH(K54,G53:G63,0),MATCH(L54,G53:J53,0))",按回车键即可得到王海的销量结果,如图 2.164 所示。调整员工姓名和月份,可以发现对应的销量也会发生变化。

	A	B	C	D
53	姓名	销量	员工	销量
54	吴红	890		
55	张帅	780		
56	王海	682		
57	黄华	784		
58	赵云	652		
59	郑玉	389		
60	张涛	765		
61	张婷	462		
62	曹伟	631		
63	洪文	521		

图 2.161　原始数据

	A	B	C	D
53	姓名	销量	员工	销量
54	吴红	890	张涛	765
55	张帅	780		
56	王海	682		
57	黄华	784		
58	赵云	652		
59	郑玉	389		
60	张涛	765		
61	张婷	462		
62	曹伟	631		
63	洪文	521		

图 2.162　动态查找

	G	H	I	J	K	L	M
53	姓名	1月	2月	3月	员工	月份	销量
54	吴红	890	1100	156			
55	张帅	780	560	365			
56	王海	682	524	258			
57	黄华	784	745	754			
58	赵云	652	198	925			
59	郑玉	389	654	135			
60	张涛	765	326	634			
61	张婷	462	462	168			
62	曹伟	631	751	534			
63	洪文	521	842	298			

图 2.163　原始数据

	G	H	I	J	K	L	M
53	姓名	1月	2月	3月	员工	月份	销量
54	吴红	890	1100	156	王海	2月	524
55	张帅	780	560	365			
56	王海	682	524	258			
57	黄华	784	745	754			
58	赵云	652	198	925			
59	郑玉	389	654	135			
60	张涛	765	326	634			
61	张婷	462	462	168			
62	曹伟	631	751	534			
63	洪文	521	842	298			

图 2.164　多条件动态查找

（4）一对多动态查询。图 2.165 列示了不同员工在不同地区的销量数据。如果要进行销售地区和员工姓名的一对多查询,可以通过 INDEX 函数来实现。

设置单元格 R54 的数据有效性,选择菜单"数据"/"数据工具"/"数据有效性",在设置有效性条件里允许部分选择"序列",来源部分输入"武汉,西安,郑州"。选择地区为"武汉",在单元格 S54 中输入公式"＝IFERROR(INDEX(＄P＄53:＄P＄66,SMALL(IF(＄Q＄54:＄Q＄66＝＄R＄54,ROW(＄2:＄14),99),ROW()－53)),"")",按 Ctrl＋Shift＋Enter 组合键并向下填充到 S66 即可得到地区为"武汉"的销售人员名单,如图 2.166 所示。选择单元格 R54 下拉框中的其他地区,可以发现员工姓名会自动调整。

	P	Q	R	S
53	姓名	地区	地区	姓名
54	吴红	武汉		
55	张帅	西安		
56	王海	武汉		
57	黄华	郑州		
58	赵云	西安		
59	郑玉	武汉		
60	张涛	郑州		
61	张婷	武汉		
62	王涛	西安		
63	王茹	郑州		
64	李涛	武汉		
65	曹伟	西安		
66	洪文	郑州		

图 2.165　原始数据

	P	Q	R	S
53	姓名	地区	地区	姓名
54	吴红	武汉	武汉	吴红
55	张帅	西安		王海
56	王海	武汉		郑玉
57	黄华	郑州		张婷
58	赵云	西安		李涛
59	郑玉	武汉		
60	张涛	郑州		
61	张婷	武汉		
62	王涛	西安		
63	王茹	郑州		
64	李涛	武汉		
65	曹伟	西安		
66	洪文	郑州		

图 2.166　一对多动态查询

上述公式的解释如下："IF($Q$54:$Q$66=$R$54,ROW($2:$14),99)"是一个数组公式的部分。它检查 $Q$54:$Q$66 范围内的每一个单元格是否等于 $R$54。对于匹配的行,它返回 ROW($2:$14),即 2 到 14 的数字;对于不匹配的行,它返回 99(这个 99 无实际意义,大于 14 的任何数就行)。结果为数组{2;99;4;99;99;7;99;9;99;99;12;99;99},S54 中输入函数"ROW()−53"等于 1,函数"SMALL(IF($Q$54:$Q$66=$R$54,ROW($2:$14),99),ROW()−53)"表示返回数组{2;99;4;99;99;7;99;9;99;99;12;99;99}中的第一个最小值 2(即第一个目标姓名的行数),S54 向下填充后"ROW()−53"相应调整为 2、3、4 等,即找到数组{2;99;4;99;99;7;99;9;99;99;12;99;99}中的第二个最小值 4(即第二个目标姓名的行数)等,目标姓名的所在行数确定后,函数"INDEX($P$53:$P$66,SMALL(IF($Q$54:$Q$66=$R$54,ROW($2:$14),99),ROW()−53))"就可以返回目标行所对应的员工姓名,最后 IFERROR 函数如果查询失败则返回空格。

(5)隔行/隔列取值。如图 2.167 所示,员工姓名和销量混在一起了。想要分离销量,一个一个粘贴会浪费大量的时间,这里可以通过 INDEX 函数来解决。

在 V54 单元格中输入公式"=IFERROR(INDEX($U$53:$U$65,ROW(A2)*2−1),"")",按回车键并向下填充到 V65 即可得到所有的销量数据,如图 2.168 所示。

	U	V
53	销量	销量
54	吴红	
55	351	
56	王海	
57	630	
58	张帅	
59	341	
60	黄华	
61	356	
62	刘洋	
63	365	
64	赵敏	
65	435	

图 2.167　原始数据

	U	V
53	销量	销量
54	吴红	351
55	351	630
56	王海	341
57	630	356
58	张帅	365
59	341	435
60	黄华	
61	356	
62	刘洋	
63	365	
64	赵敏	
65	435	

图 2.168　隔行/隔列取值

函数"ROW(A2)*2−1"返回 3,V54 单元格向下填充后函数"ROW(A2)*2−1"将返回 5、7、9 等,"INDEX($U$53:$U$65,ROW(A2)*2−1)"则返回 $U$53:$U$65 中的第 3、5、7、9 行等的数据。当然,也可以用 IFERROR、INDEX 和 COLUMN 函数进行隔列

取值,有兴趣的读者可以尝试一下。

2.5.6　OFFSET 函数

OFFSET 函数以指定的引用为参照系,通过给定偏移量得到新的引用。返回的引用可以为一个单元格或单元格区域。OFFSET 函数的语法结构为"＝OFFSET(起始单元格,移动几行,移动几列,扩展为几行高,扩展为几列宽)"。关于移动行与列的参数:行数正数为向下,负数为向上;列数正数向右,负数为向左。OFFSET 函数返回的引用是一个可变区域,它会随着参照单元格所处区域的变动而变动(见图 2.169)。在基本运用中,可以通过给定偏移量参数(行和列)来控制引用的目标区域。

图 2.169　OFFSET 函数引用

(1)查找某一数值。如图 2.170 所示,在 E70 单元格中输入公式"＝OFFSET(A70,3,3)",按回车键则返回"三级",在 E71 单元格中输入公式"＝OFFSET(D77,－3,－3)",按回车键则返回"W004",如图 2.171 所示。

	A	B	C	D	E
70	工号	地区	姓名	级别	
71	W001	武汉	吴红	二级	
72	W002	西安	张帅	五级	
73	W003	武汉	王海	三级	
74	W004	郑州	黄华	一级	
75	W005	西安	赵云	二级	
76	W006	武汉	郑玉	六级	
77	W007	郑州	张涛	四级	
78	W008	武汉	张婷	五级	
79	W009	西安	王涛	六级	

图 2.170　原始数据

	A	B	C	D	E
70	工号	地区	姓名	级别	三级
71	W001	武汉	吴红	二级	W004
72	W002	西安	张帅	五级	
73	W003	武汉	王海	三级	
74	W004	郑州	黄华	一级	
75	W005	西安	赵云	二级	
76	W006	武汉	郑玉	六级	
77	W007	郑州	张涛	四级	
78	W008	武汉	张婷	五级	
79	W009	西安	王涛	六级	

图 2.171　查找某一数值

(2)偏移后区域求和(动态求和)。图 2.172 列示了不同员工在不同地区的销量数据。如果要建立一个员工的动态求和结果,可以通过 OFFSET 函数来实现。

	G	H	I	J	K	L	M
70	姓名	地区1	地区2	地区3	地区4	地区5	
71	吴红	125	321	156	412	325	
72	张帅	612	325	198	389	521	
73	王海	152	521	265	356	462	
74	黄华	365	105	351	347	435	
75	赵云	251	630	364	501	356	
76	郑玉	415	265	276	378	315	
77	张涛	632	526	254	402	306	
78	张婷	153	462	340	431	287	
79	王涛	425	602	365	298	246	

图 2.172　原始数据

在 M70 单元格中设置数据有效性,选择菜单"数据"/"数据工具"/"数据有效性",在设置有效性条件里允许部分选择"序列",来源部分选择"＝＄G＄71:＄G＄79"。之后在 M70 单元格中选择员工"王海",在 M71 单元格中输入公式"＝SUM(OFFSET(＄G＄70:＄L＄79,MATCH(M70,G71:G79,0),1,1,5))",按回车键即可得到求和结果 1756,如图 2.173 所示。调整 M70 单元格中的员工姓名,可以发现 M71 单元格中的求和销量也自动改变。本例中,把 SUM 函数改为 MAX、MIN、LARGE、SMALL,可以求每名员工在不同地区的销量(第几个)最大值、(第几个)最小值。

	G	H	I	J	K	L	M
70	姓名	地区1	地区2	地区3	地区4	地区5	王海
71	吴红	125	321	156	412	325	1756
72	张帅	612	325	198	389	521	
73	王海	152	521	265	356	462	
74	黄华	365	105	351	347	435	
75	赵云	251	630	364	501	356	
76	郑玉	415	265	276	378	315	
77	张涛	632	526	254	462	306	
78	张婷	153	462	340	431	287	
79	王涛	425	602	365	298	246	

图 2.173　偏移后区域求和

本例还可以运用 OFFSET 函数进行最后 3 行求和,在 M74 单元格中输入公式"＝SUM(OFFSET(＄G＄70,COUNTA(＄G＄71:＄G＄79)−2,1,3,5))",按回车键即可得到最后 3 行之和,如图 2.174 所示。

	G	H	I	J	K	L	M
70	姓名	地区1	地区2	地区3	地区4	地区5	王海
71	吴红	125	321	156	412	325	1756
72	张帅	612	325	198	389	521	
73	王海	152	521	265	356	462	最后3行求和
74	黄华	365	105	351	347	435	5789
75	赵云	251	630	364	501	356	
76	郑玉	415	265	276	378	315	
77	张涛	632	526	254	462	306	
78	张婷	153	462	340	431	287	
79	王涛	425	602	365	298	246	

图 2.174　最后 3 行之和

(3)反向查找。很多函数都可以实现反向查找,如"VLOOKUP＋IF""INDEX＋MATCH""LOOKUP"。这里介绍 OFFSET 函数的实现过程。原始数据如图 2.175 所示。要通过工号查询员工的姓名,可以在 S71 单元格中输入公式"＝OFFSET(＄P＄70,MATCH(R71,＄Q＄71:＄Q＄83,0),0)",按回车键并向下填充即可得到工号对应的员工姓名,如图 2.176 所示。

(4)提取不重复清单。在 MATCH 函数的使用介绍部分,我们列举了 OFFSET、SMALL、IF、MATCH、ROW 等函数的综合运用,以提取不重复清单,这里就不再举例了。

(5)重复录入数据。原始数据如图 2.177 所示。要重复输入 U 列的员工姓名,每个姓名重复输入 3 次,可以通过 OFFSET 函数来实现。在 V70 单元格中输入公式"＝OFFSET(＄U＄71,INT((ROW(A1)−1)/3),0)",按回车键并向下填充到 V81 即可得到重复 3 次输入的员工姓名,如图 2.178 所示。如果想要重复录入 4 次,将公式中的"3"改为"4"即可。上述公式的解释如下:向下拖动单元格时,"ROW(A1)"会得到数值 1、2、3、4、5、6 等;"ROW(A1)－1"会得到数值 0、1、2、3、4、5 等;"(ROW(A1)－1)/3"会得到数值 0、0.333、0.666、1、1.333、1.666、2、2.333、2.666 等;"INT((ROW(A1)－1)/3)"会得到数值 0、0、0、1、1、1、2、2、2 等;"＝OFFSET($U$71,INT((ROW(A1)－1)/3),0)"则返回 $U$71 向下移动行数为 0、0、0、1、1、1、2、2、2 等的数值。

	P	Q	R	S
70	姓名	工号	工号	姓名
71	吴红	W001	W002	
72	张帅	W002	W006	
73	王海	W003	W011	
74	黄华	W004		
75	赵云	W005		
76	郑玉	W006		
77	张涛	W007		
78	张婷	W008		
79	王涛	W009		
80	王茹	W010		
81	李涛	W011		
82	曹伟	W012		
83	洪文	W013		

图 2.175　原始数据

	P	Q	R	S
70	姓名	工号	工号	姓名
71	吴红	W001	W002	张帅
72	张帅	W002	W006	郑玉
73	王海	W003	W011	李涛
74	黄华	W004		
75	赵云	W005		
76	郑玉	W006		
77	张涛	W007		
78	张婷	W008		
79	王涛	W009		
80	王茹	W010		
81	李涛	W011		
82	曹伟	W012		
83	洪文	W013		

图 2.176　反向查找

	U	V
70	姓名	
71	吴红	
72	张帅	
73	王海	
74	黄华	
75		
76		
77		
78		
79		
80		
81		

图 2.177　原始数据

	U	V
70	姓名	吴红
71	吴红	吴红
72	张帅	吴红
73	王海	张帅
74	黄华	张帅
75		张帅
76		王海
77		王海
78		王海
79		黄华
80		黄华
81		黄华

图 2.178　重复录入数据

2.5.7　ADDRESS 函数

ADDRESS 函数返回一个以文本方式对工作簿中某一单元格的引用。ADDRESS 函数的语法结构为"＝ADDRESS(行号,列号,引用类型,引用样式,工作表名文本)"。如公式"＝ADDRESS(2,3)"返回结果为 $C$2;"＝ADDRESS(7,4,1)"返回结果 $D$7;"＝ADDRESS(7,4,2)"返回结果 D$7;"＝ADDRESS(7,4,3)"返回结果 $D7;"＝ADDRESS(7,4,4)"返回结果 D7。

(1)提取由指定行开始的数据。原始数据如图 2.179 所示。假如要从第六行开始提取任意行数据,可以通过 ADDRESS 函数来实现。在 D87 单元格中输入公式"＝INDIRECT(ADDRESS(ROW(A92),COLUMN(A92)))",按回车键并向右和向下填充,即得到其他行的相关信息,如图 2.180 所示。

	A	B	C	D
87	工号	地区	姓名	
88	W001	武汉	吴红	
89	W002	西安	张帅	
90	W003	武汉	王海	
91	W004	郑州	黄华	
92	W005	西安	赵云	
93	W006	武汉	郑玉	
94	W007	郑州	张涛	
95	W008	武汉	张婷	
96	W009	西安	王涛	
97	W010	郑州	王茹	
98	W011	武汉	李涛	
99	W012	西安	曹伟	
100	W013	郑州	洪文	

图 2.179　原始数据

	A	B	C	D	E	F
87	工号	地区	姓名	W005	西安	赵云
88	W001	武汉	吴红	W006	武汉	郑玉
89	W002	西安	张帅	W007	郑州	张涛
90	W003	武汉	王海	W008	武汉	张婷
91	W004	郑州	黄华	W009	西安	王涛
92	W005	西安	赵云	W010	郑州	王茹
93	W006	武汉	郑玉	W011	武汉	李涛
94	W007	郑州	张涛	W012	西安	曹伟
95	W008	武汉	张婷	W013	郑州	洪文
96	W009	西安	王涛			
97	W010	郑州	王茹			
98	W011	武汉	李涛			
99	W012	西安	曹伟			
100	W013	郑州	洪文			

图 2.180　提取由指定行开始的数据

(2)查找数据。原始数据如图 2.181 所示。要根据姓名查找宿舍号,可以通过 ADDRESS 函数来实现。在 L88 单元格中输入公式"＝OFFSET(INDIRECT(ADDRESS(MATCH(K88,＄H＄88:＄H＄99,0)＋87,COLUMN(H1))),0,2)",按回车键并向下填充即可得到两位员工的宿舍号,如图 2.182 所示。

上述公式的解释如下:"＝MATCH(K88,＄H＄88:＄H＄99,0)＋87"返回"王宇"在 H 列所处的 96 行;"COLUMN(H1)"返回姓名所在的 8 列;"ADDRESS(MATCH(K88,＄H＄88:＄H＄99,0)＋87,COLUMN(H1))"返回文本＄H＄96,"INDIRECT(ADDRESS(MATCH(K88,＄H＄88:＄H＄99,0)＋87,COLUMN(H1)))"返回＄H＄96 单元格引用"王宇",最后公式"＝OFFSET(INDIRECT(ADDRESS(MATCH(K88,＄H＄88:＄H＄99,0)＋87,COLUMN(H1))),0,2)"返回＄H＄96 右移 2 列的单元格数值,即宿舍号"205"。

	H	I	J	K	L
87	姓名	班级	宿舍号	姓名	宿舍号
88	吴红	3(1)	701	王宇	
89	武进	3(1)	702	黄华	
90	张帅	3(1)	703		
91	孔燕	3(3)	901		
92	刘洋	3(3)	902		
93	刘茹	3(3)	903		
94	王海	3(2)	203		
95	叶伟	3(2)	204		
96	王宇	3(2)	205		
97	赵云	3(4)	502		
98	黄华	3(4)	503		
99	赵瑞	3(4)	505		

图 2.181　原始数据

	H	I	J	K	L
87	姓名	班级	宿舍号	姓名	宿舍号
88	吴红	3(1)	701	王宇	205
89	武进	3(1)	702	黄华	503
90	张帅	3(1)	703		
91	孔燕	3(3)	901		
92	刘洋	3(3)	902		
93	刘茹	3(3)	903		
94	王海	3(2)	203		
95	叶伟	3(2)	204		
96	王宇	3(2)	205		
97	赵云	3(4)	502		
98	黄华	3(4)	503		
99	赵瑞	3(4)	505		

图 2.182　查找数据

注意:这里不能遗漏 INDIRECT 函数,由于 ADDRESS 函数返回是文本,所以还要用 INDIRECT 函数把文本转为引用,即 INDIRECT("＄H＄96")返回＄H＄96,然后 OFFSET 函数再将 INDIRECT 函数返回的引用位置偏移 0 行和 2 列。

2.5.8　CHOOSE 函数

CHOOSE 函数可以根据不同的条件选择不同的值,实现更灵活的数据处理和分析。它的主要作用是根据给定的索引值,从参数列表中选择并返回一个值。CHOOSE 函数的语法结构为"＝CHOOSE(索引值,第一个范围区域,第二个范围区域……)",这个函数的作用就是根据数据值,从范围区域列表中选择并返回一个值。

(1)逆向查找。原始数据如图 2.183 所示,我们可以运用 CHOOSE 函数进行逆向查找。在 D105 单元格中输入公式"＝VLOOKUP(C105,CHOOSE({1,2},B105:B114,A105:A114),2,0)",按回车键即可得到黄华的销量,如图 2.184 所示。

	A	B	C	D
104	销量	姓名	姓名	销量
105	890	吴红	黄华	
106	780	张帅		
107	682	王海		
108	784	黄华		
109	652	赵云		
110	389	郑玉		
111	765	张涛		
112	462	张婷		
113	631	曹伟		
114	521	洪文		

图 2.183　原始数据

	A	B	C	D
104	销量	姓名	姓名	销量
105	890	吴红	黄华	784
106	780	张帅		
107	682	王海		
108	784	黄华		
109	652	赵云		
110	389	郑玉		
111	765	张涛		
112	462	张婷		
113	631	曹伟		
114	521	洪文		

图 2.184　逆向查找

(2)隔列求和。图 2.185 列示了 A、B、C 三类产品的销量情况。如果需要计算所有产品的总销量,可以通过 CHOOSE 函数来实现。在 L105 单元格中输入公式"＝SUM(CHOOSE({1,2,3},G105:G114,I105:I114,K105:K114))",按回车键即可得到所有产品的总销量为7977,如图 2.186 所示。

	F	G	H	I	J	K	L
104	产品	销量	产品	销量	产品	销量	总销量
105	A1	124	B1	251	C1	125	
106	A2	154	B2	453	C2	163	
107	A3	321	B3	325	C3	156	
108	A4	512	B4	126	C4	256	
109	A5	145	B5	351	C5	341	
110	A6	265	B6	245	C6	352	
111	A7	351	B7	301	C7	165	
112	A8	321	B8	320	C8	246	
113	A9	521	B9	205	C9	305	
114	A10	163	B10	163	C10	251	

图 2.185　原始数据

	F	G	H	I	J	K	L
104	产品	销量	产品	销量	产品	销量	总销量
105	A1	124	B1	251	C1	125	7977
106	A2	154	B2	453	C2	163	
107	A3	321	B3	325	C3	156	
108	A4	512	B4	126	C4	256	
109	A5	145	B5	351	C5	341	
110	A6	265	B6	245	C6	352	
111	A7	351	B7	301	C7	165	
112	A8	321	B8	320	C8	246	
113	A9	521	B9	205	C9	305	
114	A10	163	B10	163	C10	251	

图 2.186　隔列求和

(3)计算季度。图 2.187 列示了一系列时间。如果要确定每一个时间所对应的季度,也可以通过 CHOOSE 函数来实现。在 P105 单元格中输入公式"＝CHOOSE(MONTH(O105),1,1,1,2,2,2,3,3,3,4,4,4)",按回车键并向下填充得到相应的季度,如图 2.188 所示。

	O	P
104	日期	季度
105	2022/4/7	
106	2022/7/8	
107	2022/10/5	
108	2022/12/8	
109	2022/10/5	
110	2008/5/6	
111	2020/6/8	
112	2020/3/5	
113	2022/6/9	
114	2022/5/8	

图 2.187　原始数据

	O	P
104	日期	季度
105	2022/4/7	2
106	2022/7/8	3
107	2022/10/5	4
108	2022/12/8	4
109	2022/10/5	4
110	2008/5/6	2
111	2020/6/8	2
112	2020/3/5	1
113	2022/6/9	2
114	2022/5/8	2

图 2.188　计算季度

(4)多条件查询。原始数据如图 2.189 所示。要根据学生的姓名和班级确定宿舍号,可以通过 CHOOSE 函数来实现。在 W105 单元格中输入公式"＝VLOOKUP(U105&V105,CHOOSE({1,2},$R$105:$R$116& $S$105:$S$116,$T$105:$T$116),2,FALSE)",按 Ctrl＋Shift＋Enter 组合键并向下填充即可得到两名学生的宿舍号,如图 2.190 所示。

	R	S	T	U	V	W
104	姓名	班级	宿舍号	姓名	班级	宿舍号
105	吴红	3(1)	701	刘茹	3(3)	
106	武进	3(1)	702	黄华	3(4)	
107	张帅	3(1)	703			
108	孔燕	3(3)	901			
109	刘洋	3(3)	902			
110	刘茹	3(3)	903			
111	王海	3(2)	203			
112	叶伟	3(2)	204			
113	王宇	3(2)	205			
114	赵云	3(4)	502			
115	黄华	3(4)	503			
116	赵瑞	3(4)	505			

图 2.189　原始数据

	R	S	T	U	V	W
104	姓名	班级	宿舍号	姓名	班级	宿舍号
105	吴红	3(1)	701	刘茹	3(3)	903
106	武进	3(1)	702	黄华	3(4)	503
107	张帅	3(1)	703			
108	孔燕	3(3)	901			
109	刘洋	3(3)	902			
110	刘茹	3(3)	903			
111	王海	3(2)	203			
112	叶伟	3(2)	204			
113	王宇	3(2)	205			
114	赵云	3(4)	502			
115	黄华	3(4)	503			
116	赵瑞	3(4)	505			

图 2.190　多条件查询

(5)根据条件进行选择。图 2.191 列示了不同员工的销量,假设销量前 3 名分别奖励3000 元、2000 元、1000 元,我们可以通过 CHOOSE 函数来实现。在 AA105 单元格中输入公式"＝IF(RANK(Z105,$Z$105:$Z$114,0)<＝3,CHOOSE(RANK(Z105,$Z$105:$Z$114,0),3000,2000,1000),"")",按回车键并向下填充即可得到员工的奖励情况,如图2.192 所示。对于上述公式,可以假设 t＝RANK(Z105,$Z$105:$Z$114,0),公式就简化为"＝IF(t<＝3,CHOOSE(t,3000,2000,1000),"")",这就非常好理解了,而 t 就是 Z105 在区域$Z$105:$Z$114 中的降序排名。

	Y	Z	AA
104	姓名	销量	奖励
105	吴红	890	
106	张帅	780	
107	王海	682	
108	黄华	784	
109	赵云	652	
110	郑玉	389	
111	张涛	765	
112	张婷	462	
113	曹伟	631	
114	洪文	521	

图 2.191　原始数据

	Y	Z	AA
104	姓名	销量	奖励
105	吴红	890	3000
106	张帅	780	1000
107	王海	682	
108	黄华	784	2000
109	赵云	652	
110	郑玉	389	
111	张涛	765	
112	张婷	462	
113	曹伟	631	
114	洪文	521	

图 2.192　根据条件进行选择

(6)根据区间范围计算提成。图 2.193 列示了员工的姓名、销售额、提成比例。现在需要计算每位员工的提成金额,也可以通过 CHOOSE 函数来实现。在 AE105 单元格中输入公式"＝CHOOSE(MATCH(AD105,{0,400,500,600,700,800},1),0.001,0.002,0.003,0.004,0.005,0.006)*AD105",按回车键并向下填充即可得到员工的提成金额,如图 2.194 所示。本例中务必要写对提成销售额的临界值{0,400,500,600,700,800}。

	AC	AD	AE	AF	AG	AH
104	姓名	销售额	提成金额		销售额	提成比例
105	吴红	890			(0, 400)	0.001
106	张帅	780			[400, 500)	0.002
107	王海	682			[500, 600)	0.003
108	黄华	784			[600, 700)	0.004
109	赵云	652			[700, 800)	0.005
110	郑玉	389			>=800	0.006
111	张涛	765				
112	张婷	462				
113	曹伟	631				
114	洪文	521				

图 2.193　原始数据

	AC	AD	AE	AF	AG	AH
104	姓名	销售额	提成金额		销售额	提成比例
105	吴红	890	5.34		(0, 400)	0.001
106	张帅	780	3.9		[400, 500)	0.002
107	王海	682	2.728		[500, 600)	0.003
108	黄华	784	3.92		[600, 700)	0.004
109	赵云	652	2.608		[700, 800)	0.005
110	郑玉	389	0.389		>=800	0.006
111	张涛	765	3.825			
112	张婷	462	0.924			
113	曹伟	631	2.524			
114	洪文	521	1.563			

图 2.194　据区间范围计算提成

（7）多重条件判断。图 2.195 列示了考核等级与级别之间的对应关系。现已知 AJ 列的考核等级信息，需要判断相应的考核级别，也可以通过 CHOOSE 函数来实现。在 AK105 单元格中输入公式"=CHOOSE(1+(AJ105="S")＊1+(AJ105="A")＊2+(AJ105="B")＊3,"待改进","优秀","良好","一般")"，按回车键并向下填充即可得到相应的考核级别，如图 2.196 所示。上述公式解释如下：函数"1+(AJ105="S")＊1+(AJ105="A")＊2+(AJ105="B")＊3"会根据 AJ105 单元格的取值可能为 1、2、3、4，然后对应"待改进""优秀""良好""一般"4 种可能情况。如果改为 IF 函数，则为"=IF(AJ105="S","优秀",IF(AJ105="A","良好",IF(AJ105="B","一般","待改进")))"。单一逻辑判断的 CHOOSE 函数为"=CHOOSE(2-(AK105>=60),"及格","不及格")"。

	AJ	AK	AL	AM	AN
104	考核等级	考核级别		等级	级别
105	S			S	优秀
106	A			A	良好
107	B			B	一般
108	C			其他	待改进
109	D				

图 2.195　原始数据

	AJ	AK	AL	AM	AN
104	考核等级	考核级别		等级	级别
105	S	优秀		S	优秀
106	A	良好		A	良好
107	B	一般		B	一般
108	C	待改进		其他	待改进
109	D	待改进			

图 2.196　多重条件判断

下面是一个运用 CHOOSE 函数进行的个税计算公式，读者可以体会学习："=CHOOSE(((A2>800)+(A2>4000)+(A2>20000)+(A2>50000)+1),0,(A2-800)＊0.2,A2＊0.8＊0.2,A2＊0.8＊0.3-2000,A2＊0.8＊0.4-7000)"，其中 A2 代表税前劳务报酬总额，800、4000、20000、50000 分别为相关的税率变动临界值。

2.6　日期与时间函数

Excel 的日期与时间函数是专门设计的用于处理日期、时间和时间间隔的工具。它们允许用户进行日期的计算、格式化、比较以及生成时间趋势分析，是在日常工作和数据分析中进行日期时间操作的关键工具。在默认情况下，日期的正确格式只有两种，分别是以斜杠和-分割年月日的，如 yyyy/m/d 或者 yyyy-m-d。

2.6.1　日期与时间函数的功能与使用举例

日期与时间函数是处理日期、时间和相关计算的工具，它们能够执行诸如日期计算、时间间隔计算、日期格式转换等任务，有助于管理时间戳、计划日程和分析时间相关数据，提供在 Excel 中处理日期和时间数据的便捷和灵活性。当然，Excel 时间书写格式有多种形式，如同一时间有下列不同的书写形式：15:30:06、15:30、3:30 PM、3:30:06 PM、15 时 30 分、15 时 30 分 06 秒、下午 3 时 30 分、下午 3 时 30 分 06 秒、十五时三十分、下午三时三十分。同一日期也有不同的书写形式：2023/10/25、2023 年 10 月 25 日、二〇二三年十月二十五日、二〇二三年十月、十月二十五日、2023 年 10 月、10 月 25 日、星期三、三、2023/10/25 12:00 AM、2023/10/25 0:00、23/10/25、10/25/23 等。因此，读者需要留意自己的单元格中日期和时间格式设置的情况。表 2.21 是 Excel 日期与时间函数的功能与使用举例。

表 2.21　Excel 日期与时间函数的功能与使用举例

函数名	功能	使用举例
HOUR	返回时间值的小时数	"=HOUR("3:30:30 PM")"=15，"=HOUR("3:30:30 AM")"=3，"=HOUR(0.5)"=12；A3 为"14:10:00"，B3 为"16:26:34"，"=HOUR(B3-A3)"=2
MINUTE	返回时间值中的分钟	"=MINUTE("15:30:00")"=30，"=MINUTE(0.05)"=12，"=MINUTE("2023-10-24 14:30:00")"=30
SECOND	返回时间值的秒数	"=SECOND("3:30:26 PM")"=26，"=SECOND("11:30:59")"=59
DAY	返回指定日期的天数	"=DAY("2001/1/27")"=27，"=DAY(35825)"=30
MONTH	返回指定日期的月份	"=MONTH("2001/02/24")"=2
YEAR	返回指定日期的年份	"=YEAR("2001/02/24")"=2001
NETWORKDAYS	返回两个日期之间的净工作日天数，不含节假日天数	"=NETWORKDAYS("2021/1/1","2021/3/31",A2:B11)"，参数分别为起始日期、结束日期和节假日（可省略）；"=NETWORKDAYS("2021-1-1","2021-12-31")"=261，未列出节假日日期时 2021 年全年的净工作日天数为 261 天

续表

函数名	功能	使用举例
NOW	返回当前日期和时间	"=NOW( )"返回当前时间"2023/10/24 22:15",该函数无参数
TIME	返回指定数据组成的时间	如 D1:F1 分别为 14、28、0,"=TIME(D1,E1,F1)"=14:28:00;"=TIME(15,30,6)"=15:30:06
TIMEVALUE	返回用文本串表示的时间小数值	"=TIMEVALUE("3:30 AM")"=0.14583, "=TIMEVALUE("2001/1/26 6:35 AM")"=0.2743, "=TIMEVALUE("19 时 28 分")-"17:30""=0.08194=1 时 58 分(设置格式)
DATEVALUE	返回某一指定日期的序列编号	"=DATEVALUE("2001/3/5")"=36955,默认情况下,1900 年 1 月 1 日的序列号为 1,2008 年 1 月 1 日的序列号为 39448,这是因为它距 1900 年 1 月 1 日有 39447 天
TODAY	返回日期格式的当前日期	"=TODAY( )"=2023/10/25,返回系统当前的日期,该函数无参数
DATE	返回指定数据组成的日期	"=DATE(2022,3,21)"=2022/3/21
DAYS360	按照一年 360 天的算法,返回两个日期间相差的天数	"=DAYS360("2021/2/1","2021/6/30",1)"=149, "=DAYS360("2021/5/30","2021/5/31",0)"=0。参数分别为起始日期、结束日期、逻辑值。逻辑值为 FALSE 或忽略则使用美国方法:若起始日期是一个月的第 31 天,则将其与本月第 30 天视为同一天;若终止日期是一个月的第 31 天且起始日期早于 30 日,则将终止日期视同于下一个月的第 1 天,否则视为当月 30 日。逻辑值为 1(TRUE)时使用欧洲方法,起始日期或终止日期是一个月的第 31 天时,都将其视同于当月的第 30 天
EDATE	返回指定日期之前或之后的日期序列号	"=EDATE("2001/3/5",2)"=37016,即 2001 年 5 月 5 日。参数分别为开始日期、未来或者过去的月份数,未来的月份数用正数,过去的月份数用负数
EOMONTH	返回指定日期对应的当月最后一天的日期序列号	"=EOMONTH("2001/01/01",2)"=36981,即"2001/3/31",参数分别为开始日期、间隔月份,正数表示开始日期之后的月份数,负数为开始日期之前的月份数
WEEKDAY	返回指定日期为星期几	"=WEEKDAY("2001/8/28",2)"=2(星期二),参数分别为日期、类型代码。代码数字 1 表示 1~7 代表星期日到星期六,数字 2 表示 1~7 代表星期一到星期日,数字 3 表示 0~6 代表星期一到星期日

函数名	功能	使用举例
WEEKNUM	返回指定日期为一年中的第几周	"＝WEEKNUM("2021‐1‐31",2)"＝5,参数分别为要返回的日期、类型,类型为数字 1 或省略表示 1~7 代表星期日到星期六,类型为数字 2 表示 1~7 代表星期一到星期日
YEARFRAC	返回两个日期之间的天数占全年天数的比例	"＝YEARFRAC("2001/01/31","2001/06/30",0)"＝0.4167,参数分别为开始日期、结束日期、日计数基准。日计数基准为 0 或省略,表示按 US(NASD)每月 30 天/全年 360 天计算;1 表示按该月实际天数/全年实际天数计算;2 表示按该月实际天数/全年 360 天计算;3 表示按该月实际天数/全年 365 天计算;4 表示按欧洲每月 30 天/全年 360 天计算

2.6.2 TODAY 函数

TODAY 函数用于返回当前的系统日期。这个函数非常有用,特别是当需要自动填充或计算与当前日期相关的数据时。语法结构为"＝TODAY()"。TODAY 函数返回的日期是动态的,这意味着每次打开工作表或在工作表中计算时,它都会自动更新为当前的系统日期。使用 TODAY 函数可以确保日期始终是最新的,避免了手动更新的麻烦。TODAY 函数可以和其他函数结合使用,如想计算从今天开始 20 天后的日期,可以使用"＝TODAY()＋20";"＝EDATE(TODAY(),5)"计算 5 月后的日期。如果使用了 TODAY 函数并希望结果固定,可以通过"复制"单元格然后选择"粘贴为值"来固定结果。表 2.22 是 TODAY 函数的功能与使用举例。

表 2.22　TODAY 函数的动能与使用举例

功能	使用举例
1.返回当前的系统日期	"＝TODAY()"返回 2023/11/18,以下当前日期均为此日期
2.计算年龄	"＝YEAR(TODAY())－1984"返回 39,假设 1984 年出生
3.返回当前日期加 5 天	"＝TODAY()＋5"返回 2023/11/23
4.返回当前日期的日子	"＝DAY(TODAY())"返回 18
5.返回一年中的当前月份	"＝MONTH(TODAY())"返回 11
6.计算时间间隔	"＝TODAY()－"2023/11/2""返回 1900/1/16,设置单元格格式为常规,即显示 16
7.时间间隔条件判断 1	"＝IF(TODAY()－B2<＝90,"是","否")",返回"是",当前日期是"2023/11/18",B2 时间是"2023/11/2"
8.时间间隔条件判断 2	"＝IF(AND(TODAY()－B2>90,TODAY()－B2<＝180),"是","否")",返回"否",当前日期是"2023/11/18",B2 时间是"2023/11/2"
9.今天距某日期还有多少天	"＝DATE(2024,1,1)－TODAY()"返回 44,当前日期距离 2024 年 1 月 1 日还有 44 天

2.6.3　NOW 函数

NOW 函数用于返回当前的系统日期和时间,这个函数在处理与实时时间相关的数据时非常有用。语法结构为"=NOW( )"。NOW 函数返回的日期和时间是实时的,每次重新计算工作表时,它都会更新为当前的系统日期和时间。与 TODAY 函数仅返回日期不同,NOW 函数返回的日期和时间精确到分、秒,提供了更详细的时间信息。

表 2.23 是 NOW 函数的功能与使用举例。

表 2.23　NOW 函数的功能与使用举例

功能	使用举例
1.计算时间差值	"=TEXT("2023/11/19"−NOW( ),"h:mm:ss")"返回"8:38:43",当前日期是"2023/11/18",下同
2.计算到达终点的时间	"=NOW( )+TIME(0,0,(10000/5))"返回"2023/11/18 16:07",当前时间是"2023/11/18 15:36",速度是 5 m/s,距离是 10000 m
3.格式化显示日期 1	"=TEXT(NOW( ),"yyyy-mm-dd HH:MM:SS")",返回"2023-11-18 15:50:29"; "=TEXT(NOW( ),"yyyy-mm-dd")"返回"2023-11-18"
4.格式化显示日期 2	"=TEXT(NOW(),"yyyy 年 mm 月 dd HH 时 MM 分 SS 秒")"返回 2023 年 11 月 18 日 15 时 54 分 17 秒
5.返回当前时间的前后一段时间	"=NOW( )+7"返回"2023/11/25 16:01",表示返回 7 天后的日期和时间; "=NOW( )−2.25"返回"2023/11/16 10:02",表示返回 2 天 6 小时前的日期和时间
6.计算今天是星期几	"=WEEKDAY(NOW( ),2)"返回 6,即星期六
7.计算当前距某日期还有多少天	"=DATE(2024,1,1)−NOW( )"返回 43.30846
8.返回当前时间	"=MOD(NOW( ),1)"调整单元格式返回"8:27:07","=NOW( )−TODAY( )"也可以

2.6.4　DATE 函数

DATE 函数是一个用于返回特定日期的函数。它的主要功能是根据给定的年、月、日参数返回对应的日期。这对于需要手动设定或计算特定日期的用户来说非常有用。语法结构为"=DATE(year,month,day)",参数分别为年份、月份和日,这三个参数都是必需的。在使用 DATE 函数时,年份必须使用 4 位数字。DATE 函数允许用户灵活地输入各种日期,DATE 函数还可以与其他日期和时间函数结合使用,进行日期的计算和操作。用户可以将 DATE 函数与 EDATE 函数结合来计算某个月之后的日期。如"=EDATE(DATE(2023,7,1),5)"将返回 5 月后的日期。在使用 DATE 函数得到结果后,用户可以使用 Excel 的格式化工具将日期调整为期望的格式,如"yyyy-mm-dd"或"dd/mm/yyyy"等。DATE 函数还可以自动调整日期,"＝DATE(2023,2,29)"返回"2023/3/1";"＝DATE(2023,2,80)"返回"2023/4/21";"＝DATE(2023,2,0)"返回上个月的最后一天"2023/1/31",同理,"＝DATE(2023,5,0)"返回"2023/4/30";"＝DATE(2023,0,29)"返回"2022/12/29"。"＝DATE(2023,0,0)"返回"2022/11/30"。0 在 1 之前,那么第二参数为 0,就是 1 月之前那个月(前一年的 12 月)。第三参数为 0,就是 1 日之前那一天(上一个月最后一天)。第二和第三参数都为 0,就是指定年份 1 月之前那月(上一年 12 月)的 1 日的前一天(即 11 月 30 日)。返回 2023 年 7 月份的最后一天"＝DATE(2023,7＋1,0)"即"2023/7/31";"＝EOMONTH(DATE(2023,8,14),0)"返回"2023/8/31",即 2023 年 8 月份最后 1 天。"＝DATE(2023,8,1)－DATE(2023,7,1)"返回时间间隔 31。"＝DATE(YEAR("2023/1/11"),MONTH("2023/1/11")＋3,DAY("2023/1/11"))"表示 2023 年 1 月 11 日再过 3 个月的日期即 2023 年 4 月 11 日。

(1)将不规范的日期转换为标准的日期形式。日常生活中由于数据来源不同或输入不规范,经常会出现将日期录入为图 2.197 中 B 列的样式。为了方便后期对数据进行分析,可以通过 DATE 函数一次性将其转换为标准日期。在 C2 单元格中输入公式"＝DATE(MID(B2,1,4),MID(B2,5,2),MID(B2,7,2))",按回车键并向下填充即可得到标准日期,如图 2.198 所示。

	A	B	C
1	姓名	加班日期	标准日期
2	吴红	20221002	
3	张帅	20221002	
4	王海圆	20221005	
5	黄华	20221005	
6	赵云饨	20221011	
7	郑玉	20221011	
8	张涛海	20221013	
9	张婷	20221013	
10	王涛红	20221015	
11	王茹	20221015	

图 2.197　原始数据

	A	B	C
1	姓名	加班日期	标准日期
2	吴红	20221002	2022/10/2
3	张帅	20221002	2022/10/2
4	王海圆	20221005	2022/10/5
5	黄华	20221005	2022/10/5
6	赵云饨	20221011	2022/10/11
7	郑玉	20221011	2022/10/11
8	张涛海	20221013	2022/10/13
9	张婷	20221013	2022/10/13
10	王涛红	20221015	2022/10/15
11	王茹	20221015	2022/10/15

图 2.198　转换为标准日期

(2)计算临时工的实际工作天数。图 2.199 统计了一段时间内临时工的工作起始日期。假设工作统一结束日期为"2022/12/1",要求计算出每位临时工的实际工作天数。在 G2 单元格中输入公式"＝"2022/12/1"－F2",按回车键并设置单元格格式为常规,之后向下填充公式即可得到各位临时工的工作天数,如图 2.200 所示。

	E	F	G
1	姓名	开始日期	工作天数
2	吴红	2022/10/2	
3	张帅	2022/10/2	
4	王海圆	2022/10/5	
5	黄华	2022/10/5	
6	赵云饨	2022/10/11	
7	郑玉	2022/10/11	
8	张涛海	2022/10/13	
9	张婷	2022/10/13	
10	王涛红	2022/10/15	
11	王茹	2022/10/15	

图 2.199　原始数据

	E	F	G
1	姓名	开始日期	工作天数
2	吴红	2022/10/2	60
3	张帅	2022/10/2	60
4	王海圆	2022/10/5	57
5	黄华	2022/10/5	57
6	赵云饨	2022/10/11	51
7	郑玉	2022/10/11	51
8	张涛海	2022/10/13	49
9	张婷	2022/10/13	49
10	王涛红	2022/10/15	47
11	王茹	2022/10/15	47

图 2.200　计算临时工的实际工作天数

2.6.5　DAY 函数

DAY 函数用于从给定的日期中提取出日信息,它可以根据指定的日期,返回一个从 1900 年 1 月 1 日开始的序列号。DAY 函数的语法结构为"＝DAY(serial_number)",其中,serial_number 参数表示一个日期,可以是一个数字、字符串、日期函数,也可以是一个单元格。它将日期返回为 1 到 31 之间的数字。在 Excel 中 DAY 函数可以用来计算两个日期之间相差的天数,或者某月的第一天是星期几。假如当前日期是"2023/11/19",公式"＝"昨天是"&DAY(TODAY())-1&"日""返回文本"昨天是 18 日",公式"＝DAY(TODAY())+5"返回当前日期加上 5 天的值 24,"＝DAY(DATE(2013,4+1,0))"返回 4 月份的最大天数 30。

(1)计算特定期间的销售额合计值。图 2.201 列示了不同时间的商品出库量,现在需要统计 10 月 10 日之前的商品出库总量,可以通过 DAY 函数来实现。在 K2 单元格中输入公式"＝SUM(IF(DAY(I2:I11)<10,J2:J11))",按 Ctrl＋Shift＋Enter 组合键即可得出 10 月 10 日之前的出库总量,如图 2.202 所示。

	I	J	K
1	日期	出库量	出库总量
2	2022/10/2	125	
3	2022/10/10	205	
4	2022/10/5	134	
5	2022/10/11	215	
6	2022/10/8	241	
7	2022/10/3	165	
8	2022/10/9	108	
9	2022/10/12	216	
10	2022/10/6	152	
11	2022/10/8	134	

图 2.201　原始数据

	I	J	K
1	日期	出库量	出库总量
2	2022/10/2	125	1059
3	2022/10/10	205	
4	2022/10/5	134	
5	2022/10/11	215	
6	2022/10/8	241	
7	2022/10/3	165	
8	2022/10/9	108	
9	2022/10/12	216	
10	2022/10/6	152	
11	2022/10/8	134	

图 2.202　计算特定期间的销售额合计值

(2)实现员工生日自动提醒。图 2.203 列示了不同员工的出生日期。现在需要对员工信息进行生日到期提醒,可以通过 DAY 函数来实现。假设当前日期是 11 月 19 日,在 O2 单元格中输入公式"＝IF(AND(MONTH(N2)＝MONTH(TODAY()),DAY(N2)＝DAY(TODAY())),"生日快乐","")",按回车键即可实现员工生日自动提醒,如图 2.204 所示。上述公式的内涵即判断当前日期的月日同时与出生日期的月日一致,即认为当前日期是员工的生日日期。

	M	N	O
1	姓名	出生日期	生日提醒
2	吴红	1992-05-14	
3	张帅	1986-11-19	
4	王海圆	1995-07-07	
5	黄华	1976-04-15	
6	赵云饨	2002-08-22	
7	郑玉	1975-10-04	
8	张涛海	1985-11-19	
9	张婷	1998-08-31	
10	王涛红	1986-04-25	
11	王茹	1992-03-08	

图 2.203　原始数据

	M	N	O
1	姓名	出生日期	生日提醒
2	吴红	1992-05-14	
3	张帅	1986-11-19	生日快乐
4	王海圆	1995-07-07	
5	黄华	1976-04-15	
6	赵云饨	2002-08-22	
7	郑玉	1975-10-04	
8	张涛海	1985-11-19	生日快乐
9	张婷	1998-08-31	
10	王涛红	1986-04-25	
11	王茹	1992-03-08	

图 2.204　实现员工生日自动提醒

2.6.6 MONTH 函数

MONTH 函数用于计算某一指定日期中月份部分的数值。其语法结构为"＝MONTH (serial_number)"，其中，serial_number 表示一个日期值，该函数会返回 1～12 的整数，表示一年中的某月。MONTH 函数会将非日期格式的数值自动转换为正确的月份数值。判断特定日期是否为本月，输入公式"＝IF(MONTH("2015/11/2")＝MONTH(TODAY( )),"本月","非本月")"，返回"本月"，当前日期是"2023/11/18"。计算本月账款金额总计，输入公式"＝SUM(IF(MONTH(C2:C10)＝MONTH(TODAY( )),B2:B10))"，C2:C10 为借款日期，B2:B10 为借款金额，按 Ctrl＋Shift＋Enter 组合键。"＝MONTH("2022－08－07")"，返回 8。

(1)把日期转成季度。原始数据如图 2.205 所示。要计算特定日期的季度，可以通过 MONTH 函数来实现。在 W2 单元格中输入公式"＝LEN(2^MONTH(V2))"，按回车键并向下填充，如图 2.206 所示。

	V	W
1	日期	季度
2	2023-01-15	
3	2023-08-16	
4	2023-03-25	
5	2023-06-25	

图 2.205　原始数据

	V	W
1	日期	季度
2	2023-01-15	1
3	2023-08-16	3
4	2023-03-25	1
5	2023-06-25	2

图 2.206　把日期转成季度

(2)按月份汇总数据。图 2.207 列示了不同商品的日期和销量。现在需要按照月份进行销量汇总，可以通过 MONTH 函数来实现。在 T2 单元格中输入公式"＝SUMPRODUCT ((MONTH($Q$2:$Q$13)＝S2)*($R$2:$R$13))"，按回车键并向下填充即可得到 1—12 月的销量，如图 2.208 所示。

	Q	R	S	T
1	日期	销量	月份	销量
2	2023-01-15	152	1	
3	2023-08-16	214	2	
4	2023-03-25	189	3	
5	2023-06-25	230	4	
6	2023-11-25	265	5	
7	2023-05-25	312	6	
8	2023-09-15	243	7	
9	2023-12-15	216	8	
10	2023-02-15	325	9	
11	2023-07-15	108	10	
12	2023-03-19	254	11	
13	2023-05-08	317	12	

图 2.207　原始数据

	Q	R	S	T
1	日期	销量	月份	销量
2	2023-01-15	152	1	152
3	2023-08-16	214	2	325
4	2023-03-25	189	3	443
5	2023-06-25	230	4	0
6	2023-11-25	265	5	629
7	2023-05-25	312	6	230
8	2023-09-15	243	7	108
9	2023-12-15	216	8	214
10	2023-02-15	325	9	243
11	2023-07-15	108	10	0
12	2023-03-19	254	11	265
13	2023-05-08	317	12	216

图 2.208　按月份汇总数据

(3)按季度求和。原始数据如图 2.209 所示。现在需要按照季度进行销量汇总，也可以通过 MONTH 函数来实现。在 AB2 单元格中输入公式"＝SUMPRODUCT((LEN(2^MONTH ($Y$2:$Y$13))＝AA2)*($Z$2:$Z$13))"，按回车键并向下填充即可得到各季度的销量，如图 2.210 所示。

	Y	Z	AA	AB
1	日期	销量	季度	销量
2	2023-01-15	152	1	
3	2023-08-16	214	2	
4	2023-03-25	189	3	
5	2023-06-25	230	4	
6	2023-11-25	265		
7	2023-05-25	312		
8	2023-09-15	243		
9	2023-12-15	216		
10	2023-02-15	325		
11	2023-07-15	108		
12	2023-03-19	254		
13	2023-05-08	317		

图 2.209　原始数据

	Y	Z	AA	AB
1	日期	销量	季度	销量
2	2023-01-15	152	1	920
3	2023-08-16	214	2	859
4	2023-03-25	189	3	565
5	2023-06-25	230	4	481
6	2023-11-25	265		
7	2023-05-25	312		
8	2023-09-15	243		
9	2023-12-15	216		
10	2023-02-15	325		
11	2023-07-15	108		
12	2023-03-19	254		
13	2023-05-08	317		

图 2.210　按季度求和

(4)统计产品在特定月份的出库次数。图 2.211 列示了不同商品的出库类别和出库时间。现在要排除空单元格并统计出办公类和文具类产品在 2 月份的出库总次数,可以通过 MONTH 函数来实现。在 AE13 单元格中输入公式“＝SUM((AE2:AE12＝{"办公类","文具类"})＊(AF2:AF12＞0)＊(MONTH(AF2:AF12)＝2))”,按 Shift＋Ctrl＋Enter 组合键即可得到特定月份的出库次数,如图 2.212 所示。

	AD	AE	AF
1	规格	类别	出库时间
2	A001	办公类	2022/1/5
3	A002	文具类	2022/2/4
4	A003	日用品类	2022/3/1
5	A004	文具类	
6	A005	办公类	2022/2/11
7	A006	日用品类	2022/2/15
8	A007	办公类	2022/1/18
9	A008	日用品类	2022/2/25
10	A009	文具类	2022/3/6
11	A010	日用品类	
12	A011	文具类	2022/2/18
13	出库次数		

图 2.211　原始数据

	AD	AE	AF
1	规格	类别	出库时间
2	A001	办公类	2022/1/5
3	A002	文具类	2022/2/4
4	A003	日用品类	2022/3/1
5	A004	文具类	
6	A005	办公类	2022/2/11
7	A006	日用品类	2022/2/15
8	A007	办公类	2022/1/18
9	A008	日用品类	2022/2/25
10	A009	文具类	2022/3/6
11	A010	日用品类	
12	A011	文具类	2022/2/18
13	出库次数	3	

图 2.212　统计产品在特定月份的出库次数

2.6.7　YEAR 函数

YEAR 函数是用于计算某一指定日期中年份的函数。其语法结构为“＝YEAR(number)”,其中,number 表示一个日期值。该函数会返回一个四位数的年份。我们可以通过调用 YEAR 函数来获取指定日期中的年份,YEAR 函数会将非日期格式的数值自动转换为正确的年份数值。如果需要计算两个日期之间的年份差,可以使用 YEAR 函数结合其他函数如 DATEDIF 来实现。表 2.24 是 YEAR 函数的功能与使用举例。

表 2.24　YEAR 函数的功能与使用举例

功能	使用举例
1.计算出员工的年龄、工龄	"＝YEAR(TODAY( ))－YEAR("1984/5/14")"＝39,当前日期是"2023/11/20"
2.提取年份	"＝YEAR("2021－6－30")"或"＝YEAR("2021 年 6 月 30 日")"返回 2021
3.计算两个日期年数差	"＝YEAR("2022/7/14")－YEAR("2018/4/12")"＝4
4.计算今天距离年末的天数	"＝(YEAR(TODAY( ))&"-12-31")－TODAY( )"＝41,当前日期是"2023/11/20"
5.计算特定时间的平均值	"＝AVERAGE(IF(YEAR(A2:A9)>＝2018,C2:C9))",A2:A9 为日期数据,C2:C9 为员工的月薪,公式计算了 2018 年以后的平均工资,按 Shift＋Ctrl＋Enter 组合键

2.6.8　WEEKDAY 函数

WEEKDAY 函数是用于返回某一日期是星期几的函数。其语法结构为"＝WEEKDAY(number,[type])"。其中,number 表示一个日期值;type 为可选参数,用于指定返回值的类型代码,默认为 1,代码数字 1 表示 1~7 代表星期日到星期六,数字 2 表示 1~7 代表星期一到星期日(该情形符合中国人习惯),数字 3 表示 0~6 代表星期一到星期日。WEEKDAY 函数可以快速判断日期对应的星期几,有助于日程安排和数据分析。可以设置 type 参数来控制返回值的类型,如星期几的表示方式等,还可以结合其他函数如 EDATE、EOMONTH 等进行日期计算和数据分析。表 2.25 是 WEEKDAY 函数的功能与使用举例。

表 2.25　WEEKDAY 函数的功能与使用举例

功能	使用举例
1.计算日期是星期几	"＝WEEKDAY("2001/8/28",1)"＝3(星期二);"＝WEEKDAY("2001/8/28",2)"＝2(星期二);"＝WEEKDAY("2001/8/28",3)"＝1(星期二)
2.判断是否是周末	"＝IF(WEEKDAY("2001/7/28",2)>5,"周末","非周末")"返回"周末"
3.返回文本"星期几"	"＝TEXT(WEEKDAY("2018/6/1",2),"aaaa")"返回"星期四";"＝"星期"&WEEKDAY("2023/11/20",2)"返回"星期 1"
4.判断是否加班	"＝IF(WEEKDAY("2001/7/28",2)<＝5,"正常上班",IF(WEEKDAY("2001/7/28",2)＝6,"加班","休息"))",返回"加班"
5.计算指定日期所在月份有几个星期日	"＝COUNT(0/(MOD(TEXT("2018/6/1","e－m")&－ROW($1:$31),7)＝1))",按 Ctrl＋Shift＋Enter 组合键,返回 4
6.返回过去最近星期日的日期	"＝TODAY()－WEEKDAY(TODAY( ),2)",得到上一个星期日的日期;"＝TODAY( )－WEEKDAY(TODAY( ),2)＋7",得到下一个星期日的日期

2.6.9　EOMONTH 函数

EOMONTH 函数用于返回特定月份的最后一天的日期序列号。其语法结构为"＝EOMONTH(start_date, months)"。其中, start_date 代表开始日期,可以为日期格式的文本、数值、单元格地址或公式等;months 表示需要返回的月份数,可以为正整数或负整数。EOMONTH 函数可以用于快速计算特定月份的最后一天的日期序列号,也可以用于证券到期日等计算。在使用 EOMONTH 函数时,需要注意输入日期格式的正确性,可以结合其他日期函数如 DATE、DATEDIF 等进行复合计算,以满足不同的日期计算需求。"＝EOMONTH("2023/1/1",3)"表示计算 2023 年 1 月 1 日之后的三个月的最后一天的日期,结果为"2023/4/30"。如果 A2 单元格为"2021 年 1 月",在 A3 单元格中输入公式"＝EOMONTH(A2,1)",按回车键并向下填充,可以输入连续月份。也可以在 A3 单元格中输入公式"＝EOMONTH(A2,3)",按回车键并向下填充可以输入间隔为 2 的月份。表 2.26 是 EOMONTH 函数的功能与使用举例。

表 2.26　EOMONTH 函数的功能与使用举例

功能	使用举例
1.返回某个指定日期前后偏移若干月的月末日期	"＝EOMONTH("2021/1/12",1)"返回 44255,调整格式后为"2021/2/28";"＝EOMONTH("2021/3/12",−1)"也返回 44255,调整格式后为"2021/2/28";"＝EOMONTH("2021/1/12",0)"返回当月最后一天序列号 44227,调整格式后为"2021/1/31"
2.返回某个指定日期前后偏移若干月的月初日期	"＝EOMONTH("2021/3/12",−2)＋1"返回上月的月初日期序列号 44228,调整格式后为"2021/2/1";"＝EOMONTH("2021/3/12",−1)＋1"返回当月的月初日期序列号 44256,调整格式后为"2021/3/1";"＝EOMONTH("2021/3/12",0)＋1"返回下月的月初日期序列号 44287,调整格式后为"2021/4/1"
3.计算月度剩余天数	当前日期为"2023/11/21","＝EOMONTH(TODAY( ),0)−TODAY( )"返回"1900/1/9",调整常规格式后为 9,不含当天
4.获取当月天数	当前日期为"2023/11/21","＝DAY(EOMONTH(TODAY(),0))"返回 30

2.6.10　DATEDIF 函数

DATEDIF 函数是 Excel 中的一个隐藏函数。其语法结构为"＝DATEDIF(start_date, end_date,unit)"。其中, start_date 代表开始日期,可以为日期格式的文本、数值、单元格地址或公式等;end_date 代表结束日期;unit 代表计算方式,可以为"Y"(年)、"M"(月)、"D"(天)。DATEDIF 函数可以用于计算两个日期之间的天数、月数或年数,可以通过更改 unit 参数进行不同方式的计算。当 unit 为"Y"时,表示计算两个日期之间的年数;为"M"时,表示计算两个日期之间的月数;为"D"时,表示计算两个日期之间的天数。例如,"＝DATEDIF("2013/1/1","2023/3/1","Y")"表示计算 2013 年 1 月 1 日到 2023 年 3 月 1 日之间的年数。"＝DATEDIF("1978/11/4","2020/5/10","YM")"＝6,YM 表示计算两个日期之间略去整年差异后的整月数差异。譬如,两个日期(2017－4－20,2019－2－20)相差1年10月,略去整年差异1年,则结果就是10月。"＝DATEDIF("1978/11/4","2020/5/10","YD")"＝187,YD表示计算两个日期之间略去整年差异后的天数差异。譬如,两个日期(2017－4－20,2019－2－20)相差1年零306天,略去整年差异1年,则结果就是306天。"＝DATEDIF("1978/11/4","2020/5/10","MD")"＝6,MD表示计算两个日期之间略去整年和整月差异后的天数差异。譬如,两个日期(2017－4－20,2019－2－25)相差1年10月零5天,略去整年和整月差异1年10月,则结果就是5天。DATEDIF函数在插入函数里面没有,在低版本Excel的单元格中直接输入公式即可。表2.27是DATEDIF函数的功能与使用举例。

表 2.27　DATEDIF 函数的功能与使用举例

功能	使用举例
1.计算年月日差值	计算年数差"＝DATEDIF("1978/11/4","2020/5/10","Y")"＝41,计算月数差"＝DATEDIF("1978/11/4","2020/5/10","M")"＝498;计算天数差"＝DATEDIF("1978/11/4","2020/5/10","D")"＝15163。"＝DATEDIF("2017/1/6","2019/2/15","YM")"＝1,两个日期之间实际相差25个月,包含了2个整年和1个月,所以YM类型返回值为:25－24＝1。"＝DATEDIF("2017/1/6","2019/2/15","YD")"＝40,两个日期之间实际相差770天,包含了2个整年(730天),所以YD类型返回值为:770－730＝40
2.从身份证中提取年龄	当前日期是"2013/11/21","＝DATEDIF(－－TEXT(MID("＊＊＊＊＊＊19830627＊＊＊＊",7,8),"0000－00－00"),TODAY(),"y")"＝40
3.计算生日还有多少天	当前日期是"2023/11/21","＝TEXT(DATEDIF(TODAY(),DATE(YEAR(TODAY()),MONTH("1988/12/5"),DAY("1988/12/5")),"D"),"[＞0]还有0天生日;[＝0]今天生日;生日已过")"返回"还有14天生日"
4.计算工龄	当前日期是"2023/11/21",假设入职时间A1为"2008/11/20",在A2中输入公式"＝DATEDIF(A1,TODAY(),"Y")＆"年"＆DATEDIF(A1,TODAY(),"YM")＆"月"＆DATEDIF(A1,TODAY(),"MD")＆"天""得到15年0月1天

2.6.11　EDATE 函数

EDATE函数主要用于计算某个日期之前或之后的指定月份的日期序列号。语法结构为"＝EDATE(start_date,months)"。其中,start_date为开始日期;months为想要增加或减去的月份数,如果为正数就返回未来日期的结果,如果为负数就返回过去的日期。EDATE函数可以用于计算合同的到期日、员工的试用期结束日等。EDATE函数与YEAR、MONTH等函数结合使用,可以进行更为复杂的日期计算。表2.28是EDATE函数的功能与使用举例。

表 2.28 EDATE 函数的功能与使用举例

功能	使用举例
1.返回特定日期数个月之前或之后的日期（转正日期）	"＝EDATE("2022/4/12",2)"返回 44724,调整格式后为"2022/6/12",即 2 个月之后的日期;"＝EDATE("2022/4/12",－2)"返回 44604,调整格式后为"2022/2/12",即 2 个月之前的日期
2.计算男性退休日期（按 60 岁计算）	"＝EDATE("1969/11/15",60 * 12)"返回 47437,调整格式后为"2029/11/15","1969/11/15"为出生日期
3.根据身份证号计算退休时间（按 60 岁计算）	假设 B4 为"140828198507275621","＝EDATE(TEXT(MID(B4,7,8),"0! /00! /00"),MOD(MID(B4,15,3),2) * 120＋600)"返回 49517,调整格式后为"2035/7/27"
4.计算入职月份	当前日期为"2025/6/5","＝EDATE(TODAY( ),－29)"返回 44931,调整格式后为"2023/1/5",工龄为 29 个月

2.7 文本函数

Excel 文本函数是一组强大的工具,可以处理文本数据,进行格式化,提取特定信息,以及在文本字符串之间进行转换。这些函数可以帮助用户在数据处理和分析过程中更有效地处理文本数据。

2.7.1 文本函数的功能与使用举例

文本函数可以用于处理文本数据,包括提取特定字符、转换数据类型、连接文本等。其中一些常用的文本函数包括 LEN、MID、LEFT、RIGHT、UPPER、LOWER、TRIM 等。表 2.29 是 Excel 文本函数的功能与使用举例。

表 2.29 Excel 文本函数的功能与使用举例

函数名	功能	使用举例
ASC	把全角字符转换为半角字符	"＝ASC("ＥＸＣＥＬ")"＝EXCEL,＝ASC("Ｌ Ｍ Ｎ Ｏ Ｐ")＝LMNOP
WIDECHAR	将半角（单字节）字符转换为全角（双字节）字符	"＝WIDECHAR("HAPPY")"＝Ｈ Ａ Ｐ Ｐ Ｙ
CHAR	返回对应于数字代码的字符	"＝CHAR(80)"＝P。参数为用于转换的字符代码,介于 1 到 255 之间
CLEAN	删除文本中非打印字符	假设单元格 A1 包含一些文本,"＝CLEAN(A1)"可以删除这些不可打印的字符
CODE	返回文本字符串中第一个字符的数字代码	"＝CODE("Excel")"返回第一个字符 E 对应的数字代码 69;"＝CODE(" ")"返回空格对应的数字代码 32

续表

函数名	功能	使用举例
CONCATENATE	将文本字符串连接起来	"=CONCATENATE("A1","C3")"=A1C3。参数为文本字符串,类似连接符 &
DOLLAR	按照货币格式及给定的小数位数,将数字转换成文本	"=DOLLAR(460,−2)"=\$500。对十位数 6 四舍五入后的结果是 500。参数分别为要转换的数字、小数点右侧的位数(可省略)。"=DOLLAR(460)"=\$460.00,"=DOLLAR(460.23,3)"=\$460.230
EXACT	比较两个字符串是否完全相同	"=EXACT("Word","word")"=FALSE,参数为两个文本字符串,它们完全相同时返回 TRUE,不同时返回 FALSE,区分大小写
FIND	查找字符串在另外字符串中的位置	"=FIND("E"," Excel",2)"=2,参数分别为要查找的文本、包含要查找文本的文本、开始查找的位置(如省略则从 1 开始查找),区分大小写
FINDB	返回指定字符在字符串中的位置	"=FINDB("爱好","电脑爱好",1)"=5,参数分别为子字符串、是否包含了子字符串的字符串、开始查找的位置(省略则从 1 开始)。如包含多个子字符串,则返回第一个匹配项的位置。FINDB 函数会将双字节字符按 2 计算,单字节字符按 1 计算;而 FIND 函数单双字节字符都按 1 计算。双字节字符有中文、日文和韩文等
FIXED	将数字按指定的小数位数进行取整	"=FIXED(−1234.567,−1,TRUE)"=−1230,参数分别为要进行四舍五入并转换成文本的数字、保留小数点的位数(默认为 2)、逻辑值。逻辑值如果是 TRUE,则不需要数位分节;若是 FALSE 则需要数位分节。"=FIXED(7.56,1,FALSE)"=7.6
LEFT	截取左边的字符	"=LEFT("懒人 Excel",3)"=懒人 E,参数分别为文本、截取字符的数量。LEFT 函数以字符计,它把全角(如"汉字")和半角(如"数字和字母")字符都计作一个字符;LEFTB 函数以字节计,全角字符计作两个字节,半角字符计作一个字节
RIGHT	截取右边的字符	"=RIGHT("懒人 Excel",2)"=el,参数分别为文本、截取字符的数量(以字符计),它把全角(如"汉字")和半角(如"数字和字母")字符都计作一个字符
MID	截取中间字符	"=MID("懒人 Excel",2,2)"=人 E,参数分别为文本、开始截取的位置、截取的数量,它把全角(如"汉字")和半角(如"数字和字母")字符都计作一个字符

续表

函数名	功能	使用举例
LEFTB	截取左边指定字节数的字符	"=LEFTB("懒人 Excel",3)"=懒,参数分别为文本、截取字符的数量(以字节计),字母、数字和空格都当成一个字节,汉字视为两个字节
RIGHTB	截取右边指定字节数的字符	"=RIGHTB("懒人 Excel",7)"=人 Excel,参数分别为文本、截取字符的数量(以字节计),字母、数字和空格都当成一个字节,汉字视为两个字节
MIDB	截取中间指定字节数的字符	"=MIDB("懒人 Excel",2,3)"=人,"=MIDB("懒人 Excel",3,3)"=人 E,参数分别为文本、开始截取的位置,截取的数量;以字节计,字母、数字和空格都当成一个字节,而汉字视为两个字节
LEN	计算字符串的字符数	"=LEN("懒人 Excel")"=7,"=LEN("6789")"=4,"=LEN("ABC")"=3,不管是中文、数字、标点符号等,每个字符按 1 计数
LENB	返回文本字符串中用于代表字符的字节数	"=LENB("中国 ABC")"=7,汉字、全角状态下的标点符号,每个字符按 2 计数,数字和半角状态下的标点符号按 1 计数
LOWER	将字符串中的字母转为小写	"=LOWER("ABC")"=abc
UPPER	将字符串中的字母转为大写	"=UPPER("abc")"=ABC
PROPER	将首字母转换成大写,将其余字母转换为小写	"=PROPER("how do")"= How Do "=PROPER("HOW DO")"= How Do
REPLACE	替换字符串中的字符(依字符的个数来替换)	"=REPLACE("A1 生产方:北京 GG",3,6,"生产地")"=A1 生产地 GG,表示从第 3 个字符"生"开始,连续 6 个字符用新字符"生产地"替换,即"生产方:北京"替换为"生产地"。函数中参数分别为原始字符串、开始替换的字符位置、替换的字符个数、要替换的新字符,全角"汉字"和半角"数字和字母"都计作一个字符
REPLACEB	替换字符串中的字符(依字节的个数来替换)	"=REPLACEB("A1 生产方:北京",3,6,"生产地")"=A1 生产地:北京,表示从第 3 个字符"生"开始,连续 6 个字节用新字符"生产地"替换,即"生产方"替换为"生产地"。函数中参数分别为原始字符串、开始替换的字符位置、替换的字节个数、要替换的新字符。汉字视为两个字节,字母、数字和空格都当成一个字节

函数名	功能	使用举例
SUBSTITUTE	文本替换	"=SUBSTITUTE("穷人要学习","穷人","富人",1)"=富人要学习,参数分别为替换目标、被替换字符、新字符、从第几个开始替换(省略则全部替换)。"=SUBSTITUTE("PROP","P","A")"=AROA
REPT	按指定次数重复文本	"=REPT(" * —",3)"= * — * — * —,参数分别为需要重复显示的文本、文本重复的次数
RMB	将货币金额转换为人民币格式文本	"=RMB(1600.675,2)"=￥1,600.68,参数分别为需转换的货币金额、小数点右边的位数。参数 2 若为负数则在小数点左侧进行舍入,若省略则假设其值为 2
SEARCH	从字符串中指定的位置开始搜索符合条件的字符位置(不区分大小写)	"=SEARCH("学","你的大学是什么学校?",5)"=8,参数分别为要查找的文本字符、字符所在的文本、从第几个字符开始查找(当从第一个字符开始查找时可省略)。此函数可以使用通配符,"?"代表任何一个字符,"*"可代表任何字符串。"=SEARCH("k","AWHKC?")"=4,"k"在字符串"AWHKC?"中第 4 个字符的位置
SEARCHB	从字符串中指定的位置开始搜索符合条件的字符位置(不区分大小写)	"=SEARCHB("花","雪花飘")"=3,即"花"在字符串"雪花飘"中的第 3 个字节的位置。参数分别为要查找的文本字符、字符所在的文本、从第几个字符开始查找(当从第一个字符开始查找时可省略)。此函数基于每个字符所使用的字节数查找,汉字视为两个字节,字母、数字和空格都当成一个字节。"=SEARCHB("c","中国 Excel")"=7,即"c"在字符串"中国 Excel"中第 7 个字节的位置
T	返回值引用的文本	"=T("中国")"=中国,"=T(10)"="","=T("10")"=10,检测给定值是否是文本,如果是文本按原样返回,如果不是文本则返回空字符串
TEXT	根据指定的数字格式将数值转成文本	"=TEXT("789","0000")"=0789,"=TEXT("2023/9/23","yyyy 年 mm 月 dd 日")"=2023 年 09 月 23 日,参数分别为待转换的数值、需转换的数字格式
TRIM	删除字符串中多余空格	"=TRIM("I　　　　like")"=I like,如有多个空格则只会保留 1 个空格
VALUE	将带数字的文本字符串转换成数字	"=VALUE(" $1,000")"=1000,"=VALUE("16:48:00")−VALUE("12:00:00")"=0.2,转换为时间格式为 4 小时 48 分钟(4:48),参数为需要转换成数值格式的文本

2.7.2　LOWER 函数

LOWER 函数用于将一个文本字符串中的所有大写字母转换为小写字母。语法结构为"=LOWER(字符串)"。在进行文本比较时,可以使用 LOWER 函数将两个文本字符串转换为小写后再进行比较,以避免大小写不一致导致的比较错误。LOWER 函数可以与其他文本处理函数结合使用,如 MID、LEN 等函数,以实现更复杂的文本处理和分析任务。例如,"=LOWER("ABC 输入法")",结果返回"abc 输入法"。

(1)字母大写转小写。图 2.213 列示了员工姓名的大写拼音字母。现在需要将大写字母转化为小写字母,可以通过 LOWER 函数来实现。在 AN2 单元格中输入公式"=LOWER(AM2)",按回车键并向下填充即可得到员工姓名的小写拼音字母,结果如图 2.214 所示。

	AM	AN
1	姓名大写	姓名小写
2	WU HONG	
3	ZHANG SHUAI	
4	WANG HAI	
5	HUANG HUA	
6	ZHAO YUN	
7	ZHENG YU	
8	ZHANG TAO	
9	ZHANG TING	
10	WANG TAO	

图 2.213　原始数据

	AM	AN
1	姓名大写	姓名小写
2	WU HONG	wu hong
3	ZHANG SHUAI	zhang shuai
4	WANG HAI	wang hai
5	HUANG HUA	huang hua
6	ZHAO YUN	zhao yun
7	ZHENG YU	zheng yu
8	ZHANG TAO	zhang tao
9	ZHANG TING	zhang ting
10	WANG TAO	wang tao

图 2.214　姓名字母大写转小写

(2)多样化内容转小写。原始数据如图 2.215 所示。要将多样化的单元格内容转化为小写,可以在 AS2 单元格中输入公式"=LOWER(AR2)",按回车键并向下填充即可得到期望的转化结果,如图 2.216 所示。

	AR	AS
1	内容	小写转化
2	EFGH	
3	E F G H	
4	很好HOLL	
5	11.11	
6	1,111.11	
7	2%	
8	1.11E+04	
9	¥11,111.11	
10	11:11:00	
11	2023/3/5	

图 2.215　原始数据

	AR	AS
1	内容	小写转化
2	EFGH	efgh
3	E F G H	e f g h
4	很好HOLL	很好holl
5	11.11	11.11
6	1,111.11	1111.11
7	2%	0.02
8	1.11E+04	11100
9	¥11,111.11	11111.11
10	11:11:00	0.465972222222222
11	2023/3/5	44990

图 2.216　多样化内容转小写

2.7.3　UPPER 函数

UPPER 函数的主要功能是将文本或字符串中的所有小写字母转换为大写字母。语法结构为"=UPPER(text)",text 是需要转换为大写的文本或字符串。如果文本中包含了非字母字符(如数字、标点符号等),这些字符不会受到影响。在与其他函数结合使用时,UPPER 函数可以作为文本处理的初步步骤,为后续的函数处理提供统一格式的输入。例如,"=UPPER ("AsWf")",结果返回"ASWF"。

(1)字母小写转大写。图 2.217 列示了员工姓名的小写拼音字母。现在需要将小写字母转化为大写字母,可以通过 UPPER 函数来实现。在 AQ2 单元格中输入公式"=UPPER (AP2)",按回车键并向下填充即可得到员工姓名的大写拼音字母,结果如图 2.218 所示。

	AP	AQ
1	姓名小写	姓名大写
2	wu hong	
3	zhang shuai	
4	wang hai	
5	huang hua	
6	zhao yun	
7	zheng yu	
8	zhang tao	
9	zhang ting	
10	wang tao	

图 2.217　原始数据

	AP	AQ
1	姓名小写	姓名大写
2	wu hong	WU HONG
3	zhang shuai	ZHANG SHUAI
4	wang hai	WANG HAI
5	huang hua	HUANG HUA
6	zhao yun	ZHAO YUN
7	zheng yu	ZHENG YU
8	zhang tao	ZHANG TAO
9	zhang ting	ZHANG TING
10	wang tao	WANG TAO

图 2.218　姓名字母小写转大写

(2)多样化内容转大写。原始数据如图 2.219 所示。要将多样化的单元格内容转化为大写,可以通过 UPPER 函数来实现。在 AV2 单元格中输入公式"=UPPER(AU2)",按回车键并向下填充即可得到期望的转化结果,如图 2.220 所示。

	AU	AV
1	内容	大写转化
2	AsDrGyK	
3	ppp	
4	KKK	
5	UUU中国	
6	AD66rG	
7	89%	
8	0.123	
9	中3国f	

图 2.219　原始数据

	AU	AV
1	内容	大写转化
2	AsDrGyK	ASDRGYK
3	ppp	PPP
4	KKK	KKK
5	UUU中国	UUU中国
6	AD66rG	AD66RG
7	89%	0.89
8	0.123	0.123
9	中3国f	中3国F

图 2.220　多样化内容转大写

2.7.4　PROPER 函数

PROPER 函数用于将指定单元格中的文本字符串的首字母转换为大写,并将其余的字母转换为小写。如果单元格中有多个文本字符串,每个文本字符串的首字母都会被转换为大写。语法结构为"=PROPER(text)",text 是需要进行转换的文本。如果文本中包含非字母字符,如数字、标点符号等,这些字符不会受到影响。PROPER 函数可与其他函数结合使用,比如与 IF 函数结合使用来判断单元格中的文本是否以小写字母开头,或者与 MID 函数结合使用来提取单元格中的特定文本,并进行首字母大写转换。例如,"=PROPER("ase hte")",结果返回"Ase Hte"。

要将如图 2.221 所示的多样化的单元格内容首字母转换为大写,可以通过 PROPER 函数来实现。在 AY2 单元格中输入公式"＝PROPER(AX2)",按回车键并向下填充即可得到期望的转化结果,如图 2.222 所示。

	AX	AY
1	内容	首字母转换为大写
2	excel 书籍	
3	EXCEL书籍	
4	my name is tom	
5	year	
6	BBBccc	
7	DAY	

图 2.221　原始数据

	AX	AY
1	内容	首字母转换为大写
2	excel 书籍	Excel 书籍
3	EXCEL书籍	Excel 书籍
4	my name is tom	My Name Is Tom
5	year	Year
6	BBBccc	Bbbccc
7	DAY	Day

图 2.222　多样化内容首字母转换为大写

2.7.5　LEN 函数

在 Excel 中,LEN 函数用于返回文本字符串的字符数。语法结构为"＝LEN(字符)"。测量字符的数量,数字和汉字都按 1 计算。LEN 函数返回的字符数包括空格,除非空格位于要返回字符数的文本的开头或结尾。LEN 函数不区分大小写,所以它对大小写文本返回相同的字符数。LEN 函数可以用于快速判断一个电话号码是否为手机号码或者座机号码。使用 LEN 函数需要注意参数的格式和数据类型。例如,"＝LEN("截取指定的长度")",结果为 7。

(1)计算手机号长度。图 2.223 列示了员工的姓名和手机号。正常的手机号都是 11 位数字,手机号在记录过程中很可能会由于疏忽而缺失一位,这时候可以运用 LEN 函数来识别。在 D2 单元格中输入公式"＝LEN(C2)",按回车键即可得到员工的手机号码长度,结果如图 2.224 所示。黄华和张婷的手机号长度是 10 位,需要进一步核实。

	B	C	D
1	姓名	手机号	手机号长度
2	吴红	13565521485	
3	张帅	13326528745	
4	王海	13025625486	
5	黄华	1325684125	
6	赵云	13865241563	
7	郑玉	13236528941	
8	张涛	13236521452	
9	张婷	1302542563	
10	王涛	13854163251	
11	王茹	13256412562	
12	李涛	13526985412	
13	曹伟	13365245621	
14	洪文	13526412532	

图 2.223　原始数据

	B	C	D
1	姓名	手机号	手机号长度
2	吴红	13565521485	11
3	张帅	13326528745	11
4	王海	13025625486	11
5	黄华	1325684125	10
6	赵云	13865241563	11
7	郑玉	13236528941	11
8	张涛	13236521452	11
9	张婷	1302542563	10
10	王涛	13854163251	11
11	王茹	13256412562	11
12	李涛	13526985412	11
13	曹伟	13365245621	11
14	洪文	13526412532	11

图 2.224　计算手机号长度

(2)统计姓名长度。如图 2.225 所示,员工姓名、标点符号和手机号码都记录在了一个单元格,这时统计姓名长度就稍显麻烦,我们可以运用 LEN 函数快速实现。在 G2 单元格中输入公式"＝LENB(F2)－LEN(F2)",按回车键即可得到员工的姓名长度,结果如图 2.226 所示。

	F	G
1	员工信息	姓名长度
2	吴红:13565521485	
3	张帅:13326528745	
4	王海圆:13025625486	
5	黄华:1325684125	
6	赵云饨:13865241563	
7	郑玉:13236528941	
8	张涛海:13236521452	
9	张婷:1302542563	
10	王涛红:13854163251	
11	王茹:13256412562	
12	李涛军:13526985412	
13	曹伟:13365245621	
14	洪文:13526412532	

图 2.225　原始数据

	F	G
1	员工信息	姓名长度
2	吴红:13565521485	2
3	张帅:13326528745	2
4	王海圆:13025625486	3
5	黄华:1325684125	2
6	赵云饨:13865241563	3
7	郑玉:13236528941	2
8	张涛海:13236521452	3
9	张婷:1302542563	2
10	王涛红:13854163251	3
11	王茹:13256412562	2
12	李涛军:13526985412	3
13	曹伟:13365245621	2
14	洪文:13526412532	2

图 2.226　统计姓名长度

2.7.6　LENB 函数

LENB 函数是一个用于计算文本字符串在内存中占用的字节数的函数。语法结构为"＝LENB(字符)"。测量字节的数量,数字和字母都按 1 计算,汉字按照 2 计算。在处理中英文混合的文本时,可以同时使用 LEN 函数和 LENB 函数。LEN 函数统计的是字符数,而 LENB 函数统计的是字节数,这两个函数的结合使用可以更好地进行文本处理。例如,"＝LENB(3652)",结果等于 4;"＝LENB("中国函数")",结果等于 8。

要计算如图 2.227 所示的不同文本字符串的字节数,可以通过 LENB 函数来实现。在 M11 和 O11 单元格中分别输入公式"＝LENB(L11)""＝LENB(N11)",按回车键并向下填充即可得到相应的字节数,如图 2.228 所示。

	L	M	N	O
10	内容	字节长度	内容	字节长度
11	学习Excel		0.30%	
12	WERTTYU		1.11E+05	
13	¥300,000.11		12:16:00	
14	¥511,111.11		下午2时12分00秒	
15	511111.11		2050/1/1	
16	511,111.11		2050年1月1日	

图 2.227　原始数据

	L	M	N	O
10	内容	字节长度	内容	字节长度
11	学习Excel	9	0.30%	5
12	WERTTYU	7	1.11E+05	6
13	¥300,000.11	9	12:16:00	17
14	¥511,111.11	9	下午2时12分00秒	17
15	511111.11	9	2050/1/1	5
16	511,111.11	9	2050年1月1日	5

图 2.228　计算字节的长度

2.7.7　MID 函数

MID 函数可以从一个字符串中截取出指定数量的字符。语法结构为"＝MID(文本字符串,开始截取的位置,截取的数量)"。MID 函数不区分大小写,如果截取的数量参数为 0 或负数,MID 函数将返回空字符串。MID 函数可以与其他 Excel 函数结合使用,以实现更复杂的文本处理,如结合 LEFT 函数可以实现截取字符串的不同部分。例如,"＝MID("截取指定的长度",3,3)",结果等于"指定的";"＝MID("LPE－W12－2.8cm",9,3)",结果等于 2.8。

(1)提取身份证号码。图 2.229 列示了部分员工的身份证号码,如果我们需要提取员工的出生日期,可以通过 MID 函数来实现。在 X2 单元格中输入公式"＝DATE(MID(W2,7,4),MID(W2,11,2),MID(W2,13,2))",按回车键即可得到员工的出生日期,如图 2.230 所示。

	W	X
1	身份证	出生日期
2	951943198611026462	
3	489074199507078935	
4	831131197604152340	
5	911605200208221535	
6	623804197510045420	
7	258973198507118227	
8	234908199808313012	

图 2.229　原始数据

	W	X
1	身份证	出生日期
2	951943198611026462	1986/11/2
3	489074199507078935	1995/7/7
4	831131197604152340	1976/4/15
5	911605200208221535	2002/8/22
6	623804197510045420	1975/10/4
7	258973198507118227	1985/7/11
8	234908199808313012	1998/8/31

图 2.230　提取身份证号码

（2）根据身份证号码快速计算年龄和性别。仍然运用上述的身份证信息，通过 MID 函数提取员工的年龄和性别。假设当前日期是 2023 年 6 月 20 日，在 Z2 单元格中输入公式"＝YEAR(TODAY())－MID(X2,7,4)"，按回车键并向下填充即可得到员工的年龄。在 AA2 单元格中输入公式"＝IF(MOD(MID(X2,17,1),2)＝1,"男","女")"，按回车键并向下填充即可得到员工的性别，如图 2.231 所示。身份证号码中包含有持证人的性别信息，即第 17 位如果是奇数，性别为"男"，如果是偶数，性别为"女"。

	X	Y	Z	AA
1	身份证	出生日期	年龄	性别
2	951943198611026462	1986/11/2	37	女
3	489074199507078935	1995/7/7	28	男
4	831131197604152340	1976/4/15	47	女
5	911605200208221535	2002/8/22	21	男
6	623804197510045420	1975/10/4	48	女
7	258973198507118227	1985/7/11	38	女
8	234908199808313012	1998/8/31	25	男

图 2.231　根据身份证号码快速计算年龄和性别

2.7.8　LEFT 函数

LEFT 函数是用于对单元格内容进行截取的函数。它从指定文本的左边开始截取，截取指定的长度。语法结构为"＝LEFT(包含要提取字符的文本串,从左开始提取的字符数)"。LEFT 函数区分大小写，它会将空格也算作字符，并考虑所有标点符号。如果省略提取的字符数参数，则 LEFT 函数返回整个文本字符串。使用 LEFT 函数需要注意参数的格式和数据类型。例如，"＝LEFT("截取指定的长度",3)"，结果等于"截取指"。

（1）提取员工姓名。如图 2.232 所示，员工姓名、标点符号和手机号码都记录在了一个单元格。现在需要提取员工姓名，可以运用 LEFT 函数来实现。在 J2 单元格中输入公式"＝LEFT(I2,LENB(I2)－LEN(I2))"，按回车键并向下填充即可得到员工的姓名，结果如图 2.233 所示。

（2）提取数字。如图 2.234 所示，L 列中数量与单位混在了一起。现在需要提取数字，可以通过 LEFT 函数来实现。在 N2 单元格中输入公式"＝LEFT(L2,LEN(L2)＊2－LENB(L2))"，按回车键并向下填充即可提取期望的数字，如图 2.235 所示。

	I	J
1	员工信息	姓名
2	吴红:13565521485	
3	张帅:13326528745	
4	王海圆:13025625486	
5	黄华:1325684125	
6	赵云饨:13865241563	
7	郑玉:13236528941	
8	张涛海:13236521452	
9	张婷:1302542563	
10	王涛红:13854163251	
11	王茹:13256412562	
12	李涛军:13526985412	
13	曹伟:13365245621	
14	洪文:13526412532	

图 2.232　原始数据

	I	J
1	员工信息	姓名
2	吴红:13565521485	吴红
3	张帅:13326528745	张帅
4	王海圆:13025625486	王海圆
5	黄华:1325684125	黄华
6	赵云饨:13865241563	赵云饨
7	郑玉:13236528941	郑玉
8	张涛海:13236521452	张涛海
9	张婷:1302542563	张婷
10	王涛红:13854163251	王涛红
11	王茹:13256412562	王茹
12	李涛军:13526985412	李涛军
13	曹伟:13365245621	曹伟
14	洪文:13526412532	洪文

图 2.233　提取员工姓名

	L	M	N
1	数量/单位		数量
2	152公斤		
3	84克		
4	50千米		
5	85米		
6	84斤		
7	150千克		
8	95升		

图 2.234　原始数据

	L	M	N
1	数量/单位		数量
2	152公斤		152
3	84克		84
4	50千米		50
5	85米		85
6	84斤		84
7	150千克		150
8	95升		95

图 2.235　提取数字

2.7.9　RIGHT 函数

RIGHT 函数是一种常用的字符串提取函数,它可以从指定的文本中提取出从右边开始的指定数量的字符。语法结构为"=RIGHT(包含要提取字符的文本串,提取的字符数)"。RIGHT 函数可以与其他 Excel 函数结合使用,以实现更复杂的文本处理,如结合 IF 函数可以根据第一个字符的不同返回不同的值。例如,"=RIGHT("截取指定的长度",3)",结果等于"的长度"。

(1)提取手机号码。图 2.236 列示了员工姓名和手机号码,现在我们需要提取手机号码,可以通过 RIGHT 函数来实现。在 Q2 单元格中输入公式"=RIGHT(P2,11)",按回车键并向下填充即可提取员工的手机号码,如图 2.237 所示。

	P	Q
1	员工信息	手机号码
2	吴红:13565521485	
3	张帅:13326528745	
4	王海圆:13025625486	
5	黄华:13256841250	
6	赵云饨:13865241563	
7	郑玉:13236528941	
8	张涛海:13236521452	
9	张婷:13025425630	
10	王涛红:13854163251	
11	王茹:13256412562	
12	李涛军:13526985412	
13	曹伟:13365245621	
14	洪文:13526412532	

图 2.236　原始数据

	P	Q
1	员工信息	手机号码
2	吴红:13565521485	13565521485
3	张帅:13326528745	13326528745
4	王海圆:13025625486	13025625486
5	黄华:13256841250	13256841250
6	赵云饨:13865241563	13865241563
7	郑玉:13236528941	13236528941
8	张涛海:13236521452	13236521452
9	张婷:13025425630	13025425630
10	王涛红:13854163251	13854163251
11	王茹:13256412562	13256412562
12	李涛军:13526985412	13526985412
13	曹伟:13365245621	13365245621
14	洪文:13526412532	13526412532

图 2.237　提取手机号码

(2)提取数量单位。如图 2.238 所示,S 列中数量与单位混在了一起。现在需要提取单位,可以通过 RIGHT 函数来实现。在 U2 单元格中输入公式"=RIGHT(S2,LENB(S2)−LEN(S2))",按回车键并向下填充即可提取期望的单位,如图 2.239 所示。

	S	T	U
1	数量/单位		单位
2	152公斤		
3	84克		
4	50千米		
5	85米		
6	84斤		
7	150千克		
8	95升		

图 2.238 原始数据

	S	T	U
1	数量/单位		单位
2	152公斤		公斤
3	84克		克
4	50千米		千米
5	85米		米
6	84斤		斤
7	150千克		千克
8	95升		升

图 2.239 提取单位

2.7.10 FIND 函数

FIND 函数是一个用于查找和定位字符串的函数。它可以在指定的文本中查找特定的字符串,并返回其位置。语法结构为"=FIND(要查找的字符,字符串,开始进行查找的字符起始数)"。如果忽略起始数,则默认从第一个字符开始查找。FIND 函数区分大小写,它只能查找和定位第一个出现的字符串,而不会继续查找后续的匹配项。当查找的字符串包含特殊字符或空格时,需要将其用双引号括起来。例如,"=FIND("国","中国农业银行",1)",结果等于2;"=FIND("m","Miriamatc")",结果等于 6。

图 2.240 列示了部分省会城市的信息,现在我们需要提取省份名称,可以通过 FIND 函数来实现。在 AB2 单元格中输入公式"=LEFT(AA2,FIND("省",AA2,1))",按回车键并向下填充即可得到省份名称,如图 2.241 所示。需要说明的是,在 AB2 单元格中输入公式"=LEFT(AA2,SEARCH("省",AA2,1))",结果是一样的。FIND 函数与 SEARCH 函数的区别在于,当查找的内容与单元格中的内容有字母时,FIND 函数必须保证大小写一致才能返回正确结果,而 SEARCH 函数则不区分大小写。

	AA	AB
1	省会	省份
2	陕西省西安市	
3	河南省郑州市	
4	山西省太原市	
5	黑龙江省哈尔滨市	

图 2.240 原始数据

	AA	AB
1	省会	省份
2	陕西省西安市	陕西省
3	河南省郑州市	河南省
4	山西省太原市	山西省
5	黑龙江省哈尔滨市	黑龙江省

图 2.241 提取省份名称

2.7.11 SEARCH 函数

SEARCH 函数用于返回一个指定字符或文本字符串在字符串中第一次出现的位置。它从左到右查找,忽略英文字母的大小写。语法结构为"=SEARCH(要查找的文本,字符所在的文本,从第几个字符开始查找)"。第三个参数可以省略,此时默认从第一个字符开始查找。要查找的文本可以是单个字符或文本字符串,也可以是搭配"?"或"＊"通配符的字符组合。SEARCH 函数可以结合 IF 函数和 ISNUMBER 函数等其他函数,判断是否找到了指定的字符或文本字符串,并返回相应的结果。当需要在不区分大小写的情况下查找文本时,使用 SEARCH 函数是很有用的。例如,"=SEARCH("学","你的大学是什么学校?",5)"=8。

(1)统计满足条件的手机号个数。图 2.242 列示了员工的手机号码,现在我们需要统计以 131 开头、1 结尾的手机号码个数,可以通过 SEARCH 函数来实现。在 D20 单元格中输入公式"=SUM((ISNUMBER(SEARCH("131",C20:C32))*ISNUMBER(SEARCH("1",RIGHT(C20:C32,1)))))",按 Ctrl+Shift+Enter 组合键即可得到满足条件的手机号码个数,如图 2.243 所示。上述函数的解释如下:"SEARCH("131",C20:C32)"返回以 1 和 ♯VALUE! 为元素的数组,"ISNUMBER(SEARCH("131",C20:C32))"返回以 TRUE 和 FALSE 为元素的数组,"RIGHT(C20:C32,1)"返回手机号的最后 1 位,"SEARCH("1",RIGHT(C20:C32,1))"返回以 1 和 ♯VALUE! 为元素的数组,"ISNUMBER(SEARCH("1",RIGHT(C20:C32,1)))"返回以 TRUE 和 FALSE 为元素的数组。最后 SUM 函数统计 2 个 ISNUMBER 函数均为 TRUE 的情形个数。

	B	C	D
19	姓名	手机号	131开头、1结尾的个数
20	吴红	13165521485	
21	张帅	13126528741	
22	王海	13125625481	
23	黄华	13256841250	
24	赵云	13865241563	
25	郑玉	13136528941	
26	张涛	13236521452	
27	张婷	13025425631	
28	王涛	13154163251	
29	王茹	13256412562	
30	李涛	13526985411	
31	曹伟	13365245621	
32	洪文	13126412531	

图 2.242　原始数据

	B	C	D
19	姓名	手机号	131开头、1结尾的个数
20	吴红	13165521485	5
21	张帅	13126528741	
22	王海	13125625481	
23	黄华	13256841250	
24	赵云	13865241563	
25	郑玉	13136528941	
26	张涛	13236521452	
27	张婷	13025425631	
28	王涛	13154163251	
29	王茹	13256412562	
30	李涛	13526985411	
31	曹伟	13365245621	
32	洪文	13126412531	

图 2.243　统计满足条件的手机号个数

(2)数组模糊查找。原始数据如图 2.244 所示。现在需要查找以"美好"开头的字符串个数,可以通过 SEARCH 函数来实现。在 G20 单元格中输入公式"=COUNT(SEARCH("美好*",F20:F32))",按 Ctrl+Shift+Enter 组合键即可得到以"美好"开头的字符串个数,如图 2.245 所示。对上述公式的解释如下:"SEARCH("美好*",F20:F32)"为数组公式,表示在单元格区域 F20:F32 中查找"美好*"的字符串(以"美好"开头即可),结果返回以 1 和 ♯VALUE! 为元素的数组(以"美好"开头就返回 1),然后再用 COUNT 函数进行统计,COUNT 函数会自动排除错误值,统计数值 1 的个数,从而实现了目的。

(3)提取数字。原始数据如图 2.246 所示。现在需要 I 列单元格中的数字,可以通过 SEARCH 函数来实现。在 J20 单元格中输入公式"=RIGHT(I20,LEN(I20)-(SEARCHB("?",I20)-1)*0.5)",按回车键并向下填充即可提取相应的数字,如图 2.247 所示。上述公式的解释如下:"SEARCHB("?",I20)"是按字节查找,汉字按两个字节计算,数字按一个字节计算。"(SEARCHB("?",I20)-1)*0.5"是算出有多少个字节,然后乘以 0.5,也就得出了汉字的个数。"LEN(I20)-(SEARCHB("?",I20)-1)*0.5"是算出字符后边有几位是数字,最后用 RIGHT 函数提取最后几位数字。这里我们主要介绍 SEARCH 函数的用法,如果从实

用的角度看,读者在 J20 单元格中输入公式"=RIGHT(I20,LEN(I20)＊2－LENB(I20))",
也可以实现提取数字的目的,而且更简便。

	F	G
19	内容	以美好开头的字符串个数
20	语法结构为	
21	文本处理任务	
22	美好生活	
23	全部替换	
24	美好愿望	
25	有所不同	
26	开始替换	
27	美好期待	
28	加密数据	
29	指定字符串	
30	有效期时间	
31	美好人生	
32	替换的内容	

图 2.244　原始数据

	F	G
19	内容	以美好开头的字符串个数
20	语法结构为	4
21	文本处理任务	
22	美好生活	
23	全部替换	
24	美好愿望	
25	有所不同	
26	开始替换	
27	美好期待	
28	加密数据	
29	指定字符串	
30	有效期时间	
31	美好人生	
32	替换的内容	

图 2.245　数组模糊查找

	I	J
19	内容	提取数字
20	语法32	
21	文本52	
22	生活621	
23	换6	
24	愿望96	
25	有所105	
26	开始替换8	
27	美好期待9	
28	加密634	
29	指定字546	

图 2.246　原始数据

	I	J
19	内容	提取数字
20	语法32	32
21	文本52	52
22	生活621	621
23	换6	6
24	愿望96	96
25	有所105	105
26	开始替换8	8
27	美好期待9	9
28	加密634	634
29	指定字546	546

图 2.247　提取数字

2.7.12　SUBSTITUTE 函数

SUBSTITUTE 函数是 Excel 中的文本替换函数,用于将指定文本中的指定字符串替换
为新字符串。语法结构为"=SUBSTITUTE(一串待处理的字符,旧文本,新文本,要替换第
几次出现的旧文本)",如果参数 4 省略则全部替换。如果指定的旧文本在文本中不出现,
SUBSTITUTE 函数会返回原始文本。SUBSTITUTE 函数可以和其他函数一起使用,以实
现更复杂的文本处理任务。例如,可以使用 LEN 函数获取文本长度,再使用 SUBSTITUTE
函数将文本中的指定字符串替换为新字符串。如果参数为数字或日期,需要先转换为文本字
符串才能使用 SUBSTITUTE 函数。例如,"=SUBSTITUTE("指定字符串替换为新字符
串","字符串","符号",2)",结果返回"指定字符串替换为新符号"。

图 2.248 列示了特定的有效期时间,现在我们需要将第 2 次出现的时间"2022"删除,可以
通过 SUBSTITUTE 函数来实现。在 AG2 单元格中输入公式"=SUBSTITUTE(AF2,"2022
年","",2)",按回车键并向下填充即可得到期望的日期,如图 2.249 所示。REPLACE 函数的
用法与 SUBSTITUTE 函数有所不同,区别在于 REPLACE 函数要在特定的单元格或者字符
串中指定从什么地方开始替换、要替换的长度以及要替换的内容。

	AF	AG
1	有效期	调整的日期
2	2022年1月至2022年5月	
3	2022年3月至2022年6月	
4	2022年4月至2022年7月	
5	2022年5月至2022年8月	
6	2022年6月至2022年9月	
7	2022年7月至2022年10月	
8	2022年8月至2022年11月	
9	2022年9月至2022年12月	

图 2.248　原始数据

	AF	AG
1	有效期	调整的日期
2	2022年1月至2022年5月	2022年1月至5月
3	2022年3月至2022年6月	2022年3月至6月
4	2022年4月至2022年7月	2022年4月至7月
5	2022年5月至2022年8月	2022年5月至8月
6	2022年6月至2022年9月	2022年6月至9月
7	2022年7月至2022年10月	2022年7月至10月
8	2022年8月至2022年11月	2022年8月至11月
9	2022年9月至2022年12月	2022年9月至12月

图 2.249　调整日期

2.7.13　REPLACE 函数

REPLACE 函数用于将文本字符串中的部分字符串用另一个字符串替换。语法结构为"＝REPLACE(要执行替换操作的旧文本,开始替换的位置,要替换的长度(即要替换的字节数),替换成的文本)"。可以使用 REPLACE 函数来替换文本中的特定部分,例如将字符串中的某个单词或短语替换为另一个。REPLACE 函数可以用于处理文本数据、加密数据,还可以用于处理日期和时间数据。例如,"＝REPLACE("A1 生产方:北京 GG",3,6,"生产地")",结果返回"A1 生产地 GG"。

图 2.250 列示了员工姓名和手机号码,现在我们需要将中间 4 位号码隐藏,可以通过 REPLACE 函数来实现。在 AK2 单元格中输入公式"＝REPLACE(AJ2,4,4,"＊＊＊＊")",按回车键并向下填充即可得到用 ＊ 隐藏的员工手机号码,如图 2.251 所示。

	AI	AJ	AK
1	姓名	手机号	隐藏的手机号
2	吴红	13565521485	
3	张帅	13326528745	
4	王海	13025625486	
5	黄华	13256841250	
6	赵云	13865241563	
7	郑玉	13236528941	
8	张涛	13236521452	
9	张婷	13025425630	
10	王涛	13854163251	
11	王茹	13256412562	
12	李涛	13526985412	
13	曹伟	13365245621	
14	洪文	13526412532	

图 2.250　原始数据

	AI	AJ	AK
1	姓名	手机号	隐藏的手机号
2	吴红	13565521485	135＊＊＊＊1485
3	张帅	13326528745	133＊＊＊＊8745
4	王海	13025625486	130＊＊＊＊5486
5	黄华	13256841250	132＊＊＊＊1250
6	赵云	13865241563	138＊＊＊＊1563
7	郑玉	13236528941	132＊＊＊＊8941
8	张涛	13236521452	132＊＊＊＊1452
9	张婷	13025425630	130＊＊＊＊5630
10	王涛	13854163251	138＊＊＊＊3251
11	王茹	13256412562	132＊＊＊＊2562
12	李涛	13526985412	135＊＊＊＊5412
13	曹伟	13365245621	133＊＊＊＊5621
14	洪文	13526412532	135＊＊＊＊2532

图 2.251　隐藏手机号码

2.7.14　TEXT 函数

TEXT 函数主要用于将数字转换为文本,并对文本进行一定的处理。语法结构为"＝TEXT(数字,格式代码)"。TEXT 函数的返回值为文本形式的数据,并按照指定的格式显示。TEXT 函数可以将数字格式化为包含千分位分隔符的文本,可以与 MID 函数结合使用来提取字符串中的特定部分。例如,"＝TEXT(3.85,"＄0.00")"得到"＄3.85";连接文字和百分比,如"＝"已完成"&TEXT(20％,"0％")"返回"已完成 20％"。

(1)分数等级判断。图 2.252 列示了学生的考试成绩。假设学生成绩的等级标准是"≥80"为优,"≥60"为良,"<60"为差,我们可以运用 TEXT 函数来判断学生的成绩等级。在 D37 单元格中输入公式"=TEXT(C37,"[>=80]优;[>=60]良;差")",按回车键并向下填充即可得到学生成绩的等级判断结果,如图 2.253 所示。如果有 4 个成绩等级,可输入公式"=TEXT(C37,"[>=90]优;[>=80]良;"&TEXT(C37,"[>=60]中;差"))"。

36	B 姓名	C 成绩	D 等级判断
37	吴红	28	
38	张帅	76	
39	王海	45	
40	黄华	71	
41	赵云	43	
42	郑玉	76	
43	张涛	85	
44	张婷	88	

图 2.252　原始数据

36	B 姓名	C 成绩	D 等级判断
37	吴红	28	差
38	张帅	76	良
39	王海	45	差
40	黄华	71	良
41	赵云	43	差
42	郑玉	76	良
43	张涛	85	优
44	张婷	88	优

图 2.253　分数等级判断

(2)根据身份证号提取出生日期。图 2.254 列示了员工的身份证信息。现在需要提取员工的出生日期,可以通过 TEXT 函数来实现。在 H37 单元格中输入公式"=TEXT(MID(G37,7,8),"0-00-00")",按回车键并向下填充即可得到员工的出生日期,如图 2.255 所示。

36	G 身份证	H 出生日期
37	951943198611026462	
38	489074199507078935	
39	831131197604152340	
40	911605200208221535	
41	623804197510045420	
42	258973198507118227	
43	234908199808313012	

图 2.254　原始数据

36	G 身份证	H 出生日期
37	951943198611026462	1986-11-02
38	489074199507078935	1995-07-07
39	831131197604152340	1976-04-15
40	911605200208221535	2002-08-22
41	623804197510045420	1975-10-04
42	258973198507118227	1985-07-11
43	234908199808313012	1998-08-31

图 2.255　根据身份证号提取出生日期

(3)分段显示银行卡账号。图 2.256 列示了员工的银行卡账号。现在需要进行分段显示,可以通过 TEXT 函数来实现。在 Y37 单元格中输入公式"=TEXT(LEFT(X37,8),"0 0000 ")&TEXT(RIGHT(X37,11),"0 0000 000")",按回车键并向下填充即可得到分段显示的银行卡账号,如图 2.257 所示。上述公式的解释如下:首先,用 LEFT 从左提取 8 位,对其进行格式设置;其次,用 RIGHT 从右提取 11 位,对其设置格式;最后,将两部分连接起来。

36	X 银行卡账号	Y 分段显示
37	6217007140013582787	
38	6217007140013554684	
39	6217007140013654123	
40	6217007140012145632	
41	6217007140013082756	

图 2.256　原始数据

36	X 银行卡账号	Y 分段显示
37	6217007140013582787	6217 0071 4001 3582 787
38	6217007140013554684	6217 0071 4001 3554 684
39	6217007140013654123	6217 0071 4001 3654 123
40	6217007140012145632	6217 0071 4001 2145 632
41	6217007140013082756	6217 0071 4001 3082 756

图 2.257　分段显示银行卡账号

注意:如果直接输入公式"=TEXT(X37,"0-0000-0000-0000-000")",则会出现错误的结论。原因是在 Excel 中超过 15 位的数字,15 位以后会显示为 0。

(4)提取单个数字并求和。如图 2.258 所示,J 列单元格是一个由数字、字母、文字组成的复合字符串。现在需要计算提取的单个数字的和,可以通过 TEXT 函数来实现。在 K37 单元格中输入公式"＝SUM（－－TEXT（MID（J37，ROW（\$1：\$20），1），"0；；0；！0"））",按 Ctrl＋Shift＋Enter 组合键并向下填充即可得到期望的数字之和,如图 2.259 所示。上述公式的解释如下:先用"MID（J37，ROW（\$1：\$20），1）"将每个字符一一提取出来,作为 TEXT 函数的第 1 个参数,然后对其设置格式为"0；；0；！0"。"0；；0；！0"有 4 个部分,正数显示它本身,负数显示为空,0 显示为 0,文本强制显示为 0。由于 TEXT 得出的结果是文本,直接用 SUM 求和是 0,所以用"－－"转为数字,再求和。

	J	K
36	字符串	提取数字之和
37	156whg52机动	
38	356三wk的78	
39	行为45yhgs462	
40	meili456好鱼821	

图 2.258　原始数据

	J	K
36	字符串	提取数字之和
37	156whg52机动	19
38	356三wk的78	29
39	行为45yhgs462	21
40	meili456好鱼821	26

图 2.259　提取单个数字并求和

(5)计算间隔时间。图 2.260 列示了开始时间和结束时间。想要计算 2 个时间相差几天几小时几分钟,可以通过 TEXT 函数来实现。在 O37 单元格中输入公式"＝TEXT（N37－M37，"d 天"）＆TEXT（MOD（N37－M37，1），"h 小时 m 分钟"）",按回车键并向下填充即可得到 2 个时间之间的间隔时间,如图 2.261 所示。

	M	N	O
36	开始时间	结束时间	相差时间
37	2022/8/9 18:14	2022/8/10 9:14	
38	2022/8/9 20:14	2022/8/11 9:18	
39	2022/8/9 8:14	2022/8/12 10:22	

图 2.260　原始数据

	M	N	O
36	开始时间	结束时间	相差时间
37	2022/8/9 18:14	2022/8/10 9:14	0天15小时0分钟
38	2022/8/9 20:14	2022/8/11 9:18	1天13小时4分钟
39	2022/8/9 8:14	2022/8/12 10:22	3天2小时8分钟

图 2.261　计算间隔时间

上述公式的解释如下:"＝TEXT（N37－M37，"d 天"）"返回 2 个时间的间隔天数(相差的整数部分),"＝TEXT（MOD（N37－M37，1），"h 小时 m 分钟"）"返回 2 个时间的间隔时间的小数部分所对应的小时和分钟数。如果要计算上述 2 个时间的间隔小时数,可以在 O37 单元格中输入公式"＝TEXT（N37－M37，"[h]"）",按回车键并向下填充即可。

(6)简单的业绩考评。图 2.262 列示了不同员工的销量。假设员工的任务销量是 400,可以用 TEXT 函数来判断员工的销量任务是超额完成还是未完成。在 R37 单元格中输入公式"＝TEXT（Q37－400，"超额 0；还差 0；刚好"）",按回车键并向下填充即可得到员工的销量完成情况,如图 2.263 所示。

(7)条件范围格式。图 2.264 列示了不同水果的销量信息,我们可以用 TEXT 函数进行条件范围格式的判断。

假如判断 1 要求销量大于等于 3000 与小于 2000 的显示数值,其他的显示空文本,则可以在 D49 单元格中输入公式"＝TEXT（C49，"[＞＝3000]0；[＜2000]0；；"）",按回车键并向下填充即可,如图 2.265 所示。上述公式"＝TEXT（C49，"[＞＝3000]0；[＜2000]0；；"）"由三部分组成,"[＞＝3000]0；"表示大于等于 3000 的显示数值,0 为占位符;"[＜2000]0；"表示小于

2000 的显示数值;";"表示 2000 到 3000 的显示空文本。假如判断 2 要求销量超过 3000 为高,低于 2000 为低,其他为中。通过 TEXT 函数可以对不同水果的销量进行判断,在 E49 单元格中输入公式"=TEXT(C49,"[>=3000]高;[<2000]低;中")",按回车键并向下填充即可,如图 2.266 所示。

	P	Q	R
36	姓名	销量	完成情况
37	吴红	498	
38	张帅	351	
39	王海	520	
40	吴红	630	
41	黄华	284	
42	张帅	341	
43	吴红	269	
44	王海	356	
45	张帅	415	
46	吴红	365	
47	黄华	425	
48	王海	435	
49	黄华	378	

图 2.262　原始数据

	P	Q	R
36	姓名	销量	完成情况
37	吴红	498	超额98
38	张帅	351	还差49
39	王海	520	超额120
40	吴红	630	超额230
41	黄华	284	还差116
42	张帅	341	还差59
43	吴红	269	还差131
44	王海	356	还差44
45	张帅	415	超额15
46	吴红	365	还差35
47	黄华	425	超额25
48	王海	435	超额35
49	黄华	378	还差22

图 2.263　简单的业绩考评

	B	C	D	E
48	水果	销量/千克	判断1	判断2
49	苹果	2736		
50	橘子	1865		
51	香蕉	2100		
52	梨	1930		
53	西瓜	2300		
54	猕猴桃	1800		
55	龙眼	950		

图 2.264　原始数据

	B	C	D	E
48	水果	销量/千克	判断1	判断2
49	苹果	2736		
50	橘子	1865	1865	
51	香蕉	2100		
52	梨	1930	1930	
53	西瓜	2300		
54	猕猴桃	1800	1800	
55	龙眼	950	950	

图 2.265　显示销量大于等于 3000 与小于 2000 的数值

	B	C	D	E
48	水果	销量/千克	判断1	判断2
49	苹果	2736		中
50	橘子	1865	1865	低
51	香蕉	2100		中
52	梨	1930	1930	低
53	西瓜	2300		中
54	猕猴桃	1800	1800	低
55	龙眼	950	950	低

图 2.266　条件范围格式

需要特别说明的是,理论上单元格自定义格式的变化有多少,TEXT 函数的用法就有多少。要想学会 TEXT 函数,就必须掌握格式代码。学习自定义格式是探究格式代码的一个捷径。直接自定义设置单元格格式,可以调整其显示的格式,但自定义格式改变的只是显示效果,并没有改变本来的数据。如果只是为了满足显示效果,自定义格式就可以,但如果真要改变单元格的数据,就得借助 TEXT 函数。

2.7.15 REPT 函数

REPT 函数的主要功能是按照指定的次数重复显示文本。语法结构为"＝REPT(要重复显示的文本,重复的次数)"。REPT 函数可以将文本按照指定的次数重复显示,相当于复制文本。如果重复的次数为 0,则 REPT 函数返回空字符串。REPT 函数可以与其他 Excel 函数结合使用。例如,使用 LEN 函数获取文本长度,再使用 REPT 函数将文本重复多次,可以制作出类似表格的效果。在使用 REPT 函数时,需要注意文本的长度和重复的次数。例如,"＝REPT("PBC",3)",结果返回"PBCPBCPBC"。

(1)会员星级评定。图 2.267 列示了人员的注册缴费范围及其对应的会员等级。现在需要根据人员的缴费金额情况确定其会员星级,可以通过 REPT 函数来实现。在 R20 单元格中输入公式"＝REPT("★",IF(Q20≥＝6000,7,ROUNDUP(Q20/1000,0)))",按回车键并向下填充即可得到人员的会员星级,如图 2.268 所示。

	N 范围	O 备注	P 姓名	Q 金额	R 星级
19	范围	备注	姓名	金额	星级
20	(0,1000)	一星会员	吴红	2800	
21	[1000,2000)	二星会员	张帅	4500	
22	[2000,3000)	三星会员	王海	5920	
23	[3000,4000)	四星会员	黄华	4800	
24	[4000,5000)	五星会员	赵云	5500	
25	[5000,6000)	六星会员	郑玉	7200	
26	≥6000	七星会员	张敏	1800	

图 2.267　原始数据

	N 范围	O 备注	P 姓名	Q 金额	R 星级
19	范围	备注	姓名	金额	星级
20	(0,1000)	一星会员	吴红	2800	★★★
21	[1000,2000)	二星会员	张帅	4500	★★★★★
22	[2000,3000)	三星会员	王海	5920	★★★★★★
23	[3000,4000)	四星会员	黄华	4800	★★★★★
24	[4000,5000)	五星会员	赵云	5500	★★★★★★
25	[5000,6000)	六星会员	郑玉	7200	★★★★★★★
26	≥6000	七星会员	张敏	1800	★★

图 2.268　会员星级评定

(2)补足位数。图 2.269 列示了员工的旧工号。现在要进行旧工号升级,将其升级为 5 位数,不足位数在前面补 0,可以通过 REPT 函数来实现。在 V20 单元格中输入公式"＝REPT("0",5－LEN(U20))&U20",按回车键并向下填充即可得到新工号,见图 2.270。

	T 姓名	U 旧工号	V 新工号
19	姓名	旧工号	新工号
20	吴红	9	
21	张帅	15	
22	王海	106	
23	黄华	85	
24	赵云	204	
25	郑玉	185	
26	张涛	26	
27	张婷	138	
28	王涛	236	
29	王茹	169	

图 2.269　原始数据

	T 姓名	U 旧工号	V 新工号
19	姓名	旧工号	新工号
20	吴红	9	00009
21	张帅	15	00015
22	王海	106	00106
23	黄华	85	00085
24	赵云	204	00204
25	郑玉	185	00185
26	张涛	26	00026
27	张婷	138	00138
28	王涛	236	00236
29	王茹	169	00169

图 2.270　补足位数

(3)隐藏手机号码。前文提到了用 REPLACE 函数隐藏手机号码,这里再介绍一下用

REPT 函数隐藏手机号码。原始数据如图 2.271 所示。要隐藏员工的手机号码,可以在 AA20 单元格中输入公式"=LEFT(Z20,3)&REPT(" * ",4)&RIGHT(Z20,4)",按回车键并向下填充即可得到隐藏的手机号码,如图 2.272 所示。

	Y	Z	AA
19	姓名	手机号	隐藏的手机号
20	吴红	13165521485	
21	张帅	13126528741	
22	王海	13125625481	
23	黄华	13256841250	
24	赵云	13865241563	
25	郑玉	13136528941	
26	张涛	13236521452	
27	张婷	13025425631	
28	王涛	13154163251	
29	王茹	13256412562	
30	李涛	13526985411	

图 2.271　原始数据

	Y	Z	AA
19	姓名	手机号	隐藏的手机号
20	吴红	13165521485	131****1485
21	张帅	13126528741	131****8741
22	王海	13125625481	131****5481
23	黄华	13256841250	132****1250
24	赵云	13865241563	138****1563
25	郑玉	13136528941	131****8941
26	张涛	13236521452	132****1452
27	张婷	13025425631	130****5631
28	王涛	13154163251	131****3251
29	王茹	13256412562	132****2562
30	李涛	13526985411	135****5411

图 2.272　隐藏手机号码

(4)制作旋风图。图 2.273 列示了 6 种不同的观点以及群众的同意与反对态度所占比例,我们基于这些数据运用 REPT 函数可以制作旋风图。在 AG20 单元格中输入公式"=AD20 * 100&"%"&" "&REPT("|",AD20 * 200)",按回车键并向下填充,同时设置字体样式为"Playbill"、字体右对齐以及字体颜色;在 AI20 单元格中输入公式"=REPT("|",AE20 * 200)&" "&AE20 * 100&"%"",按回车键并向下填充,同时设置字体样式为"Playbill"、字体左对齐以及字体颜色,最终结果如图 2.274 所示。

	AC	AD	AE
19	观点内容	同意	反对
20	观点1	38%	62%
21	观点2	45%	55%
22	观点3	85%	15%
23	观点4	65%	35%
24	观点5	78%	22%
25	观点6	93%	7%

图 2.273　原始数据

	AG	AH	AI
19	同意	观点内容	反对
20	38%	观点1	62%
21	45%	观点2	55%
22	85%	观点3	15%
23	65%	观点4	35%
24	78%	观点5	22%
25	92%	观点6	8%

图 2.274　制作旋风图

(5)制作盈亏图。图 2.275 列示了 1—9 月的企业盈亏情况,现在我们需要根据这些数据制作一张盈亏图,步骤如下:在 AN20 单元格中输入公式"=IF(AL20<0,AL20&" ","")&IF(AL20<0,REPT("|",ABS(AL20) * 5),"")",按回车键并向下填充,同时设置字体样式为"Playbill"、字体右对齐以及字体颜色;在 AP20 单元格中输入公式"=IF(AL20>0,REPT("|",ABS(AL20) * 5),"")&IF(AL20>0," "&AL20,"")",按回车键并向下填充,同时设置字体样式为"Playbill"、字体左对齐以及字体颜色;最终结果如图 2.276 所示。

(6)制作甘特图。图 2.277 列示了 5 个项目实施的开始时间、结束时间和时间长短,我们基于这些数据运用 REPT 函数制作甘特图。在 AV20 单元格中输入公式"=REPT("",AS20-MIN($AS$20:$AS$24))&REPT("|",AU20 * 8)",按回车键并向下填充,同时设置字体样式为"Playbill"、字体左对齐以及字体颜色,最终结果如图 2.278 所示。

	AK	AL
19	月份	盈亏
20	1月	-15
21	2月	16
22	3月	12
23	4月	-8
24	5月	-4
25	6月	10
26	7月	8
27	8月	-7
28	9月	9

图 2.275　原始数据

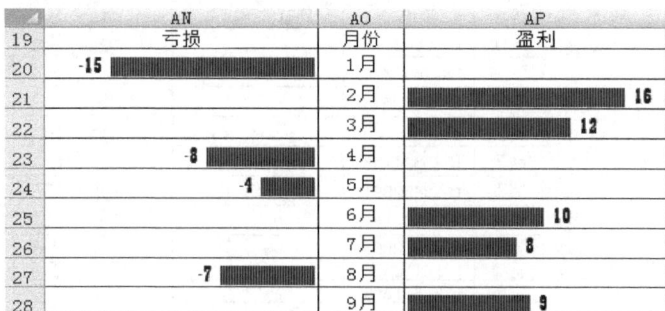

	AN	AO	AP
19	亏损	月份	盈利
20	-15	1月	
21		2月	16
22		3月	12
23	-8	4月	
24	-4	5月	
25		6月	10
26		7月	8
27	-7	8月	
28		9月	9

图 2.276　盈亏图

	AR	AS	AT	AU
19	内容	开始时间	结束时间	时间长短/月
20	项目1	2022/1/1	2022/4/20	3.633333333
21	项目2	2022/2/1	2022/6/30	4.966666667
22	项目3	2022/3/8	2022/5/28	2.7
23	项目4	2022/3/20	2022/6/30	3.4
24	项目5	2022/4/5	2022/7/30	3.866666667

图 2.277　原始数据

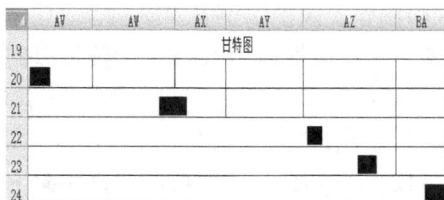

	AV	AW	AX	AY	AZ	BA
19			甘特图			
20						
21						
22						
23						
24						

图 2.278　甘特图

2.7.16　EXACT 函数

EXACT 函数用于比较两个字符串是否完全相同。如果两个字符串完全相同,则返回 TRUE;否则返回 FALSE。语法结构为"=EXACT(text1,text2)"。其中,text1 和 text2 是要比较的两个字符串。该函数的特点是区分大小写。此外,它还将空格视为字符,因此,两个字符串之间的空格数量不同,会被视为不同的字符串。如果要比较的字符串中包含数字,且这些数字是以文本格式存储的,那么这些数字将被视为字符串进行比较。如果需要比较数字值,则应该将数字转换为数值格式进行比较。例如,"=EXACT("PBC","pbc")",结果等于 FALSE;"=EXACT("火车","火车")",结果等于 TRUE。

现在要比较图 2.279 中 G 列和 H 列的表格内容是否一致,可以通过 EXACT 函数来实现。在 I49 单元格中输入公式"=EXACT(G49,H49)",按回车键并向下填充即可得到 G 列和 H 列的表格内容对比结果,如图 2.280 所示。

	G	H	I
48	内容1	内容2	是否一致
49	W2006	w2006	
50	W2003	w2007	
51	W2004	W2004	
52	W2005	W2005	

图 2.279　原始数据

	G	H	I
48	内容1	内容2	是否一致
49	₩2006	w2006	FALSE
50	₩2003	w2007	FALSE
51	₩2004	₩2004	TRUE
52	₩2005	₩2005	TRUE

图 2.280　表格内容对比

2.8　财务函数

Excel 的财务函数可用于财务数据计算和建模,可以帮助用户计算投资回报、折旧、贷款偿还额等。通过使用财务函数,用户可以更好地了解和规划财务状况,做出更明智的决策。

2.8.1　财务函数的功能与使用举例

财务函数是一组用于进行财务分析计算的函数,可以帮助用户进行投资决策、贷款计算、折旧计算、净现值计算等。一些常用的财务函数包括 PV、FV、PMT、PPMT、NPER、RATE、AMORDEGRC、AMORLINC 等。这些函数可以帮助用户快速准确地分析和管理财务数据,提高决策的准确性和效率。表 2.30 是 Excel 财务函数的功能与使用举例。

表 2.30　Excel 财务函数的功能与使用举例

函数名	功能	使用举例
ACCRINT	返回定期支付利息的债券的应计利息	"=ACCRINT("2015-3-1","2015-10-1","2015-6-1",7.5%,10000,1,3)"=189.041,参数分别为证券发行日、起息日、结算日、年息票利率、票面价值、年付息次数、日计数基准(可选)、逻辑值(可选)。日计数基准 0 或省略、1、2、3、4 分别对应 US(NASD)每月 30 天/全年 360 天、该月实际天数/全年实际天数、该月实际天数/全年 360 天、该月实际天数/全年 365 天、欧洲每月 30 天/全年 360 天。逻辑值为 TRUE(1),则返回从发行日到结算日的总应计利息;逻辑值为 FALSE(0),则返回从首次计息日到结算日的应计利息;逻辑值省略则默认为 TRUE
ACCRINTM	返回在到期日支付利息的债券的应计利息	"=ACCRINTM("2015-3-1","2015-10-1",7.5%,10000)"=437.5,参数分别为证券发行日、到期日、年息票利率、票面价值
AMORDEGRC	返回每个记账期内资产分配的线性折旧(即返回每个会计期间的折旧值)	"=AMORDEGRC(6000,"2015-3-1","2015-10-1",600,1,10%,3)"=1280,参数分别为资产原值、购入日期、第一个期间结束日期、资产残值、第几个期间的折旧值、折旧率、所使用的年基准(0 或省略时为 360 天,1 为实际天数,3 为一年 365 天,4 为 360 天)。用于计算的折旧系数取决于资产寿命,这与 AMORLINC 不同

续表

函数名	功能	使用举例
AMORLINC	返回每个记账期内资产分配的线性折旧(即返回每个会计期间的折旧值)	"=AMORLINC(6000,"2015-3-1","2015-10-1",600,1,10%,3)"=600,参数分别为资产原值、购入日期、第一个期间结束日期、资产残值、第几个期间的折旧值、折旧率、所使用的年基准(0 或省略时为 360 天,1 为实际天数,3 为一年 365 天,4 为 360 天)
SLN	返回固定资产的每期线性折旧费	"=SLN(10000,1000,8)"=¥1,125.00,参数分别为资产原值、资产残值和使用寿命
DB	返回指定期间内的折旧值(用固定余额递减法)	"=DB(10000,1000,8,2,6)"=¥2,187.50,参数分别为资产原值、资产残值、使用寿命、折旧期间(第几年的折旧值)、第一年的月份数(若省略默认为 12)
SYD	返回按年限总和折旧法计算的每期折旧金额	"=SYD(10000,1000,7,7)"=¥321.43,表示第 7 年的折旧值,参数分别为资产原值、资产残值、使用寿命、第几年(月)的折旧值(年或月需与使用寿命一致)。如"=SYD(10000,1000,7*12,1)"=¥211.76,表示第一个月的折旧值
COUPDAYBS	返回从票息期开始到结算日之间的天数(计算当前付息期内截止到结算日的天数)	"=COUPDAYBS("2016-1-1","2016-10-30",2,1)"=63,参数分别为结算日(证券卖给购买者的时的日期)、到期日(证券有效期截止时的日期)、年付息次数(1 为按年支付,2 为按半年支付,4 为按季度支付)、日计数基准[0 或省略表示 US(NASD)每月 30 天/全年 360 天,1 表示该月实际天数/全年实际天数,2 表示该月实际天数/全年 360 天,3 表示该月实际天数/全年 365 天,4 表示欧洲每月 30 天/全年 360 天]
COUPDAYS	返回包含结算日的票息期的天数(计算结算日所在的那一付息期的天数)	"=COUPDAYS("2016-1-1","2016-10-30",2,1)"=182,参数分别为结算日(证券卖给购买者的日期)、到期日(证券有效期截止时的日期)、年付息次数(1 为按年支付,2 为按半年支付,4 为按季度支付)、日计数基准[0 或省略表示 US(NASD)每月 30 天/全年 360 天,1 表示该月实际天数/全年实际天数,2 表示该月实际天数/全年 360 天,3 表示该月实际天数/全年 365 天,4 表示欧洲每月 30 天/全年 360 天]
COUPDAYSNC	返回从结算日到下一付息日之间的天数	"=COUPDAYSNC("2016-1-1","2016-10-30",2,1)"=120,参数分别为结算日(证券卖给购买者的日期)、到期日(证券有效期截止时的日期)、年付息次数(1 为按年支付,2 为按半年支付,4 为按季度支付)、日计数基准[0 或省略表示 US(NASD)每月 30 天/全年 360 天,1 表示该月实际天数/全年实际天数,2 表示该月实际天数/全年 360 天,3 表示该月实际天数/全年 365 天,4 表示欧洲每月 30 天/全年 360 天]

函数名	功能	使用举例
COUPNCD	返回结算日后的下一票息支付日	"=COUPNCD("2016-1-1","2016-10-30",2,1)"= 42490(即 2016 年 4 月 30 日),参数分别为结算日(证券卖给购买者的日期)、到期日(证券有效期截止时的日期)、年付息次数(1 为按年支付,2 为按半年支付,4 为按季度支付)、日计数基准[0 或省略表示 US(NASD)每月 30 天/全年 360 天,1 表示该月实际天数/全年实际天数,2 表示该月实际天数/全年 360 天,3 表示该月实际天数/全年 365 天,4 表示欧洲每月 30 天/全年 360 天]。关于结算日(成交日)与到期日,如在 2008 年 1 月 1 日发行的 20 年期债券,六个月后被购买者买走,则发行日为 2008 年 1 月 1 日,结算日为 2008 年 7 月 1 日,而到期日是在发行日 2008 年 1 月 1 日的 20 年后,即 2028 年 1 月 1 日
COUPNUM	返回结算日与到期日之间可支付的票息数	"=COUPNUM("2016-1-1","2016-10-30",2,1)"= 2,参数分别为结算日(证券卖给购买者的日期)、到期日(证券有效期截止时的日期)、年付息次数(1 为按年支付,2 为按半年支付,4 为按季度支付)、日计数基准[0 或省略表示 US(NASD)每月 30 天/全年 360 天,1 表示该月实际天数/全年实际天数,2 表示该月实际天数/全年 360 天,3 表示该月实际天数/全年 365 天,4 表示欧洲每月 30 天/全年 360 天]
COUPPCD	返回结算日前的上一票息支付日	"=COUPPCD("2016-1-25","2016-11-15",2)"= 42323(即 2015 年 11 月 15 日),参数分别为结算日(证券卖给购买者的日期)、到期日(证券有效期截止时的日期)、年付息次数(1 为按年支付,2 为按半年支付,4 为按季度支付)、日计数基准[0 或省略表示 US(NASD)每月 30 天/全年 360 天,1 表示该月实际天数/全年实际天数,2 表示该月实际天数/全年 360 天,3 表示该月实际天数/全年 365 天,4 表示欧洲每月 30 天/全年 360 天]
CUMIPMT	返回两个付款期之间为贷款累积支付的利息	"=CUMIPMT(4.256%,20,400000,5,5,0)"= −14651.0749,表示贷款第 5 年应付利息,参数分别为年(月)利率、贷款期限(年或月)、现值、计算中的首期、计算中的末期、付款时间类型(0 为期末付款,1 为期初付款)。"= CUMIPMT(4.256%/12,20*12,400000,13,24,0)"= −16210.3165,表示贷款在第二年中所付的总利息(第 13 期到第 24 期)。 注:利率和贷款期限单位应一致,都为年或月

函数名	功能	使用举例
CUMPRINC	返回两个付款期之间为贷款累积支付的本金	"＝CUMPRINC（4.256％,20,400000,5,5,0）"＝－15452.6746,参数分别为年（月）利率、贷款期限（年或月）、现值、计算中的首期、计算中的末期、付款时间类型（0为期末付款,1为期初付款）。利率和贷款期限单位应一致,都为年或月
DDB	用双倍余额递减法或其他指定方法,返回指定期间内某项固定资产的折旧值	"＝DDB(10000,1000,6＊365,1,2)"＝¥9.13,参数分别为资产原值、资产残值、使用寿命、需要计算折旧值的期间、余额递减速率（如果被省略,则假设为2）
DISC	返回债券的贴现率	"＝DISC("2016－3－1","2016－11－1",97.975,100,3)"＝0.03017,参数分别为结算日（证券卖给购买者的日期）、到期日（证券有效期截止时的日期）、面值100元的有价证券的价格、面值100元的有价证券的清偿价值、日计数基准［0或省略表示US(NASD)每月30天/全年360天,1表示该月实际天数/全年实际天数,2表示该月实际天数/全年360天,3表示该月实际天数/全年365天,4表示欧洲每月30天/全年360天］
DOLLARDE	将以分数表示的货币值转换为以小数形式表示的货币值	"＝DOLLARDE(2.5,16)"＝5.125,将按分数表示的价格2.5（读作二又十六分之五十）转换为按小数表示的价格5.125,参数分别为以分数表示的数字、分数中的分母
DOLLARFR	将以小数表示的货币值转换为以分数形式表示的货币值	"＝DOLLARFR(1.8,16)"＝1.128,参数分别为小数、分数中的分母
DURATION	返回定期支付利息的债券的年持续时间	"＝DURATION("2016－1－1","2020－1－1",7.5％,8.75％,1,3)"＝3.591,参数分别为结算日（成交日）、到期日、年息票利率、年收益率、年付息次数（1为按年支付,2为按半年支付,4为按季度支付）、日计数基准［0或省略表示US(NASD)每月30天/全年360天,1表示该月实际天数/全年实际天数,2表示该月实际天数/全年360天,3表示该月实际天数/全年365天,4表示欧洲每月30天/全年360天］
EFFECT	返回年有效利率	"＝EFFECT(6.25％,4)"＝0.064,参数分别为名义年利率、每年的复利期数
FV	基于固定利率和等额分期付款方式,返回某项投资的未来值	"＝FV(4.125％,15,－500,－2000,1)"＝¥14,189.52,参数分别为各期利率、总投资期（即该项投资的付款期总数）、各期所应支付的金额（在整个年金期间保持不变,包括本金和利息,但不包括其他费用或税款）、现值（或一系列未来付款的当前值的累积和,如果省略则假设其值为零）、付款时间类型（0或省略为期末付款,1为期初付款）

续表

函数名	功能	使用举例
FVSCHEDULE	返回在应用一系列复利后，初始本金的终值	"=FVSCHEDULE(2000,{0.18,0.1,0.13})"=2933.48，表示基于复利率数组{0.18,0.1,0.13}计算本金 2000 的未来值。参数分别为现值、利率数组。本函数基于一系列复利返回本金的未来值，可计算某项投资在变动或可调利率下的未来值
INTRATE	返回完全投资型债券的利率	"=INTRATE("2015-5-15","2016-3-1",5000,5500,3)"=0.1254，参数分别为结算日(证券卖给购买者的日期)、到期日(证券有效期截止时的日期)、证券的投资额、证券到期时的清偿价值、日计数基准[0 或省略表示 US(NASD)每月 30 天/全年 360 天,1 表示该月实际天数/全年实际天数,2 表示该月实际天数/全年 360 天,3 表示该月实际天数/全年 365 天,4 表示欧洲每月 30 天/全年 360 天]
IPMT	返回在定期偿还、固定利率条件下给定期次内某项投资回报(或贷款偿还)的利息部分	"=IPMT(7.5%,2,15,200000,0,1)"=¥-13,419.25，参数分别为各期利率、用于计算其利息数额的期数、总投资期(该项投资的付款期总数)、现值或一系列未来付款的当前值的累积和、未来值或在最后一次付款后希望得到的现金余额(如果省略则假设其值为 0)、付款时间类型(0 为期末付款,1 为期初付款,省略则假设其值为 0)。注:各期利率和总投资期单位应一致,都为年或月
IRR	返回一系列现金流的内部报酬率	"=IRR({-70000,12000,15000},-10%)"=-44%，参数分别为数组或单元格的引用(用来计算返回的内部收益率的数字)、对 IRR 函数计算结果的估计值。-70000、12000、15000 分别为初期成本费用、第一年的净收入、第二年的净收入。参数 1 必须包含至少一个正值和一个负值，以计算返回的内部收益率。同时要注意按需要的顺序输入支付和收入的数值。在大多数情况下,并不需要设置参数 2,省略则假设它为 0.1(10%)。如 A2:A6 分别为-70000、12000、15000、18000、21000(初期成本费用和前四年的净收入),"=IRR(A2:A6)"=-2%,表示投资四年后的内部收益率为-2%
ISPMT	返回普通(无担保)贷款的利息	"=ISPMT(12%,1,3,8000000)"=-640000,表示贷款第一年支付的利息,参数分别为投资的利率、计算利息的期数、投资的总支付期数、投资的当前值或贷款额。"=ISPMT(12%/12,1,3*12,8000000)"=-77777.78,表示贷款第一个月支付的利息。投资的利率与投资的总支付期数单位要一致,都为年或月

函数名	功能	使用举例
MDURATION	为假定票面值为 100 元的债券返回麦考利修正持续时间	"＝MDURATION("2015－6－1","2017－1－17",7.25％,9.15％,4,2)"＝1.498,即债券的修正期限为 1.498(序列数)。参数分别为结算日(证券卖给购买者的日期)、到期日(证券有效期截止时的日期)、年息票利率、年收益率、年付息次数(1 为按年支付,2 为按半年支付,4 为按季度支付)、日计数基准[0 或省略表示 US(NASD)每月 30 天/全年 360 天,1 表示该月实际天数/全年实际天数,2 表示该月实际天数/全年 360 天,3 表示该月实际天数/全年 365 天,4 表示欧洲每月 30 天/全年 360 天]
MIRR	返回在考虑投资成本以及现金再投资利率下一系列分期现金流的内部报酬率	"＝MIRR({－120000,39000,30000,21000},10％,12％)"＝－5％,表示三年后的修正收益率为－5％。参数分别为资产原值与前三年的收益、120000 元贷款额的年利率、再投资收益的年利率
NOMINAL	返回年度的单利(名义年利率)	"＝NOMINAL(5.1％,4)"＝0.05,参数分别为实际利率和每年的复利期数,得到的是名义年利率
NPER	返回某项投资或贷款的期数	"＝NPER(12％/12,－100,－1000,10000,1)"＝60,参数分别为各期利率、各期所应支付的金额(在整个年金期间保持不变)、现值或一系列未来付款的当前值的累积和、未来值或在最后一次付款后希望得到的现金余额(如果省略则假设其值为 0)、付款时间类型(0 或省略为期末付款,1 为期初付款)。注:本函数基于固定利率和等额分期付款方式,各期所应支付的金额包括本金和利息,不包括其他费用或税款
NPV	返回一项投资的净现值	"＝NPV(8％,－9000,3000,4200,6800)"＝¥2,570.98,参数分别为年贴现率、初期投资、前几年(这里是 3 年)的收益(此处没有支出)。初期投资作为数值参数是因为付款发生在第一个周期的期末,如果付款发生在第一期的期初(其他数据不变),那么初期投资不包含在数值参数中,如"＝NPV(8％,{3000,4200,6800})－9000"。注:NPV 函数基于一系列将来的收(正值)支(负值)现金流和贴现率计算,务必保证支出和收入的数额按正确的顺序输入。NPV 函数与 PV 函数的主要差别在于:PV 函数允许现金流在期初或期末开始。与可变的 NPV 函数的现金流数值不同,PV 函数的每一笔现金流在整个投资中必须是固定的

函数名	功能	使用举例
ODDFPRICE	返回每张票面为 100 元且第一期为奇数的债券的现价	"=ODDFPRICE("2015-11-11","2022-3-14","2015-10-1","2017-3-14",7.25%,6.53%,100,1,0)"=103.4797,参数分别为结算日(证券卖给购买者的日期)、到期日(证券有效期截止时的日期)、发行日、首期付息日、证券的利率(付息利率)、证券的年收益率、面值 100 元的证券的清偿价值、年付息次数(1 为按年支付,2 为按半年支付,4 为按季度支付)、日计数基准[0 或省略表示 US(NASD)每月 30 天/全年 360 天,1 表示该月实际天数/全年实际天数,2 表示该月实际天数/全年 360 天,3 表示该月实际天数/全年 365 天,4 表示欧洲每月 30 天/全年 360 天]
ODDFYIELD	返回第一期为奇数的债券的收益	"=ODDFYIELD("2008-11-11","2021-3-1","2008-10-15","2009-3-1",6%,85,100,2,0)"=0.0793,参数分别为结算日(证券卖给购买者的日期)、到期日(证券有效期截止时的日期)、发行日、首期付息日、证券的利率(付息利率)、证券的价格、面值 100 元的证券的清偿价值、年付息次数(1 为按年支付,2 为按半年支付,4 为按季度支付)、日计数基准[0 或省略表示 US(NASD)每月 30 天/全年 360 天,1 表示该月实际天数/全年实际天数,2 表示该月实际天数/全年 360 天,3 表示该月实际天数/全年 365 天,4 表示欧洲每月 30 天/全年 360 天]
ODDLPRICE	返回每张票面为 100 元且最后一期为奇数的债券的现价	"=ODDLPRICE("2018-2-7","2018-6-15","2017-10-15",3.75%,4.05%,100,2,0)"=99.8783,参数分别为结算日(证券卖给购买者的日期)、到期日(证券有效期截止时的日期)、末期付息日、证券的利率(付息利率)、证券的年收益率、面值 100 元的证券的清偿价值、年付息次数(1 为按年支付,2 为按半年支付,4 为按季度支付)、日计数基准[0 或省略表示 US(NASD)每月 30 天/全年 360 天,1 表示该月实际天数/全年实际天数,2 表示该月实际天数/全年 360 天,3 表示该月实际天数/全年 365 天,4 表示欧洲每月 30 天/全年 360 天]

函数名	功能	使用举例
ODDLYIELD	返回最后一期为奇数的债券的收益	如果 A2、A3、A4、A5、A6、A7、A8、A9 分别为"2008-4-20"、"2008-6-15"、"2007-12-24"、3.75％、99.875、100、2、0，"=ODDLYIELD(A2,A3,A4,A5,A6,A7,A8,A9)"=0.045192，或者输入"=ODDLYIELD("2008-4-20","2008-6-15","2007-12-24",3.75％,99.875,100,2,0)"。参数分别为结算日(证券卖给购买者的日期)、到期日(证券有效期截止时的日期)、末期付息日、证券的利率(息票利率)、证券的价格、面值100元的证券的清偿价值、年付息次数(1为按年支付，2为按半年支付，4为按季度支付)、日计数基准[0或省略表示 US(NASD)每月 30 天/全年 360 天，1 表示该月实际天数/全年实际天数，2 表示该月实际天数/全年 360 天，3 表示该月实际天数/全年 365 天，4 表示欧洲每月 30 天/全年 360 天]
PMT	计算在固定利率下，贷款的等额分期偿还额	"=PMT(8％/12,10*12,10000,0,1)"=¥-120.52，参数分别为贷款利率、贷款总期数、现值(本金)、未来值或在最后一次付款后希望得到的现金余额(如果省略则假设其值为0)、付款时间类型(0或省略为期末付款，1为期初付款)
PPMT	返回在定期偿还、固定利率条件下给定期次内某项投资回报(或贷款偿还)的本金部分	"=PPMT(8％,1,6,60000,0,0)"=¥-8,178.92，参数分别为各期利率、用于计算其本金数额的期数、总投资期(即该项投资的付款期总数)、现值(本金)、未来值或在最后一次付款后希望得到的现金余额(如果省略则假设其值为0)、付款时间类型(0或省略为期末付款，1为期初付款)
PRICE	返回每张票面为 100 元且定期支付利息的债券的现价	"=PRICE("2008-2-15","2017-11-15",5.75％,6.5％,100,2,0)"=94.63，参数分别为结算日(证券卖给购买者的日期)、到期日(证券有效期截止时的日期)、证券的年息票利率、证券的年收益率、面值100元的有价证券的清偿价值、年付息次数(1为按年支付，2为按半年支付，4为按季度支付)、日计数基准[0或省略表示 US(NASD)每月 30 天/全年 360 天，1 表示该月实际天数/全年实际天数，2 表示该月实际天数/全年 360 天，3 表示该月实际天数/全年 365 天，4 表示欧洲每月 30 天/全年 360 天]
PRICEDISC	返回每张票面为 100 元的已贴现债券的现价	"=PRICEDISC("2018-2-16","2018-3-1",5.25％,100,2)"=99.81，参数分别为结算日(证券卖给购买者的日期)、到期日(证券有效期截止时的日期)、证券的贴现率、面值100元的证券的清偿价值、日计数基准[0或省略表示 US(NASD)每月 30 天/全年 360 天，1 表示该月实际天数/全年实际天数，2 表示该月实际天数/全年 360 天，3 表示该月实际天数/全年 365 天，4 表示欧洲每月 30 天/全年 360 天]

续表

函数名	功能	使用举例
PRICEMAT	返回每张票面为 100 元且在到期日支付利息的债券的现价	"=PRICEMAT("2018-2-15","2018-4-13","2017-11-17",6.1%,6.1%,0)"=99.99,参数分别为结算日(证券卖给购买者的日期)、到期日(证券有效期截止时的日期)、证券的发行日、证券在发行日的利率、证券的年收益率和日计数基准
PV	返回某项投资的一系列将来偿还额的当前总值(或一次性偿还额的现值)	"=PV(8%/12,20*12,500,0,0)"=¥-59,777.15,参数分别为各期利率、总投资期、各期所应支付的金额、未来值或在最后一次支付后希望得到的现金余额(如果省略则假设其值为0)、付款时间类型(0或省略为期末付款,1为期初付款)
RATE	返回投资或贷款的每期实际利率	"=RATE(4*12,-200,8000,0,0,10%/12)"表示贷款期限为4年、每月支付200元、贷款额为8000的月利率为1%。参数分别为总投资期(即该项投资的付款期总数)、各期所应支付的金额、现值(也称为本金,即从该项投资开始计算时已经入账的款项,或一系列未来付款当前值的累积和)、未来值或在最后一次付款后希望得到的现金余额(如果省略则假设其值为0)、付款时间类型(0或省略为期末付款,1为期初付款)、预期利率(如果省略则假设该值为10%)
RECEIVED	返回完全投资型债券在到期日收回的金额	"=RECEIVED("2018-2-15","2018-5-15",1000000,5.75%,2)"=1014420.266,参数分别为证券的结算日、证券的到期日、证券的投资额、证券的贴现率、日计数基准[0或省略表示 US(NASD)每月 30 天/全年 360 天,1 表示该月实际天数/全年实际天数,2 表示该月实际天数/全年 360 天,3 表示该月实际天数/全年 365 天,4 表示欧洲每月 30 天/全年 360 天]
TBILLEQ	返回短期国库券的等价收益率	"=TBILLEQ("2018-3-30","2018-6-15",9.14%)"=0.0945,参数分别为国库券的结算日、国库券的到期日、国库券的贴现率
TBILLPRICE	返回每张票面为 100 元的短期国库券的现价	"=TBILLPRICE("2018-3-30","2018-6-15",9%)"=98.075,参数分别为国库券的结算日、国库券的到期日和国库券的贴现率
TBILLYIELD	返回短期国库券的收益率	"=TBILLYIELD("2018-3-30","2018-6-15",98.45)=0.0736,参数分别为国库券的结算日、国库券的到期日和面值 100 元的国库券的价格

函数名	功能	使用举例
VDB	返回某项固定资产用余额递减法或其他指定方法计算的特定或部分时期的折旧额	"=VDB(2400,300,10,0,0.875,1.5)"=￥315.00,参数分别为资产原值、资产在折旧期末的价值(有时也称为资产残值)、折旧期限(资产的使用寿命)、折旧计算的起始时期、折旧计算的截止时期、余额递减速率(折旧因子如果省略,则假设为2,即双倍余额递减法)、逻辑值(指定当折旧值大
		于余额递减计算值时,是否转用直线折旧法)。如果逻辑值为 TRUE,即使折旧值大于余额递减计算值,Excel 也不转用直线折旧法;如果逻辑值为 FALSE 或被忽略,且折旧值大于余额递减计算值,Excel 将转用直线折旧法。"=VDB(2400,300,10 * 12,6,18)"=￥396.31,表示在第六个月与第十八个月之间的折旧值;"=VDB(2400,300,10 * 12,6,18,1.5)"=￥311.81,表示在第六个月与第十八个月之间的折旧值(用折旧因子1.5代替双倍余额递减法)
XIRR	返回一组现金流的内部回报率(内部收益率)	A2:A6 分别为−10000、2750、4250、3250、2750,B2:B6 分别为"2008/1/1""2008/3/1""2008/10/30""2009/2/15""2009/4/1","=XIRR(A2:A6,B2:B6,0.1)"=0.373362535,参数分别为与支付时间相对应的一系列现金流、与现金流支付相对应的支付日期表、对函数 XIRR 计算结果的估计值
XNPV	返回一组现金流的净现值	A2:A6 分别为−10000、2750、4250、3250、2750,B2:B6 分别为"2008/1/1""2008/3/1""2008/10/30""2009/2/15""2009/4/1","=XNPV(0.09,A2:A6,B2:B6)"=2086.6476,参数分别为应用于现金流的贴现率、与支付时间相对应的一系列现金流、现金流支付相对应的支付日期表
YIELD	返回定期支付利息的债券的收益率	"=YIELD("2008-2-15","2016-11-15",5.75%,95.04,100,2,0)"=0.065,参数分别为证券的结算日(证券卖给购买者的日期)、证券的到期日(证券有效期截止时的日期)、证券的年息票利率、面值100元的证券的价格、面值100元的证券的清偿价值、年付息次数(1 为按年支付,2 为按半年支付,4 为按季度支付)、日计数基准[0 或省略表示 US(NASD)每月 30 天/全年 360 天,1 表示该月实际天数/全年实际天数,2 表示该月实际天数/全年 360 天,3 表示该月实际天数/全年 365 天,4 表示欧洲每月 30 天/全年 360 天]

函数名	功能	使用举例
YIELDDISC	返回已贴现债券的年收益率	"=YIELDDISC("2008-2-16","2008-3-1",99.795,100,2)"=0.052823,参数分别为证券的结算日(证券卖给购买者的日期)、证券的到期日(证券有效期截止时的日期)、面值 100 元的证券的价格、面值 100 元的证券的清偿价值、日计数基准[0 或省略表示 US(NASD)每月 30 天/全年 360 天,1 表示该月实际天数/全年实际天数,2 表示该月实际天数/全年 360 天,3 表示该月实际天数/全年 365 天,4 表示欧洲每月 30 天/全年 360 天]
YIELDMAT	返回在到期日支付利息的债券的年收益率	"=YIELDMAT("2008-3-15","2008-11-3","2007-11-8",6.25%,100.0123,0)"返回 0.060954,参数分别为证券的结算日(证券卖给购买者的日期)、到期日(证券有效期截止时的日期)、证券的发行日、证券在发行日的利率、面值 100 元的证券的价格、日计数基准[0 或省略表示 US(NASD)每月 30 天/全年 360 天,1 表示该月实际天数/全年实际天数,2 表示该月实际天数/全年 360 天,3 表示该月实际天数/全年 365 天,4 表示欧洲每月 30 天/全年 360 天]

2.8.2　FV 函数

FV 函数是 Excel 中非常实用的财务函数之一,它主要基于固定利率及等额分期付款方式,返回某项投资的未来值。该函数可以帮助用户确定投资的未来回报,从而做出更明智的财务决策。语法结构为"=FV(rate,nper,pmt,[pv],[type])",参数分别为各期利率、付款总期数、各期所应支付的金额、现值或一系列未来付款的当前值的累积和、付款时间类型(0 或省略代表期末付款,1 代表期初付款)。如果省略参数 pmt,则必须包括 pv 参数。如果省略 pv,则假定其值为 0,并且必须包括 pmt 参数。FV 函数可以接受不同的参数输入,适用于各种投资或贷款方案。在使用 FV 函数之前,用户需要理解每个参数的含义和计算方法,以确保输入正确的参数值。期数和利率是影响未来值的重要因素,读者需要根据实际情况选择合适的期数和利率进行计算。现值和支付类型也是影响未来值的因素,读者需要根据实际情况考虑是否需要输入现值和选择支付类型。表 2.31 是 FV 函数的功能与使用举例。

表 2.31　FV 函数的功能与使用举例

功能	使用举例
1.年金终值的计算	①某人购买了投资型保险,每月需要支付保险费 1000 元,期限 10 年,保险的固定收益率为 8%,保险到期后可领回 182946.04 元,公式为"=FV(8%/12,120,-1000)"。②某人打算每个月初投资 5000 元购入债券基金,假设债券基金的年化收益率为 6%,他 1 年后拥有的资产总和为 61986.20 元,公式为"=FV(6%/12,12,-5000,0,1)",赚取了 1986.20 元的收益

功能	使用举例
2.复利终值的计算	某人在银行存入了 20000 元,存款期限为 6 年,利率为复利 5%,存款到期后可取款 26801.91 元,公式为"=FV(5%,6,0,-20000,1)"
3.零存整取的计算	某人投资 20000 元购买了一款理财产品,每月固定投资 600 元,年收益是 6%,按月复利计息,2 年后本金及收益合计 37802.37 元,公式为"=FV(6%/12,12*2,-600,-20000)"

2.8.3　PV 函数

PV 函数用于计算某项投资的现值。现值是一系列未来付款的当前值的累积和。PV 函数的语法结构为"=PV(rate,nper,pmt,[fv],[type])",参数分别为各期利率、总投资期(投资的总付款期数)、各期所应支付的金额、未来值或在最后一次支付后希望得到的现金余额(如果省略则假设其值为 0)、付款时间类型(0 或省略代表期末付款,1 代表期初付款)。如果省略 pmt 参数,就不能省略 fv 参数。如果省略 fv 参数,则假设其值为 0,此时不能省略 pmt 参数。PV 函数的特点在于能够非常精确地计算出投资期内的现值,不需要烦琐的计算,从而被广泛用于不同行业的投资决策中,尤其是金融行业中。在使用 PV 函数时,应确认所指定的 rate 和 nper 单位的一致性。PV 函数还可以结合其他财务函数如 FV 函数、PMT 函数等,以更全面地考虑投资或贷款的细节。表 2.32 是 PV 函数的功能与使用举例。

表 2.32　PV 函数的功能与使用举例

功能	使用举例
1.年金现值的计算	①购买一款投资性保险产品,期限 8 年,年收益率 7%,每月底需要支付 2000 元,则该年金现值为 146695.14 元。公式为"=PV(7%/12,8*12,-2000)"。②某人计划一年后购买一辆价格为 10 万元的汽车,假设投资的年化收益率为 5%,那么他现在应该存下多少钱,一年后资产够购买汽车? 公式为"=PV(5%,1,0,100000)"。他应存 95238.10 元
2.复利现值的计算	为筹集一笔 60000 元的教育基金,6 年后使用,某银行存款年利率为 8%(复利),则需要在银行存入 37810.18 元。公式为"=PV(8%,6,0,60000,1)"
3.整存零取	将一笔钱存入银行,银行 1 年期定期存款利率为 3%,希望在之后的 20 年内,每年从银行取 6 万元,直到将全部存款取完,则需要存入 892648.49 元。公式为"=PV(3%,20,60000)"
4.投资分析判断	某项目的投资金额为 60 万元,投资回报率为 10%,投资期限是 5 年,每月可获得 1.8 万元的投资收入,判断该项目是否值得投资。计算投资现值为 847176.64 元,公式为"=PV(10%/12,5*12,18000)"。投资现值大于投资额,因此可以投资

2.8.4　PMT 函数

PMT 函数属于年金函数类别,用于计算在固定利率和等额分期付款方式下,贷款的每期付款额。PMT 函数的语法结构为"＝PMT(rate,nper,pv,[fv],[type])",参数分别为贷款利率、贷款的付款总期数、现值或一系列未来付款的当前值的累积和(也称为本金)、未来值(余值)或在最后一次付款后希望得到的现金余额、付款时间类型。如果省略参数 fv,则假设其值为 0。参数 type 为 0 或省略代表期末付款,1 代表期初付款。在使用 PMT 函数时需要特别注意,它的参数必须按照正确的顺序输入,同时应确认所指定的 rate 参数和 nper 参数单位的一致性。表 2.33 是 PMT 函数的功能与使用举例。

表 2.33　PMT 函数的功能与使用举例

功能	使用举例
1.计算每期还款	①银行 1 年期定期存款利率为 3%,某人现有存款 5 万元,如果希望在 30 年后,个人银行存款可以达到 80 万元,则每年需要向银行存款 14264.44 元。公式为"＝PMT(3%,30,-50000,800000)"。 ②假如年利率为 8%,支付的月份数为 10,贷款额为 100000 元,则期末月支付额为 10370.32 元,公式为"＝PMT(8%/12,10,100000)"
2.计算每月投资额	①想在 6 年后买一辆车,假设需要 33 万元,预计投资可以取得平均年化 12% 的收益率,则每月至少需要投资 3120.36 元。公式为"＝PMT(12%/12,6 * 12,0,330000,1)"。 ②想给孩子存一笔高等教育资金,假设 16 年后需要 120 万元,预计投资可以取得平均年化 12% 的收益率,则每月至少需要投资 2064.06 元。公式为"＝PMT(12%/12,16 * 12,0,1200000,1)"。 ③想要存一笔养老金,假设 32 年后需要 230 万元,预计投资可以取得平均年化 12% 的收益率,则每月至少需要投资 510.06 元。公式为"＝PMT(12%/12,32 * 12,0,2300000,1)"

2.8.5　PPMT 函数

PPMT 函数用于计算在固定利率和等额分期还款方式下,贷款或投资中某一期的本金偿还额。这个函数在贷款计算、投资分析和财务建模等方面具有重要作用。PPMT 函数的语法结构为"＝PPMT(rate,per,nper,pv,[fv],[type])",参数分别为各期利率、要计算的期数、贷款或投资的期数、现值、终值(可选参数,默认为 0)、付款时间(0 或省略为期末,1 为期初)。PPMT 函数的特点是它计算的是本金支付额,即在固定利率和等额分期还款方式下,每月还款中去掉利息部分后所剩下的部分,即指定期数的本金部分。在使用 PPMT 函数时,应确定输入的参数符合函数的语法要求,比如 rate 为正数,per 在 1 到 nper 之间等。表 2.34 是 PPMT 函数的功能与使用举例。

表 2.34 PPMT 函数的功能与使用举例

功能	使用举例
1. 计算每月/年偿还的本金	①用信用卡刷卡 15000 元,采用等额本息还款方式每月还款,年利率为 6%,15 个月付清,第 1 个月偿还的本金为 965.47 元。公式为"＝PPMT(6%/12,1,15,15000,0)"。 ②贷款 200000 元、20 年还清、年利率为 4%,第 3 年支付的本金为 7264.40 元。公式为"＝PPMT(4%,3,20,200000)"
2. 计算每期本金偿还额和利息偿还额	一项贷款总金额为 10000 元,年利率为 5%,贷款期限为 5 年,每年还款一次。要计算第 3 年的本金偿还额和利息偿还额。每年还款额为 2309.75 元,公式为"＝PMT(5%,5,10000)"。第 3 年的本金偿还额 1995.25 元,公式为"＝PPMT(5%,3,5,10000)";第 3 年的利息偿还额＝2309.75－1995.25＝314.50

2.8.6 IPMT 函数

IPMT 函数基于固定利率及等额分期付款方式,返回给定期数内对投资的利息偿还额。IPMT 函数的语法结构为"＝IPMT(rate,per,nper,pv,[fv],[type])"。参数分别为各期利率、要计算的期数、总投资期数(该项投资的付款期总数)、现值、未来值或在最后一次付款后希望得到的现金余额(如果省略则假设其值为 0)、付款时间(0 或省略为期末,1 为期初)。IPMT 函数返回的是每期的利息金额,可以用于计算每期的利息支出或者了解贷款的利息部分。如果想要计算每期的本金部分,可以使用 Excel 中的 PPMT 函数。IPMT 函数常见用法如计算第 1 期的利息偿还额,公式为"＝IPMT(10%/12,1,3 * 12,8000)"。由于贷款的每期付款额＝每期的本金偿还额＋每期的利息偿还额,所以 IPMT 函数与 PMT 函数和 PPMT 函数联系较为紧密,这里就不再赘述 IPMT 函数的其他使用举例。

2.8.7 RATE 函数

RATE 函数是一种用于计算贷款或投资的年利率的财务函数。该函数可以帮助我们计算贷款或投资的年利率,以便我们更好地了解投资或贷款的可行性。RATE 函数的语法结构为"＝RATE(nper,pmt,pv,[fv],[type],[guess])",参数分别为总期数、每期付款额、现值或一系列未来支付的当前总额、未来值或最后一期支付后希望达到的现金余额、支付的时间类型(0 或省略代表期末支付,1 代表期初支付)、预期利率(如果省略则假设该值为 10%)。表 2.35 是 RATE 函数的功能与使用举例。

表 2.35 RATE 函数的功能与使用举例

功能	使用举例
1. 计算借款利率	①借款 16 万元,约定每季度还款 1.2 万元,共计 4 年还清,那么借款的利率为 2.23%。公式为"＝RATE(4 * 4,－12000,160000)"。年利率为 8.92%(2.23%×4)。 ②借款 5 万元,借款期为 5 年,约定每年年底还款 12500 元,则该借款的收益率为 7.93%。公式为"＝RATE(5,－12500,50000)"

功能	使用举例
2.做出投资收益决策	①一项保险业务需一次性缴费 55000 元,保险期限为 45 年,在这一期间如果没有出险,则每年年底返还 4600 元,在没有出险的情形下其收益率是 8.11%。公式为"=RATE(45,4600,−55000)"。 ②2020 年 1 月 1 日某人拥有闲置资金 2 万元并且每个月结余 3000 元,如果他设定经过一年时间期末总资产达到 8 万元,那么需要投资多高收益率的理财产品? 期望月利率的计算公式为"=RATE(12,−3000,−20000,80000,0)",结果为 4.45%。复利年利率=(4.45%+1)^12−1=68.62%,此期望年利率非常高,预期目标很难实现

2.8.8　NPER 函数

NPER 函数用于计算投资或贷款的期数。在金融领域中,我们经常需要计算投资或贷款的期数,以确定在给定利率和支付方式下,需要多少个期数才能达到预期的目标。NPER 函数的语法结构为"=NPER(rate,pmt,pv,[fv],[type])",参数分别为每期利率、每期付款金额、现值或贷款的本金、未来值(可选参数,表示投资的未来价值)、付款方式(可选参数,0 或省略表示期末付款,1 表示期初付款)。使用 NPER 函数时,要注意每期利率应与付款周期相匹配,同时保证参数的一致性。比如要计算的期数是贷款的期数,那么利率应该是贷款的利率,而不是存款利率或其他利率。表 2.36 是 NPER 函数的功能与使用举例。

表 2.36　NPER 函数的功能与使用举例

功能	使用举例
1.计算理财期数	现有存款 11 万元,每月工资可以剩余 5200 元,用于购买理财产品。理财产品的年利率为 6%,按月计息。需要连续购买多少期理财产品才能使总额达到 80 万元呢? 需要 94.24 期。公式为"=NPER(6%/12,−5200,−110000,800000)"
2.计算还款期限	某人向银行贷款 1600000 元,年利息为 8.4%,每年向银行还款 260000 元,需要多少年才能还清? 需要 8.999 年。公式为"=NPER(8.36%,−260000,1600000)"
3.整存零取	一次性存入余额宝 48 万元,每年取 21000 元,平均年利率为 2.73%,能取多少年? 可以取 36.32 年。公式为"=NPER(2.73%,21000,−480000)"
4.零存整取	如果每年存 21000 元,平均利率为 2.8%,多少年后账户余额为 50 万元? 18.50 年。公式为"=NPER(2.8%,−21000,,500000)"

2.8.9　NPV 函数

NPV 的全称为 net present value,即净现值。NPV 函数的主要作用是计算一组现金流在特定折现率下的净现值。NPV 函数的语法结构为"=NPV(rate,value1,[value2],...)"。其中,rate 表示贴现率;value1,value2,... 依次表示第 1 期、第 2 期等的现金流量。NPV 函数可以轻松计算出投资项目的净现值,从而帮助用户做出更明智的投资决策。在使用 NPV 函数时,应确保输入的现金流量数据是按时间顺序排列的,以便正确计算每一期的现值。表 2.37 是 NPV 函数的功能与使用举例。

表 2.37　NPV 函数的功能与使用举例

功能	使用举例
计算投资净现值	①将银行贷款 1600000 元投资于某项目,年贴现率为 11%,预计 5 年后的收益分别为 250000 元、400000 元、650000 元、1000000 元和 1280000 元,则投资净现值为 759907.45 元。公式为"=NPV(11%,−1600000,250000,400000,650000,1000000,1280000)"。 ②某债券面值 1000 元,票面利率 8%,期限 3 年,每年支付一次利率,最后一次利息和本金一次支付,现按 950 元/张销售,假定贴现率为 9%,则该债券投资的净现值为 22.65 元。公式为"=NPV(9%,−950,1000*8%,1000*8%,1000丨1000*8%)"。

2.8.10　IRR 函数

IRR 函数主要用于计算投资项目的内部收益率,以帮助决策者评估投资项目的预期收益率,并做出明智的投资决策。IRR 函数的语法结构为"=IRR(values,[guess])"。其中,values 是包含现金流量的数组或单元格引用,这些现金流量必须按时间顺序排列,以便正确计算内部收益率。guess 是可选参数,用于对 IRR 函数计算结果的估计值。大多数情况下,不必提供 guess 值,Excel 将使用默认值为 0.1(10%)进行计算。IRR 函数将投资项目的现金流量折现到同一时间点,从而考虑了资金的时间价值。由于 IRR 函数计算的是内部收益率,因此可以用于比较不同投资项目的预期收益率,从而帮助决策者选择最佳的投资项目。表 2.38 是 IRR 函数的功能与使用举例。

表 2.38　IRR 函数的功能与使用举例

功能	使用举例
1.计算一般投资的内部收益率	①某企业投资 52000 元购买一套设备,使用寿命 5 年,各年收益分别为 9500 元、11200 元、12000 元、13000 元、16000 元,则内部收益率为 5.51%。在 A1:A6 分别输入−52000、9500、11200、12000、13000、16000,在其他单元格输入公式"=IRR(A1:A6)"。 ②某项投资 1560000 元,年贴现率为 9.8%,5 年后的收益分别为 260000 元、410000 元、660000 元、977000 元和 1310000 元,则内部收益率为 26.83%。在 B1:B6 分别输入−1560000、260000、410000、660000、977000、1310000,在其他单元格输入公式"=IRR(B1:B6,9.8%)"
2.计算借款的年利率(内部收益率)	借款 10000 元,分 12 个月还完,每月 900 元,那么实际月利率为 1.20%。在 A1 输入 10000,A2:A13 均输入−900,输入公式"=IRR(A1:A13)"。复利年利率=(1.20%+1)^12−1=15.39%

续表

功能	使用举例
3.信用卡消费的年利率(内部收益率)	信用卡分期消费 8400 元,分 12 期还完,月手续费费率为 0.6%,每期现金流＝8400/12＋8400×0.6%＝750.4。在 A1 输入 8400,A2：A13 均输入－750.4,输入公式"＝IRR(A1：A13)",得到实际月利率 1.09%。复利年利率＝(1.09%＋1)^12－1＝13.89%
4.有服务费的信用贷的年利率(内部收益率)	某人找中介做了 1 笔 30 万元信用贷,分 36 期还款,每月还款 9833.33 元,另外中介收了贷款总额 5 个点的服务费。扣除服务费后的初始现金流为 28.5(30×95%)万元。在 A1 输入 285000,A2：A37 均输入－9833.33,输入公式"＝IRR(A1：A37)",得到实际月利率 1.22%。复利年利率＝(1.22%＋1)^12－1＝15.66%
5.无服务费的信用贷的年利率(内部收益率)	假如没有服务费,某人也贷款 30 万元,分 36 期还款,每月还款 9833.33 元,则初始现金流为 30 万元。在 A1 输入 300000,A2：A37 均输入－9833.33,输入公式"＝IRR(A1：A37)",得到实际月利率 0.92%。复利年利率＝(0.92%＋1)^12－1＝11.62%。可知没有服务费,实际年利率会降低 4 个点

2.8.11　MIRR 函数

MIRR 函数用于计算投资项目修改后的内部收益率。修改后的内部收益率考虑了现金流的再投资,通常用于评估投资项目的潜在回报。MIRR 函数的语法结构为"＝MIRR(values,finance_rate,reinvest_rate)"。其中,values 代表一系列定期支出(负值)和收益(正值)的数组或对包含数字的单元格的引用;finance_rate 代表现金流中使用的资金支付的利率;reinvest_rate 代表将现金流再投资的收益率。表 2.39 是 MIRR 函数的功能与使用举例。

表 2.39　MIRR 函数的功能与使用举例

功能	使用举例
计算投资项目修改后的内部收益率	贷款投资的原值为 800000 元,4 年后的收益分别为 100000 元、240000 元、300000 元、120000 元,贷款年利率为 7%,再投资收益年利率为 10.5%,则 4 年后投资的修改后的内部收益率为 2.4%。在 A1：A5 中输入－800000、100000、240000、300000、120000,公式为"＝MIRR(A1：A5,7%,10.5%)"

2.8.12　XIRR 函数

XIRR 函数用来计算投资的内部收益率,可以帮助投资者更好地评估投资的收益情况。XIRR 函数的语法结构为"＝XIRR(values,dates,guess)"。其中,values 表示与 dates 中的支付时间相对应的一系列现金流;dates 表示与现金流支付相对应的支付日期表;guess 表示对函数 XIRR 计算结果的估计值。表 2.40 是 XIRR 函数的功能与使用举例。

表 2.40　XIRR 函数的功能与使用举例

功能	使用举例
1.计算基金定投的年化收益率（定期定额的定投方式）	2020 年小张在支付宝设定了每个月 1 日定投沪深 300 指数基金 1000 元的定投计划,分红方式为红利再投,2021 年 1 月 1 日小张的基金账户资产为 13260 元,计算 2020 年小张基金定投的年化收益率为 19.83%。从 2020 年 1 月 1 日开始,在 A1:A13 中输入每个月 1 日的日期,在 B1:B12 中输入现金流(都为 -1000),在 B13 中输入 13260,在其他任一单元格输入公式"=XIRR(B1: B13,A1:A13)"
2.计算基金定投的年化收益率（定期不定额的定投方式）	2020 年 1—6 月的 1 日某人将每个月结余 1000 元定投到某只沪深 300 指数基金,7—12 月的 1 日定投金额从 1000 元增加到 2000 元,2021 年 1 月 1 日该投资者的基金账户资产为 19310 元,计算 2020 年该基金定投的年化收益率为 16.25%。从 2020 年 1 月 1 日开始,在 A1:A13 中输入每个月 1 日的日期,在 B1:B6 中输入现金流(都为 -1000),在 B7:B12 中都输入 -2000,在 B13 中输入 19310,在其他任一单元格输入公式"=XIRR(B1:B13,A1:A13)"
3.计算基金定投的年化收益率（定期定额的定投方式＋低位加仓）	2020 年某人在支付宝设定了每个月 1 日定投沪深 300 指数基金 1000 元的定投计划,在 1 月 14 日、5 月 13 日、8 月 5 日、10 月 23 日市场低点增加 2500 元投入,2021 年 1 月 1 日该投资者的基金账户资产为 24000 元,计算 2020 年该基金定投的年化收益率为 17.01%。将 2020 年 1 月至 2021 年 1 月之间每月 1 日的日期以及 2019 年 1 月 14 日、5 月 13 日、8 月 5 日、10 月 23 日按照时间先后顺序输入 A1:A17,在 B1:B16 中输入上述时间对应的现金流,在 B17 单元格中输入 24000,在其他任一单元格输入公式"=XIRR(B1:B17,A1:A17)"

2.8.13　SLN 函数

SLN 函数即直线折旧法函数,用于计算资产的每年折旧值,以帮助公司会计进行资产管理。SLN 函数的语法结构为"=SLN(cost,salvage,life)",其中,cost 表示资产的原始成本或购买价值;salvage 表示资产在使用寿命结束时的残值或剩余价值;life 表示资产的使用寿命或折旧期限。SLN 函数采用直线折旧法进行计算,假设资产在使用寿命期间以相同的速度折旧,每年折旧额相等。这种方法简单明了,容易理解和使用。表 2.41 是 SLN 函数的功能与使用举例。

表 2.41　SLN 函数的功能与使用举例

功能	使用举例
1.计算每年折旧金额	资产原值 90000 元,净残值 10000 元,使用年限 10 年,则每年折旧金额为 8000 元,公式为"=SLN(90000,10000,10)"
2.计算每月折旧金额	资产原值 90000 元,净残值 10000 元,使用年限 10 年,则每月折旧金额为 666.67 元,公式为"=SLN(90000,10000,10 * 12)"
3.计算每天折旧金额	资产原值 90000 元,净残值 10000 元,使用年限 10 年,则每天折旧金额为 21.92 元,公式为"=SLN(90000,10000,10 * 365)"

2.8.14　DDB 函数

DDB 函数即双倍余额递减法函数,主要用于计算固定资产在给定期间内的折旧值。DDB 函数的语法结构为"=DDB(cost,salvage,life,period,[factor])"。其中,cost 表示资产的原始成本或购买价值;salvage 表示资产在折旧期末的价值(也称为资产残值);life 表示折旧期限(也称为资产的使用寿命);period 表示需要计算折旧值的期间;factor 表示余额递减速率,如果省略,则默认为 2(双倍余额递减法)。DDB 函数采用双倍余额递减法进行计算,意味着在资产使用寿命初期,折旧率相对较高,后期则逐渐降低。这种方法可以更好地反映资产的实际磨损情况。表 2.42 是 DDB 函数的功能与使用举例。

表 2.42　DDB 函数的功能与使用举例

功能	使用举例
计算每年折旧金额	资产原值 96000 元,净残值 10000 元,使用年限 9 年,则第 1 年折旧额为 21333.33 元,公式为"=DDB(96000,10000,9,1)";第 2 年折旧额为 16592.59 元,公式为"=DDB(96000,10000,9,2)";最后 2 年每年的折旧额=(原值-净残值-累计折旧)/2。月折旧额=年折旧额/12

2.8.15　SYD 函数

SYD 函数是计算资产的折旧值时使用的财务函数。它按照年限总和折旧法计算资产在指定期间内的折旧值。SYD 函数的语法结构为"=SYD(cost,salvage,life,per)",其中,参数 cost 为资产原值;salvage 为资产在折旧期末的价值(也称为资产残值);life 为折旧期限(也称为资产的使用寿命);per 为期间(单位与 life 相同)。表 2.43 是 SYD 函数的功能与使用举例。

表 2.43　SYD 函数的功能与使用举例

功能	使用举例
计算年折旧金额	资产原值 98000 元,净残值 10000 元,使用年限 11 年,则第 1 年折旧金额为 14666.67 元,公式为"=SYD(98000,10000,11,1)";第 2 年折旧金额为 14578.51 元,公式为"=DDB(98000,10000,11,2)"。月折旧额=年折旧额/12

需要说明的是,对本章出现的一些复杂公式,部分读者可能不明白公式的计算原理或计算过程,我们在这里推荐 F9 键的使用小技巧。在分析复杂的函数公式时,可以将其分成若干部分,选中部分公式后按 F9 键(为了不改变原始公式,最好复制数据公式到新的 Sheet 表格),即可显示该部分公式的运行结果,这样读者就能明白函数公式每一部分的计算原理。当然,如果我们编辑的函数公式有误,可以选中该公式的部分内容,通过按 F9 键查看运行结果,从而达到修改错误和逐步调试的目的。

第3章 编制记账凭证与登记现金日记账

在我们深入探讨会计处理的细节之前,有一个至关重要的环节不可忽视,那就是编制记账凭证与登记现金日记账。这两个步骤不仅是会计工作的基础,更是企业日常运营中资金管理的核心。每一笔交易的精确记录,每一份账单的准确编制,都为企业的健康运行提供了有力的保障。

3.1 编制记账凭证

(1)打开如图3.1所示的原始文件,填写凭证号"0001"(可设置单元格格式为文本,再输入数字)、附单据数"1"和制表日期"2022/6/9"。

记 账 凭 证					
凭证号:		制单日期:		附单据数:	
摘 要	科目代码	科 目 名 称		借方金额	贷方金额
票号					
日期		数量		合计:	
		单价			
备注	项目		部门	个人	
	客户		业务员		
	记账:	审核:	出纳:	制单:	

图3.1 原始记账凭证

(2)选中会计科目表(见配套数据)中的数据区域Q3:Q51,点击菜单"公式"/"定义的名称"/"定义名称",如图3.2所示。在名称里面输入"科目代码",其他为默认设置,单击"确定"。

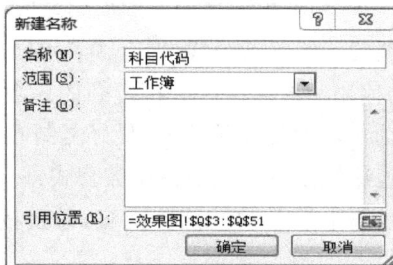

图3.2 新建名称

(3)选中记账凭证中的科目代码区域E5:E9,之后点击菜单"数据"/"数据工具"/"数据有效性",如图3.3所示。点击对话框"数据有效性"中的"设置"选项卡,在"允许"下方选择"序列",在"来源"下方输入"=科目代码"。点击"确定"后发现,点击 E5:E9 中的任何一个单元格,在其右边会出现一个下拉列表的倒三角形按钮,可以选择合适的科目代码。

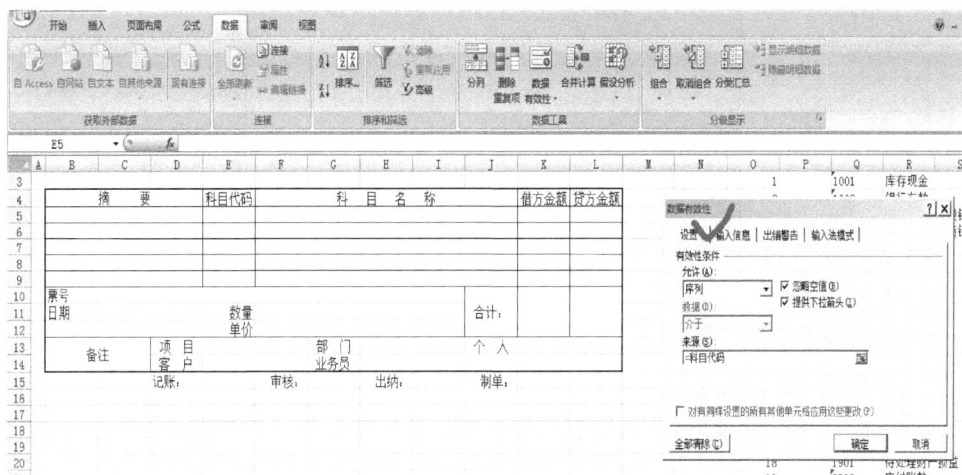

图 3.3　数据有效性设置

(4)在 F5 单元格中输入"=IF(E5="","",VLOOKUP(E5,$Q$3:$U$51,5,0))",并向下填充到 F9。IF 函数的内涵为:如果科目代码 E5 为空,那么对应的科目名称 F5 也为空;否则运用 VLOOKUP 函数生成科目代码 E5 所对应的科目名称 F5。

(5)在 B5 单元格中输入"提取备用金",在 E5 单元格中选择"1001",此时 F5 单元格中自动生成"库存现金",在 K5 单元格中输入金额"1000",结果如图 3.4 所示。

图 3.4　输入摘要、科目代码、借方金额

(6)在 B6 单元格中输入"提取备用金",在 E6 单元格中选择"100201",此时 F6 单元格中自动生成"银行存款——建设银行",在 L6 单元格中输入金额"1000"。

(7)选中金额区域 K5:L10,点击鼠标右键选择"设置单元格格式",如图 3.5 所示。在"数字"选项卡下方的分类下拉框中选择"货币",右边的小数位数选择"2",货币符号选择"¥",负数下拉框选择红色"¥-1234.10",点击"确定",结果如图 3.5 所示。

(8)在 K10 和 L10 单元格中分别输入"=SUM(K5:K9)"和"=SUM(L5:L9)",计算借方金额合计和贷方金额合计,结果如图 3.6 所示。

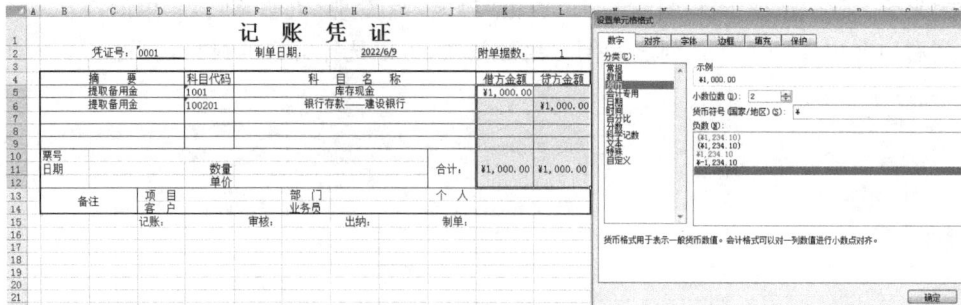

图 3.5　设置单元格格式

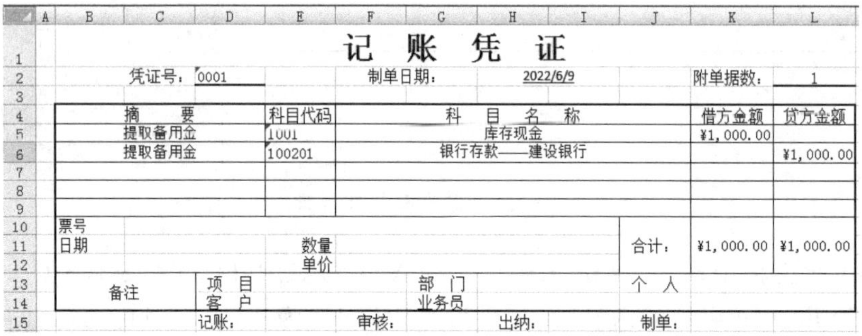

图 3.6　计算借方金额合计和贷方金额合计

3.2　编制记账凭证汇总表

（1）在 Excel 中制作如图 3.7 所示的工作表标题。

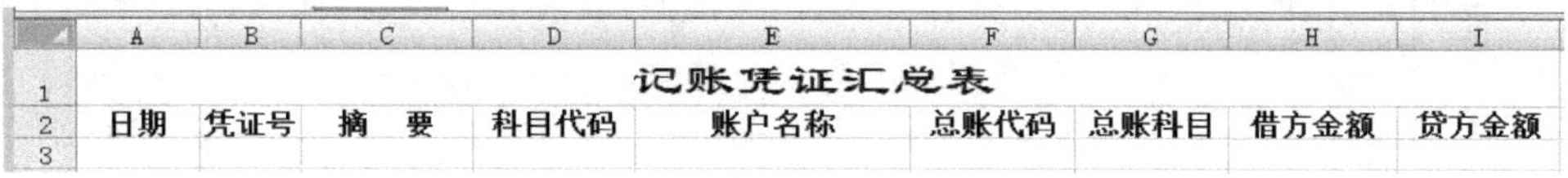

图 3.7　制作工作表标题

（2）选中 B3：B4，点击鼠标右键选择"设置单元格格式"，如图 3.8 所示。在"数字"选项卡下方的分类下拉框中选择"自定义"，在"类型"选项下方选择"0000"。

（3）选中 D3：D4，点击菜单"数据"/"数据工具"/"数据有效性"，点击对话框"数据有效性"中的"设置"选项卡，在"允许"下方选择"序列"，点击"来源"下方的小红箭头，选择数据区域 N3：N51 后按回车键，自动生成数据来源"＝＄N＄3：＄N＄51"，点击"确定"即可完成数据有效性设置，如图 3.9 所示。

（4）选中 H3：I4，点击鼠标右键选择"设置单元格格式"，在"数字"选项卡下方的分类下拉框中选择"会计专用"，点击"确定"完成单元格格式设置。在"日期""凭证号""摘要""科目代码"列输入已登记的记账凭证信息，如图 3.10 所示。

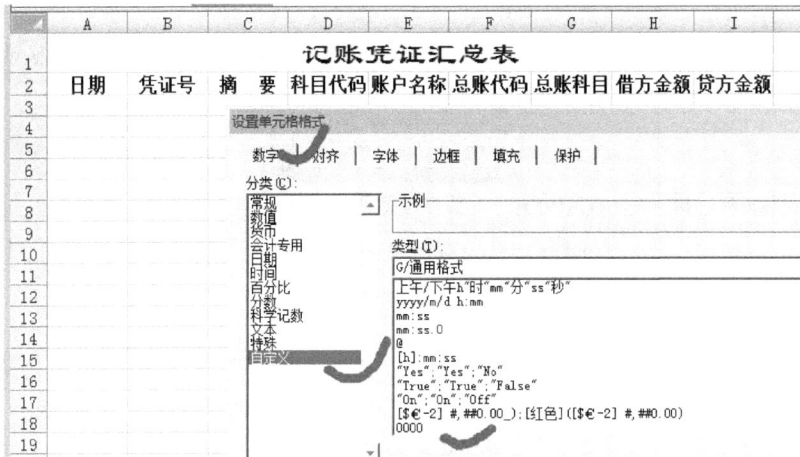

图 3.8　设置单元格格式

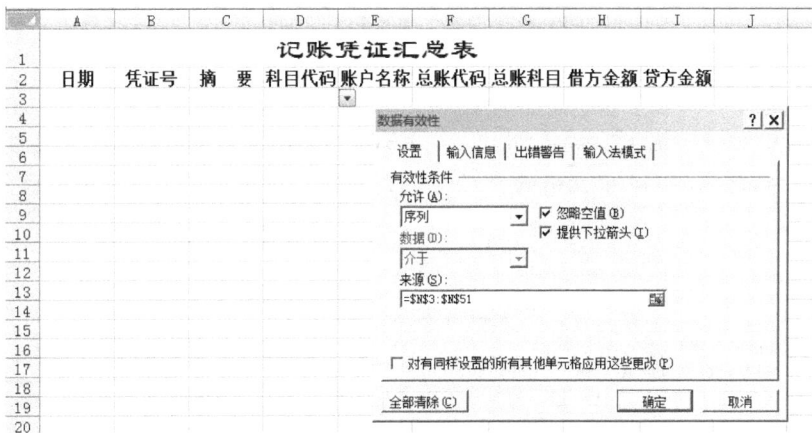

图 3.9　设置数据有效性

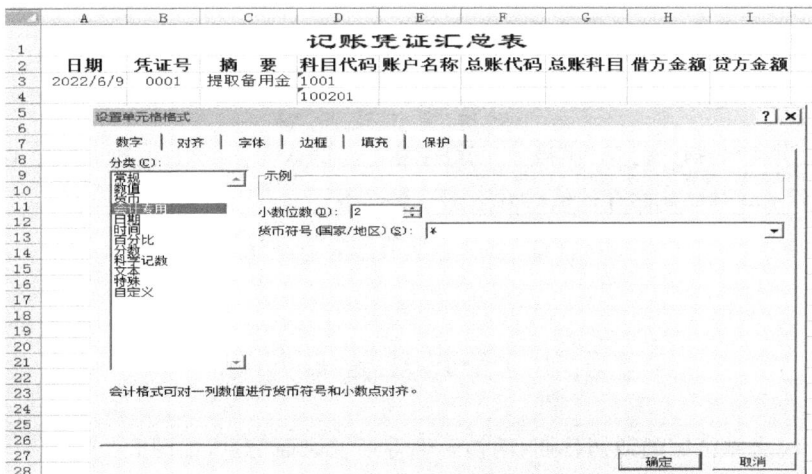

图 3.10　设置单元格格式

(5)在 E3 单元格中输入"=VLOOKUP(D3,＄N＄3：＄R＄51,5,FALSE)",按回车键即可生成相应账户名称,之后将 E3 单元格的公式填充到 E4,即可生成 E4 单元格对应的账户名称,如图 3.11 所示。

	A	B	C	D	E	F	G	H	I
1					记账凭证汇总表				
2	日期	凭证号	摘　要	科目代码	账户名称	总账代码	总账科目	借方金额	贷方金额
3	2022/6/9	0001	提取备用金	1001	库存现金				
4				100201	银行存款——建设银行				

图 3.11　设置账户名称

(6)在 F3 单元格中输入"=LEFT(D3,4)",按回车键即可生成相应总账代码,之后将 F3 单元格的公式填充到 F4,即可生成 F4 单元格对应的总账代码,如图 3.12 所示。

	A	B	C	D	E	F	G	H	I
1					记账凭证汇总表				
2	日期	凭证号	摘　要	科目代码	账户名称	总账代码	总账科目	借方金额	贷方金额
3	2022/6/9	0001	提取备用金	1001	库存现金	1001			
4				100201	银行存款——建设银行	1002			

图 3.12　设置总账代码

(7)在 G3 单元格中输入"=VLOOKUP(D3,＄N＄3：＄O＄51,2,0)",按回车键即可生成相应总账科目,之后将 G3 单元格的公式填充到 G4,即可生成 G4 单元格对应的总账科目,如图 3.13 所示。

	A	B	C	D	E	F	G	H	I
1					记账凭证汇总表				
2	日期	凭证号	摘　要	科目代码	账户名称	总账代码	总账科目	借方金额	贷方金额
3	2022/6/9	0001	提取备用金	1001	库存现金	1001	库存现金		
4				100201	银行存款——建设银行	1002	银行存款		

图 3.13　设置总账科目

(8)输入借方金额和贷方金额"2000",将第 3 行"日期""凭证号""摘要"中的信息复制到第 4 行,如图 3.14 所示。至此,记账凭证汇总表已经完成。

	A	B	C	D	E	F	G	H	I
1					记账凭证汇总表				
2	日期	凭证号	摘　要	科目代码	账户名称	总账代码	总账科目	借方金额	贷方金额
3	2022/6/9	0001	提取备用金	1001	库存现金	1001	库存现金	￥2,000.00	
4	2022/6/9	0001	提取备用金	100201	银行存款——建设银行	1002	银行存款		￥2,000.00

图 3.14　输入金额、日期、凭证号、摘要

3.3　登记现金日记账

(1)填写现金日记账的期初日期、期初余额等期初账面信息,如图 3.15 所示。

	2022	年	凭证号	摘　要	对方科目			借　方	贷　方	余　额
	月	日								
	6	1			期初余额					¥30,000.00

图 3.15　输入期初账面信息

（2）输入第一笔业务的时间 6 月 9 日，凭证号"0001"，如图 3.16 所示。

	2022	年	凭证号	摘　要	对方科目			借　方	贷　方	余　额
	月	日								
	6	1			期初余额					¥30,000.00
	6	9	0001							

图 3.16　输入时间和凭证号

（3）运用公式输入第一笔业务的摘要内容，在 D5 单元格中输入"＝IF（C5＝""，""，VLOOKUP（C5，＄M＄4：＄R＄5，2，0））"，即可生成摘要内容，如图 3.17 所示。

	2022	年	凭证号	摘　要	对方科目			借　方	贷　方	余　额
	月	日								
	6	1			期初余额					¥30,000.00
	6	9	0001	提取备用金						

图 3.17　输入摘要内容

（4）填写对方科目，在 E5 单元格中输入"＝LOOKUP（1，0/（（M4：M5＝C5）＊（P4：P5＜＞"库存现金"）），P4：P5）"，按回车键即可生成对方科目，如图 3.18 所示。

	2022	年	凭证号	摘　要	对方科目			借　方	贷　方	余　额
	月	日								
	6	1			期初余额					¥30,000.00
	6	9	0001	提取备用金	银行存款——建设银行					

图 3.18　输入对方科目

注意：多条件查询可以使用如下模板"＝LOOKUP（1，0/（（数据区域条件 1）＊（数据区域条件 2）＊（数据区域条件 3）……），结果列数据区域）"。

（5）引用借方和贷方金额，在 H5 单元格中输入"＝LOOKUP（1，0/（（M4：M5＝C5）＊（P4：P5＝"库存现金"）），S4：S5）"，在 I5 单元格中输入"＝LOOKUP（1，0/（（M4：M5＝C5）＊（P4：P5＝"库存现金"）），T4：T5）"，之后选中 H4：J20，点击鼠标右键选择"设置单元格格式"，在"数字"选项卡下方的分类下拉框中选择"会计专用"，点击"确定"完成单元格格式设置。"0"值单元格可以单独设置其格式为"常规"，结果如图 3.19 所示。

	A	B	C	D	E	F	G	H	I	J
1	现金日记账									
2	2022	年	凭证号	摘 要	对方科目			借 方	贷 方	余 额
3	月	日								
4	6	1		期初余额						¥30,000.00
5	6	9	0001	提取备用金	银行存款——建设银行			¥ 2,000.00		

图 3.19　引用借方和贷方金额

(6)分别计算借方发生额、贷方发生额和期末余额。在 H20 单元格中输入“＝SUM(H5：H19)”，在 I20 单元格中输入“＝SUM(I5：I19)”，在 J20 单元格中输入“J4＋H20－I20”，结果如图 3.20 所示。

	A	B	C	D	E	F	G	H	I	J
1	现金日记账									
2	2022	年	凭证号	摘 要	对方科目			借 方	贷 方	余 额
3	月	日								
4	6	1		期初余额						¥30,000.00
5	6	9	0001	提取备用金	银行存款——建设银行			¥ 2,000.00		
6										
7										
18										
19										
20				本期发生额及余额				¥ 2,000.00		¥32,000.00

图 3.20　计算借方发生额、贷方发生额和期末余额

说明：鉴于本章主要给读者介绍如何运用 Excel 编制记账凭证、编制记账凭证汇总表以及登记现金日记账，我们重点讲解的是编制方法。限于篇幅，上述编制过程并没有列举太多的业务数据，读者完全可以借用本章的编制方法进行更多的业务处理。

第4章 固定资产管理

在企业财务管理的众多任务中,固定资产管理是一项至关重要的任务。作为企业运营的重要基础,固定资产不仅关乎企业的生产力和运营效率,更是企业长期发展的稳固基石。因此,我们需要认真对待固定资产管理这一环节,采取有效的措施和方法,确保固定资产的安全、稳定和持续运转,为企业的可持续发展提供有力的保障。

4.1 制作固定资产登记卡

固定资产登记卡是核算固定资产的明细账卡。固定资产登记卡应按固定资产每一独立登记对象分别设置。固定资产的登记对象,应视各类固定资产而异。

(1)在 Excel 中制作如图 4.1 所示的表头。

图 4.1 制作表头

(2)对"增加方式""减少方式""状况"三列的相关区域进行数据有效性格式设置。其中,"增加方式"只能为直接购入、在建工程转入、捐赠、投资者投入、调拨等五种方式,"减少方式"只能为出售、报废、调拨、投资等四种方式,"状况"只能为在用、季节性停用、停用等三种方式。选中单元格区域 D3:D11,之后点击菜单"数据"/"数据工具"/"数据有效性",如图 4.2 所示。

图 4.2 设置数据有效性

点击对话框"数据有效性"中的"设置"选项卡,在"允许"下方选择"序列",在"来源"下方输入"直接购入,在建工程转入,捐赠,投资者投入,调拨"(不同增加方式中间用英文逗号连接)。点击"确定"后发现,点击 D3:D11 中的任何一个单元格,在其右边会出现一个下拉列表的倒三角形按钮,可以选择合适的增加方式。同理,可以设置减少方式 E3:E11、状况 G3:G11 的数据有效性格式。至此,固定资产登记卡的基本模板已经制作完成。

(3)在已完成的固定资产登记卡模板中登记固定资产的增加和减少情况,如图 4.3 所示。

	A	B	C	D	E	F	G	H	I	J
1					固定资产登记卡					
2	编号	名称	型号	增加方式	减少方式	使用部门	状况	使用日期	预计使用年限	原值
3	001	空调	MR203	直接购入		人事部	季节性停用	2019/3/15	10	¥ 26,000.00
4	002	饮水机	RSW	直接购入		办公部	在用	2020/5/25	5	¥ 2,200.00
5	003	仓库	砖混结构	投资者投入		采购部	在用	2019/3/15	12	¥ 50,000.00
6	004	电脑	联想	直接购入		办公部	在用	2019/6/17	7	¥ 4,100.00
7	005	扫描仪	佳能	投资者投入		财务部	在用	2019/7/10	7	¥ 2,650.00
8	006	打印机	佳能	投资者投入		财务部	在用	2019/5/22	5	¥ 2,750.00
9										

图 4.3　登记固定资产的增加和减少情况

4.2　固定资产的筛选查询

本节将练习固定资产的自定义筛选查询和高级筛选查询功能。

1. 自定义筛选查询

打开筛选查询原始数据,使用自定义筛选功能查询原值处于(4000,6000)范围内的固定资产。

(1)打开筛选查询原始数据后,点击数据区域内的任意一个单元格,之后点击"数据"/"筛选",如图 4.4 所示。

图 4.4　筛选

(2)点击数据区域中"原值"的右侧倒三角形按钮,在其下拉框选择"数字筛选"/"自定义筛选",如图 4.5 所示。

(3)在自定义筛选方式下面选择"大于""4000""与""小于""6000",如图 4.6 所示,点击"确定"。

(4)自定义筛选结果如图 4.7 所示。如果要清除筛选结果,可以点击工具栏"筛选"旁边的"清除",使数据恢复到原始状态。

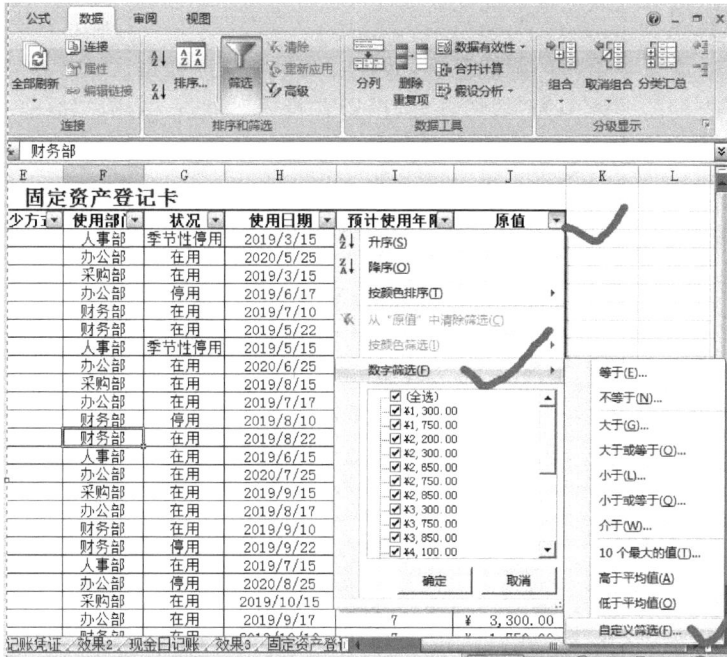

图 4.5 自定义筛选

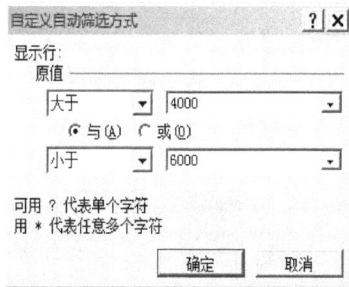

图 4.6 自定义自动筛选方式

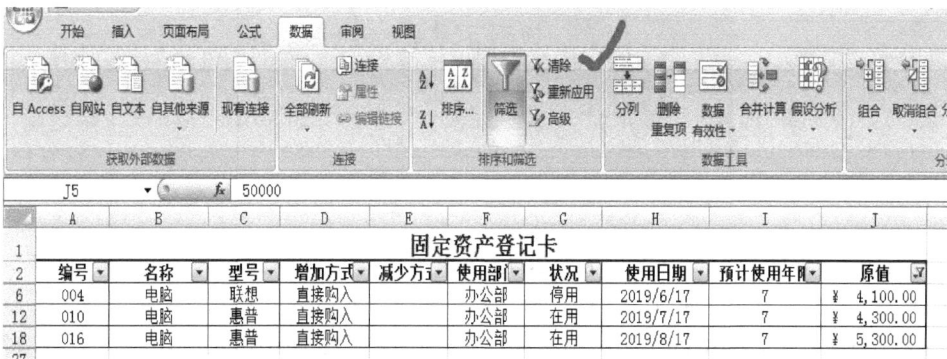

	A	B	C	D	E	F	G	H	I	J
1				固定资产登记卡						
2	编号	名称	型号	增加方式	减少方式	使用部门	状况	使用日期	预计使用年限	原值
6	004	电脑	联想	直接购入		办公部	停用	2019/6/17	7	¥ 4,100.00
12	010	电脑	惠普	直接购入		办公部	在用	2019/7/17	7	¥ 4,300.00
18	016	电脑	惠普	直接购入		办公部	在用	2019/8/17	7	¥ 5,300.00

图 4.7 自定义筛选结果

2. 高级筛选查询

高级筛选可以进行多条件的筛选查询,其筛选结果可在原数据区域显示,也可复制到其他数据区域。如要查询的多条件为"增加方式:投资者投入""状况:在用""原值<6000",其查询步骤如下:

(1)打开筛选查询原始数据后,在空白区域 D28:F29 输入筛选条件"增加方式:投资者投入,状况:在用,原值<6000"。筛选条件表头一定要和原始数据的表头一致,如图 4.8 所示。

编号	名称	型号	增加方式	减少方式	使用部门	状况	使用日期	预计使用年限	原值
							固定资产登记卡		
001	空调	MR203	直接购入		人事部	季节性停用	2019/3/15	10	¥ 26,000.00
002	饮水机	RSW	直接购入		办公部	在用	2020/5/25	5	¥ 2,200.00
003	仓库	砖混结构	投资者投入		采购部	在用	2019/3/15	12	¥ 50,000.00
004	电脑	联想	直接购入		办公部	停用	2019/6/17	7	¥ 4,100.00
005	扫描仪	佳能	投资者投入		财务部	在用	2019/7/10	7	¥ 2,650.00
006	打印机	佳能	投资者投入		财务部	在用	2019/5/22	5	¥ 2,750.00
007	空调	MR204	直接购入		人事部	季节性停用	2019/5/15	10	¥ 26,200.00
008	饮水机	RSW	直接购入		办公部	在用	2020/6/25	5	¥ 2,300.00
009	仓库	砖混结构	投资者投入		采购部	在用	2019/8/15	12	¥ 50,500.00
010	电脑	惠普	直接购入		办公部	在用	2019/7/17	7	¥ 4,300.00
011	扫描仪	佳能	投资者投入		财务部	停用	2019/8/10	7	¥ 2,750.00
012	打印机	佳能	投资者投入		财务部	在用	2019/8/22	5	¥ 2,850.00
013	空调	MR205	直接购入		人事部	在用	2019/6/15	10	¥ 31,200.00
014	饮水机	RSW	直接购入		办公部	在用	2020/7/25	5	¥ 3,300.00
015	仓库	砖混结构	投资者投入		采购部	在用	2019/9/15	12	¥ 60,500.00
016	电脑	惠普	直接购入		办公部	在用	2019/8/17	7	¥ 5,300.00
017	扫描仪	佳能	投资者投入		财务部	在用	2019/9/10	7	¥ 3,300.00
018	打印机	佳能	投资者投入		财务部	停用	2019/9/22	5	¥ 3,850.00
019	空调	MR206	直接购入		人事部	在用	2019/7/15	10	¥ 51,200.00
020	饮水机	RSW	直接购入		办公部	停用	2020/8/25	5	¥ 1,300.00
021	仓库	砖混结构	投资者投入		采购部	在用	2019/10/15	12	¥ 30,500.00
022	电脑	联想	投资者投入		办公部	在用	2019/9/17	7	¥ 3,300.00
023	扫描仪	佳能	投资者投入		财务部	在用	2019/10/10	7	¥ 1,750.00
024	打印机	佳能	投资者投入		财务部	在用	2019/10/22	5	¥ 2,850.00
			增加方式	状况	原值				
			投资者投入	在用	<6000				

图 4.8　输入筛选条件

(2)点击菜单"数据"/"高级",如图 4.9 所示。

图 4.9　高级设置

(3)在高级筛选条件设置里面,方式选择"在原有区域显示筛选结果"(也可以选择"将筛选结果复制到其他位置")、列表区域选择"$A$2:$J$26"、条件区域选择"$D$28:$F$29",点击"确定"后结果如图 4.10 所示。点击"筛选"框旁边的"清除"按钮,可清除高级筛选结果,使数据恢复到原始状态。

图 4.10　高级筛选结果

4.3　固定资产计提折旧

本节将练习制作固定资产折旧表,运用三种方法计提折旧。

1. 制作固定资产折旧表

(1)打开折旧表原始数据,制作如图 4.11 所示的表格标题。

图 4.11　原始数据

(2)计算每种固定资产的净残值,直接用"原值"乘以"净残值率"即可。在 G4 单元格中输入"＝E4 * F4",之后向下填充公式。部分截图如图 4.12 所示。

图 4.12　计算每种固定资产的净残值

(3)计算已提折旧月份数(假设计提截止时间为 2020 年 12 月 31 日),在 H4 单元格中输入"＝INT(DAYS360(C4,DATE(2020,12,31))/30)",按回车键后向下填充公式。部分截图如图 4.13 所示。至此,计算固定资产折旧额的准备工作已经完成。

图 4.13　计算已提折旧月份数

2. 运用三种折旧法计提折旧

(1)直线折旧法操作步骤:打开固定资产折旧表,在 I4 单元格中输入"=SLN(E4,G4,D4＊12)",也可以输入"=SLN(E4,G4,D4)/12",按回车键,之后将 I4 单元格向下填充公式。部分截图如图 4.14 所示。

	A	B	C	D	E	F	G	H	I	J	K
1	固定资产折旧										
2	编号	名称	初始使用日期	预计使用年限	原值	净残值率	净残值	已提折旧月数	本月折旧额		
3									直线折旧法	双倍余额递减法	年数总和法
4	001	空调	2019/3/15	10	¥ 26,000.00	5%	¥1,300.00	21	¥205.83		
5	002	饮水机	2020/5/25	5	¥ 2,200.00	5%	¥ 110.00	7	¥34.83		
6	003	仓库	2019/3/15	12	¥ 50,000.00	5%	¥2,500.00	21	¥329.86		
7	004	电脑	2019/6/17	7	¥ 4,100.00	5%	¥ 205.00	18	¥46.37		

图 4.14　直线折旧法操作

(2)双倍余额递减法操作步骤:打开固定资产折旧表,在 J4 单元格中输入"=DDB(E4,G4,D4＊12,H4)",按回车键,之后将 J4 单元格向下填充公式。部分截图如图 4.15 所示。

	A	B	C	D	E	F	G	H	I	J	K
1	固定资产折旧										
2	编号	名称	初始使用日期	预计使用年限	原值	净残值率	净残值	已提折旧月数	本月折旧额		
3									直线折旧法	双倍余额递减法	年数总和法
4	001	空调	2019/3/15	10	¥ 26,000.00	5%	¥1,300.00	21	¥205.83	¥309.63	
5	002	饮水机	2020/5/25	5	¥ 2,200.00	5%	¥ 110.00	7	¥34.83	¥59.84	
6	003	仓库	2019/3/15	12	¥ 50,000.00	5%	¥2,500.00	21	¥329.86	¥524.99	
7	004	电脑	2019/6/17	7	¥ 4,100.00	5%	¥ 205.00	18	¥46.37	¥64.81	

图 4.15　双倍余额递减法操作

(3)年数总和法操作步骤:打开固定资产折旧表,在 K4 单元格中输入"=SYD(E4,G4,D4＊12,H4)",按回车键,之后将 K4 单元格向下填充公式。部分截图如图 4.16 所示。

	A	B	C	D	E	F	G	H	I	J	K
1	固定资产折旧										
2	编号	名称	初始使用日期	预计使用年限	原值	净残值率	净残值	已提折旧月数	本月折旧额		
3									直线折旧法	双倍余额递减法	年数总和法
4	001	空调	2019/3/15	10	¥ 26,000.00	5%	¥1,300.00	21	¥205.83	¥309.63	¥340.22
5	002	饮水机	2020/5/25	5	¥ 2,200.00	5%	¥ 110.00	7	¥34.83	¥59.84	¥61.67
6	003	仓库	2019/3/15	12	¥ 50,000.00	5%	¥2,500.00	21	¥329.86	¥524.99	¥564.18
7	004	电脑	2019/6/17	7	¥ 4,100.00	5%	¥ 205.00	18	¥46.37	¥64.81	¥73.10

图 4.16　年数总和法操作

第 5 章　购销存管理

当我们谈论企业运营的全过程时，购销存管理无疑是其中一个不可或缺的重要环节。从供应链的源头到销售终端，每一个环节都需要精细的管理和协调，以确保企业的运营顺畅和高效。购销存管理，作为企业运营的核心，涉及采购、库存、销售等多个方面，每一个环节都需要我们投入足够的精力和智慧。

5.1　制作请购单

请购单是企业的某个部门根据生产需要，按照一定的格式填写，并提交给企业采购部门的单据，它是采购交易轨迹的起点。

(1)打开购销存原始数据，如图 5.1 所示。

	A	B	C	D	E	F	G	H	I
1					请 购 单				
2	请购部门				年		月		日
3									
4	序号	物品名称		型号	库存数	请购数	单位	需求时间	
5	1								
6	2								
7	3								
8	4								
9	5								
10	6								
11	7								
12	8								

图 5.1　原始数据

(2)设置请购部门的格式内容，假设请购部门只能是仓库和销售部，可以在 B2 单元格中设置“数据有效性”格式。具体操作过程为：选中单元格 B2，之后点击菜单“数据”/“数据工具”/“数据有效性”，如图 5.2 所示。点击对话框“数据有效性”中的“设置”选项卡，在“允许”下方选择“序列”，在“来源”下方输入“仓库，销售部”(**注意**：中间用英文逗号连接)。点击“确定”后，B2 单元格的右下角有个倒三角形按钮，在其弹出下拉框中选择“仓库”，如图 5.3 所示。

(3)自动生成当前日期的年、月、日，在单元格 D2 中输入“＝YEAR(TODAY( ))”，在单元格 F2 中输入“＝MONTH(TODAY( ))”，在单元格 H2 中输入“＝DAY(TODAY( ))”，分别按回车键，结果如图 5.4 所示(假设当前日期为 2022 年 8 月 21 日)。

(4)表头制作完成后，可以根据实际情况输入采购商品的具体信息，需求时间假设是当前日期(假设为 2022 年 8 月 23 日)之后的第 15 天使用，可以在 H5 单元格中输入公式“＝TODAY( )＋15”，结果如图 5.5 所示。请购单制作完成并经相关领导审批后，可提交给企业的采购部门，由采购部门统一向供应商购货。

图 5.2　数据有效性

图 5.3　设置请购部门

图 5.4　设置当前日期

图 5.5　输入采购商品的具体信息

5.2　制作采购记录单

（1）打开采购记录单原始数据，如图 5.6 所示。

	L	M	N	O	P	Q	R	S	T
14					采购记录单				
15	名称	型号	数量	单位	单价	金额	订购时间	交货时间	供应商
16									
17									
18									
19									

图 5.6　原始数据

（2）设置"数量"列的数据有效性，限制条件为"正整数"。具体操作过程如下：选中单元格区域 N16：N19，之后点击菜单"数据"/"数据工具"/"数据有效性"。点击"数据有效性"对话框中的"设置"选项卡，在"允许"下方选择"整数"，在"数据"下方选择"大于"，最小值输入 0，如图 5.7 所示；点击"数据有效性"对话框中的"出错警告"选项卡，在"标题"下方输入"输入数据有误"，如"错误信息"下方输入"必须输入正整数！"，完成数据有效性设置，如图 5.8 所示。

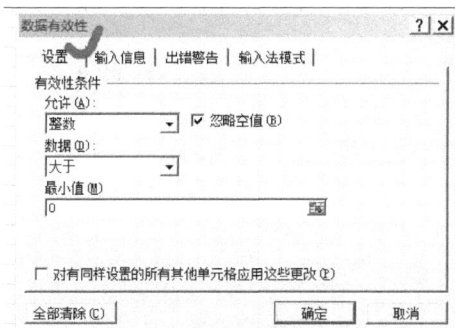

图 5.7　数据有效性设置　　　　　图 5.8　数据有效性出错警告

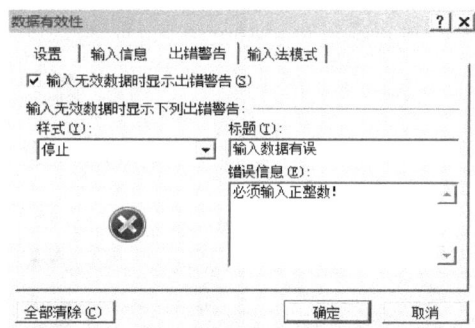

（3）设置"金额"公式。"金额"列计算原理为：只要数量和单价均非空（即都输入了数据），就返回数量与单价的乘积；否则，只要数量和单价中有一个为空，金额就返回空。在 Q16 单元格中输入公式"=IF(AND(N16<>"",P16<>""),P16*N16,"")"，之后可以向下进行公式填充。

（4）输入第一行的采购信息，设置"单价"和"金额"列的数据格式为货币格式，保留 2 位小数，结果如图 5.9 所示。

（5）添加"记录单"快捷工具栏。采购记录单表头制作完成后，可以直接在下方填写每次的采购记录，也可以通过"记录单"卡片的方式添加采购记录。这里主要介绍通过"记录单"卡片的操作过程。首先，需要添加"记录单"快捷工具栏。如图 5.10 所示，点击 Excel"左上角图标"/"Excel 选项"/"自定义"/"从下列位置选择命令"/"所有命令"，在其下拉框里选择"记录单"（按"记"字首字母的顺序查找该工具栏），之后点击按钮"添加"和"确定"，即完成了添加"记录单"快捷工具栏，如图 5.11 所示。

图 5.9　输入第一行的采购信息

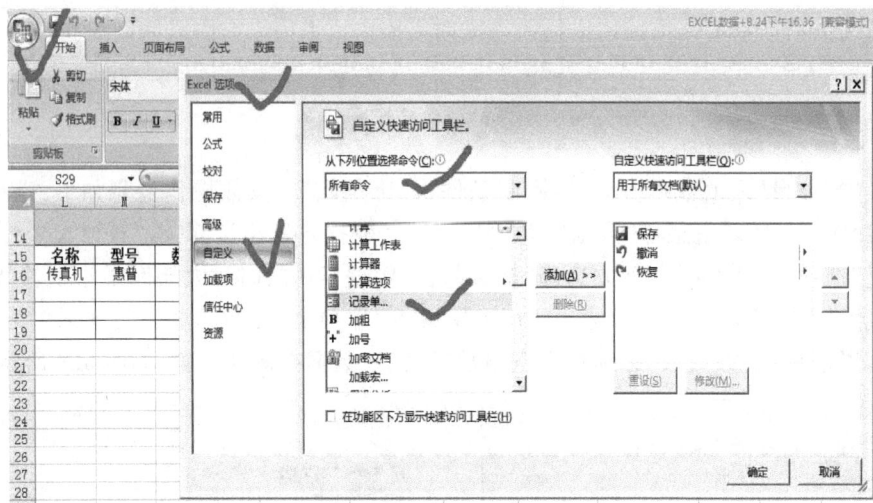

图 5.10　添加"记录单"快捷工具栏

图 5.11　添加"记录单"快捷工具效果图

　　(6)运用快捷工具"记录单"添加采购记录。选中 L17,单击工具栏 中的记录单,弹出如图 5.12 所示的对话框。

　　(7)在弹出的对话框中单击"新建"按钮,输入如图 5.13 所示的名称、型号、数量、单位、单价、时间和供应商等信息,点击"关闭"按钮,结果如图 5.14 所示。

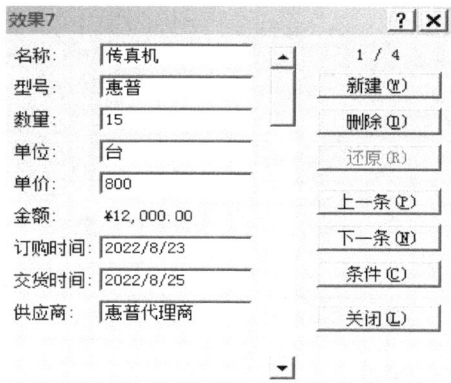

图 5.12　调用快捷工具"记录单"

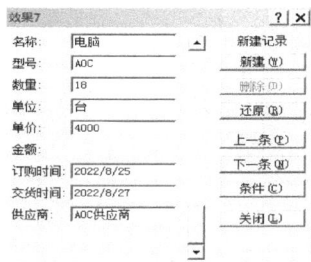

图 5.13　新建记录

图 5.14　采购记录单

5.3　制作销售记录单

为了便于企业进行销售管理,企业的销售数据可以采用流水账形式的销售单记录。其制作过程如下。

(1)打开销售记录单原始数据,如图 5.15 所示。

图 5.15　原始数据

(2)设置"数量"列的数据有效性,限制条件为"正整数"。具体操作过程如下:选中单元格区域 P26:P29,之后点击菜单"数据"/"数据工具"/"数据有效性"。

点击"数据有效性"对话框中的"设置"选项卡,在"允许"下方选择"整数",在"数据"下方选择"大于",最小值输入 0,见图 5.16;点击"数据有效性"对话框中的"出错警告"选项卡,在"标题"下方输入"输入数据有误",在"错误信息"下方输入"必须输入正整数!",见图 5.17。

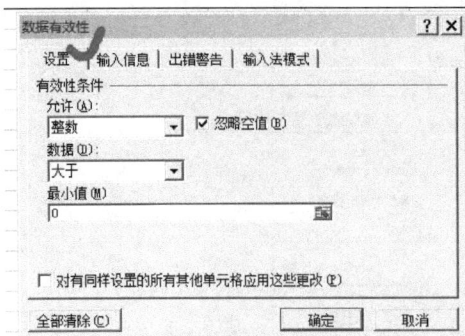

图 5.16　数据有效性设置

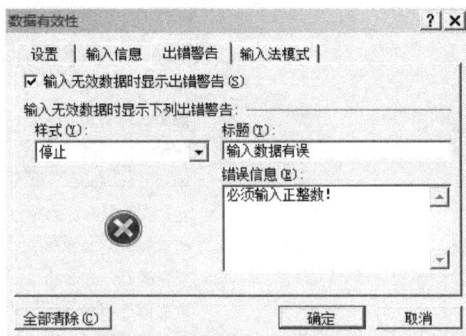

图 5.17　设置出错警告

假设销售负责人只能是"李芳"和"王涛",用上述同样步骤设置单元格区域 T26:T29 的数据有效性,完成数据有效性设置,如图 5.18 所示。

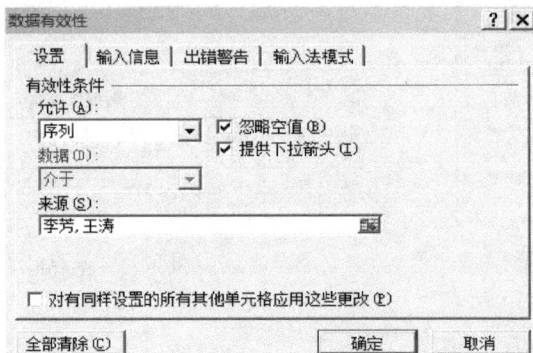

图 5.18　设置销售负责人

(3)设置"金额"公式。金额列计算原理为:只要数量和单价均非空(即都输入了数据),就返回数量与单价的乘积;否则,只要数量和单价中有一个为空,金额就返回空。在 R26 单元格中输入公式"=IF(AND(P26<>"",Q26<>""),P26 * Q26,"")",之后可以向下进行公式填充。

(4)输入第一行的采购信息,并设置"单价"和"金额"列的数据格式为货币格式,保留 2 位小数。之后,也可以通过记录单的方式添加销售记录,选中 L27,点击快捷键"记录单"(在制作采购记录单环节已经添加了这个快捷键),在弹出的窗口中点击"新建"就可以输入销售记录了,输入信息完成后点击"关闭"按钮,结果如图 5.19 所示。

	L	M	N	O	P	Q	R	S	T
24	销售记录单								
25	销售时间	名称	型号	单位	数量	单价	金额	购买方	销售负责人
26	2022/8/29	复印件	佳能	台	15	¥1,500.00	¥22,500.00	欣然物流企业	李芳
27	2022/9/2	电脑	AOC	台	8	¥4,500.00	¥36,000.00	西安中学	王涛

图 5.19　完成销售记录

5.4　分析销售数据

对销售数据进行分析,不仅可以了解企业的销售业绩,还可以找出销售规律和总结销售经验。这里仅从排序的视角介绍销售数据分析。

1. 一般排序

(1)打开销售记录单 2 原始数据,如图 5.20 所示。

图 5.20　原始数据

(2)假如要对销售数量进行升序排序,选择任意一个填好销售记录的单元格,点击"数据"/"排序和筛选"/"排序",如图 5.21 所示。

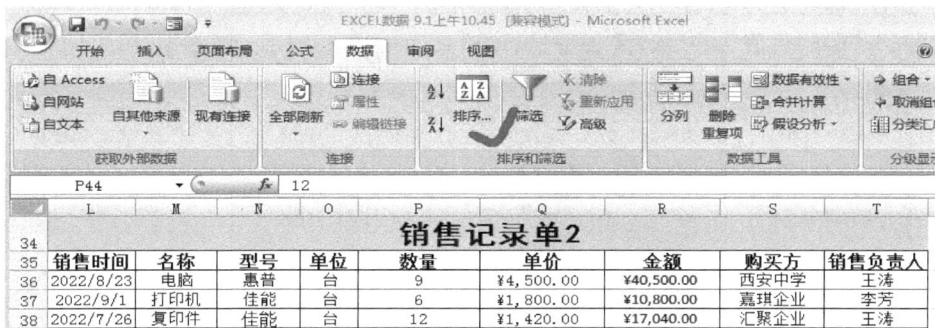

图 5.21　排序工具

(3)设置排序条件,在"主要关键字"部分选择"数量",在"排序依据"部分选择"数值",在"次序"部分选择"升序",如图 5.22 所示,之后点击"确定"。

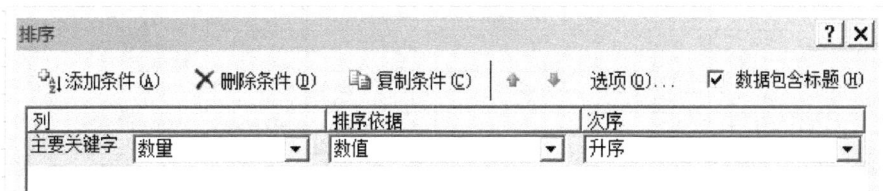

图 5.22　设置排序条件

(4)排序后的结果如图 5.23 所示。

	销售时间	名称	型号	单位	数量	单价	金额	购买方	销售负责人
	L	M	N	O	P	Q	R	S	T
34	销售记录单2								
35	销售时间	名称	型号	单位	数量	单价	金额	购买方	销售负责人
36	2022/9/3	打印机	夏普	台	5	¥2,300.00	¥11,500.00	欣然物流企业	王涛
37	2022/9/1	打印机	佳能	台	6	¥1,800.00	¥10,800.00	嘉琪企业	李芳
38	2022/8/23	电脑	惠普	台	8	¥4,620.00	¥36,960.00	西安中学	李芳
39	2022/8/25	复印件	佳能	台	8	¥1,250.00	¥10,000.00	汇聚企业	王涛
40	2022/8/23	电脑	惠普	台	9	¥4,500.00	¥40,500.00	西安中学	王涛
41	2022/7/26	复印件	佳能	台	12	¥1,420.00	¥17,040.00	汇聚企业	王涛
42	2022/8/27	复印件	夏普	台	12	¥2,300.00	¥27,600.00	欣然物流企业	李芳
43	2022/8/14	电脑	AOC	台	13	¥4,750.00	¥61,750.00	咸阳中学	李芳
44	2022/9/2	电脑	AOC	台	14	¥6,340.00	¥88,760.00	咸阳中学	李芳

图 5.23　排序后的结果

2. 多重排序

从图 5.23 一般排序的结果看,销售数量为 8 台和 12 台的分别有 2 笔记录。销售数量为 8 台所对应的 2 笔记录的单价是按照降序排序的;而销售数量为 12 台所对应的 2 笔记录的单价是按照升序排序的。因此,对于销售数量相同的情形,一般排序的处理是随机的。那么,我们能不能设置规则,把销售数量相同的情形也按照指定的规则排序呢? 这就需要用到多重排序了。

(1)假如要对销售数量进行升序排序,对于销售数量相同的情形,按照销售单价升序排序。打开销售记录单 2 原始数据,选择任意一个填好销售记录的单元格,点击"数据"/"排序和筛选"/"排序"。设置排序条件,在"主要关键字"部分选择"数量",在"排序依据"部分选择"数值",在"次序"部分选择"升序";之后点击"添加条件",在"次要关键字"部分选择"单价",在"排序依据"部分选择"数值",在"次序"部分选择"升序",如图 5.24 所示;点击"确定"。

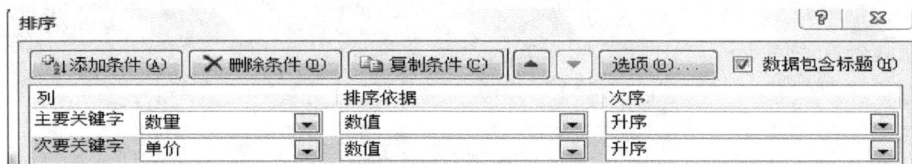

图 5.24　设置排序条件

(2)排序后的结果如图 5.25 所示,此时 Excel 优先对销售数量进行升序排序,销售数量相同的记录则按销售单价升序排序。

	销售时间	名称	型号	单位	数量	单价	金额	购买方	销售负责人
	L	M	N	O	P	Q	R	S	T
34	销售记录单2								
35	销售时间	名称	型号	单位	数量	单价	金额	购买方	销售负责人
36	2022/9/3	打印机	夏普	台	5	¥2,300.00	¥11,500.00	欣然物流企业	王涛
37	2022/9/1	打印机	佳能	台	6	¥1,800.00	¥10,800.00	嘉琪企业	李芳
38	2022/8/25	复印件	佳能	台	8	¥1,250.00	¥10,000.00	汇聚企业	王涛
39	2022/8/23	电脑	惠普	台	8	¥4,620.00	¥36,960.00	西安中学	李芳
40	2022/8/23	电脑	惠普	台	9	¥4,500.00	¥40,500.00	西安中学	王涛
41	2022/7/26	复印件	佳能	台	12	¥1,420.00	¥17,040.00	汇聚企业	王涛
42	2022/8/27	复印件	夏普	台	12	¥2,300.00	¥27,600.00	欣然物流企业	李芳
43	2022/8/14	电脑	AOC	台	13	¥4,750.00	¥61,750.00	咸阳中学	李芳
44	2022/9/2	电脑	AOC	台	14	¥6,340.00	¥88,760.00	咸阳中学	李芳

图 5.25　排序后的结果

3.自定义排序

根据需要,用户还可以对销售数据进行自定义排序。系统通常按照星期、月份、季度、干支纪时等数据来自定义排序,用户也可以构建其他自定义新序列。假如对型号进行排序,排序依据是 AOC、惠普、夏普、佳能,操作如下:

(1)打开销售记录单 2 原始数据,选中要排序的数据区域(不含标题),点击"数据"/"排序和筛选"/"排序"。设置排序条件,在"主要关键字"部分选择"列 N",在"排序依据"部分选择"数值",在"次序"选择"自定义序列",如图 5.26 所示。

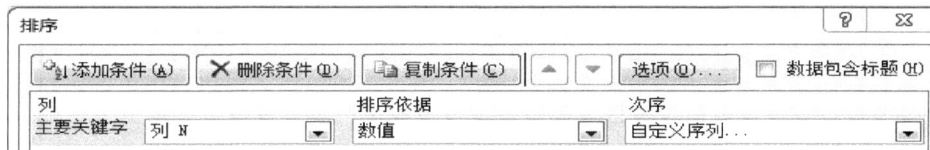

图 5.26　设置排序条件

(2)在自定义序列部分选择"新序列",在输入序列中填写"AOC,惠普,夏普,佳能"(中间是英文的逗号,也可以输入每项后按回车键来分隔各个项目),如图 5.27 所示。

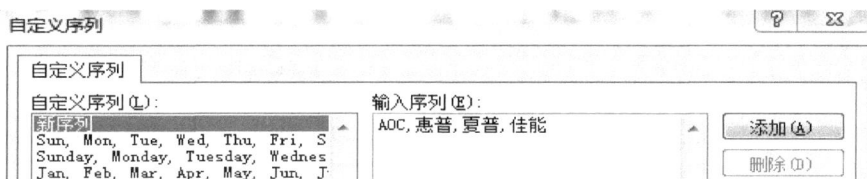

图 5.27　自定义序列

(3)单击"添加"按钮,则该序列会添加到"自定义序列"下拉框,同时选择该自定义序列,点击"确定",返回到排序设置界面,如图 5.28 所示。

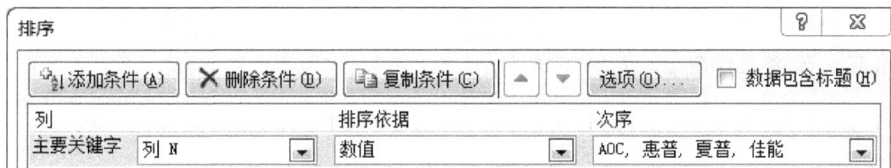

图 5.28　添加"自定义序列"

(4)点击"确定",结果如图 5.29 所示。

	L	M	N	O	P	Q	R	S	T
49				销售记录单2					
50	销售时间	名称	型号	单位	数量	单价	金额	购买方	销售负责人
51	2022/8/14	电脑	AOC	台	13	¥4,750.00	¥61,750.00	咸阳中学	李芳
52	2022/9/2	电脑	AOC	台	14	¥6,340.00	¥88,760.00	咸阳中学	李芳
53	2022/8/23	电脑	惠普	台	9	¥4,500.00	¥40,500.00	西安中学	王涛
54	2022/8/23	电脑	惠普	台	8	¥4,620.00	¥36,960.00	西安中学	李芳
55	2022/9/3	打印机	夏普	台	5	¥2,300.00	¥11,500.00	欣然物流企业	王涛
56	2022/8/27	复印件	夏普	台	12	¥2,300.00	¥27,600.00	欣然物流企业	李芳
57	2022/9/1	打印机	佳能	台	6	¥1,800.00	¥10,800.00	嘉琪企业	李芳
58	2022/7/26	夏普	佳能	台	12	¥1,420.00	¥17,040.00	汇聚企业	王涛
59	2022/8/25	复印件	佳能	台	8	¥1,250.00	¥10,000.00	汇聚企业	王涛

图 5.29　自定义排序结果

5.5　制作出入库单

出入库单是记录存货收发情况的重要原始凭证,其制作过程如下:

(1)打开入库单原始数据,如图 5.30 所示。

图 5.30　原始数据

(2)填写入库单表头,并设置入库信息单元格居中,"单价"格式为货币并保留 2 位小数,如图 5.31 所示。

图 5.31　填写入库单表头

(3)填写入库商品代码,如图 5.32 所示。

图 5.32　填写入库商品代码

(4)生成入库商品的供应商、名称、型号、单位、单价等信息。在 B5 单元格中输入"=VLOOKUP($A$5,$K$3:$P$8,COLUMN(B5),0)",按回车键,之后将 B5 单元格中的公式向右填充到 F5;同样,在 B6 单元格中输入"=VLOOKUP($A$6,$K$3:$P$8,COLUMN(B5),0)",在 B7 单元格中输入"=VLOOKUP($A$7,$K$3:$P$8,

COLUMN(B5),0)",在 B8 单元格中输入"＝VLOOKUP（＄A＄8，＄K＄3：＄P＄8，COLUMN(B5),0)",并向右将公式填充到"单价",结果如图 5.33 所示。

	A	B	C	D	E	F	G	H
1				**入库单**				
2	入库单号	0008	入库时间	2022/9/8	负责部门	采购部	业务员	李红伟
3								
4	商品代码	供应商	商品名称	型号	单位	单价	数量	金额
5	002002	=VLOOKUP($A$5,	电视	LCD-70TX85A	台	¥3,250.00		
6	003002	惠普	打印机	FS-1060DN	台	¥1,995.00		
7	001002	AOC	电脑	AG275QXE	台	¥6,200.00		
8	003001	惠普	打印机	P1008	台	¥2,300.00		
9								
10	制单人			审核人			记账人	

图 5.33　生成入库商品的信息

（5）在"数量"列输入入库数量信息,在金额列 H5 单元格中输入"＝F5＊G5",设置格式为货币并保留 2 位小数。之后可以将 H5 单元格的公式向下填充,结果如图 5.34 所示,入库单制作完成。

	A	B	C	D	E	F	G	H
1				**入库单**				
2	入库单号	0008	入库时间	2022/9/8	负责部门	采购部	业务员	李红伟
3								
4	商品代码	供应商	商品名称	型号	单位	单价	数量	金额
5	002002	夏普	电视	LCD-70TX85A	台	¥3,250.00	5	¥16,250.00
6	003002	惠普	打印机	FS-1060DN	台	¥1,995.00	14	¥27,930.00
7	001002	AOC	电脑	AG275QXE	台	¥6,200.00	16	¥99,200.00
8	003001	惠普	打印机	P1008	台	¥2,300.00	21	¥48,300.00
9								
10	制单人			审核人			记账人	

图 5.34　输入入库数量信息

（6）打开出库单原始数据,填写出库单表头,如图 5.35 所示。

	A	B	C	D	E	F	G	H
14				**出库单**				
15	出库单号	0002	出库时间	2022/7/28	负责部门	仓库	业务员	张峰
16								
17	商品代码	供应商	商品名称	型号	单位	单价	数量	金额
18								
19								
20								
21								
22								
23	制单人			审核人			记账人	

图 5.35　填写出库单表头

（7）按照上述步骤（1）至步骤（5）的方法进行类似操作,其中输入的商品代码分别为003002、002002、001001、003001,对应数量分别为 8、12、7、11,操作结果如图 5.36 所示。

	A	B	C	D	E	F	G	H
14				**出库单**				
15	出库单号	0002	出库时间	2022/7/28	负责部门	仓库	业务员	张峰
16								
17	商品代码	供应商	商品名称	型号	单位	单价	数量	金额
18	003002	惠普	打印机	FS-1060DN	台	¥1,995.00	8	¥15,960.00
19	002002	夏普	电视	LCD-70TX85A	台	¥3,250.00	12	¥39,000.00
20	001001	AOC	电脑	冠捷/AOC	台	¥4,800.00	7	¥33,600.00
21	003001	惠普	打印机	P1008	台	¥2,300.00	11	¥25,300.00
22								
23	制单人			审核人			记账人	

图 5.36　出库单信息

5.6　库存量统计

库存量统计主要是综合统计商品的出入库情况,包括期初和期末库存量、本期入库与出库情况等。其操作过程如下:

(1)打开库存统计原始数据,如图5.37所示。

代码	名称	型号	单位	期初库存		本期入库		本期出库		期末库存	
				数量	金额	数量	金额	数量	金额	数量	金额
				期初库存总成本						期末库存总成本	

图5.37　原始数据

(2)输入商品代码,将格式设置为文本型数值,如图5.38所示。

代码	名称	型号	单位	期初库存		本期入库		本期出库		期末库存	
				数量	金额	数量	金额	数量	金额	数量	金额
001001											
003001											
002002											
002001											
001002											
003002											
				期初库存总成本						期末库存总成本	

图5.38　输入商品代码

(3)输入"名称""型号""单位"列的相关信息。在B4单元格中输入"=VLOOKUP(A4,$Q$15:$V$20,COLUMN(B4)+1,0)",在C4单元格中输入"=VLOOKUP(A4,$Q$15:$V$20,COLUMN(C4)+1,0)",在D4单元格中输入"=VLOOKUP(A4,$Q$15:$V$20,COLUMN(D4)+1,0)",之后这三列分别向下进行公式填充,如图5.39所示。

代码	名称	型号	单位	期初库存		本期入库		本期出库		期末库存	
				数量	金额	数量	金额	数量	金额	数量	金额
001001	电脑	冠捷/AOC	台								
003001	打印机	P1008	台								
002002	电视	LCD-70TX85A	台								
002001	电视	4T-C65F8EA	台								
001002	电脑	AG275QXE	台								
003002	打印机	FS-1060DN	台								
				期初库存总成本						期末库存总成本	

图5.39　输入"名称""型号""单位"信息

(4)填写每种库存商品的期初数量,然后在F4单元格中输入"=VLOOKUP(A4,$Q$15:$V$20,6,0)*E4",按回车键完成输入,之后将公式向下填充到F9,结果如图5.40所示。

图 5.40　输入库存商品的期初数量并计算金额

（5）填入本期入库数量。在 G4 单元格中输入"＝SUMIF（＄P＄29：＄P＄30,A4,＄V＄29：＄V＄30）"，按回车键完成入库数量输入，之后将公式向下填充到 G9，结果如图 5.41 所示。

图 5.41　填入本期入库数量

（6）填入本期入库金额。在 H4 单元格中输入"＝SUMIF（＄P＄29：＄P＄30,A4,＄W＄29：＄W＄30）"，按回车键完成入库金额输入，之后将公式向下填充到 H9，结果如图 5.42 所示。

图 5.42　填入本期入库金额

（7）填入本期出库数量。在 I4 单元格中输入"＝SUMIF（＄P＄24：＄P＄25,A4,＄W＄24：＄W＄25）"，按回车键完成出库数量输入，之后将公式向下填充到 I9，结果如图 5.43 所示。

图 5.43　填入本期出库数量

(8)填入本期出库金额,在 J4 单元格中输入"＝SUMIF($P$24:$P$25,A4,$X$24:$X$25)",按回车键完成出库金额输入,之后将公式向下填充到 J9,结果如图 5.44 所示。

	代码	名称	型号	单位	期初库存		本期入库		本期出库		期末库存	
					数量	金额	数量	金额	数量	金额	数量	金额
4	001001	电脑	冠捷/AOC	台	14	¥67,200.00	17	¥76,500.00	0	¥0.00		
5	003001	打印机	P1008	台	13	¥29,900.00	0	¥0.00	11	¥25,300.00		
6	002002	电视	LCD-70TX85A	台	9	¥29,250.00	23	¥69,000.00	20	¥65,000.00		
7	002001	电视	4T-C65F8EA	台	17	¥48,450.00	0	¥0.00	0	¥0.00		
8	001002	电脑	AG275QXE	台	21	¥130,200.00	0	¥0.00	0	¥0.00		
9	003002	打印机	FS-1060DN	台	8	¥15,960.00	0	¥0.00	0	¥0.00		
10												
11			期初库存总成本							期末库存总成本		

图 5.44　填入本期出库金额

(9)计算期末库存数量。在 K4 单元格中输入"＝E4＋G4－I4",之后将公式向下填充到 K9,结果如图 5.45 所示。

	代码	名称	型号	单位	期初库存		本期入库		本期出库		期末库存	
					数量	金额	数量	金额	数量	金额	数量	金额
4	001001	电脑	冠捷/AOC	台	14	¥67,200.00	17	¥76,500.00	0	¥0.00	31	
5	003001	打印机	P1008	台	13	¥29,900.00	0	¥0.00	11	¥25,300.00	2	
6	002002	电视	LCD-70TX85A	台	9	¥29,250.00	23	¥69,000.00	20	¥65,000.00	12	
7	002001	电视	4T-C65F8EA	台	17	¥48,450.00	0	¥0.00	0	¥0.00	17	
8	001002	电脑	AG275QXE	台	21	¥130,200.00	0	¥0.00	0	¥0.00	21	
9	003002	打印机	FS-1060DN	台	8	¥15,960.00	0	¥0.00	0	¥0.00	8	
10												
11			期初库存总成本							期末库存总成本		

图 5.45　计算期末库存数量

(10)计算期末库存金额。在 L4 单元格中输入"＝F4＋H4－J4",之后将公式向下填充到 L9,结果如图 5.46 所示。

	代码	名称	型号	单位	期初库存		本期入库		本期出库		期末库存	
					数量	金额	数量	金额	数量	金额	数量	金额
4	001001	电脑	冠捷/AOC	台	14	¥67,200.00	17	¥76,500.00	0	¥0.00	31	¥143,700.00
5	003001	打印机	P1008	台	13	¥29,900.00	0	¥0.00	11	¥25,300.00	2	¥4,600.00
6	002002	电视	LCD-70TX85A	台	9	¥29,250.00	23	¥69,000.00	20	¥65,000.00	12	¥33,250.00
7	002001	电视	4T-C65F8EA	台	17	¥48,450.00	0	¥0.00	0	¥0.00	17	¥48,450.00
8	001002	电脑	AG275QXE	台	21	¥130,200.00	0	¥0.00	0	¥0.00	21	¥130,200.00
9	003002	打印机	FS-1060DN	台	8	¥15,960.00	0	¥0.00	0	¥0.00	8	¥15,960.00
10												
11			期初库存总成本							期末库存总成本		

图 5.46　计算期末库存金额

(11)分别计算期初库存总成本和期末库存总成本,在 F11 单元格中输入"＝SUM(F4:F10)",在 L11 单元格中输入"＝SUM(L4:L10)",结果如图 5.47 所示。

	名称	型号	单位	期初库存		本期入库		本期出库		期末库存	
				数量	金额	数量	金额	数量	金额	数量	金额
4	电脑	冠捷/AOC	台	14	¥67,200.00	17	¥76,500.00	0	¥0.00	31	¥143,700.00
5	打印机	P1008	台	13	¥29,900.00	0	¥0.00	11	¥25,300.00	2	¥4,600.00
6	电视	LCD-70TX85A	台	9	¥29,250.00	23	¥69,000.00	20	¥65,000.00	12	¥33,250.00
7	电视	4T-C65F8EA	台	17	¥48,450.00	0	¥0.00	0	¥0.00	17	¥48,450.00
8	电脑	AG275QXE	台	21	¥130,200.00	0	¥0.00	0	¥0.00	21	¥130,200.00
9	打印机	FS-1060DN	台	8	¥15,960.00	0	¥0.00	0	¥0.00	8	¥15,960.00
10											
11		期初库存总成本			¥320,960.00					期末库存总成本	¥376,160.00

图 5.47　计算期初库存总成本和期末库存总成本

5.7　库存量管理

为了保证企业的正常经营和资金的高效运营,商品的库存量应该维持在一定的范围内。过高的库存量容易导致商品积压和降低资金运营效率;而较低的库存量则容易导致销售中断,影响企业声誉和经营效率。假设每一种商品的最优库存量范围为区间[10,30],库存量少于10台时,企业销售将面临商品短缺,此时用"黄色"填充;库存量多于30台时,企业销售将面临商品积压,此时用"红色"填充。操作步骤如下:

(1)打开 5.6 节中制作好的库存统计表原始数据,选中数据区域 K4:K9,单击"开始"/"条件格式"/"新建规则",如图 5.48 所示。

图 5.48　条件格式

(2)在"新建格式规则"对话框的选择规则类型部分选择"只为包含以下内容的单元格设置格式",在编辑规则说明部分选择"单元格值""大于或等于",并输入值"30",如图 5.49 所示。

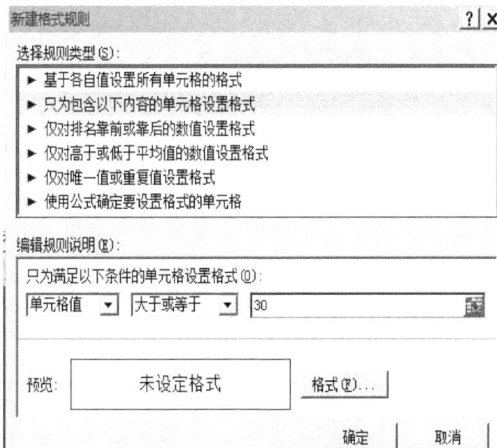

图 5.49　新建格式规则

(3)在"新建格式规则"对话框中点击"格式",在"设置单元格格式"对话框中点击"填充",颜色选择红色,如图 5.50 所示。

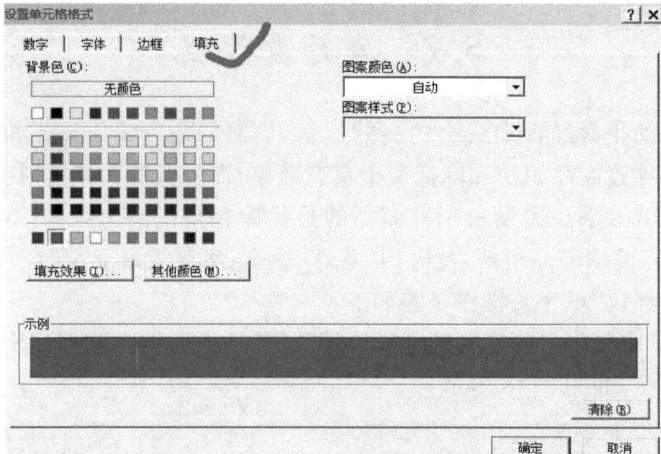

图 5.50　填充颜色

(4)返回"新建格式规则"对话框,如图 5.51 所示,点击"确定"按钮。

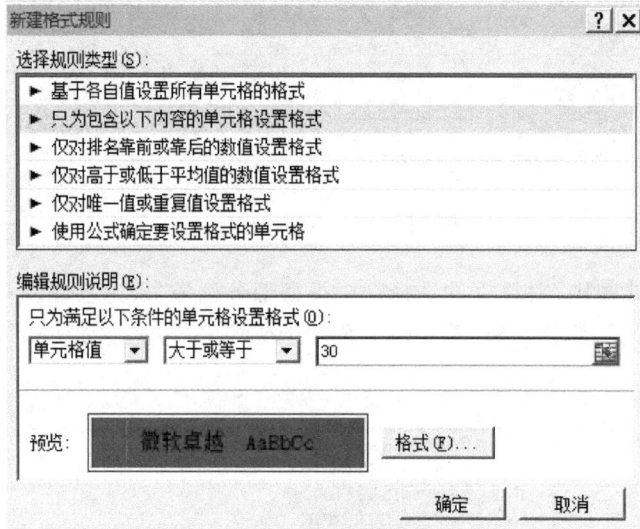

图 5.51　设置好的格式规则

(5)最终条件格式设置结果如图 5.52 所示,冠捷/AOC 库存电脑超标。

名称	型号	单位	期初库存		本期入库		本期出库		期末库存	
			数量	金额	数量	金额	数量	金额	数量	金额
电脑	冠捷/AOC	台	14	¥67,200.00	17	¥76,500.00	0	¥0.00	31	¥143,700.00
打印机	P1008	台	13	¥29,900.00	0	¥0.00	11	¥25,300.00	2	¥4,600.00
电视	LCD-70TX85A	台	9	¥29,250.00	23	¥69,000.00	20	¥65,000.00	12	¥33,250.00
电视	4T-C65F8EA	台	17	¥48,450.00	0	¥0.00	0	¥0.00	17	¥48,450.00
电脑	AG275QXE	台	21	¥130,200.00	0	¥0.00	0	¥0.00	21	¥130,200.00
打印机	FS-1060DN	台	8	¥15,960.00	0	¥0.00	0	¥0.00	8	¥15,960.00
	期初库存总成本			¥320,960.00					期末库存总成本	¥376,160.00

图 5.52　条件格式设置结果

(6)选中数据区域 K4:K9,继续在"新建格式规则"对话框的选择规则类型部分选择"只为包含以下内容的单元格设置格式",在编辑规则说明部分选择"单元格值""小于或等于",并输入值"10",见图 5.53。

(7)在"新建格式规则"对话框中点击"格式",在"设置单元格格式"对话框中点击"填充",颜色选择黄色,如图 5.54 所示。

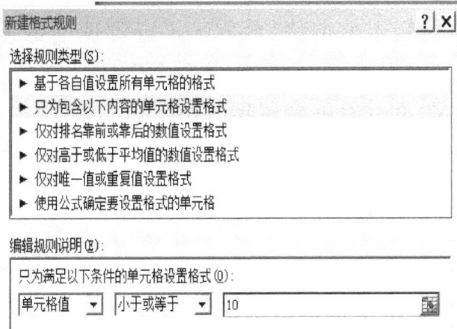

图 5.53　继续新建格式规则　　　　　　　图 5.54　填充颜色

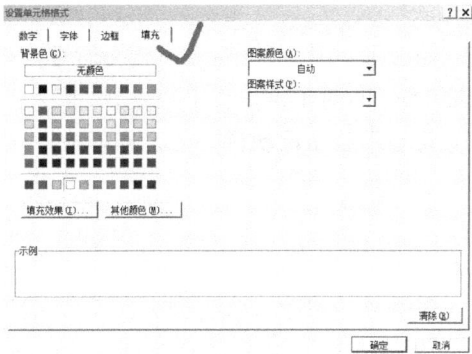

(8)返回"新建格式规则"对话框,如图 5.55 所示,点击"确定"按钮。

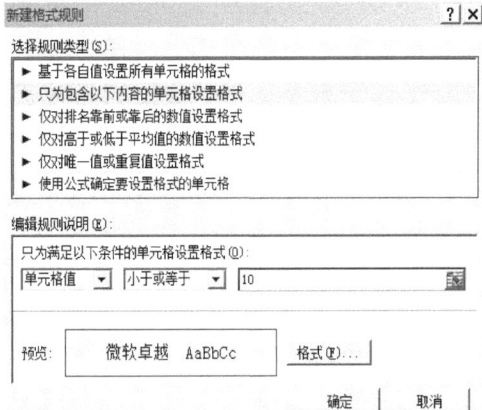

图 5.55　新建好的格式规则

(9)最终条件格式设置结果如图 5.56 所示,两种类型的打印机库存不足。

	A	B	C	D	E	F	G	H	I	J	K	L
1						库存统计表						
2	代码	名称	型号	单位	期初库存		本期入库		本期出库		期末库存	
3					数量	金额	数量	金额	数量	金额	数量	金额
4	001001	电脑	冠捷/AOC	台	14	¥67,200.00	17	¥76,500.00	0	¥0.00	31	¥143,700.00
5	003001	打印机	P1008	台	13	¥29,900.00	0	¥0.00	11	¥25,300.00	2	¥4,600.00
6	002002	电视	LCD-70TX85	台	9	¥29,250.00	23	¥69,000.00	20	¥65,000.00	12	¥33,250.00
7	002001	电视	4T-C65F8EA	台	17	¥48,450.00	0	¥0.00	0	¥0.00	17	¥48,450.00
8	001002	电脑	AC275QXE	台	21	¥130,200.00	0	¥0.00	0	¥0.00	21	¥130,200.00
9	003002	打印机	FS-1060DN	台	8	¥15,960.00	0	¥0.00	0	¥0.00	8	¥15,960.00
10												
11			期初库存总成本			¥320,960.00				期末库存总成本		¥376,160.00

图 5.56　条件格式设置结果

第6章　职工工资管理

在企业的运营管理中,人力资源管理占据着举足轻重的地位,而职工工资管理更是其中至关重要的一环,对于维护员工权益、保障企业稳定运营具有不可忽视的重要作用。合理、公正的工资管理不仅能调动员工的工作积极性,也是企业稳定发展的重要保障。

6.1　制作工资表

工资表是记录职工姓名、部门、人员属性与基本工资结构的表格。其制作过程如下:

(1)打开 Excel 表格,制作如图 6.1 所示的表格标题和列标题。

(2)在职工基本工资表中输入职工的详细信息,并调整列宽和设置工资格式,如图 6.2 所示。

图 6.1　制作表格标题和列标题

图 6.2　输入职工的详细信息

(3)添加职工津贴信息。各部门津贴情况如下:销售处津贴为基本工资的 22%,人事处津贴为基本工资的 20%,财务处津贴为基本工资的 18%,办公室津贴为基本工资的 16%,车间津贴为基本工资的 14%。添加列标题"津贴",在 F3 单元格中输入"＝E3 * IF(C3＝"销售处",22%,IF(C3＝"人事处",20%,IF(C3＝"财务处",18%,IF(C3＝"办公室",16%,14%))))",按回车键并向下填充公式,即可得到津贴工资。最终结果如图 6.3 所示。

注意:为了防止输错以及提高输入效率,从第 2 个 IF 函数开始,内容"IF(C3＝"人事处",20%,"可以复制,直接修改部门和比例即可;只剩下最后一个部门津贴情况时,不要再进行 IF 公式嵌套了;注意最后反括号的数量,因为有 4 个 IF 函数,所以反括号的数量也是 4 个。

(4)添加职工奖金信息。假设企业的奖金规则为销售处 1000 元、人事处 900 元、财务处

800 元、办公室 700 元、车间 600 元。参考步骤（3），添加列标题"奖金"，在 G3 单元格中输入"＝IF(C3＝"销售处",1000,IF(C3＝"人事处",900,IF(C3＝"财务处",800,IF(C3＝"办公室",700,600)))))"，按回车键即可得到津贴工资，之后向下填充公式，设置边框和数据格式，结果如图 6.4 所示。

序号	姓名	部门	类型	基本工资	津贴
101	李工	车间	主管	5000.00	700.00
102	李密	车间	员工	4800.00	672.00
103	李伟	车间	员工	4800.00	672.00
104	王涛	车间	员工	4900.00	686.00
105	田旭	车间	员工	4900.00	686.00
106	田芳	车间	员工	4800.00	672.00
201	王婷	办公室	主管	4500.00	720.00
202	王宇	办公室	员工	4300.00	688.00
301	周文	财务处	主管	4500.00	810.00
302	周伟	财务处	员工	4200.00	756.00
401	张涛	人事处	主管	4500.00	900.00
402	张荣	人事处	员工	4200.00	840.00
501	陈旭	销售处	主管	4500.00	990.00
502	陈敏	销售处	员工	4200.00	924.00
503	陈鹏	销售处	员工	4200.00	924.00

图 6.3　添加职工津贴信息

序号	姓名	部门	类型	基本工资	津贴	奖金
101	李工	车间	主管	5000.00	700.00	600.00
102	李密	车间	员工	4800.00	672.00	600.00
103	李伟	车间	员工	4800.00	672.00	600.00
104	王涛	车间	员工	4900.00	686.00	600.00
105	田旭	车间	员工	4900.00	686.00	600.00
106	田芳	车间	员工	4800.00	672.00	600.00
201	王婷	办公室	主管	4500.00	720.00	700.00
202	王宇	办公室	员工	4300.00	688.00	700.00
301	周文	财务处	主管	4500.00	810.00	800.00
302	周伟	财务处	员工	4200.00	756.00	800.00
401	张涛	人事处	主管	4500.00	900.00	900.00
402	张荣	人事处	员工	4200.00	840.00	900.00
501	陈旭	销售处	主管	4500.00	990.00	1000.00
502	陈敏	销售处	员工	4200.00	924.00	1000.00
503	陈鹏	销售处	员工	4200.00	924.00	1000.00

图 6.4　添加职工奖金信息

（5）添加职工社保信息。依据相关法律规定，企业应为职工办理各类社会保险，个人也需要承担部分费用，企业会在支付职工工资时将这部分费用扣除。假设某企业的社保缴纳情况为：养老保险企业缴纳 20%、个人缴纳 8%，医疗保险企业缴纳 6%、个人缴纳 2%，失业保险企业缴纳 2%、个人缴纳 1%，生育保险和工伤保险企业均缴纳 1%。将个人需要缴纳的 3 类社保部分填入工资表，输入列标题"养老""医疗""失业"，"社保合计"如图 6.5 所示。

职工基本工资表

序号	姓名	部门	类型	基本工资	津贴	奖金	养老	医疗	失业	社保合计
101	李工	车间	主管	5000.00	700.00	600.00				
102	李密	车间	员工	4800.00	672.00	600.00				
103	李伟	车间	员工	4800.00	672.00	600.00				
104	王涛	车间	员工	4900.00	686.00	600.00				
105	田旭	车间	员工	4900.00	686.00	600.00				
106	田芳	车间	员工	4800.00	672.00	600.00				
201	王婷	办公室	主管	4500.00	720.00	700.00				
202	王宇	办公室	员工	4300.00	688.00	700.00				
301	周文	财务处	主管	4500.00	810.00	800.00				
302	周伟	财务处	员工	4200.00	756.00	800.00				
401	张涛	人事处	主管	4500.00	900.00	900.00				
402	张荣	人事处	员工	4200.00	840.00	900.00				
501	陈旭	销售处	主管	4500.00	990.00	1000.00				
502	陈敏	销售处	员工	4200.00	924.00	1000.00				
503	陈鹏	销售处	员工	4200.00	924.00	1000.00				

图 6.5　添加职工社保信息

（6）计算各类社会保险金额。在 H3 单元格中输入"＝E3＊0.08"，在 I3 单元格中输入"＝E3＊0.02"，在 J3 单元格中输入"＝E3＊0.01"，在 K3 单元格中输入"＝SUM(H3:J3)"，按回车键即可得到各类社会保险金额，之后向下填充公式，设置边框和数据格式，结果如图 6.6 所示。

	A	B	C	D	E	F	G	H	I	J	K
1					**职工基本工资表**						
2	序号	姓名	部门	类型	基本工资	津贴	奖金	养老	医疗	失业	社保合计
3	101	李工	车间	主管	5000.00	700.00	600.00	400.00	100.00	50.00	550.00
4	102	李密	车间	员工	4800.00	672.00	600.00	384.00	96.00	48.00	528.00
5	103	李伟	车间	员工	4800.00	672.00	600.00	384.00	96.00	48.00	528.00
6	104	王涛	车间	员工	4900.00	686.00	600.00	392.00	98.00	49.00	539.00
7	105	田旭	车间	员工	4900.00	686.00	600.00	392.00	98.00	49.00	539.00
8	106	田芳	车间	员工	4800.00	672.00	600.00	384.00	96.00	48.00	528.00
9	201	王婷	办公室	主管	4500.00	720.00	700.00	360.00	90.00	45.00	495.00
10	202	王宇	办公室	员工	4300.00	688.00	700.00	344.00	86.00	43.00	473.00
11	301	周文	财务处	主管	4500.00	810.00	800.00	360.00	90.00	45.00	495.00
12	302	周伟	财务处	员工	4200.00	756.00	800.00	336.00	84.00	42.00	462.00
13	401	张涛	人事处	主管	4500.00	900.00	900.00	360.00	90.00	45.00	495.00
14	402	张荣	人事处	员工	4200.00	840.00	900.00	336.00	84.00	42.00	462.00
15	501	陈旭	销售处	主管	4500.00	990.00	1000.00	360.00	90.00	45.00	495.00
16	502	陈敏	销售处	员工	4200.00	924.00	1000.00	336.00	84.00	42.00	462.00
17	503	陈鹏	销售处	员工	4200.00	924.00	1000.00	336.00	84.00	42.00	462.00

图 6.6　计算各类社会保险金额

6.2　制作职工考勤表

职工考勤表是记录职工年假、病假、事假、旷工、早退和迟到等情况的表格，它是核算职工考勤扣款的主要依据。其制作过程如下：

(1)打开工资管理表原始数据，制作如图 6.7 所示列标题(为方便显示，中间数据列省略)。

	M	N	O	P	Q	R	S	T	U	V	W	X	AQ	AR	AS	AT	AU	AV	AW	AX
1																				
2	编号	姓名	类别	1	2	3	4	5	6	7	8	9	28	29	30	31	合计	单位工资/(元/分)	扣款	合计扣款
3			年假														0			
4			病假														0			
5			事假														0			
6			迟到/早退														0			
7			旷工														0			

图 6.7　制作列标题

(2)输入所有职工编号、姓名和本月 31 天的详细请假时间信息(单位为分，具体见图 6.8)。

姓名	李工	李密	李伟	王涛	田旭	田芳	王婷	王宇	周文	周伟	张涛	张荣	陈旭	陈敏	陈鹏
年假	480/4														
病假	240/9														
事假						240/15	480/23	240/18	120/20	120/12			80/14		60/11
迟到/早退		60/18		120/8							120/7			100/26	
旷工			120/23												

前面是请假的时间长短(分)，后面为请假的具体某一天。

图 6.8　输入所有职工编号、姓名和请假时间信息

为节省篇幅，只显示 1 名职工和部分时间列(后同，不再赘述)，结果如图 6.9 所示。

	M	N	O	P	Q	R	S	T	U	V	W	X	AQ	AR	AS	AT	AU	AV	AW	AX
1																				
2	编号	姓名	类别	1	2	3	4	5	6	7	8	9	28	29	30	31	合计	单位工资/(元/分)	扣款	合计扣款
3			年假				480													
4	101	李工	病假									240								
5			事假																	
6			迟到/早退																	
7			旷工																	

图 6.9　只显示 1 名职工信息

（3）计算各类请假时间（分）的合计。在 AU3 单元格中输入"＝SUM(P3:AT3)"，按回车键完成输入，并向下填充公式到 AU77。部分结果如图 6.10 所示。

	M	N	O	P	Q	R	S	T	U	V	W	X	AQ	AR	AS	AT	AU	AV	AW	AX
1																				
2	编号	姓名	类别	1	2	3	4	5	6	7	8	9	28	29	30	31	合计	单位工资/(元/分)	扣款	合计扣款
3			年假				480										480			
4			病假									240					240			
5	101	李工	事假														0			
6			迟到/早退														0			
7			旷工														0			
8			年假														0			
9			病假														0			
10	102	李密	事假														0			
11			迟到/早退														60			
12			旷工														0			

图 6.10　计算各类请假时间的合计

（4）计算单位工资。在 AV3 单元格中输入"＝E3/31/8/60"（注：基本工资/天数/每天工作小时数/60 分），按回车键可以得到每分钟的工资数。将 AV3 的公式向下填充到最后一名职工，可以发现，公式填充的第 1 项不是我们需要的特定职工的基本工资。因此，需要手动把第 1 项分别调整为 E4，E5，E6，…，E17。部分结果如图 6.11 所示。

	M	N	O	P	Q	R	S	T	U	V	W	X	AQ	AR	AS	AT	AU	AV	AW	AX
1																				
2	编号	姓名	类别	1	2	3	4	5	6	7	8	9	28	29	30	31	合计	单位工资/(元/分)	扣款	合计扣款
3			年假				480										480			
4			病假									240					240			
5	101	李工	事假														0	0.336021505		
6			迟到/早退														0			
7			旷工														0			
8			年假														0			
9			病假														0			
10	102	李密	事假														0	0.322580645		
11			迟到/早退														60			
12			旷工														0			

图 6.11　计算单位工资

（5）计算各类请假扣款金额。假设企业的扣款规则为：年假不扣款；病假和事假仅扣该时间段的工资；迟到和早退不仅扣除缺勤时间段的工资，每次还额外扣 20 元；旷工则扣除相应时间段的 3 倍工资。基于上述规则，在 AW3 单元格中输入"＝0 * AU3"，在 AW4 单元格中输入"＝AV3 * AU4"，在 AW5 单元格中输入"＝AV3 * AU5"，在 AW6 单元格中输入"＝AV3 * AU6＋20 *(31－COUNTIF(P6:AT6," "))"，在 AW7 单元格中输入"＝AV3 * AU7"。部分结果如图 6.12 所示。

	M	N	O	P	Q	R	S	T	U	V	W	X	AQ	AR	AS	AT	AU	AV	AW	AX
1																				
2	编号	姓名	类别	1	2	3	4	5	6	7	8	9	28	29	30	31	合计	单位工资/(元/分)	扣款	合计扣款
3			年假				480										480		0	
4			病假									240					240		80.6452	
5	101	李工	事假														0	0.336021505	0	
6			迟到/早退														0		0	
7			旷工														0		0	

图 6.12　计算各类请假扣款金额

（6）计算其他职工的各类请假扣款金额。选中区域 AW3:AW7，向下填充公式到最后一名职工，部分结果如图 6.13 所示。

	1	2	3	4	5	6	7	8	9	28	29	30	31	合计	单位工资/(元/分)	扣款	合计扣款
编号	姓名	类别															
		年假			480										480		0	
		病假								240					240		80.6452	
101	李工	事假													0	0.336021505	0	
		迟到/早退													0		0	
		旷工													0		0	
		年假													0		0	
		病假													0		0	
102	李密	事假													0	0.322580645	0	
		迟到/早退													60		39.3548	
		旷工													0		0	

图 6.13　计算其他职工的各类请假扣款金额

(7)计算每名职工的合计扣款金额,保留 2 位小数。在 AX3 单元格中输入"=ROUND(SUM(AW3:AW7),2)",向下填充公式到最后一名职工。部分结果如图 6.14 所示。

	1	2	3	4	5	6	7	8	9	29	30	31	合计	单位工资/(元/分)	扣款	合计扣款
编号	姓名	类别														
		年假			480									480		0	
		病假								240				240		80.6452	
101	李工	事假												0	0.336021505	0	80.65
		迟到/早退												0		0	
		旷工												0		0	
		年假												0		0	
		病假												0		0	
102	李密	事假												0	0.322580645	0	39.35
		迟到/早退												60		39.3548	
		旷工												0		0	

图 6.14　计算每名职工的合计扣款金额

(8)将所有职工的缺勤扣款情况输入职工基本工资表,如图 6.15 所示。

	A	B	C	D	E	F	G	H	I	J	K	L
					职工基本工资表							
	序号	姓名	部门	类型	基本工资	津贴	奖金	养老	医疗	失业	社保合计	缺勤扣款
	101	李工	车间	主管	5000.00	700.00	600.00	400.00	100.00	50.00	550.00	80.65
	102	李密	车间	员工	4800.00	672.00	600.00	384.00	96.00	48.00	528.00	39.35
	103	李伟	车间	员工	4800.00	672.00	600.00	384.00	96.00	48.00	528.00	38.71
	104	王涛	车间	员工	4900.00	686.00	600.00	392.00	98.00	49.00	539.00	59.52
	105	田旭	车间	员工	4900.00	686.00	600.00	392.00	98.00	49.00	539.00	0
	106	田芳	车间	员工	4800.00	672.00	600.00	384.00	96.00	48.00	528.00	77.42
	201	王博	办公室	主管	4500.00	720.00	700.00	360.00	90.00	45.00	495.00	145.16
	202	王宇	办公室	员工	4300.00	688.00	700.00	344.00	86.00	43.00	473.00	69.35
	301	周文	财务处	主管	4500.00	810.00	800.00	360.00	90.00	45.00	495.00	36.29
	302	周伟	财务处	员工	4200.00	756.00	800.00	336.00	84.00	42.00	462.00	33.87
	401	张涛	人事处	主管	4500.00	900.00	900.00	360.00	90.00	45.00	495.00	94.44
	402	张荣	人事处	员工	4200.00	840.00	900.00	336.00	84.00	42.00	462.00	0
	501	陈旭	销售处	主管	4500.00	990.00	1000.00	360.00	90.00	45.00	495.00	24.19
	502	陈敏	销售处	员工	4200.00	924.00	1000.00	336.00	84.00	42.00	462.00	48.23
	503	陈鹏	销售处	员工	4200.00	924.00	1000.00	336.00	84.00	42.00	462.00	16.94

图 6.15　将缺勤扣款情况输入职工基本工资表

6.3　计算职工个人所得税和实发工资

依法纳税是每个公民应尽的义务,一般情况下,企业会在发放职工工资的时候代扣职工个人所得税。居民个人的综合所得,以每一纳税年度的收入额减除费用 60000 元以及专项扣除、专项附加扣除和依法确定的其他扣除后的金额为应纳税所得额。按月换算后的综合所得税率表如表 6.1 所示。

表 6.1 按月换算后的综合所得税率表

序号	月度应纳税所得额	税率/%	序号	月度应纳税所得额	税率/%
1	不超过 3000 元的	3	5	超过 35000 元至 55000 元的部分	30
2	超过 3000 元至 12000 元的部分	10	6	超过 55000 元至 80000 元的部分	35
3	超过 12000 元至 25000 元的部分	20	7	超过 80000 元的部分	45
4	超过 25000 元至 35000 元的部分	25			

计算个人所得税的操作步骤如下：

(1)计算工资合计,这里的工资合计＝基本工资＋津贴＋奖金－缺勤扣款。打开之前已经编辑好数据的"职工基本工资表",在 M3 单元格中输入"＝E3＋F3＋G3－L3",按回车键并向下填充公式到 M17,结果如图 6.16 所示。

图 6.16 计算工资合计

(2)计算应纳税所得额。依据当前我国个人所得税法律规定,扣除社保费用后的工资低于 5000 元时,不用缴纳个人所得税,超出 5000 元的部分需要纳税。在 N3 单元格中输入"＝IF(M3－K3＞5000,M3－K3－5000,0)",按回车键并向下填充公式到 N17,结果如图 6.17 所示。

图 6.17 计算应纳税所得额

（3）确定每名职工适用的税率。容易看出，所有职工的应纳税所得额均低于 2000 元，适用 3％ 的个人所得税税率，结果如图 6.18 所示。

序号	姓名	部门	类型	基本工资	津贴	奖金	养老	医疗	失业	社保合计	缺勤扣款	工资合计	应纳税所得额	税率
101	李工	车间	主管	5000.00	700.00	600.00	400.00	100.00	50.00	550.00	80.65	6219.35	669.35	3%
102	李密	车间	员工	4800.00	672.00	600.00	384.00	96.00	48.00	528.00	39.35	6032.65	504.65	3%
103	李伟	车间	员工	4800.00	672.00	600.00	384.00	96.00	48.00	528.00	38.71	6033.29	505.29	3%
104	王涛	车间	员工	4900.00	686.00	600.00	392.00	98.00	49.00	539.00	59.52	6126.48	587.48	3%
105	田旭	车间	员工	4900.00	686.00	600.00	392.00	98.00	49.00	539.00	0	6186.00	647.00	3%
106	田芳	车间	员工	4800.00	672.00	600.00	384.00	96.00	48.00	528.00	77.42	5994.58	466.58	3%
201	王博	办公室	主管	4500.00	720.00	700.00	360.00	90.00	45.00	495.00	145.16	5774.84	279.84	3%
202	王宇	办公室	员工	4300.00	688.00	700.00	344.00	86.00	43.00	473.00	69.35	5618.65	145.65	3%
301	周文	财务处	主管	4500.00	810.00	800.00	360.00	90.00	45.00	495.00	36.29	6073.71	578.71	3%
302	周伟	财务处	员工	4200.00	756.00	800.00	336.00	84.00	42.00	462.00	33.87	5722.13	260.13	3%
401	张涛	人事处	主管	4500.00	900.00	900.00	360.00	90.00	45.00	495.00	94.44	6205.56	710.56	3%
402	张荣	人事处	员工	4200.00	840.00	900.00	336.00	84.00	42.00	462.00	0	5940.00	478.00	3%
501	陈旭	销售处	主管	4500.00	990.00	1000.00	360.00	90.00	45.00	495.00	24.19	6465.81	970.81	3%
502	陈敏	销售处	员工	4200.00	924.00	1000.00	336.00	84.00	42.00	462.00	48.23	6075.77	613.77	3%
503	陈鹏	销售处	员工	4200.00	924.00	1000.00	336.00	84.00	42.00	462.00	16.94	6107.06	645.06	3%

图 6.18　确定每名职工适用的税率

（4）计算个人所得税。在 P3 单元格中输入"＝N3＊O3"，按回车键并向下公式填充到 P17，结果如图 6.19 所示。

序号	姓名	部门	类型	基本工资	津贴	奖金	养老	医疗	失业	社保合计	缺勤扣款	工资合计	应纳税所得额	税率	个人所得税
101	李工	车间	主管	5000.00	700.00	600.00	400.00	100.00	50.00	550.00	80.65	6219.35	669.35	3%	20.08
102	李密	车间	员工	4800.00	672.00	600.00	384.00	96.00	48.00	528.00	39.35	6032.65	504.65	3%	15.14
103	李伟	车间	员工	4800.00	672.00	600.00	384.00	96.00	48.00	528.00	38.71	6033.29	505.29	3%	15.16
104	王涛	车间	员工	4900.00	686.00	600.00	392.00	98.00	49.00	539.00	59.52	6126.48	587.48	3%	17.62
105	田旭	车间	员工	4900.00	686.00	600.00	392.00	98.00	49.00	539.00	0	6186.00	647.00	3%	19.41
106	田芳	车间	员工	4800.00	672.00	600.00	384.00	96.00	48.00	528.00	77.42	5994.58	466.58	3%	14.00
201	王博	办公室	主管	4500.00	720.00	700.00	360.00	90.00	45.00	495.00	145.16	5774.84	279.84	3%	8.40
202	王宇	办公室	员工	4300.00	688.00	700.00	344.00	86.00	43.00	473.00	69.35	5618.65	145.65	3%	4.37
301	周文	财务处	主管	4500.00	810.00	800.00	360.00	90.00	45.00	495.00	36.29	6073.71	578.71	3%	17.36
302	周伟	财务处	员工	4200.00	756.00	800.00	336.00	84.00	42.00	462.00	33.87	5722.13	260.13	3%	7.80
401	张涛	人事处	主管	4500.00	900.00	900.00	360.00	90.00	45.00	495.00	94.44	6205.56	710.56	3%	21.32
402	张荣	人事处	员工	4200.00	840.00	900.00	336.00	84.00	42.00	462.00	0	5940.00	478.00	3%	14.34
501	陈旭	销售处	主管	4500.00	990.00	1000.00	360.00	90.00	45.00	495.00	24.19	6465.81	970.81	3%	29.12
502	陈敏	销售处	员工	4200.00	924.00	1000.00	336.00	84.00	42.00	462.00	48.23	6075.77	613.77	3%	18.41
503	陈鹏	销售处	员工	4200.00	924.00	1000.00	336.00	84.00	42.00	462.00	16.94	6107.06	645.06	3%	19.35

图 6.19　计算个人所得税

（5）计算实发工资。实发工资＝工资表中的工资合计－社保合计－代扣职工个人所得税。在 Q3 单元格中输入"＝M3－K3－P3"，按回车键并向下填充公式到 Q17，结果如图 6.20 所示。

序号	姓名	部门	类型	基本工资	津贴	奖金	养老	医疗	失业	社保合计	缺勤扣款	工资合计	应纳税所得额	税率	个人所得税	实发工资
101	李工	车间	主管	5000.00	700.00	600.00	400.00	100.00	50.00	550.00	80.65	6219.35	669.35	3%	20.08	5649.27
102	李密	车间	员工	4800.00	672.00	600.00	384.00	96.00	48.00	528.00	39.35	6032.65	504.65	3%	15.14	5489.51
103	李伟	车间	员工	4800.00	672.00	600.00	384.00	96.00	48.00	528.00	38.71	6033.29	505.29	3%	15.16	5490.13
104	王涛	车间	员工	4900.00	686.00	600.00	392.00	98.00	49.00	539.00	59.52	6126.48	587.48	3%	17.62	5569.86
105	田旭	车间	员工	4900.00	686.00	600.00	392.00	98.00	49.00	539.00	0	6186.00	647.00	3%	19.41	5627.59
106	田芳	车间	员工	4800.00	672.00	600.00	384.00	96.00	48.00	528.00	77.42	5994.58	466.58	3%	14.00	5452.58
201	王博	办公室	主管	4500.00	720.00	700.00	360.00	90.00	45.00	495.00	145.16	5774.84	279.84	3%	8.40	5271.44
202	王宇	办公室	员工	4300.00	688.00	700.00	344.00	86.00	43.00	473.00	69.35	5618.65	145.65	3%	4.37	5141.28
301	周文	财务处	主管	4500.00	810.00	800.00	360.00	90.00	45.00	495.00	36.29	6073.71	578.71	3%	17.36	5561.35
302	周伟	财务处	员工	4200.00	756.00	800.00	336.00	84.00	42.00	462.00	33.87	5722.13	260.13	3%	7.80	5252.33
401	张涛	人事处	主管	4500.00	900.00	900.00	360.00	90.00	45.00	495.00	94.44	6205.56	710.56	3%	21.32	5689.24
402	张荣	人事处	员工	4200.00	840.00	900.00	336.00	84.00	42.00	462.00	0	5940.00	478.00	3%	14.34	5463.66
501	陈旭	销售处	主管	4500.00	990.00	1000.00	360.00	90.00	45.00	495.00	24.19	6465.81	970.81	3%	29.12	5941.69
502	陈敏	销售处	员工	4200.00	924.00	1000.00	336.00	84.00	42.00	462.00	48.23	6075.77	613.77	3%	18.41	5595.36
503	陈鹏	销售处	员工	4200.00	924.00	1000.00	336.00	84.00	42.00	462.00	16.94	6107.06	645.06	3%	19.35	5625.71

图 6.20　计算实发工资

6.4　工资图表分析

图表分析是进行数据分析的常用手段,因为简单、明了等优点而备受大众青睐。现假如要对前述职工基本工资表中所有职工的个人所得税和实发工资进行图表分析,其中实发工资用柱状图表示(对应 Y 主轴),个人所得税用折线图表示(对应 Y 副轴),其操作过程如下:

(1)制作"姓名""实发工资""个人所得税"等列标题,并从"职工基本工资表"中将职工的"姓名""实发工资""个人所得税"等原始信息(数据)复制过来,结果如图 6.21 所示。

	A	B	C
1	姓名	实发工资	个人所得税
2	李工	5649.27	20.08
3	李密	5489.51	15.14
4	李伟	5490.13	15.16
5	王涛	5569.86	17.62
6	田旭	5627.59	19.41
7	田芳	5452.58	14.00
8	王婷	5271.44	8.40
9	王宇	5141.28	4.37
10	周文	5561.35	17.36
11	周伟	5252.33	7.80
12	张涛	5689.24	21.32
13	张荣	5463.66	14.34
14	陈旭	5941.69	29.12
15	陈敏	5595.36	18.41
16	陈鹏	5625.71	19.35

图 6.21　原始数据

(2)选中数据区域 A1:C16,点击菜单"插入"/"柱状图"/第 1 个二维柱形图。设置纵轴主要刻度单位为 2000,最大值为 6000;设置横轴姓名对齐方式为竖排,顶部显示图例。结果如图 6.22 所示。

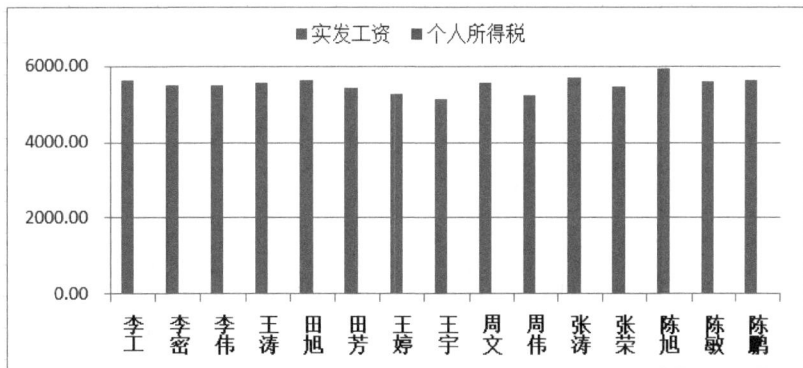

图 6.22　插入柱状图

(3)选中图例"个人所得税",单击鼠标右键,选择"更改系列图表类型",选择折线图(第 4 个),点击"确定",结果如图 6.23 所示。

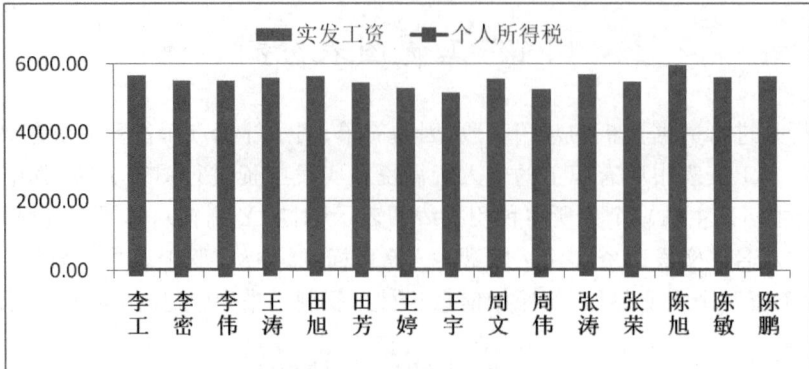

图 6.23　个人所得税折线图

　　(4)点击图 6.23 中的个人所得税折线图部分,使其处于选中状态,单击鼠标右键,选择"设置数据系列格式",在"系列选项"/"系列绘制在"选择框中点击"次坐标轴",如图 6.24 所示。点击关闭,调整主坐标轴主要刻度为 500,次坐标轴主要刻度为 10,结果如图 6.25 所示。

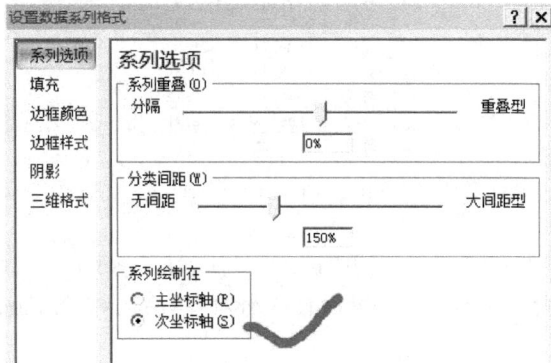

图 6.24　设置数据系列格式

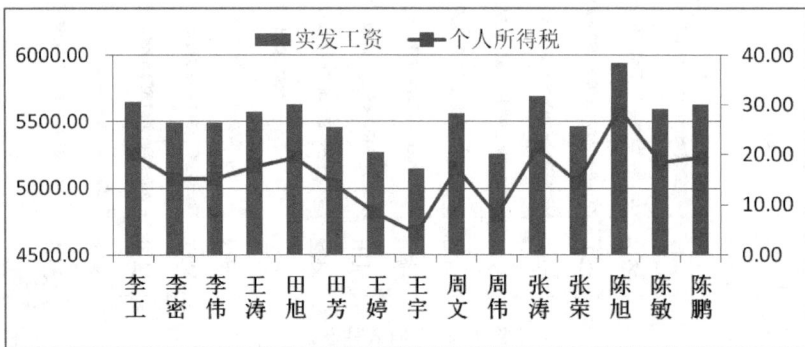

图 6.25　设置次坐标轴

　　(5)添加主要纵坐标轴标题。点击图 6.25,在菜单栏上方会出现"图表工具",点击"布局"/"坐标轴标题"/"主要纵坐标轴标题"/"竖排标题",如图 6.26 所示。在主要纵坐标轴标题中输入"实发工资",结果如图 6.27 所示。

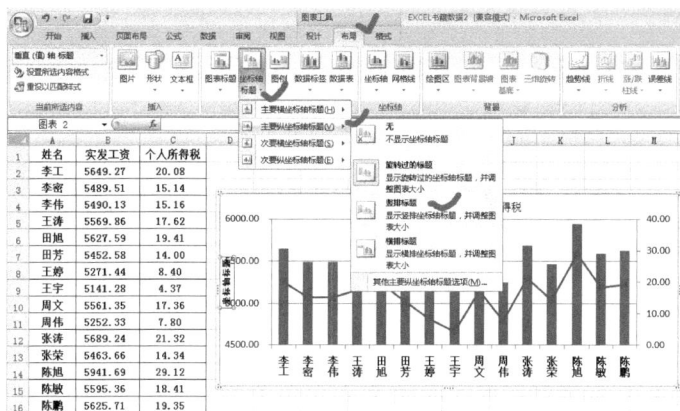

图 6.26　添加主要纵坐标轴标题

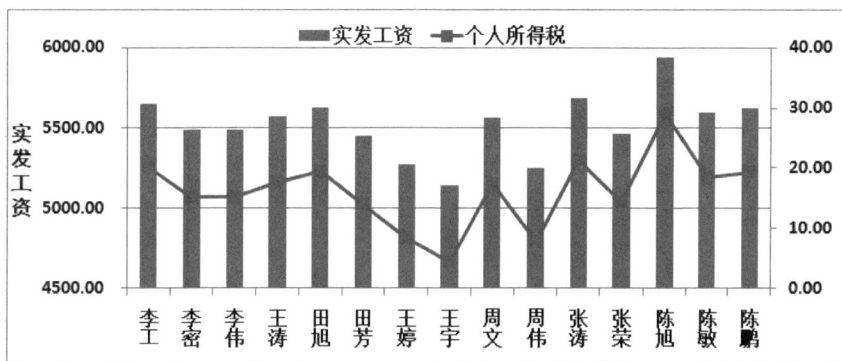

图 6.27　在主要纵坐标轴标题中输入"实发工资"

(6)依据步骤(5)添加次要纵坐标轴标题,名称为"个人所得税",设置坐标轴数字格式为整数,结果如图 6.28 所示。

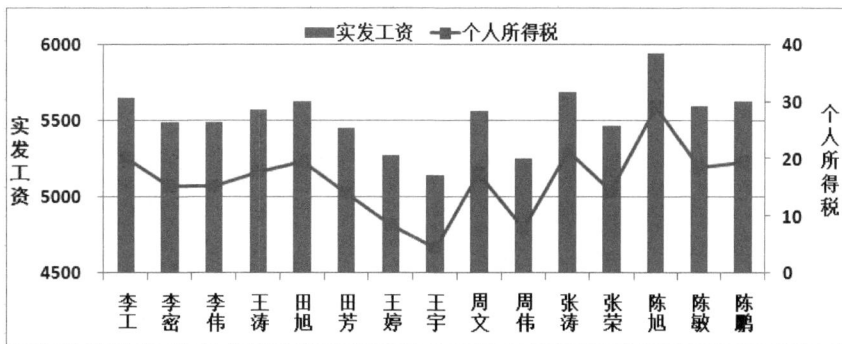

图 6.28　添加纵坐标轴标题的结果

第 7 章　月末账户处理

在期(月)末时，企业一方面需要将“营业外收入”“其他业务收入”“主营业务收入”等科目的金额结转到“本年利润”，此时借记上述收入类科目，贷记“本年利润”；另一方面，需要将“其他业务成本”“税金及附加”“主营业务成本”“财务费用”“管理费用”“销售费用”“应交税费”“营业外支出”等科目的金额结转到“本年利润”，此时借记“本年利润”，贷记上述成本、费用类科目。年度终了，再将本年获得的净利润转入“利润分配”。

7.1　结转主营业务收入、成本和费用

(1)打开“结转主营业务收入”原始数据，部分资料如图 7.1 所示，为了不改变原始数据，我们将其全部数据资料复制到一个空白 Sheet 表格中，以便进一步操作。

	A	B	C	D	E	F	G	H	I
1	记账凭证汇总表（科目汇总表）								
2	日期	凭证号	摘　要	科目代码	账户名称	总账	总账科目	借方金额	贷方金额
3	2022/10/1	0001	提取备用金	1001	库存现金	1001	库存现金	¥ 2,500.00	
4	2022/10/1	0001	提取备用金	100201	银行存款——建设银	1002	银行存款		¥ 2,500.00
5	2022/10/3	0002	报销招待费	6601	销售费用	6601	销售费用	¥ 950.00	
6	2022/10/3	0002	报销招待费	1001	库存现金	1001	库存现金		¥ 950.00
7	2022/10/5	0003	采购电脑	1401	材料采购	1401	材料采购	¥ 124,000.00	
8	2022/10/5	0003	采购电脑	22210101	库存商品	2221	库存商品	¥ 176,100.00	
9	2022/10/5	0003	采购电脑	100202	银行存款——工商银	1002	银行存款		¥ 116,100.00
10	2022/10/7	0004	商品入库	1406	库存商品	1406	库存商品	¥ 104,600.00	
11	2022/10/7	0004	商品入库	1401	材料采购	1401	材料采购		¥ 104,600.00
12	2022/10/10	0005	采购打印机	1401	材料采购	1401	材料采购	¥ 491,050.00	
13	2022/10/10	0005	采购打印机	2202	应付账款	2202	应付账款		¥ 491,050.00
14	2022/10/10	0006	商品入库	1406	库存商品	1406	库存商品	¥ 49,000.00	

图 7.1　原始数据

(2)选中总账代码 F 列中的任何一个代码单元格，点击菜单“数据”/“排序和筛选”/“A→Z 排序”，如图 7.2 所示。排好序的科目汇总表如图 7.3 所示。

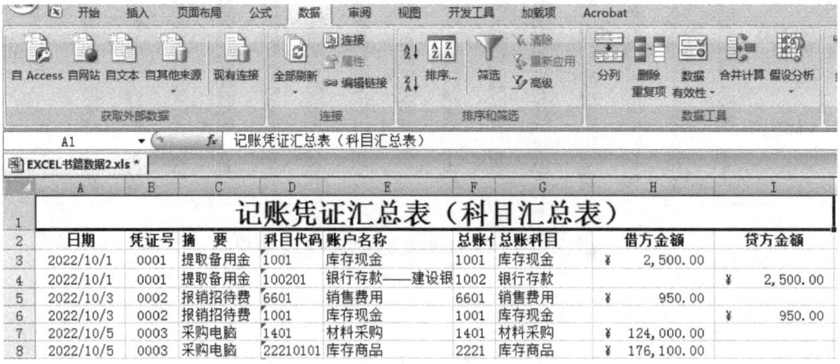

	A	B	C	D	E	F	G	H	I
1	记账凭证汇总表（科目汇总表）								
2	日期	凭证号	摘　要	科目代码	账户名称	总账	总账科目	借方金额	贷方金额
3	2022/10/1	0001	提取备用金	1001	库存现金	1001	库存现金	¥ 2,500.00	
4	2022/10/1	0001	提取备用金	100201	银行存款——建设银	1002	银行存款		¥ 2,500.00
5	2022/10/3	0002	报销招待费	6601	销售费用	6601	销售费用	¥ 950.00	
6	2022/10/3	0002	报销招待费	1001	库存现金	1001	库存现金		¥ 950.00
7	2022/10/5	0003	采购电脑	1401	材料采购	1401	材料采购	¥ 124,000.00	
8	2022/10/5	0003	采购电脑	22210101	库存商品	2221	库存商品	¥ 176,100.00	

图 7.2　排序工具

图 7.3 排好序的科目汇总表

（3）选中数据区域范围内的任何一个单元格，点击菜单"数据"/"分级显示"/"分类汇总"，如图 7.4 所示。点击分类汇总后，弹出如图 7.5 所示的窗口。在"分类字段"中选择"总账科目"，在"汇总方式"中选择"求和"，在"选定汇总项"中选择"借方金额"和"贷方金额"，其他为默认设置，点击"确定"，部分结果如图 7.6 所示。

图 7.4 分类汇总工具

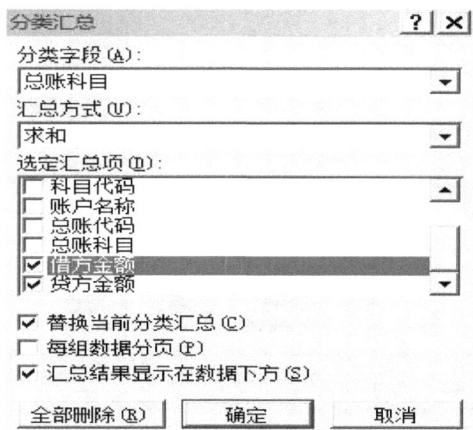

图 7.5 分类汇总设置

（4）点击图 7.6 左上角的"2"，结果如图 7.7 所示。主营业务收入贷方金额为 5600000 元，可以将其转入"本年利润"科目。

（5）切换界面到"结转主营业务收入"原始数据中的记账凭证部分，填写凭证号和制单日期，如图 7.8 所示。

（6）填写结转主营业务收入的记账凭证。在摘要栏填写"结转主营业务收入"，科目代码分别为 6001 和 4103，科目名称分别为"主营业务收入""本年利润"，金额为 5600000 元，如图 7.9 所示。

日期	凭证号	摘 要	科目代码	账户名称	总账代码	总账科目	借方金额		贷方金额	
										记账凭证汇总表（科目汇总表）
2022/10/1	0001	提取备用金	1001	库存现金	1001	库存现金	¥	2,500.00		
2022/10/3	0002	报销招待费	1001	库存现金	1001	库存现金			¥	950.00
2022/10/14	0017	张三报销医疗	1001	库存现金	1001	库存现金			¥	670.00
2022/10/18	0021	王五借差旅费	1001	库存现金	1001	库存现金			¥	3,010.00
2022/10/24	0027	王五退还现金	1001	库存现金	1001	库存现金	¥	5,100.00		
						库存现金	¥	7,600.00	¥	4,630.00
2022/10/1	0001	提取备用金	100201	银行存款——建设	1002	银行存款			¥	2,500.00
2022/10/5	0003	采购电脑	100201	银行存款——工商	1002	银行存款			¥	116,100.00
2022/10/10	0009	收到A企业部	100201	银行存款——建设	1002	银行存款	¥	30,300.00		
2022/10/10	0010	收到B实业货	100201	银行存款——建设	1002	银行存款	¥	23,760.00		
2022/10/10	0011	发放7月份工	100202	银行存款——工商	1002	银行存款			¥	39,710.00
2022/10/10	0013	支付10月份保	100201	银行存款——工商	1002	银行存款			¥	15,000.00
2022/10/13	0016	支付运输费	100201	银行存款——建设	1002	银行存款			¥	3,000.00
2022/10/15	0110	支付展览费和	100201	银行存款——建设	1002	银行存款			¥	5,700.00
2022/10/21	0024	收到C学校部	100202	银行存款——工商	1002	银行存款	¥	120,000.00		
2022/10/22	0025	支付办公费、	100201	银行存款——建设	1002	银行存款			¥	4,000.00
2022/10/26	0030	收到A企业部	100201	银行存款——建设	1002	银行存款	¥	74,240.00		
2022/10/31	0035	支付银行手续	100202	银行存款——工商	1002	银行存款			¥	500.00
2022/10/31	0037	支付C公司货	100201	银行存款——建设	1002	银行存款			¥	49,000.00
2022/10/31	0042	交纳个人所得	100202	银行存款——工商	1002	银行存款			¥	67.13
						银行存款	¥	248,300.00	¥	235,577.13

图 7.6　总账科目汇总结果

日期	凭证号	摘 要	科目代码	账户名称	总账代码	总账科目	借方金额		贷方金额	
						库存现金 汇总	¥	7,600.00	¥	4,630.00
						银行存款 汇总	¥	248,300.00	¥	235,577.13
						应收账款 汇总	¥	649,460.00	¥	248,540.00
						其他应收款 汇总	¥	5,260.00	¥	11,670.00
						坏账准备 汇总	¥	–	¥	2,340.00
						材料采购 汇总	¥	852,050.00	¥1,314,700.00
						库存商品 汇总	¥1,314,700.00	¥	892,420.00
						累计折旧 汇总	¥	–	¥	1,203.31
						应付账款 汇总	¥	49,000.00	¥	768,340.00
						应付职工薪酬	¥	61,517.13	¥	608,815.77
						库存商品 汇总	¥	176,100.00	¥	–
						应交税费 汇总	¥	40,357.13	¥	273,527.13
						主营业务收入	¥	–	¥5,600,000.00
						主营业务成本	¥	892,420.00	¥	–
						销售费用 汇总	¥	9,650.00	¥	–
						管理费用 汇总	¥	614,609.08	¥	–
						财务费用 汇总	¥	740.00	¥	–
						总计	¥4,921,763.34	¥9,961,763.34

图 7.7　汇总结果展示

				记 账 凭 证						
凭证号：	0044		制单日期：	2022/10/31			附单据数：	1		
摘 要		科目代码		科 目 名 称				借方金额	贷方金额	
票号			数量				合计:			
日期			单价							
备注	项 目			部 门			个 人			
	客 户			业务员						
	记账:		审核:		出纳:		制单:			

图 7.8　填写凭证号和制单日期

(7)填写记账凭证汇总表。将如图 7.9 所示的记账凭证信息填写到记账凭证汇总表中,部分截图如图 7.10 所示。

记　账　凭　证

| 凭证号：0044 | | 制单日期：2022/10/31 | | 附单据数：1 |

摘　　要	科目代码	科　目　名　称	借方金额	贷方金额
结转主营业务收入	6001	主营业务收入	¥5,600,000.00	
结转主营业务收入	4103	本年利润		¥5,600,000.00

票号		数量			合计：	¥5,600,000.00	¥5,600,000.00
日期		单价					
备注	项　目		部　门		个　人		
	客　户		业务员				

记账：　　　　　审核：　　　　　出纳：　　　　　制单：

图 7.9　填写结转主营业务收入的记账凭证

记账凭证汇总表

	日期	凭证号	摘　要	科目代码	账户名称	总账代码	总账科目	借方金额	贷方金额
93	2022/10/31	0041	代扣个人所得	221104	应付职工薪酬	2211	应付职工薪酬	¥ 67.13	
94	2022/10/31	0041	代扣个人所得	222103	应交税费——	2221	应交税费		¥ 67.13
95	2022/10/31	0042	交纳个人所得	222103	应交税费——	2221	应交税费	¥ 67.13	
96	2022/10/31	0042	交纳个人所得	100202	银行存款——	1002	银行存款		¥ 67.13
97	2022/10/31	0043	计提固定资产	6602	管理费用	6602	管理费用	¥ 1,203.31	
98	2022/10/31	0043	计提固定资产	1602	累计折旧	1602	累计折旧		¥ 1,203.31
99	2022/10/31	0044	结转主营业务	6001	主营业务收入	6001	主营业务收入	¥ 5,600,000.00	
100	2022/10/31	0044	结转利润	4103	本年利润	4103	本年利润		¥ 5,600,000.00

图 7.10　填写记账凭证汇总表

(8)结转成本和费用。确定需要结转的成本和费用金额,从图 7.7 可以看出,主营业务成本为 892420 元,销售费用为 9650 元,管理费用为 614609.08 元,财务费用为 740 元。以这些成本和费用金额为依据,填写记账凭证,如图 7.11 所示。

记　账　凭　证

| 凭证号：0045 | | 制单日期：2022/10/31 | | 附单据数：1 |

摘　　要	科目代码	科　目　名　称	借方金额	贷方金额
结转利润	4103	本年利润	¥1,517,419.08	
结转成本	6401	主营业务成本		¥892,420.00
结转费用	6603	财务费用		¥740.00
结转费用	6602	管理费用		¥614,609.08
结转费用	6601	销售费用		¥9,650.00

票号		数量			合计：	¥1,517,419.08	¥1,517,419.08
日期		单价					
备注	项　目		部　门		个　人		
	客　户		业务员				

记账：　　　　　审核：　　　　　出纳：　　　　　制单：

图 7.11　结转成本和费用

(9)填写记账凭证汇总表。将如图 7.11 所示的记账凭证信息填写到记账凭证汇总表中,部分截图如图 7.12 所示。

图 7.12　填写记账凭证汇总表

7.2　编制科目汇总表

(1)打开"科目汇总表"原始数据,在 A 列添加标题"科目分类",部分截图如图 7.13 所示。

图 7.13　原始数据

根据"总账代码"确定"科目分类",假定"总账代码"中以 1 开头的代表资产类,以 2 开头的代表负债类,以 4 开头的代表所有者权益类,以 5 开头的代表损益类。

(2)确定每一项总账科目的科目分类,在 A3 单元格中输入"＝IF(LEFT(B3,1)＝"1","资产类",IF(LEFT(B3,1)＝"2","负债类",IF(LEFT(B3,1)＝"4","所有者权益类",IF(LEFT(B3,1)＝"5","损益类","")))))",按回车键返回第一项总账科目的科目分类,向下填充公式到最后一项,部分结果如图 7.14 所示。

图 7.14　"总账科目"的科目分类

注意: 上述 IF 函数中的 LEFT(B3,1)＝"1",因为 LEFT 函数是返回文本字符串的前几个字符(从左边数起),所以等号右边的 1 需加上英文引号;因为有 4 个 IF 函数嵌套,所以最后有

4 个反括号")"。

(3)对"总账代码"进行排序。选中数据区域 A3：E105，点击菜单"数据"/"排序"，弹出如图 7.15 所示窗口，在"主要关键字"里选择"列 B"，"排序依据"为"数值"，"次序"为"升序"。点击"确定"后，部分截图如图 7.16 所示。

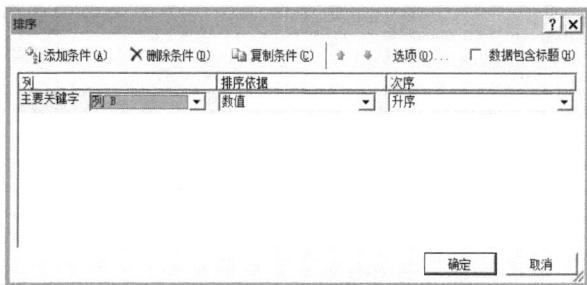

图 7.15　排序设置

图 7.16　排序结果

(4)对"科目分类"进行分类汇总。单击数据区域内的任何一个单元格，点击菜单"数据"/"分级显示"/"分类汇总"，如图 7.17 所示。

图 7.17　分类汇总工具

点击分类汇总后，弹出如图 7.18 所示窗口，在"分类字段"选择"科目分类"，"汇总方式"为"求和"，汇总项为"借方金额"和"贷方金额"，其他为默认设置。

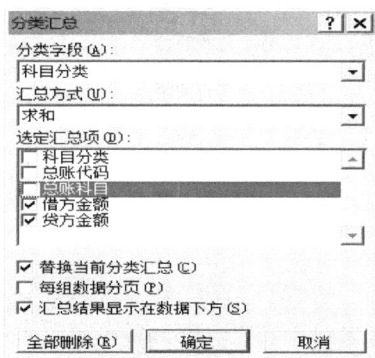

图 7.18　分类汇总设置

点击"确定"后,部分截图如图 7.19 所示。

图 7.19　分类汇总结果

(5)进行多级分类汇总。重复步骤(4)的操作,单击数据区域内的任何一个单元格,点击菜单"数据"/"分级显示"/"分类汇总",弹出如图 7.20 所示窗口,在"分类字段"选择"总账科目","汇总方式"为"求和",汇总项为"借方金额"和"贷方金额",取消选项"替换当前分类汇总"。点击"确定"后,即可完成总账科目的多级分类汇总,部分截图如图 7.21 所示。

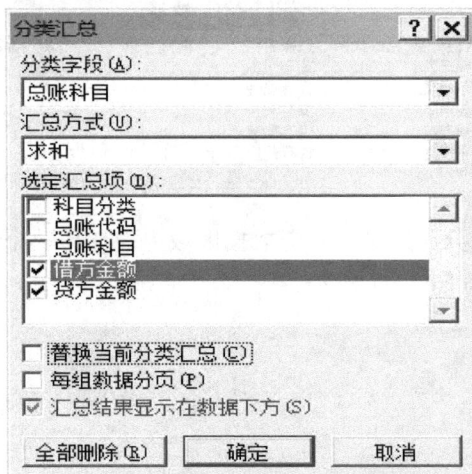

图 7.20　多级分类汇总设置

图 7.21　多级分类汇总结果

(6)进行分级显示分类汇总结果。点击步骤(5)中的多级分类汇总表左上角的数字"1",即可得到总计的汇总结果,如图 7.22 所示。

图 7.22　总计的汇总结果

点击步骤(5)中的多级分类汇总表左上角的数字"2"即可得到科目分类汇总结果,如图 7.23 所示。

图 7.23　科目分类汇总结果

点击步骤(5)中的多级分类汇总表左上角的数字"3",即可得到按照"科目分类"和"总账科目"两者汇总方式下的汇总结果,部分截图如图 7.24 所示。

图 7.24　两种汇总方式下的汇总结果

点击图 7.24 左边的"＋"展开某个总账科目明细数据,如库存现金展开效果如图 7.25 所示。

图 7.25　库存现金展开的效果图

点击刚才图形左边的"+"展开某个总账科目明细数据后,符号"+"会变成符号"-",单击该符号"-"又可以隐藏相应的总账科目明细数据。

(7)取消分级显示。在步骤(5)的多级分类汇总表中单击"数据"/"分级显示"/"取消组合"/"清除分级显示",如图7.26所示。

图7.26 取消分级显示

点击图7.26中的"清除分级显示",即可取消分类汇总的级别,清除科目汇总表左侧的分级显示标识"+"和"-"(右侧的汇总数据保持不变)。部分截图如图7.27所示。

	A	B	C	D	E
1			科目汇总表		
2	科目分类	总账代码	总账科目	借方金额	贷方金额
3	资产类	1001	库存现金	¥ 2,500.00	
4	资产类	1001	库存现金		¥ 950.00
5	资产类	1001	库存现金		¥ 670.00
6	资产类	1001	库存现金		¥ 3,010.00
7	资产类	1001	库存现金	¥ 5,100.00	
8			库存现金 汇总	¥ 7,600.00	¥ 4,630.00
9	资产类	1002	银行存款		¥ 2,500.00
10	资产类	1002	银行存款		¥ 116,100.00
11	资产类	1002	银行存款	¥ 30,300.00	
12	资产类	1002	银行存款	¥ 23,760.00	

图7.27 取消分类汇总的级别

(8)清除分类汇总。要想删除建好的分类汇总数据,只需要单击汇总数据区域内的任意一个单元格,再点击"数据"/"分级显示"/"分类汇总",弹出如图7.28所示窗口。单击图7.28中的"全部删除"按钮,即可完成清除分类汇总。部分截图见图7.29。

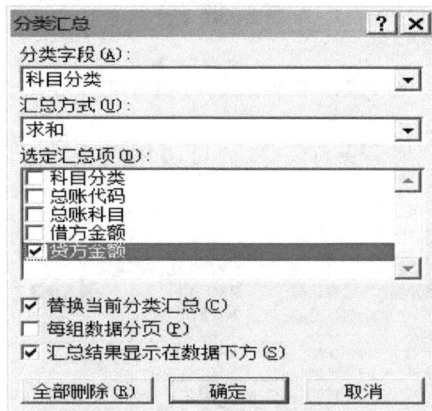

图7.28 分类汇总设置

图 7.29　清除分类汇总

7.3　编制总分类账

(1)打开"总分类账"原始数据,添加 A～F 列的列标题,如图 7.30 所示。

图 7.30　添加 A～F 列的列标题

(2)导入总账代码和总账名称。会计科目表中科目代码为 4 位数(字符数为 4)的代码为总账代码,超过 4 位数(字符数为 4)的代码不是总账代码。因此,在 A3 单元格中输入"=IF(LEN(J3)=4,J3,"")",按回车键即可得到 A3 单元格的总账代码,之后向下填充公式;在 B3 单元格中输入"=IF(LEN(J3)=4,K3,"")",按回车键即可得到 B3 单元格的总账名称,之后向下填充公式;将总账代码和总账名称中的空白格用下方的总账代码(名称)填充,以消除总账代码(名称)中间的空白单元格。部分结果截图如图 7.31 所示。

图 7.31　导入总账代码和总账名称

(3)计算本期借方发生额。在单元格 D3 中输入"=SUMIF(＄U＄3:＄U＄105,A3,＄W＄3:＄W＄105)",按回车键即可得到 D3 单元格的本期借方发生额,之后向下填充公式。部分结果截图如图 7.32 所示。

总分类账					
总账代码	总账名称	期初余额	本期借方	本期贷方	期末余额
1001	库存现金		7600		
1002	银行存款		248300		
1015	其他货币基金		0		
1121	应收票据		0		
1122	应收账款		649460		
1123	预付账款		0		
1231	其他应收款		5260		

图 7.32　计算本期借方发生额

(4)计算本期贷方发生额。在单元格 E3 中输入"＝SUMIF（＄U＄3：＄U＄105，A3，＄X＄3：＄X＄105）"，按回车键即得到 E3 单元格的本期贷方发生额，之后向下填充公式。部分结果截图如图 7.33 所示。

总分类账					
总账代码	总账名称	期初余额	本期借方	本期贷方	期末余额
1001	库存现金		7600	4630	
1002	银行存款		248300	235577.13	
1015	其他货币基金		0	0	
1121	应收票据		0	0	
1122	应收账款		649460	248540	
1123	预付账款		0	0	
1231	其他应收款		5260	11670	
1241	坏账准备		0	2340	
1401	材料采购		852050	1314700	

图 7.33　计算本期贷方发生额

(5)根据图 7.34 输入各总账科目的期初余额(负数表示贷方)。输入期初余额以后的部分截图如图 7.35 所示。

总分类账					
总账代码	总账名称	期初余额	总账代码	总账名称	期初余额
1001	库存现金	42000	1602	累计折旧	-39829.15
1002	银行存款	96244.5	2211	应付职工薪酬	-41710
1122	应收账款	85000	2221	应交税费	-28849
1406	库存商品	435500	4001	实收资本	-367000
1601	固定资产	135400	4103	本年利润	-18756.35
4104	利润分配	298000			

图 7.34　输入各总账科目的期初余额

总分类账					
总账代码	总账名称	期初余额	本期借方	本期贷方	期末余额
1001	库存现金	42000	7600	4630	
1002	银行存款	96244.5	248300	235577.13	
1015	其他货币基金		0	0	
1121	应收票据		0	0	
1122	应收账款	85000	649460	248540	
1123	预付账款		0	0	
1231	其他应收款		5260	11670	
1241	坏账准备		0	2340	
1401	材料采购		852050	1314700	
1403	原材料		0	0	
1406	库存商品	435500	1314700	892420	

图 7.35　输入期初余额

(6)计算期末余额。在 F3 单元格中输入"＝C3＋D3－E3",按回车键即可得到 F3 单元格的期末余额,之后向下填充公式。部分结果截图如图 7.36 所示。

	A	B	C	D	E	F
1			总分类账			
2	总账代码	总账名称	期初余额	本期借方	本期贷方	期末余额
3	1001	库存现金	42000	7600	4630	44970
4	1002	银行存款	96244.5	248300	235577.13	108967.37
5	1015	其他货币基金		0	0	0
6	1121	应收票据		0	0	0
7	1122	应收账款	85000	649460	248540	485920
8	1123	预付账款		0	0	0
9	1231	其他应收款		5260	11670	-6410
10	1241	坏账准备		0	2340	-2340
11	1401	材料采购		852050	1314700	-462650
12	1403	原材料		0	0	0
13	1406	库存商品	435500	1314700	892420	857780

图 7.36 计算期末余额

(7)调整格式。选中数据区域 C3:F40,点击鼠标右键设置该区域的数据格式为"会计专用",并调整相应列宽。部分结果截图如图 7.37 所示。

	A	B	C	D	E	F
1			总分类账			
2	总账代码	总账名称	期初余额	本期借方	本期贷方	期末余额
3	1001	库存现金	¥ 42,000	¥ 7,600	¥ 4,630	¥ 44,970
4	1002	银行存款	¥ 96,245	¥ 248,300	¥ 235,577	¥ 108,967
5	1015	其他货币基金		¥ —	¥ —	¥ —
6	1121	应收票据		¥ —	¥ —	¥ —
7	1122	应收账款	¥ 85,000	¥ 649,460	¥ 248,540	¥ 485,920
8	1123	预付账款		¥ —	¥ —	¥ —
9	1231	其他应收款		¥ 5,260	¥ 11,670	¥ -6,410
10	1241	坏账准备		¥ —	¥ 2,340	¥ -2,340
11	1401	材料采购		¥ 852,050	¥1,314,700	¥-462,650

图 7.37 调整格式

7.4 编制明细账

(1)打开明细账原始数据,输入明细账各列标题,如图 7.38 所示。

	A	B	C	D	E	F	G	H	I
1			明细账						
2							总账账户:		
3	日期	凭证号码	摘要	科目代码	账户名称	期初余额	本期借方	本期贷方	期末余额
4									
5									

图 7.38 输入明细账各列标题

(2)在 I2 单元格中设置总账账户选择下拉框。选择 I2 单元格,点击"数据"/"数据工具"/"数据有效性",如图 7.39 所示。

图 7.39　数据有效性工具

在弹出窗口中"允许"下方选择"序列",在"来源"输入总账账户区域"＝＄AJ＄3：＄AJ＄40"(也可点击右边的小红箭头,选择相应数据来源区域),点击"确定"即可完成 I2 单元格的数据有效性设置,如图 7.40 所示。

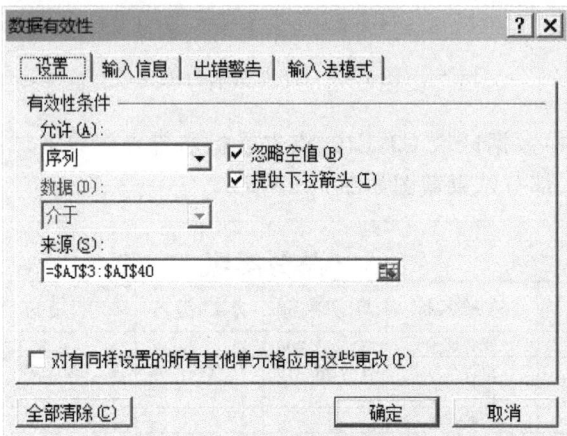

图 7.40　数据有效性设置

(3)设置总账代码。在 I2 单元格下拉框中选择"银行存款",在 H2 单元格中输入公式"＝VLOOKUP(I2,AJ3：AK40,2,0)",按回车键即可得到总账代码,如图 7.41 所示。

明细账								
						总账账户：	1002	银行存款
日期	凭证号码	摘要	科目代码	账户名称	期初余额	本期借方	本期贷方	期末余额

图 7.41　设置总账代码

(4)设置表格首行标题。在 A1 单元格中输入公式"＝H2&"　"&I2&"　明细账"",结果如图 7.42 所示。

1002　银行存款　明细账								
						总账账户：	1002	银行存款
日期	凭证号码	摘要	科目代码	账户名称	期初余额	本期借方	本期贷方	期末余额

图 7.42　设置表格首行标题

(5)设置期初余额。在 F4 单元格中输入公式"＝VLOOKUP(I2,AJ3：AL40,3,0)",按回

车键即可得到期初余额,设置单元格格式为"会计专用",结果如图 7.43 所示。

	A	B	C	D	E	F	G	H	I
1			**1002 银行存款 明细账**						
2							总账账户:	1002	银行存款
3	日期	凭证号码	摘要	科目代码	账户名称	期初余额	本期借方	本期贷方	期末余额
4						¥96,244.50			
5									

图 7.43 设置期初余额

(6)在 S 列中构建记账凭证汇总表辅助列。在 S2 单元格中输入标题"辅助列",设置填充颜色。之后在 S3 单元格中输入公式"=Z3&COUNTIF(Z$3:Z3,Z3)",按回车键并向下填充公式。部分结果截图如图 7.44 所示。

S	T	U	V	W	X	Y	Z	AA	AB
辅助列	日期	凭证号	摘要	科目代码	账户名称	总账代码	总账科目	借方金额	贷方金额
库存现金1	2022/10/1	0001	提取备用金	1001	库存现金	1001	库存现金	¥ 2,500.00	
银行存款1	2022/10/1	0001	提取备用金	100201	银行存款	1002	银行存款		¥ 2,500.00
销售费用1	2022/10/3	0002	报销招待费	6601	销售费用	6601	销售费用	¥ 950.00	
库存现金2	2022/10/3	0002	报销招待费	1001	库存现金	1001	库存现金		¥ 950.00
材料采购1	2022/10/5	0003	采购电脑	1401	材料采购	1401	材料采购	¥ 124,000.00	
库存商品1	2022/10/5	0003	采购电脑	22210101	库存商品	2221	库存商品	¥ 176,100.00	

图 7.44 构建记账凭证汇总表辅助列

(7)设置明细账日期列的数据格式。选中单元格区域 A4:A34,设置单元格格式,如图 7.45 所示,在"分类"里面选择"日期",在"类型"里面选择第一种类型。

(8)导入明细账日期。在 A5 单元格中输入公式"=IFERROR(VLOOKUP(I$2&ROW(S1),S$3:T$105,2,0),"")",按回车键并向下填充公式至 A34。部分截图如图 7.46 所示。

(9)设置凭证号码的数据格式。选中单元格区域 B4:B34,设置单元格格式,如图 7.47 所示,在"分类"里面选择"自定义",在"类型"里面选择"0000"。

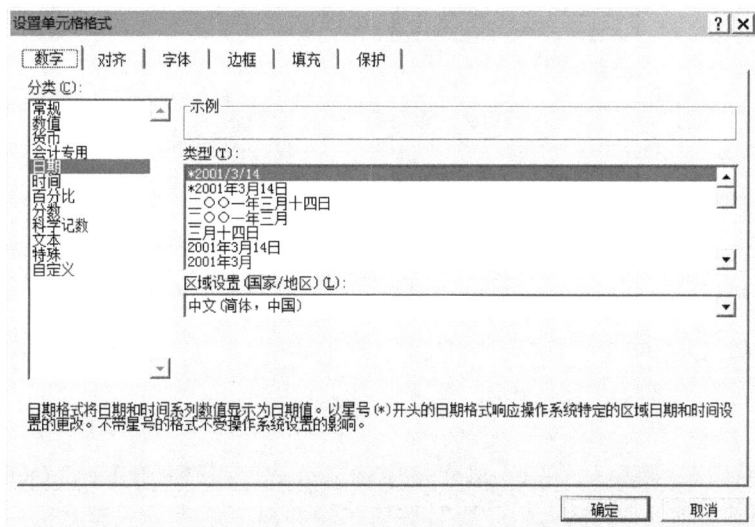

图 7.45 设置单元格格式

	1002 银行存款 明细账							
						总账账户:	1002	银行存款
日期	凭证号码	摘要	科目代码	账户名称	期初余额	本期借方	本期贷方	期末余额
					¥ 96,244.50			
2022/10/1								
2022/10/5								
2022/10/10								
2022/10/10								
2022/10/10								

图 7.46　导入明细账日期

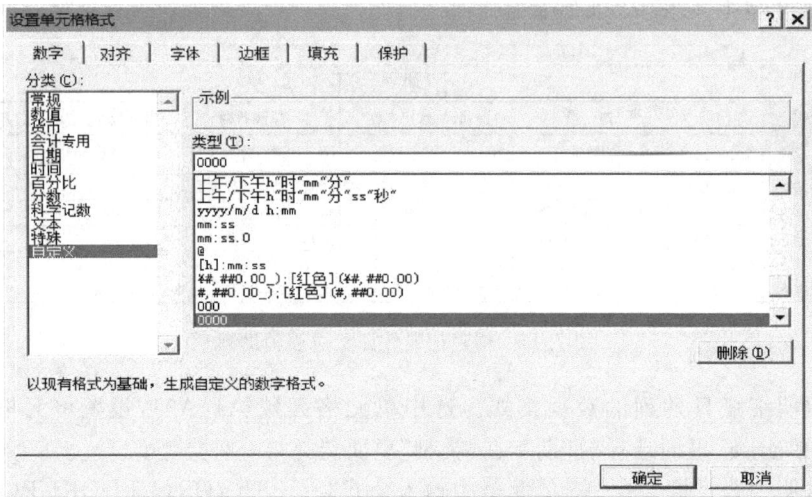

图 7.47　设置凭证号码的数据格式

(10)导入凭证号码。在 B5 单元格中输入公式"＝IFERROR(VLOOKUP($I$2&ROW(S1),$S$3:$X$105,3,0),"")",按回车键并向下填充公式至 B34。部分结果截图如图 7.48 所示。

	1002 银行存款 明细账							
						总账账户:	1002	银行存款
日期	凭证号码	摘要	科目代码	账户名称	期初余额	本期借方	本期贷方	期末余额
					¥ 96,244.50			
2022/10/1	0001							
2022/10/5	0003							
2022/10/10	0009							
2022/10/10	0010							
2022/10/10	0011							
2022/10/10	0013							

图 7.48　导入凭证号码

(11)导入明细账"摘要"。在 C5 单元格中输入公式"＝IFERROR(VLOOKUP($I$2&ROW(S1),$S$3:$X$105,4,0),"")",按回车键并向下填充公式至 C34。部分结果截图如图 7.49 所示。

图 7.49　导入明细账"摘要"

（12）导入科目代码。在 D5 单元格中输入公式"＝IFERROR(VLOOKUP($I$2&ROW(S1),$S$3:$X$105,5,0),"")"，按回车键并向下填充公式至 D34。部分结果截图如图 7.50 所示。

图 7.50　导入科目代码

（13）导入账户名称。在 E5 单元格中输入公式"＝IFERROR(VLOOKUP($I$2&ROW(S1),$S$3:$X$105,6,0),"")"，按回车键并向下填充公式至 E34。部分结果截图如图 7.51 所示。

图 7.51　导入账户名称

（14）导入借方发生额。在 G5 单元格中输入公式"＝IFERROR(VLOOKUP($I$2&ROW(S1),$S$3:$AB$105,9,0),"")"，按回车键并向下填充公式至 G34，设置会计专用格式。部分结果截图如图 7.52 所示。

	A	B	C	D	E	F	G	H	I
1					1002　银行存款　　明细账				
2							总账账户：	1002	银行存款
3	日期	凭证号码	摘要	科目代码	账户名称	期初余额	本期借方	本期贷方	期末余额
4						¥ 96,244.50			
5	2022/10/1	0001	提取备用金	100201	银行存款——建设银行		¥　　－		
6	2022/10/5	0003	采购电脑	100202	银行存款——工商银行		¥　　－		
7	2022/10/10	0009	收到A企业部分货款	100201	银行存款——建设银行		¥　30,300		
8	2022/10/10	0010	收到B实业货款	100201	银行存款——建设银行		¥　23,760		
9	2022/10/10	0011	发放7月份工资	100202	银行存款——工商银行		¥　　－		

图 7.52　导入借方发生额

（15）导入贷方发生额。在 H5 单元格中输入公式"＝IFERROR(VLOOKUP($I$2&ROW(S1)，$S$3：$AB$105,10,0)，"")"，按回车键并向下填充公式至 H34，设置会计专用格式。部分结果截图如图 7.53 所示。

	A	B	C	D	E	F	G	H	I
1					1002　银行存款　　明细账				
2							总账账户：	1002	银行存款
3	日期	凭证号码	摘要	科目代码	账户名称	期初余额	本期借方	本期贷方	期末余额
4						¥ 96,244.50			
5	2022/10/1	0001	提取备用金	100201	银行存款——建设银行		¥　　－	¥　2,500.00	
6	2022/10/5	0003	采购电脑	100202	银行存款——工商银行		¥　　－	¥ 116,100.00	
7	2022/10/10	0009	收到A企业部分货款	100201	银行存款——建设银行		¥　30,300	¥　　－	
8	2022/10/10	0010	收到B实业货款	100201	银行存款——建设银行		¥　23,760	¥　　－	
9	2022/10/10	0011	发放7月份工资	100202	银行存款——工商银行		¥　　－	¥　39,710.00	
10	2022/10/10	0013	支付10月份保险费	100202	银行存款——工商银行		¥　　－	¥　15,000.00	

图 7.53　导入贷方发生额

（16）计算明细账期末余额。在 I5 单元格中输入公式"＝F4＋G5－H5"，在 I6 单元格中输入公式"＝I5＋G6－H6"，按回车键并向下填充公式至 I34。部分结果截图如图 7.54 所示。

	A	B	C	D	E	F	G	H	I
1					1002　银行存款　　明细账				
2							总账账户：	1002	银行存款
3	日期	凭证号码	摘要	科目代码	账户名称	期初余额	本期借方	本期贷方	期末余额
4						¥ 96,244.50			
5	2022/10/1	0001	提取备用金	100201	银行存款——建设银行		¥　　－	¥　2,500.00	¥　93,744.50
6	2022/10/5	0003	采购电脑	100202	银行存款——工商银行		¥　　－	¥ 116,100.00	¥ -22,355.50
7	2022/10/10	0009	收到A企业部分货款	100201	银行存款——建设银行		¥　30,300	¥　　－	¥　7,944.50
8	2022/10/10	0010	收到B实业货款	100201	银行存款——建设银行		¥　23,760	¥　　－	¥　31,704.50
9	2022/10/10	0011	发放7月份工资	100202	银行存款——工商银行		¥　　－	¥　39,710.00	¥ -8,005.50
10	2022/10/10	0013	支付10月份保险费	100202	银行存款——工商银行		¥　　－	¥　15,000.00	¥ -23,005.50

图 7.54　计算明细账期末余额

第8章 编制会计报表

会计报表是依据会计记录编制的,反映企业在一定会计期间的经营成果、财务状况和理财过程的报表文件。它是会计核算的最终产品,包括资产负债表、利润表、现金流量表和报表附注。本章主要介绍资产负债表和利润表的编制过程。

8.1 编制资产负债表

资产负债表的填制方法主要有以下几种:①根据总账科目直接或者计算填列;②根据明细账计算填列;③根据总账和明细账计算填列;④根据相关资产备抵科目的净额填列。

下文涉及的报表项目填制方法如下:①短期借款、应交税费、实收资本、未分配利润、应付职工薪酬、其他应付款、盈余公积等项目根据总账科目直接列。②应收账款、应付账款根据明细账计算填列,具体计算公式为:应收账款项目的期末余额=预收账款明细科目的期末借方余额合计+应收账款明细科目的期末借方余额合计-依据应收账款计提的坏账准备科目贷方余额。应付账款项目的期末余额=预付账款明细科目的期末贷方余额合计+应付账款明细科目的期末贷方余额合计。③根据多个总账期末余额合计数填列。如货币资金项目的期末余额等于其他货币资金、银行存款和库存现金等科目的期末借方余额之和。存货项目的期末余额等于原材料、包装物、材料采购、发出商品、低值易耗品、生产成本、委托加工物资、库存商品等科目的期末借方余额之和,减去存货跌价准备、受托代销商品款等科目期末余额后的金额填列。④根据科目余额减去其备抵项目后的净额填列。如固定资产项目=固定资产期末余额-累计折旧期末余额-固定资产减值准备期末余额+固定资产清理期末余额。

(1)打开资产负债表原始数据,输入如图8.1所示的报表项目和合计行。

图8.1 原始数据

(2)计算货币资金的期初数和期末数。根据公式"货币资金=银行存款+库存现金+其他货币资金"计算货币资金的期初数和期末数。在B5单元格中输入"=SUM(AC3:AC5)",在

C5 单元格中输入"=SUM(AF3:AF5)",即可分别得到货币资金的期初数和期末数,如图 8.2 所示。

图 8.2　计算货币资金的期初数和期末数

(3)计算应收账款的期初数和期末数。在 B6 单元格中输入"=VLOOKUP($A$6, $AB$3:$AF$40,2,0)",在 C6 单元格中输入"=VLOOKUP($A$6,$AB$3: $AF$40,5,0)",即可分别得到应收账款的期初数和期末数,如图 8.3 所示。

图 8.3　计算应收账款的期初数和期末数

(4)计算坏账准备。在 B7 单元格中输入"=VLOOKUP("坏账准备",$AB$3:$AF$40, 2,0)",在 C7 单元格中输入"=VLOOKUP("坏账准备",$AB$3:$AF$40,5,0)",即可分别得到坏账准备的期初数和期末数,如图 8.4 所示。

图 8.4　计算坏账准备的期初数和期末数

（5）计算应收账款净额。在 B8 单元格中输入"＝B6－B7"，在 C8 单元格中输入"＝C6－ABS(C7)"，即可分别得到应收账款净额的期初数和期末数，如图 8.5 所示。

	A	B	C	D	E	F	G
1			资产负债表				
2	编制单位：Y公司		编制日期：	2022/X/X		单位：元	
3	资　产	期初数	期末数	负债及所有者权益		期初数	期末数
4	流动资产：			流动负债：			
5	货币资金	￥　138,245	￥　153,937	短期借款			
6	应收账款	￥85,000.00	￥485,920.00	应付账款			
7	减：坏账准备	￥0.00	￥-2,340.00	应付职工薪酬			
8	应收账款净额	￥85,000.00	￥483,580.00	应交税费			
9	存货			其他应付款			
10	流动资产合计			流动负债合计			
11				负债合计			
12	固定资产：			所有者权益：			
13	固定资产原值			实收资本			
14	减：累计折旧			盈余公积			
15	固定资产净值			未分配利润			
16	固定资产合计			所有者权益合计			
17	资产合计			负债及所有者权益合计			

图 8.5　计算应收账款净额的期初数和期末数

（6）计算存货金额。根据编制的总分类账可知，存货包括了"材料采购""原材料""库存商品"，据此在 B9 单元格中输入"＝SUM(AC11:AC13)"，在 C9 单元格中输入"＝SUM(AF11:AF13)"，即可分别得到存货的期初数和期末数，如图 8.6 所示。

	A	B	C	D	E	F	G
1			资产负债表				
2	编制单位：Y公司		编制日期：	2022/X/X		单位：元	
3	资　产	期初数	期末数	负债及所有者权益		期初数	期末数
4	流动资产：			流动负债：			
5	货币资金	￥　138,245	￥　153,937	短期借款			
6	应收账款	￥85,000.00	￥485,920.00	应付账款			
7	减：坏账准备	￥0.00	￥-2,340.00	应付职工薪酬			
8	应收账款净额	￥85,000.00	￥483,580.00	应交税费			
9	存货	￥　435,500	395,130	其他应付款			
10	流动资产合计			流动负债合计			
11				负债合计			
12	固定资产：			所有者权益：			
13	固定资产原值			实收资本			
14	减：累计折旧			盈余公积			
15	固定资产净值			未分配利润			
16	固定资产合计			所有者权益合计			
17	资产合计			负债及所有者权益合计			

图 8.6　计算存货的期初数和期末数

（7）计算流动资产合计。流动资产合计金额等于货币资金、存货与应收账款净额之和，据此在 B10 单元格中输入"＝B5＋B8＋B9"，在 C10 单元格中输入"＝C5＋C8＋C9"，即可分别得到流动资产合计的期初数和期末数，如图 8.7 所示。

（8）计算固定资产原值。在 B13 单元格中输入"＝VLOOKUP("固定资产"，＄AB＄3：＄AF＄40,2,0)"，在 C13 单元格中输入"＝VLOOKUP("固定资产"，＄AB＄3：＄AF＄40,5,0)"，即可分别得到固定资产原值的期初数和期末数，如图 8.8 所示。

（9）计算累计折旧。在 B14 单元格中输入"＝VLOOKUP("累计折旧"，＄AB＄3：＄AF＄40,2,0)"，在 C14 单元格中输入"＝VLOOKUP("累计折旧"，＄AB＄3：＄AF＄40,5,0)"，即可得到累计折旧的期初数和期末数，如图 8.9 所示。

资产负债表						
编制单位：Y公司		编制日期：	2022/X/X		单位：元	
资　　产	期初数	期末数	负债及所有者权益		期初数	期末数
流动资产：			流动负债：			
货币资金	¥　138,245	¥　153,937	短期借款			
应收账款	¥85,000.00	¥485,920.00	应付账款			
减：坏账准备	¥0.00	¥-2,340.00	应付职工薪酬			
应收账款净额	¥85,000.00	¥483,580.00	应交税费			
存货	¥　435,500	¥　395,130	其他应付款			
流动资产合计	¥658,744.50	¥1,032,647.37	流动负债合计			
			负债合计			
固定资产：			所有者权益			
固定资产原值			实收资本			
减：累计折旧			盈余公积			
固定资产净值			未分配利润			
固定资产合计			所有者权益合计			
资产合计			负债及所有者权益合计			

图 8.7　计算流动资产合计的期初数和期末数

资产负债表						
编制单位：Y公司		编制日期：	2022/X/X		单位：元	
资　　产	期初数	期末数	负债及所有者权益		期初数	期末数
流动资产：			流动负债：			
货币资金	¥　138,245	¥　153,937	短期借款			
应收账款	¥85,000.00	¥485,920.00	应付账款			
减：坏账准备	¥0.00	¥-2,340.00	应付职工薪酬			
应收账款净额	¥85,000.00	¥483,580.00	应交税费			
存货	¥　435,500	¥　395,130	其他应付款			
流动资产合计	¥658,744.50	¥1,032,647.37	流动负债合计			
			负债合计			
固定资产：			所有者权益			
固定资产原值	¥135,400.00	¥135,400.00	实收资本			
减：累计折旧			盈余公积			
固定资产净值			未分配利润			
固定资产合计			所有者权益合计			
资产合计			负债及所有者权益合计			

图 8.8　计算固定资产原值的期初数和期末数

资产负债表						
编制单位：Y公司		编制日期：	2022/X/X		单位：元	
资　　产	期初数	期末数	负债及所有者权益		期初数	期末数
流动资产：			流动负债：			
货币资金	¥　138,245	¥　153,937	短期借款			
应收账款	¥85,000.00	¥485,920.00	应付账款			
减：坏账准备	¥0.00	¥-2,340.00	应付职工薪酬			
应收账款净额	¥85,000.00	¥483,580.00	应交税费			
存货	¥　435,500	¥　395,130	其他应付款			
流动资产合计	¥658,744.50	¥1,032,647.37	流动负债合计			
			负债合计			
固定资产：			所有者权益			
固定资产原值	¥135,400.00	¥135,400.00	实收资本			
减：累计折旧	¥-39,829.15	¥-41,032.46	盈余公积			
固定资产净值			未分配利润			
固定资产合计			所有者权益合计			
资产合计			负债及所有者权益合计			

图 8.9　计算累计折旧的期初数和期末数

（10）计算固定资产净值。在 B15 单元格中输入"＝B13－ABS(B14)"，在 C15 单元格中输入"＝C13－ABS(C14)"，即可分别得到固定资产净值的期初数和期末数，如图 8.10 所示。

图 8.10　计算固定资产净值的期初数和期末数

(11)计算固定资产合计和资产合计。固定资产合计即固定资产净值,资产合计为流动资产合计与固定资产合计之和。据此在 B16 和 C16 单元格中分别输入"=B15"和"=C15",即可得到固定资产合计的期初数和期末数;在 B17 和 C17 单元格中分别输入"=B10+B16"和"=C10+C16",即可得到资产合计的期初数和期末数。结果如图 8.11 所示。

图 8.11　计算固定资产合计和资产合计的期初数和期末数

(12)计算短期借款。在 F5 单元格中输入"=VLOOKUP("流动借款",$AB$3:$AF$40,2,0),在 G4"单元格中输入"=VLOOKUP("流动借款",$AB$3:$AF$40,5,0)",即可分别得到短期借款的期初数和期末数(♯N/A 表示没有匹配成功),如图 8.12 所示。

(13)计算应付账款。在 F6 单元格中输入"=VLOOKUP("应付账款",$AB$3:$AF$40,2,0),在 G6"单元格中输入"=VLOOKUP("应付账款",$AB$3:$AF$40,5,0)",即可分别得到应付账款的期初数和期末数,如图 8.13 所示。

(14)计算应付职工薪酬。在 F7 单元格中输入"=VLOOKUP("应付职工薪酬",$AB$3:$AF$40,2,0)",在 G7 单元格中输入"=VLOOKUP("应付职工薪酬",$AB$3:$AF$40,5,0)",即可分别得到应付职工薪酬的期初数和期末数,如图 8.14 所示。

	资产负债表				
编制单位：Y公司		编制日期：	2022/X/X	单位：元	
资　　产	期初数	期末数	负债及所有者权益	期初数	期末数
流动资产：			流动负债：		
货币资金	¥ 138,245	¥ 153,937	短期借款	#N/A	#N/A
应收账款	¥85,000.00	¥485,920.00	应付账款		
减：坏账准备	¥0.00	¥-2,340.00	应付职工薪酬		
应收账款净额	¥85,000.00	¥483,580.00	应交税费		
存货	¥ 435,130	¥ 395,130	其他应付款		
流动资产合计	¥658,744.50	¥1,032,647.37	流动负债合计		
			负债合计		
固定资产：			所有者权益：		
固定资产原值	¥135,400.00	¥135,400.00	实收资本		
减：累计折旧	¥-39,829.15	¥-41,032.46	盈余公积		
固定资产净值	¥95,570.85	¥94,367.54	未分配利润		
固定资产合计	¥95,570.85	¥94,367.54	所有者权益合计		
资产合计	¥754,315.35	¥1,127,014.91	负债及所有者权益合计		

图 8.12　计算短期借款的期初数和期末数

	资产负债表				
编制单位：Y公司		编制日期：	2022/X/X	单位：元	
资　　产	期初数	期末数	负债及所有者权益	期初数	期末数
流动资产：			流动负债：		
货币资金	¥ 138,245	¥ 153,937	短期借款	#N/A	#N/A
应收账款	¥85,000.00	¥485,920.00	应付账款	¥0.00	¥-719,340.00
减：坏账准备	¥0.00	¥-2,340.00	应付职工薪酬		
应收账款净额	¥85,000.00	¥483,580.00	应交税费		
存货	¥ 435,500	¥ 395,130	其他应付款		
流动资产合计	¥658,744.50	¥1,032,647.37	流动负债合计		
			负债合计		
固定资产：			所有者权益：		
固定资产原值	¥135,400.00	¥135,400.00	实收资本		
减：累计折旧	¥-39,829.15	¥-41,032.46	盈余公积		
固定资产净值	¥95,570.85	¥94,367.54	未分配利润		
固定资产合计	¥95,570.85	¥94,367.54	所有者权益合计		
资产合计	¥754,315.35	¥1,127,014.91	负债及所有者权益合计		

图 8.13　计算应付账款的期初数和期末数

	资产负债表				
编制单位：Y公司		编制日期：	2022/X/X	单位：元	
资　　产	期初数	期末数	负债及所有者权益	期初数	期末数
流动资产：			流动负债：		
货币资金	¥ 138,245	¥ 153,937	短期借款	#N/A	#N/A
应收账款	¥85,000.00	¥485,920.00	应付账款	¥0.00	¥-719,340.00
减：坏账准备	¥0.00	¥-2,340.00	应付职工薪酬	¥-41,710.00	¥-589,008.64
应收账款净额	¥85,000.00	¥483,580.00	应交税费		
存货	¥ 435,500	¥ 395,130	其他应付款		
流动资产合计	¥658,744.50	¥1,032,647.37	流动负债合计		
			负债合计		
固定资产：			所有者权益：		
固定资产原值	¥135,400.00	¥135,400.00	实收资本		
减：累计折旧	¥-39,829.15	¥-41,032.46	盈余公积		
固定资产净值	¥95,570.85	¥94,367.54	未分配利润		
固定资产合计	¥95,570.85	¥94,367.54	所有者权益合计		
资产合计	¥754,315.35	¥1,127,014.91	负债及所有者权益合计		

图 8.14　计算应付职工薪酬的期初数和期末数

(15)计算应交税费。在 F8 单元格中输入"＝VLOOKUP("应交税费"，＄AB＄3：

＄AF＄40,2,0)",在 G8 单元格中输入"＝VLOOKUP("应交税费",＄AB＄3：＄AF＄40,5,0)",即可分别得到应交税费的期初数和期末数,如图 8.15 所示。

	A	B	C	D E	F	G
1			资产负债表			
2	编制单位：Y公司		编制日期：	2022/X/X		单位：元
3	资　　产	期初数	期末数	负债及所有者权益	期初数	期末数
4	流动资产：			流动负债：		
5	货币资金	¥　138,245	¥　153,937	短期借款	#N/A	#N/A
6	应收账款	¥85,000.00	¥485,920.00	应付账款	¥0.00	¥-719,340.00
7	减：坏账准备	¥0.00	¥-2,340.00	应付职工薪酬	¥-41,710.00	¥-589,008.64
8	应收账款净额	¥85,000.00	¥483,580.00	应交税费	¥-28,849.00	¥-85,919.00
9	存货	¥　435,500	¥　395,130	其他应付款		
10	流动资产合计	¥658,744.50	¥1,032,647.37	流动负债合计		
11				负债合计		
12	固定资产：			所有者权益		
13	固定资产原值	¥135,400.00	¥135,400.00	实收资本		
14	减：累计折旧	¥-39,829.15	¥-41,032.46	盈余公积		
15	固定资产净值	¥95,570.85	¥94,367.54	未分配利润		
16	固定资产合计	¥95,570.85	¥94,367.54	所有者权益合计		
17	资产合计	¥754,315.35	¥1,127,014.91	负债及所有者权益合计		

图 8.15　计算应交税费的期初数和期末数

(16)计算其他应付款。在 F9 单元格中输入"＝VLOOKUP("其他应付款",＄AB＄3：＄AF＄40,2,0)",在 G9 单元格中输入"＝VLOOKUP("其他应付款",＄AB＄3：＄AF＄40,5,0)",即可分别得到其他应付款的期初数和期末数,如图 8.16 所示。

	A	B	C	D E	F	G
1			资产负债表			
2	编制单位：Y公司		编制日期：	2022/X/X		单位：元
3	资　　产	期初数	期末数	负债及所有者权益	期初数	期末数
4	流动资产：			流动负债：		
5	货币资金	¥　138,245	¥　153,937	短期借款	#N/A	#N/A
6	应收账款	¥85,000.00	¥485,920.00	应付账款	¥0.00	¥-719,340.00
7	减：坏账准备	¥0.00	¥-2,340.00	应付职工薪酬	¥-41,710.00	¥-589,008.64
8	应收账款净额	¥85,000.00	¥483,580.00	应交税费	¥-28,849.00	¥-85,919.00
9	存货	¥　435,500	¥　395,130	其他应付款	¥0.00	¥0.00
10	流动资产合计	¥658,744.50	¥1,032,647.37	流动负债合计		
11				负债合计		
12	固定资产：			所有者权益		
13	固定资产原值	¥135,400.00	¥135,400.00	实收资本		
14	减：累计折旧	¥-39,829.15	¥-41,032.46	盈余公积		
15	固定资产净值	¥95,570.85	¥94,367.54	未分配利润		
16	固定资产合计	¥95,570.85	¥94,367.54	所有者权益合计		
17	资产合计	¥754,315.35	¥1,127,014.91	负债及所有者权益合计		

图 8.16　计算其他应付款的期初数和期末数

(17)计算流动负债合计。根据本资产负债表的有关项目可知,流动负债合计等于其他应付款、应交税费、应付职工薪酬、应付账款和短期借款所列金额之和。在 F10 和 G10 单元格中分别输入"＝SUM(F6:F9)"和"＝SUM(G6:G9)",按回车键,结果如图 8.17 所示。

(18)计算负债合计。因本表不考虑非流动性负债的情况,所以负债合计等于前述的流动负债合计。在 F11 中输入"＝F10",在 G11 中输入"＝G10",结果如图 8.18 所示。

(19)计算实收资本。在 F13 单元格中输入"＝VLOOKUP("实收资本",＄AB＄3：＄AF＄40,2,0)",在 G13 单元格中输入"＝VLOOKUP("实收资本",＄AB＄3：＄AF＄40,5,0)",即可分别得到实收资本的期初数和期末数,如图 8.19 所示。

资产负债表

编制单位：Y公司		编制日期：	2022/X/X		单位：元	
资　　产	期初数	期末数	负债及所有者权益	期初数	期末数	
流动资产：			流动负债：			
货币资金	¥ 138,245	¥ 153,937	短期借款	#N/A	#N/A	
应收账款	¥85,000.00	¥485,920.00	应付账款	¥0.00	¥-719,340.00	
减：坏账准备	¥0.00	¥-2,340.00	应付职工薪酬	¥-41,710.00	¥-589,008.64	
应收账款净额	¥85,000.00	¥483,580.00	应交税费	¥-28,849.00	¥-85,919.00	
存货	¥ 435,500	¥ 395,130	其他应付款	¥0.00	¥0.00	
流动资产合计	¥658,744.50	¥1,032,647.37	流动负债合计	¥-70,559.00	¥-1,394,267.64	
			负债合计			
固定资产：			所有者权益：			
固定资产原值	¥135,400.00	¥135,400.00	实收资本			
减：累计折旧	¥-39,829.15	¥-41,032.46	盈余公积			
固定资产净值	¥95,570.85	¥94,367.54	未分配利润			
固定资产合计	¥95,570.85	¥94,367.54	所有者权益合计			
资产合计	¥754,315.35	¥1,127,014.91	负债及所有者权益合计			

图 8.17　计算流动负债合计的期初数和期末数

资产负债表

编制单位：Y公司		编制日期：	2022/X/X		单位：元	
资　　产	期初数	期末数	负债及所有者权益	期初数	期末数	
流动资产：			流动负债：			
货币资金	¥ 138,245	¥ 153,937	短期借款	#N/A	#N/A	
应收账款	¥85,000.00	¥485,920.00	应付账款	¥0.00	¥-719,340.00	
减：坏账准备	¥0.00	¥-2,340.00	应付职工薪酬	¥-41,710.00	¥-589,008.64	
应收账款净额	¥85,000.00	¥483,580.00	应交税费	¥-28,849.00	¥-85,919.00	
存货	¥ 435,500	¥ 395,130	其他应付款	¥0.00	¥0.00	
流动资产合计	¥658,744.50	¥1,032,647.37	流动负债合计	¥-70,559.00	¥-1,394,267.64	
			负债合计	¥-70,559.00	¥-1,394,267.64	
固定资产：			所有者权益：			
固定资产原值	¥135,400.00	¥135,400.00	实收资本			
减：累计折旧	¥-39,829.15	¥-41,032.46	盈余公积			
固定资产净值	¥95,570.85	¥94,367.54	未分配利润			
固定资产合计	¥95,570.85	¥94,367.54	所有者权益合计			
资产合计	¥754,315.35	¥1,127,014.91	负债及所有者权益合计			

图 8.18　计算负债合计的期初数和期末数

资产负债表

编制单位：Y公司		编制日期：	2022/X/X		单位：元	
资　　产	期初数	期末数	负债及所有者权益	期初数	期末数	
流动资产：			流动负债：			
货币资金	¥ 138,245	¥ 153,937	短期借款	#N/A	#N/A	
应收账款	¥85,000.00	¥485,920.00	应付账款	¥0.00	¥-719,340.00	
减：坏账准备	¥0.00	¥-2,340.00	应付职工薪酬	¥-41,710.00	¥-589,008.64	
应收账款净额	¥85,000.00	¥483,580.00	应交税费	¥-28,849.00	¥-85,919.00	
存货	¥ 435,500	¥ 395,130	其他应付款	¥0.00	¥0.00	
流动资产合计	¥658,744.50	¥1,032,647.37	流动负债合计	¥-70,559.00	¥-1,394,267.64	
			负债合计	¥-70,559.00	¥-1,394,267.64	
固定资产：			所有者权益：			
固定资产原值	¥135,400.00	¥135,400.00	实收资本	¥-367,000.00	¥-367,000.00	
减：累计折旧	¥-39,829.15	¥-41,032.46	盈余公积			
固定资产净值	¥95,570.85	¥94,367.54	未分配利润			
固定资产合计	¥95,570.85	¥94,367.54	所有者权益合计			
资产合计	¥754,315.35	¥1,127,014.91	负债及所有者权益合计			

图 8.19　计算实收资本的期初数和期末数

(20)计算盈余公积。在 F14 单元格中输入"= VLOOKUP("盈余公积"，$A$3：

$AF$40,2,0)",在 G14 单元格中输入"＝VLOOKUP("盈余公积",$AB$3：$AF$40,5,0)",即可分别得到盈余公积的期初数和期末数,如图 8.20 所示。

	A	B	C	D E	F	G
1	资产负债表					
2	编制单位：Y公司		编制日期：	2022/X/X	单位：元	
3	资　　产	期初数	期末数	负债及所有者权益	期初数	期末数
4	流动资产：			流动负债：		
5	货币资金	¥ 138,245	¥ 153,937	短期借款	#N/A	#N/A
6	应收账款	¥85,000.00	¥485,920.00	应付账款	¥0.00	¥-719,340.00
7	减：坏账准备	¥0.00	¥-2,340.00	应付职工薪酬	¥-41,710.00	¥-589,008.64
8	应收账款净额	¥85,000.00	¥483,580.00	应交税费	¥-28,849.00	¥-85,919.00
9	存货	¥ 435,500	¥ 395,130	其他应付款	¥0.00	¥0.00
10	流动资产合计	¥658,744.50	¥1,032,647.37	流动负债合计	¥-70,559.00	¥-1,394,267.64
11				负债合计	¥-70,559.00	¥-1,394,267.64
12	固定资产：			所有者权益：		
13	固定资产原值	¥135,400.00	¥135,400.00	实收资本	¥-367,000.00	¥-367,000.00
14	减：累计折旧	¥-39,829.15	¥-41,032.46	盈余公积	¥0.00	¥0.00
15	固定资产净值	¥95,570.85	¥94,367.54	未分配利润		
16	固定资产合计	¥95,570.85	¥94,367.54	所有者权益合计		
17	资产合计	¥754,315.35	¥1,127,014.91	负债及所有者权益合计		

图 8.20　计算盈余公积的期初数和期末数

(21)计算未分配利润。未分配利润等于本年利润减去利润分配,在 F15 单元格中输入"＝VLOOKUP("本年利润",$AB$3：$AF$40,2,0)－VLOOKUP("利润分配",$AB$3：$AF$40,2,0)",在 G15 单元格中输入"＝VLOOKUP("本年利润",$AB$3：$AF$40,5,0)－VLOOKUP("利润分配",$AB$3：$AF$40,5,0)",即可分别得到未分配利润的期初数和期末数,如图 8.21 所示。

	A	B	C	D E	F	G
1	资产负债表					
2	编制单位：Y公司		编制日期：	2022/X/X	单位：元	
3	资　　产	期初数	期末数	负债及所有者权益	期初数	期末数
4	流动资产：			流动负债：		
5	货币资金	¥ 138,245	¥ 153,937	短期借款	#N/A	#N/A
6	应收账款	¥85,000.00	¥485,920.00	应付账款	¥0.00	¥-719,340.00
7	减：坏账准备	¥0.00	¥-2,340.00	应付职工薪酬	¥-41,710.00	¥-589,008.64
8	应收账款净额	¥85,000.00	¥483,580.00	应交税费	¥-28,849.00	¥-85,919.00
9	存货	¥ 435,500	¥ 395,130	其他应付款	¥0.00	¥0.00
10	流动资产合计	¥658,744.50	¥1,032,647.37	流动负债合计	¥-70,559.00	¥-1,394,267.64
11				负债合计	¥-70,559.00	¥-1,394,267.64
12	固定资产：			所有者权益：		
13	固定资产原值	¥135,400.00	¥135,400.00	实收资本	¥-367,000.00	¥-367,000.00
14	减：累计折旧	¥-39,829.15	¥-41,032.46	盈余公积	¥0.00	¥0.00
15	固定资产净值	¥95,570.85	¥94,367.54	未分配利润	¥-316,756.35	¥634,252.73
16	固定资产合计	¥95,570.85	¥94,367.54	所有者权益合计		
17	资产合计	¥754,315.35	¥1,127,014.91	负债及所有者权益合计		

图 8.21　计算未分配利润的期初数和期末数

(22)计算所有者权益合计。根据实收资本、盈余公积和未分配利润的和计算所有者权益合计,在 F16 单元格中输入"＝SUM(F13:F15)",在 G16 单元格中输入"＝SUM(G13:G15)",即可分别得到所有者权益合计的期初数和期末数,如图 8.22 所示。

(23)计算负债及所有者权益合计。根据负债合计与所有者权益合计的和计算负债及所有者权益合计,在 F17 单元格中输入"＝F11＋F16",在 G17 单元格中输入"＝G11＋G16",即可分别得到负债及所有者权益合计的期初数和期末数,如图 8.23 所示。

可以发现,除了金额正负方向不同外,期初数和期末数的资产合计均等于负债及所有者权益合计,满足会计恒等式规则。

图 8.22　计算所有者权益合计的期初数和期末数

图 8.23　计算负债及所有者权益合计的期初数和期末数

8.2　编制利润表

利润表是反映企业在某一时期经营成果的会计报表,它将这一时期的收入与费用进行配比,以计算该期间的净利润或净亏损。其编制基础为"利润＝收入－费用",编制过程如下。

(1)打开利润表原始表格,如图 8.24 所示。

图 8.24　原始数据

(2)计算主营业务收入。在 C4 单元格中输入"＝VLOOKUP("主营业务收入",＄G＄3：＄K＄40,4,0)",按回车键即可得到主营业务收入的本期金额。部分截图如图 8.25 所示。

	A	B	C	D
1	**利　润　表**			
2	编制单位：Y公司	编制日期：	2022/X/X	单位：元
3	**项　　目**	**行次**	**本期金额**	**本年累计数**
4	一、主营业务收入	1	¥　5,600,000	
5	减：主营业务成本	2		

图 8.25　计算主营业务收入

(3)计算主营业务成本。在 C5 单元格中输入"＝VLOOKUP("主营业务成本",＄G＄3：＄K＄40,3,0)",按回车键即可得到主营业务成本的本期金额。部分截图如图 8.26 所示。

	A	B	C	D
1	**利　润　表**			
2	编制单位：Y公司	编制日期：	2022/X/X	单位：元
3	**项　　目**	**行次**	**本期金额**	**本年累计数**
4	一、主营业务收入	1	¥　5,600,000	
5	减：主营业务成本	2	¥　　892,420	

图 8.26　计算主营业务成本

(4)计算税金及附加。在 C6 单元格中输入"＝VLOOKUP("税金及附加",＄G＄3：＄K＄40,3,0)",按回车键即可得到税金及附加的本期金额。部分截图如图 8.27 所示。

	A	B	C	D
1	**利　润　表**			
2	编制单位：Y公司	编制日期：	2022/X/X	单位：元
3	**项　　目**	**行次**	**本期金额**	**本年累计数**
4	一、主营业务收入	1	¥　5,600,000	
5	减：主营业务成本	2	¥　　892,420	
6	税金及附加	3	¥　　　　　－	

图 8.27　计算税金及附加

(5)计算主营业务利润。在 C7 单元格中输入"＝C4－C5－C6",按回车键即可得到主营业务利润的本期金额。因为没有其他业务收入,所以其他业务利润为"0"。部分截图如图 8.28 所示。

	A	B	C	D
1	**利　润　表**			
2	编制单位：Y公司	编制日期：	2022/X/X	单位：元
3	**项　　目**	**行次**	**本期金额**	**本年累计数**
4	一、主营业务收入	1	¥　5,600,000	
5	减：主营业务成本	2	¥　　892,420	
6	税金及附加	3	¥　　　　　－	
7	二、主营业务利润	4	¥　4,707,580	
8	加：其他业务利润	5	¥　　　　　－	

图 8.28　计算主营业务利润

(6)计算销售费用。在 C9 单元格中输入"＝VLOOKUP("销售费用",＄G＄3：＄K＄40,3,0)",按回车键即可得到销售费用的本期金额。部分截图如图 8.29 所示。

图 8.29　计算销售费用

(7)计算管理费用。在 C10 单元格中输入"＝VLOOKUP（"管理费用"，$G$3：$K$40,3,0)"，按回车键即可得到管理费用的本期金额。部分截图如图 8.30 所示。

图 8.30　计算管理费用

(8)计算财务费用。在 C11 单元格中输入"＝VLOOKUP（"财务费用"，$G$3：$K$40,3,0)"，按回车键即可得到财务费用的本期金额。部分截图如图 8.31 所示。

图 8.31　计算财务费用

(9)计算营业利润。在 C12 单元格中输入"＝C7＋C8－C9－C10－C11"，按回车键即可得到营业利润的本期金额。部分截图如图 8.32 所示。

图 8.32　计算营业利润

（10）计算利润总额。因为本案例中没有营业外收入、投资收益和营业外支出，故以上三项都输入"0"，在 C16 单元格中输入"＝C12＋C13＋C14－C15"，按回车键即可得到利润总额的本期金额。部分截图如图 8.33 所示。

图 8.33　计算利润总额

（11）计算所得税。按照利润总额的 25％ 计算所得税，在 C17 单元格中输入"＝C16 * 25％"，按回车键即可得到所得税的本期金额。部分截图如图 8.34 所示。

（12）计算净利润。在 C18 单元格中输入"＝C16－C17"，按回车键即可得到净利润的本期金额。另外，本年累计数＝本期金额＋上一期本年累计数，考虑到本案例未涉及上一期本年累计数，故本年累计数用本期金额代替。部分截图如图 8.35 所示。

图 8.34　计算所得税

图 8.35　计算净利润

第9章 财务分析

财务分析是指依据报表资料和会计核算,运用一定的方法和技术,对企业的增长能力、营运能力、盈利能力和偿债能力进行评价分析的经济管理活动。采用什么样的方法进行财务分析至关重要,这里主要介绍趋势分析法和比率分析法的使用过程。

9.1 趋势分析法

趋势分析法是通过对连续多期财务指标的比较分析,来衡量企业财务状况变动趋势的一种评价方法,包括标准分析法、横向分析法、纵向分析法、综合分析法等方法。我们也可以采用图解法、回归分析法、指数平滑法来进行趋势分析。

1. 折线图解法

(1)打开"趋势分析"原始数据,如图 9.1 所示。

(2)制作"销售收入"的折线趋势图。选中数据区域 A1:B13,点击菜单"插入"/"图表"/"折线图",如图 9.2 所示。选择第 4 个折线图,结果如图 9.3 所示。

图 9.1 原始数据

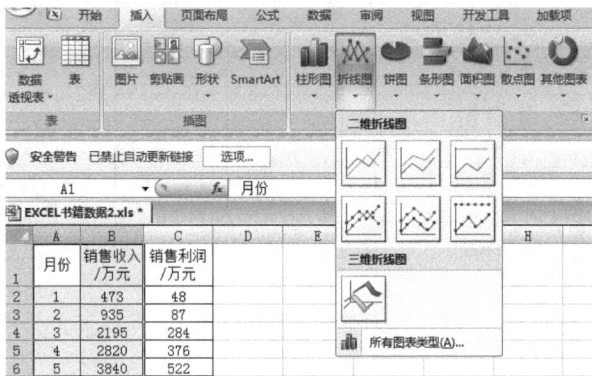

图 9.2 插入线图

(3)点击折线图,之后点击菜单栏上面的"选择数据",如图 9.4 所示。

(4)在弹出窗口"选择数据源"中的"水平(分类)轴标签"处点击"编辑",在轴标签区域中输入"=趋势分析!＄A＄2:＄A＄13",如图 9.5 所示。

(5)选中"图例项"中的"月份",点击"删除",再点击"确定",结果如图 9.6 所示。

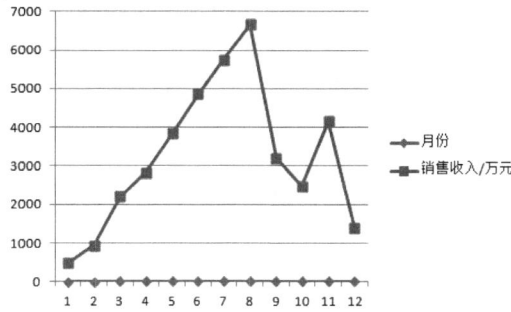

图 9.3　初始折线图

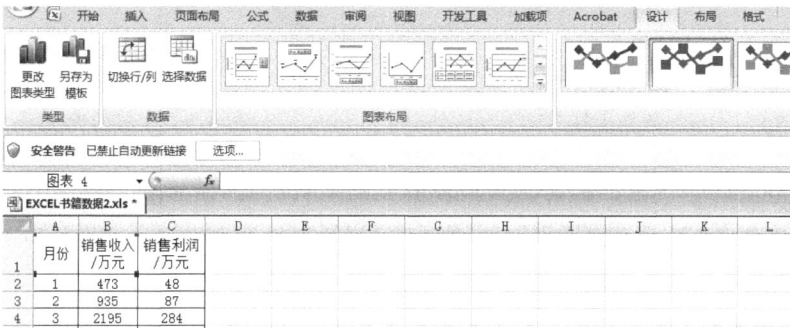

图 9.4　选择数据

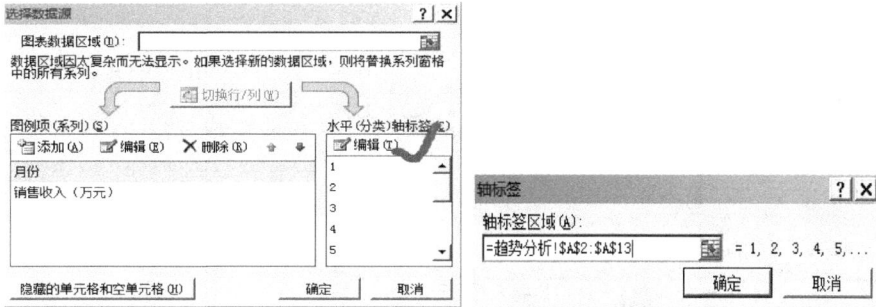

图 9.5　编辑水平轴标签

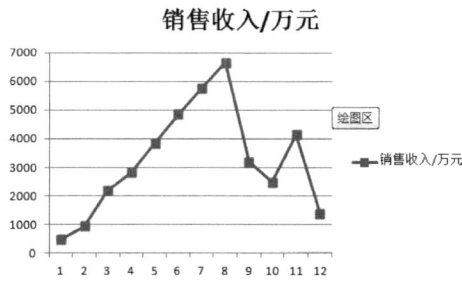

图 9.6　删除"月份"图例后的折线图

(6)删除"销售收入"图例,选择所画的折线,右击鼠标选择"添加数据标签",如图 9.7 所示。

(7)选中数据标签,设置数据标签字体大小以及挪动部分标签位置,结果如图 9.8 所示。

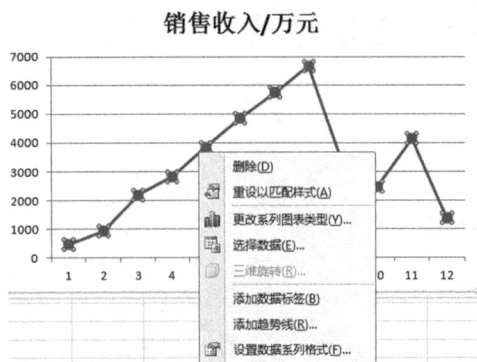

图 9.7　添加数据标签

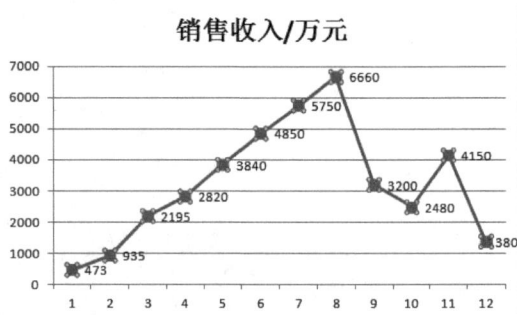

图 9.8　完成的折线图

通过分析可知,1—8 月的销售收入呈现明显的增长趋势,销售收入由 1 月的 473 万元增长到 8 月的 6660 万元。之后销售收入出现了下降趋势,12 月降到了 1380 万元。

2. 散点图解法

通过绘制散点图分析"销售利润"与"销售收入"之间的内在关系,步骤如下:

(1)打开"趋势分析"原始数据,选中数据区域 B1:C13,点击菜单"插入"/"图表"/"散点图",如图 9.9 所示。

图 9.9　插入散点图

选择第 1 个散点图,结果如图 9.10 所示。

(2)删除图例"销售利润",选中散点图后右击鼠标,选择"添加趋势线",如图 9.11 所示。在趋势线中选择"线性",并选择"显示公式""显示 R 平方值",如图 9.12 所示。

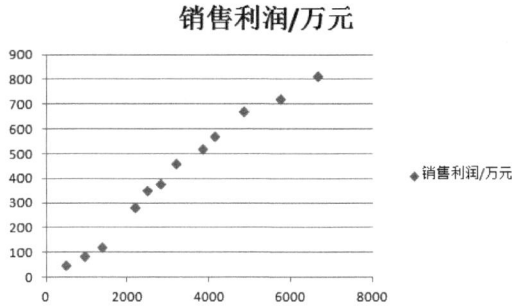

图 9.10　初始散点图

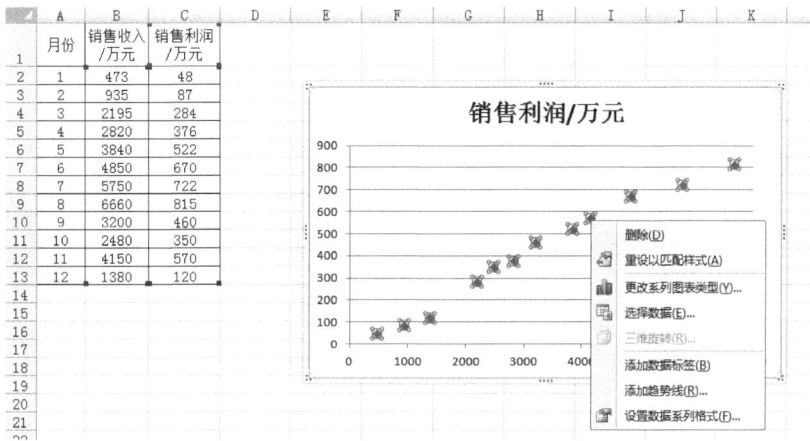

图 9.11　添加趋势线

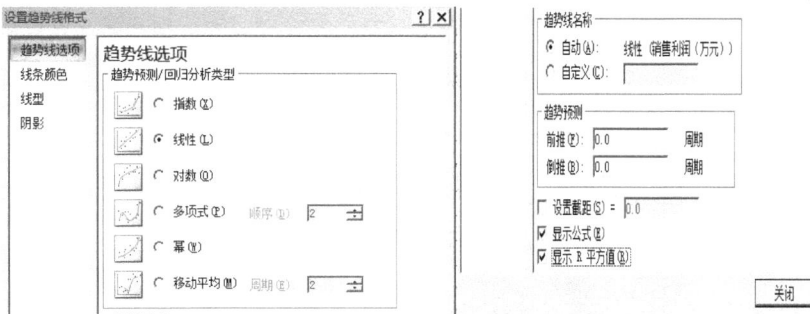

图 9.12　设置趋势线格式

（3）调整拟合直线的字体大小和位置，结果如图 9.13 所示。

通过分析可知，销售利润 y 与销售收入 x 的线性关系为 $y=0.131x-6.527$，$R^2=0.980$，回归直线的拟合效果较好。拟合直线的结果表明，销售利润与销售收入呈现明显的正向变动关系。销售收入每增加 1 万元，销售利润将增加 0.131 万元；当销售收入是 1000 万元时，销售利润大约是 124.473 万元。

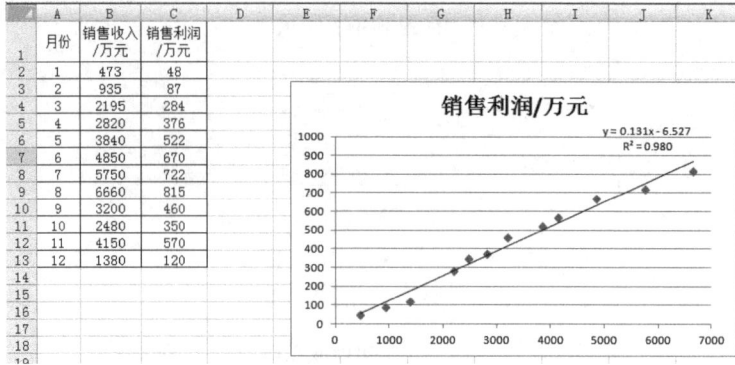

图 9.13　调整拟合直线的字体大小和位置后的图形

3. 回归分析法

在 Excel 中可以直接输入 LINEST 函数进行回归分析，以探明**销售利润** y **与销售收入** x 的内在关系，其操作过程如下：

(1)打开"趋势分析"原始数据，选中一个 5 行 2 列的数据区域 E2:F6 作为结果输出区域（**注意**:LINEST 回归结果有 5 行，列数为自变量个数加 1），如图 9.14 所示。

图 9.14　选择结果输出区域

(2)选中数据区域 E2:F6 后输入公式"=LINEST(C2:C13,B2:B13,TRUE,TRUE)"，再按组合键 Ctrl+Shift+Enter，结果如图 9.15 所示。

图 9.15　回归结果

由回归结果的第一行可知,拟合直线为 $y=0.132x-6.528,R^2=0.981,F$ 值 $=503.539$,除了最低位四舍五入的影响外,回归结果与散点图解法的结果基本一致。

9.2　比率分析法

比率分析法是一种通过计算某些财务报表的指标比率,以分析企业的经营成果和财务状况,从而了解评价企业的发展前景的定量分析方法。这里主要采用盈利能力指标、营运能力指标和偿债能力指标进行比率分析,如表 9.1 所示。

表 9.1　相关指标计算公式

比率分析指标		
能力指标	具体分析指标	具体计算公式
盈利能力指标	销售净利率	销售净利率=净利润/销售收入=利润总额×(1-所得税率)/销售收入
	毛利率	毛利率=毛利/营业收入=(主营业务收入-主营业务成本)/主营业务收入
	净资产收益率	净资产收益率=净利润/净资产=净利润/股东权益平均总额
	资产报酬率	资产报酬率=(利润总额+利息费用)/平均资产总额
营运能力指标	总资产周转率	总资产周转率=销售收入总额/资产平均总额
	流动资产周转率	流动资产周转率=销售收入/流动资产平均余额
	存货周转率	存货周转率=销售成本/平均存货
	存货周转天数	存货周转天数=360/(销售成本/平均存货)
长期偿债能力指标	产权比率	产权比率=负债总额/所有者权益
	资产负债率	资产负债率=负债总额/资产总额
	利息保障倍数	利息保障倍数=息税前利润总额/利息支出
短期偿债能力指标	速动比率	速动比率=速动资产/流动负债=(流动资产-存货)/流动负债
	流动比率	流动比率=流动资产/流动负债

1. 盈利能力指标分析

(1)打开"比率分析"原始数据,如图 9.16 所示。

(2)依据计算公式"销售净利率=净利润/销售收入",在 C2 单元格中输入"=J36/J22",按回车键即可得到销售净利率,如图 9.17 所示。销售净利率反映了企业盈利能力的强弱。一般销售净利率越小,表明企业通过扩大销售获取利润的能力越弱。本例中的销售净利率为 0.55,表明当销售收入为 1 万元时,净利润为 0.55 万元,说明企业的盈利能力较强。

(3)依据计算公式"毛利率=(主营业务收入-主营业务成本)/主营业务收入",在 C3 单元格中输入"=(J22-J23)/J22",按回车键即可得到毛利率,如图 9.18 所示。毛利率也能反映企业盈利能力的强弱。一般毛利率越小,表明销售成本与销售收入的比值越大,企业的盈利能力越弱。本例中的毛利率为 0.84,主营业务成本/主营业务收入＝0.16,说明企业的盈利能力较强。

	A	B	C	D	E	F
1			比率分析			
2	盈利能力指标	销售净利率		营运能力指标	总资产周转率	
3		毛利率			流动资产周转率	
4		净资产收益率			存货周转率	
5		资产报酬率			存货周转天数	
6	长期偿债能力指标	产权比率		短期偿债能力指标	速动比率	
7		资产负债率			流动比率	
8		利息保障倍数				

图 9.16　原始数据

	A	B	C	D	E	F
1			比率分析			
2	盈利能力指标	销售净利率	0.55	营运能力指标	总资产周转率	
3		毛利率			流动资产周转率	
4		净资产收益率			存货周转率	
5		资产报酬率			存货周转天数	
6	长期偿债能力指标	产权比率		短期偿债能力指标	速动比率	
7		资产负债率			流动比率	
8		利息保障倍数				

图 9.17　计算销售净利率

	A	B	C	D	E	F
1			比率分析			
2	盈利能力指标	销售净利率	0.55	营运能力指标	总资产周转率	
3		毛利率	0.84		流动资产周转率	
4		净资产收益率			存货周转率	
5		资产报酬率			存货周转天数	
6	长期偿债能力指标	产权比率		短期偿债能力指标	速动比率	
7		资产负债率			流动比率	
8		利息保障倍数				

图 9.18　计算毛利率

(4)依据计算公式"净资产收益率＝净利润/净资产＝净利润/股东权益平均总额",在 C4 单元格中输入"＝J36/(－(L16＋M16)/2)",按回车键即可得到净资产收益率,如图 9.19 所示。净资产收益率也叫股东权益报酬率,能反映企业股东投资收益水平。一般净资产收益率越低,表明企业的获利能力越弱。本例中的净资产收益率为 6.99,远大于 1,表明企业的获利能力较强。

	A	B	C	D	E	F
1			比率分析			
2	盈利能力指标	销售净利率	0.55	营运能力指标	总资产周转率	
3		毛利率	0.84		流动资产周转率	
4		净资产收益率	6.99		存货周转率	
5		资产报酬率			存货周转天数	
6	长期偿债能力指标	产权比率		短期偿债能力指标	速动比率	
7		资产负债率			流动比率	
8		利息保障倍数				

图 9.19　计算净资产收益率

(5)依据计算公式"资产报酬率＝(利润总额＋利息费用)/平均资产总额",在 C5 单元格中输入"＝(J34＋J29)/((I17＋J17)/2)",按回车键即可得到资产报酬率,如图 9.20 所示。资产报酬率也叫投资报酬率,能反映企业的资产利用效率,其数值越小意味着企业的获利能力越弱。本例中的资产报酬率为 4.34,说明企业的获利能力较强。

	A	B	C	D	E	F
1	比率分析					
2	盈利能力指标	销售净利率	0.55	营运能力指标	总资产周转率	
3		毛利率	0.84		流动资产周转率	
4		净资产收益率	6.99		存货周转率	
5		资产报酬率	4.34		存货周转天数	
6	长期偿债能力指标	产权比率		短期偿债能力指标	速动比率	
7		资产负债率			流动比率	
8		利息保障倍数				

图 9.20 计算资产报酬率

2. 营运能力指标分析

(1)打开"比率分析"原始数据,依据计算公式"总资产周转率＝销售收入总额/资产平均总额",在 F2 单元格中输入"＝J22/((I17＋J17)/2)",按回车键即可得到总资产周转率,如图 9.21 所示。一般总资产周转率越低,说明企业的资产管理效率越低,获利能力也较弱。本例中的总资产周转率为 5.95,说明企业的资产管理效率较高,获利能力较强。

	A	B	C	D	E	F
1	比率分析					
2	盈利能力指标	销售净利率	0.55	营运能力指标	总资产周转率	5.95
3		毛利率	0.84		流动资产周转率	
4		净资产收益率	6.99		存货周转率	
5		资产报酬率	4.34		存货周转天数	
6	长期偿债能力指标	产权比率		短期偿债能力指标	速动比率	
7		资产负债率			流动比率	
8		利息保障倍数				

图 9.21 计算总资产周转率

(2)依据计算公式"流动资产周转率＝销售收入/流动资产平均余额",在 F3 单元格中输入"＝J22/((I10＋J10)/2)",按回车键即可得到流动资产周转率,如图 9.22 所示。一般流动资产周转率越低,说明企业的流动资产周转速度越慢、流动资产利用率越低。本例中的流动资产周转率为 6.62,说明企业的流动资产周转速度较快、流动资产利用率较高。

	A	B	C	D	E	F
1	比率分析					
2	盈利能力指标	销售净利率	0.55	营运能力指标	总资产周转率	5.95
3		毛利率	0.84		流动资产周转率	6.62
4		净资产收益率	6.99		存货周转率	
5		资产报酬率	4.34		存货周转天数	
6	长期偿债能力指标	产权比率		短期偿债能力指标	速动比率	
7		资产负债率			流动比率	
8		利息保障倍数				

图 9.22 计算流动资产周转率

(3)依据计算公式"存货周转率＝销售成本/平均存货",在 F4 单元格中输入"＝J23/((I9＋

J9)/2)",按回车键即可得到存货周转率,如图 9.23 所示。一般存货周转率越低,说明企业的存货周转速度越慢,存货销售能力越弱。本例中的存货周转率为 2.15,若企业属于重工业行业,则说明企业的存货周转速度较快,存货销售能力较强。

			比率分析		
		A	B	C	D	E	F
2	盈利能力指标	销售净利率	0.55	营运能力指标	总资产周转率	5.95
3		毛利率	0.84		流动资产周转率	6.62
4		净资产收益率	6.99		存货周转率	2.15
5		资产报酬率	4.34		存货周转天数	
6	长期偿债能力指标	产权比率		短期偿债能力指标	速动比率	
7		资产负债率			流动比率	
8		利息保障倍数				

图 9.23　计算存货周转率

(4)依据计算公式"存货周转天数＝360/(销售成本/平均存货)",在 F5 单元格中输入"＝360/F4",按回车键即可得到存货周转天数,如图 9.24 所示。一般存货周转天数越长,则存货周转速度越慢。本例中的存货周转天数为 167.54 天,若企业属于重工业行业,则说明企业的存货周转速度较快。

			比率分析		
		A	B	C	D	E	F
2	盈利能力指标	销售净利率	0.55	营运能力指标	总资产周转率	5.95
3		毛利率	0.84		流动资产周转率	6.62
4		净资产收益率	6.99		存货周转率	2.15
5		资产报酬率	4.34		存货周转天数	167.54
6	长期偿债能力指标	产权比率		短期偿债能力指标	速动比率	
7		资产负债率			流动比率	
8		利息保障倍数				

图 9.24　计算存货周转天数

3. 长期偿债能力指标

(1)打开"比率分析"原始数据,依据计算公式"产权比率＝负债总额/所有者权益",在 C6 单元格中输入"＝－M11/－M16",按回车键即可得到产权比率,如图 9.25 所示。产权比率反映了企业负债资金与股东权益的对比关系,其数值越小则意味着企业的长期财务状况越理想和财务风险越小。本例中的产权比率为 7.26,说明企业的长期财务状况较差,财务风险较大。

			比率分析		
		A	B	C	D	E	F
2	盈利能力指标	销售净利率	0.55	营运能力指标	总资产周转率	5.95
3		毛利率	0.84		流动资产周转率	6.62
4		净资产收益率	6.99		存货周转率	2.15
5		资产报酬率	4.34		存货周转天数	167.54
6	长期偿债能力指标	产权比率	7.26	短期偿债能力指标	速动比率	
7		资产负债率			流动比率	
8		利息保障倍数				

图 9.25　计算产权比率

(2)依据计算公式"资产负债率＝负债总额/资产总额",在 C7 单元格中输入"＝－M11/

J17",按回车键即可得到资产负债率,如图 9.26 所示。资产负债率反映了企业的债务偿还能力,其数值越小则意味着企业的长期偿债能力越强。本例中的资产负债率为 1.24,说明企业的长期偿债能力一般。

	A	B	C	D	E	F
1	比率分析					
2	盈利能力指标	销售净利率	0.55	营运能力指标	总资产周转率	5.95
3		毛利率	0.84		流动资产周转率	6.62
4		净资产收益率	6.99		存货周转率	2.15
5		资产报酬率	4.34		存货周转天数	167.54
6	长期偿债能力指标	产权比率	7.26	短期偿债能力指标	速动比率	
7		资产负债率	1.24		流动比率	
8		利息保障倍数				

图 9.26　计算资产负债率

(3)依据计算公式"利息保障倍数=息税前利润总额/利息支出",在 C8 单元格中输入"=(J34+J29)/J29",按回车键即可得到利息保障倍数,如图 9.27 所示。利息保障倍数反映了企业偿还借款利息的能力,其数值大于 1 则意味着企业有足够的实力偿还债务和利息。本例中的利息保障倍数为 5518.00,说明企业有足够的实力偿还债务和利息。

	A	B	C	D	E	F
1	比率分析					
2	盈利能力指标	销售净利率	0.55	营运能力指标	总资产周转率	5.95
3		毛利率	0.84		流动资产周转率	6.62
4		净资产收益率	6.99		存货周转率	2.15
5		资产报酬率	4.34		存货周转天数	167.54
6	长期偿债能力指标	产权比率	7.26	短期偿债能力指标	速动比率	
7		资产负债率	1.24		流动比率	
8		利息保障倍数	5518.00			

图 9.27　计算利息保障倍数

4. 短期偿债能力指标

(1)打开"比率分析"原始数据,依据计算公式"速动比率=速动资产/流动负债=(流动资产-存货)/流动负债",在 F6 单元格中输入"=(J10-J9)/-M10",按回车键即可得到速动比率,如图 9.28 所示。一般速动比率为 1 时较为合理,过高的速动比率意味着企业资金没有得到充分利用,而过低的速动比率则说明企业的短期偿债能力较弱。本例中的速动比率为0.46,明显低于合理值 1,说明企业的短期偿债能力偏弱。

	A	B	C	D	E	F
1	比率分析					
2	盈利能力指标	销售净利率	0.55	营运能力指标	总资产周转率	5.95
3		毛利率	0.84		流动资产周转率	6.62
4		净资产收益率	6.99		存货周转率	2.15
5		资产报酬率	4.34		存货周转天数	167.54
6	长期偿债能力指标	产权比率	7.26	短期偿债能力指标	速动比率	0.46
7		资产负债率	1.24		流动比率	
8		利息保障倍数	5518.00			

图 9.28　计算速动比率

(2)依据计算公式"流动比率＝流动资产/流动负债",在 F7 单元格中输入"＝J10/—M10",按回车键即可得到流动比率,如图 9.29 所示。一般流动比率为 2 时较为合理,过高的流动比率意味着企业资金没有得到充分利用,而过低的流动比率则可能表明企业存在债务问题。本例中的流动比率为 0.74,远低于合理值 2,说明企业可能存在明显的债务问题。

	比率分析				
	A	B	C	D	E	F
盈利能力指标	销售净利率	0.55	营运能力指标	总资产周转率	5.95
	毛利率	0.84		流动资产周转率	6.62
	净资产收益率	6.99		存货周转率	2.15
	资产报酬率	4.34		存货周转天数	167.54
长期偿债能力指标	产权比率	7.26	短期偿债能力指标	速动比率	0.46
	资产负债率	1.24		流动比率	0.74
	利息保障倍数	5518.00			

图 9.29　计算流动比率

需要特别提醒读者的是,我们在运用前述指标分析企业的经营成果和财务状况时,务必要结合具体的企业和具体的行业来分析。事实上,不同行业、不同企业的财务状况最优指标存在较大差异,只有结合具体的企业和行业分析才能得到准确、客观的结论。

第 10 章 筹资与投资分析

从过程和历史的角度看,企业的财务活动包括资金分配活动、资金营运活动、投资与筹资活动。筹资活动一般指长期筹资活动,是企业取得经营资金的一种渠道,中小企业常采用长期贷款和租赁方式进行筹资。投资活动是指企业将取得的资金投入其他企业或者自身的经营活动中,以谋取收益的过程。本章主要介绍长期贷款筹资决策和投资决策的数据处理过程。

10.1 长期贷款筹资决策

长期贷款是企业的一种重要筹资方式,它是指企业向金融机构借入的、期限在一年以上的各种借款。在已知归还期限、贷款金额、贷款利率与期限的前提下,可以借助 Excel 中的模拟运算表和货币时间价值函数等工具,进行最优的筹资决策。

1. 依据实际借款情况计算分期还款金额

假设某企业的长期贷款金额为 600000 元,年利率为 7.5%,贷款期限为 20 年,每年还款一次,则分期等额偿还金额计算过程如下:

(1)打开 Excel 表格,将贷款金额、年利率、贷款期限和每年还款次数等数据信息输入相应表格中,如图 10.1 所示。

(2)计算还款总期数,在 B7 单元格中输入公式"=B5 * B6",按回车键,结果如图 10.2 所示。

	长期贷款还款金额计算	
	A	B
3	贷款金额/元	600000
4	年利率	7.50%
5	贷款期限/年	20
6	每年还款次数	1
7	还款总期数	
8	分期等额还款金额	

图 10.1 输入基本信息

	长期贷款还款金额计算	
	A	B
3	贷款金额/元	600000
4	年利率	7.50%
5	贷款期限/年	20
6	每年还款次数	1
7	还款总期数	20
8	分期等额还款金额	

图 10.2 计算还款总期数

(3)计算分期等额还款金额,在 B8 单元格中输入公式"=PMT(B4/B6,B7,B3)",按回车键即可得到每期偿还金额为 58855.31 元,如图 10.3 所示。

	长期贷款还款金额计算	
	A	B
3	贷款金额/元	600000
4	年利率	7.50%
5	贷款期限/年	20
6	每年还款次数	1
7	还款总期数	20
8	分期等额还款金额	¥-58,855.31

图 10.3 计算分期等额还款金额

2. 计算不同借款金额时的还款金额

计算出一定借款金额在特定借款期限和特定利率水平下的分期等额还款金额后，可以采用公式填充功能快速计算不同借款金额的还款金额。

(1)建立不同借款金额的原始表格，如图 10.4 所示。

	A	B	C	D	E	F
1	长期贷款还款金额计算				不同借款金额时的还款金额	
2						
3	贷款金额/元	600000			借款金额	应还款金额
4	年利率	7.50%			600000	
5	贷款期限/年	20			500000	
6	每年还款次数	1			400000	
7	还款总期数	20			300000	
8	分期等额还款金额	¥-58,855.31			200000	
9					100000	

图 10.4　原始数据

(2)在 F4 单元格中输入公式"＝PMT($B$4/$B$6,$B$7,E4)"，按回车键即可得到借款金额为 600000 元时的还款金额，之后将 F4 单元格公式向下填充到 F9，结果如图 10.5 所示。

	A	B	C	D	E	F
1	长期贷款还款金额计算				不同借款金额时的还款金额	
2						
3	贷款金额/元	600000			借款金额	应还款金额
4	年利率	7.50%			600000	¥-58,855.31
5	贷款期限/年	20			500000	¥-49,046.10
6	每年还款次数	1			400000	¥-39,236.88
7	还款总期数	20			300000	¥-29,427.66
8	分期等额还款金额	¥-58,855.31			200000	¥-19,618.44
9					100000	¥-9,809.22

图 10.5　计算还款金额

3. 计算不同贷款期限和年利率时的还款金额

(1)当年利率取不同的数值时，计算的还款金额操作如下：

①输入不同的年利率，如图 10.6 所示。

	A	B	C	D	E	F
1	长期贷款还款金额计算				不同借款金额时的还款金额	
2						
3	贷款金额/元	600000			借款金额	应还款金额
4	年利率	7.50%			600000	¥-58,855.31
5	贷款期限/年	20			500000	¥-49,046.10
6	每年还款次数	1			400000	¥-39,236.88
7	还款总期数	20			300000	¥-29,427.66
8	分期等额还款金额	¥-58,855.31			200000	¥-19,618.44
9					100000	¥-9,809.22
10						
11	不同的年利率					
12	5%					
13	6%					
14	7%					
15	8%					
16	9%					
17	10%					

图 10.6　原始数据

②在 B12 单元格中输入公式"＝PMT(A12/＄B＄6,＄B＄7,＄B＄3)",按回车键即可得到年利率为 5％时的还款金额。之后将 B12 的公式向下填充至 B17,结果如图 10.7 所示。

	A	B	C	D	E	F
1	长期贷款还款金额计算				不同借款金额时的还款金额	
2						
3	贷款金额/元	600000			借款金额	应还款金额
4	年利率	7.50%			600000	¥-58,855.31
5	贷款期限/年	20			500000	¥-49,046.10
6	每年还款次数	1			400000	¥-39,236.88
7	还款总期数	20			300000	¥-29,427.66
8	分期等额还款金额	¥-58,855.31			200000	¥-19,618.44
9					100000	¥-9,809.22
10						
11	不同的年利率	应还款金额				
12	5%	¥-48,145.55				
13	6%	¥-52,310.73				
14	7%	¥-56,635.76				
15	8%	¥-61,111.33				
16	9%	¥-65,727.89				
17	10%	¥-70,475.77				

图 10.7　计算不同年利率的还款金额

(2)当还款总期数取不同的数值时,计算的还款金额操作如下:

①输入不同的还款总期数,如图 10.8 所示。

	A	B	C	D	E	F
1	长期贷款还款金额计算				不同借款金额时的还款金额	
2						
3	贷款金额/元	600000			借款金额	应还款金额
4	年利率	7.50%			600000	¥-58,855.31
5	贷款期限/年	20			500000	¥-49,046.10
6	每年还款次数	1			400000	¥-39,236.88
7	还款总期数	20			300000	¥-29,427.66
8	分期等额还款金额	¥-58,855.31			200000	¥-19,618.44
9					100000	¥-9,809.22
10						
11	不同的年利率	应还款金额		每年还款次数	不同的还款总期数	应还款金额
12	5%	¥-48,145.55		2	40	
13	6%	¥-52,310.73		3	60	
14	7%	¥-56,635.76		4	80	
15	8%	¥-61,111.33		5	100	
16	9%	¥-65,727.89		6	120	
17	10%	¥-70,475.77		7	140	

图 10.8　原始数据

②在 F12 单元格中输入公式"＝PMT(＄B＄4/D12,E12,＄B＄3)",按回车键即可得到年利率为 7.50％、还款总期数为 40 时的还款金额。之后将 F12 的公式向下填充到 F17,结果如图 10.9 所示。

	A	B	C	D	E	F
1	长期贷款还款金额计算				不同借款金额时的还款金额	
2						
3	贷款金额/元	600000			借款金额	应还款金额
4	年利率	7.50%			600000	¥-58,855.31
5	贷款期限/年	20			500000	¥-49,046.10
6	每年还款次数	1			400000	¥-39,236.88
7	还款总期数	20			300000	¥-29,427.66
8	分期等额还款金额	¥-58,855.31			200000	¥-19,618.44
9					100000	¥-9,809.22
10						
11	不同的年利率	应还款金额		每年还款次数	不同的还款总期数	应还款金额
12	5%	¥-48,145.55		2	40	¥-29,195.67
13	6%	¥-52,310.73		3	60	¥-19,412.04
14	7%	¥-56,635.76		4	80	¥-14,539.60
15	8%	¥-61,111.33		5	100	¥-11,622.34
16	9%	¥-65,727.89		6	120	¥-9,680.10
17	10%	¥-70,475.77		7	140	¥-8,294.05

图 10.9　计算不同还款期的还款金额

4. 长期贷款现值计算

长期贷款的核算分为取得贷款、期末计息和到期偿还三个阶段。计算长期贷款现值的操作如下：

(1)打开长期贷款现值计算的原始表格，如图 10.10 所示。

长期贷款基本情况		长期贷款现值计算					
		期限	等额还款金额	支付的利息	避税额	净现金流量	现值
贷款金额/元	1600000	1					
年利率	9.00%	2					
贷款期限/年	6	3					
每年还款次数	1	4					
还款总期数	6	5					
分期等额还款金额		6					
		合计					

图 10.10　原始数据

(2)计算分期等额还款金额。在 I8 单元格中输入公式"＝PMT(I4/I6,I7,I3)"，结果如图 10.11 所示。

长期贷款基本情况		长期贷款现值计算					
		期限	等额还款金额	支付的利息	避税额	净现金流量	现值
贷款金额/元	1600000	1					
年利率	9.00%	2					
贷款期限/年	6	3					
每年还款次数	1	4					
还款总期数	6	5					
分期等额还款金额	¥-356,671.65	6					
		合计					

图 10.11　计算分期等额还款金额

(3)在 K 列输入等额还款金额，在 K3 单元格中输入公式"＝$I$8"，并将公式向下填充到 K8，在 K9 单元格中输入公式"＝SUM(K3:K8)"，结果如图 10.12 所示。

长期贷款基本情况		长期贷款现值计算					
		期限	等额还款金额	支付的利息	避税额	净现金流量	现值
贷款金额/元	1600000	1	¥-356,671.65				
年利率	9.00%	2	¥-356,671.65				
贷款期限/年	6	3	¥-356,671.65				
每年还款次数	1	4	¥-356,671.65				
还款总期数	6	5	¥-356,671.65				
分期等额还款金额	¥-356,671.65	6	¥-356,671.65				
		合计	¥-2,140,029.92				

图 10.12　输入等额还款金额

(4)计算支付的利息。在 L3 单元格中输入公式"＝IPMT($I$4/$I$6,J3,$I$7,－$I$3)"，按回车键即可得到第一年应该支付的利息 144000 元，将 L3 单元格公式向下填充到 L8 即可得到其他年份应该支付的利息，计算合计金额，结果如图 10.13 所示。

(5)计算避税额。避税额是根据支付的利息乘以企业所得税税率 25％得到，在 M3 单元格中输入公式"＝L3＊0.25"，按回车键即可得到第一年的避税额 36000 元，将 M3 单元格公式向下填充到 M8 即可得到其他年份的避税额，计算合计避税额，结果如图 10.14 所示。

长期贷款基本情况		长期贷款现值计算					
		期限	等额还款金额	支付的利息	避税额	净现金流量	现值
贷款金额/元	1600000	1	¥-356,671.65	¥144,000.00			
年利率	9.00%	2	¥-356,671.65	¥124,859.55			
贷款期限/年	6	3	¥-356,671.65	¥103,996.46			
每年还款次数	1	4	¥-356,671.65	¥81,255.69			
还款总期数	6	5	¥-356,671.65	¥56,468.26			
分期等额还款金额	¥-356,671.65	6	¥-356,671.65	¥29,449.95			
		合计	¥-2,140,029.92	¥540,029.92			

图 10.13　计算支付的利息

长期贷款基本情况		长期贷款现值计算					
		期限	等额还款金额	支付的利息	避税额	净现金流量	现值
贷款金额/元	1600000	1	¥-356,671.65	¥144,000.00	¥36,000.00		
年利率	9.00%	2	¥-356,671.65	¥124,859.55	¥31,214.89		
贷款期限/年	6	3	¥-356,671.65	¥103,996.46	¥25,999.12		
每年还款次数	1	4	¥-356,671.65	¥81,255.69	¥20,313.92		
还款总期数	6	5	¥-356,671.65	¥56,468.26	¥14,117.06		
分期等额还款金额	¥-356,671.65	6	¥-356,671.65	¥29,449.95	¥7,362.49		
		合计	¥-2,140,029.92	¥540,029.92	¥135,007.48		

图 10.14　计算避税额

（6）计算净现金流量。根据等额还款金额与避税额的差值得到净现金流量，在 N3 单元格中输入公式"＝－K3－M3"，按回车键即可得到第一年的净现金流量 320671.65 元，将 N3 单元格公式向下填充到 N8 即可得到其他年份的净现金流量，计算合计净现金流量，结果如图 10.15 所示。

长期贷款基本情况		长期贷款现值计算					
		期限	等额还款金额	支付的利息	避税额	净现金流量	现值
贷款金额/元	1600000	1	¥-356,671.65	¥144,000.00	¥36,000.00	¥320,671.65	
年利率	9.00%	2	¥-356,671.65	¥124,859.55	¥31,214.89	¥325,456.77	
贷款期限/年	6	3	¥-356,671.65	¥103,996.46	¥25,999.12	¥330,672.54	
每年还款次数	1	4	¥-356,671.65	¥81,255.69	¥20,313.92	¥336,357.73	
还款总期数	6	5	¥-356,671.65	¥56,468.26	¥14,117.06	¥342,554.59	
分期等额还款金额	¥-356,671.65	6	¥-356,671.65	¥29,449.95	¥7,362.49	¥349,309.17	
		合计	¥-2,140,029.92	¥540,029.92	¥135,007.48	¥2,005,022.44	

图 10.15　计算净现金流量

（7）计算现值。现值计算公式为：现值＝净现金流量/[(1＋贴现率)^期数]。当贴现率为 8％时，在 O3 单元格中输入公式"＝N3/((1＋8％)^J3)"，按回车键即可得到第一年的现值，将 O3 单元格公式向下填充到 O8 即可得到其他年份的现值，计算合计现值，结果如图 10.16 所示。

长期贷款基本情况		长期贷款现值计算					
		期限	等额还款金额	支付的利息	避税额	净现金流量	现值
贷款金额/元	1600000	1	¥-356,671.65	¥144,000.00	¥36,000.00	¥320,671.65	¥296,918.20
年利率	9.00%	2	¥-356,671.65	¥124,859.55	¥31,214.89	¥325,456.77	¥279,026.72
贷款期限/年	6	3	¥-356,671.65	¥103,996.46	¥25,999.12	¥330,672.54	¥262,498.52
每年还款次数	1	4	¥-356,671.65	¥81,255.69	¥20,313.92	¥336,357.73	¥247,232.97
还款总期数	6	5	¥-356,671.65	¥56,468.26	¥14,117.06	¥342,554.59	¥233,136.90
分期等额还款金额	¥-356,671.65	6	¥-356,671.65	¥29,449.95	¥7,362.49	¥349,309.17	¥220,124.03
		合计	¥-2,140,029.92	¥540,029.92	¥135,007.48	¥2,005,022.44	¥1,538,937.33

图 10.16　计算现值

10.2　投资数据处理

1. 投资数据计算

企业获取利润的重要途径是投资。为了做出科学合理的投资决策,企业必须进行全面的投资决策分析。Excel 中有丰富的投资函数可快速计算现值指数(现值比率)、内含报酬率(也称内部报酬率)、投资净现值等。

(1)净现值的计算。净现值是方案投资后的未来报酬,可以用企业的报酬率或资金成本折算且总现值超出初始投资的差额来衡量。假设某项目初期投资 300000 元,年贴现率为 9%,未来五年的年投资收益分别为 90000 元、1200000 元、165000 元、204000 元和 240000 元,采用 NPV 函数计算净现值的过程如下:打开新的 Sheet 表格,并命名为"投资决策",将净收益和期初投资额数据输入表格中,如图 10.17 所示。在 A11 单元格中输入"净现值",并与 B11 单元格合并,在 C11 单元格中输入公式"=NPV(B2,B4,C5:C9)",按回车键即可得到净现值。结果如图 10.18 所示。

	A	B	C
1	净现值计算		
2	年贴现率	9%	
3	年次	期初投资额	净收益
4	0	-300000	
5	1		90000
6	2		1200000
7	3		165000
8	4		204000
9	5		240000

图 10.17　原始数据

	A	B	C
1	净现值计算		
2	年贴现率	9%	
3	年次	期初投资额	净收益
4	0	-300000	
5	1		90000
6	2		1200000
7	3		165000
8	4		204000
9	5		240000
10			
11	净现值		¥1,119,722.34

图 10.18　净现值

(2)现值比率的计算。现值比率是投资方案未来现金流量的总现值与初始投资额的比值,该指标常用于投资决策分析。其计算过程如下:在 D10 单元格中输入"现值比率",在 E10 单元格中输入公式"=NPV(B2,C5:C9)/-B4",按回车键即可得到现值比率。结果如图 10.19 所示。

	A	B	C	D	E
1	净现值计算				
2	年贴现率	9%			
3	年次	期初投资额	净收益		
4	0	-300000			
5	1		90000		
6	2		1200000		
7	3		165000		
8	4		204000		
9	5		240000		
10				现值比率	5.068324497
11	净现值		¥1,119,722.34		

图 10.19　现值比率

(3)内部报酬率的计算。内部报酬率代表一个投资方案依据现值计算得到的实际投资报酬率,对投资方案的各年现金流量进行贴现,使得未来总现值刚好等于初始投资的现值,其操作过程如下:选择 E11 单元格,输入公式:"=IRR(B4:C9,B2)",按回车键即可得到内部报酬率,如图 10.20 所示。

	A	B	C	D	E
1		净现值计算			
2	年贴现率	9%			
3	年次	期初投资额	净收益		
4	0	-300000			
5	1		90000		
6	2		1200000		
7	3		165000		
8	4		204000		
9	5		240000		
10				现值比率	5.068324497
11	净现值		¥1,119,722.34	内部报酬率	126%

图 10.20　内部报酬率

2. 构建投资分析模型

通过构建投资分析模型,分别计算内部报酬率、现值指数和净现值,将三项指标进行对比分析,可以直观地选出一种最优投资方案。操作过程如下:

(1)打开 Excel 表格,制作如图 10.21 所示的"投资分析模型"表格。

	A	B	C	D
1	投资分析模型			
2	年贴现率	9%		
3	项目	第1种方案	第2种方案	第3种方案
4	初始投资金额			
5	第一年收益			
6	第二年收益			
7	第三年收益			
8	净现值			
9	内部报酬率			
10	现值指数			

图 10.21　原始表格

(2)输入 3 种投资方案的计划数值,如图 10.22 所示。

	A	B	C	D
1	投资分析模型			
2	年贴现率	9%		
3	项目	第1种方案	第2种方案	第3种方案
4	初始投资金额	-220000	-130000	-180000
5	第一年收益	48400	39000	45000
6	第二年收益	83600	52000	72000
7	第三年收益	149600	80600	101250
8	净现值			
9	内部报酬率			
10	现值指数			

图 10.22　输入计划数值

(3)计算每种投资方案的净现值。在 B8 单元格中输入公式"=NPV($B$2,B4:B7)",按回车键即可得到第 1 种方案的净现值,向右公式填充到 D8,得到第 2 种和第 3 种方案的净现值,如图 10.23 所示。

	A	B	C	D
1	投资分析模型			
2	年贴现率	9%		
3	项目	第1种方案	第2种方案	第3种方案
4	初始投资金额	−220000	−130000	−180000
5	第一年收益	48400	39000	45000
6	第二年收益	83600	52000	72000
7	第三年收益	149600	80600	101250
8	净现值	¥9,437.40	¥10,812.08	¥63.25
9	内部报酬率			
10	现值指数			

图 10.23 计算净现值

(4)计算内部报酬率。在 B9 单元格中输入公式"=IRR(B4:B7,$B$2)",按回车键即可得到第 1 种方案的内部报酬率,向右公式填充到 D9,得到第 2 种和第 3 种方案的内部报酬率,如图 10.24 所示。

	A	B	C	D
1	投资分析模型			
2	年贴现率	9%		
3	项目	第1种方案	第2种方案	第3种方案
4	初始投资金额	−220000	−130000	−180000
5	第一年收益	48400	39000	45000
6	第二年收益	83600	52000	72000
7	第三年收益	149600	80600	101250
8	净现值	¥9,437.40	¥10,812.08	¥63.25
9	内部报酬率	11%	13%	9%
10	现值指数			

图 10.24 计算内部报酬率

(5)计算现值指数。在 B10 单元格中输入公式"=NPV($B$2,B5:B7)/−B4",按回车键即可得到第 1 种方案的现值指数,向右公式填充到 D10,得到第 2 种和第 3 种方案的现值指数,如图 10.25 所示。

	A	B	C	D
1	投资分析模型			
2	年贴现率	9%		
3	项目	第1种方案	第2种方案	第3种方案
4	初始投资金额	−220000	−130000	−180000
5	第一年收益	48400	39000	45000
6	第二年收益	83600	52000	72000
7	第三年收益	149600	80600	101250
8	净现值	¥9,437.40	¥10,812.08	¥63.25
9	内部报酬率	11%	13%	9%
10	现值指数	1.046758026	1.090655113	1.000383003

图 10.25 计算现值指数

根据以上计算结果可知,3 种方案的净现值均大于 0,表明 3 种方案均可行,方案 2 净现值最大,为最优方案;方案 1 的内部报酬率为 11%,方案 2 的内部报酬率为 13%,均高于年贴现率 9%,相对而言,方案 2 的内部报酬率更高,为最优方案;3 种方案的现值指数均大于 1,相对而言,方案 2 的现值指数更高,也表明它为最优方案。

3. 固定资产的更新投资

固定资产的更新投资一般是指更换原有的陈旧固定资产,或者对原有固定资产进行局部更新改造。一般在进行投资分析时,会将更新改造固定资产的年成本与继续使用旧设备的年成本进行比较,选取成本较低的投资方案。固定资产的更新时机取决于固定资产的经济寿命与技术寿命,更新的新设备的经济寿命可能与旧设备的剩余寿命相等或不相等。相等时,可以运用差额分析法得出两种方案的现金流量差额,同时计算内部报酬率或净现值的变化量,以此决定是否需要更新固定资产。当寿命不相等时,可以计算更新固定资产与继续使用的平均年成本,以此判断更优的决策方案。假设某固定资产原值为 200000 元,前 5 年的运行成本分别为 9000 元、19000 元、28000 元、38000 元、59000 元,预计残值分别为 180000 元、160000 元、130000 元、70000 元、38000 元。确定固定资产的经济寿命步骤如下:

(1)制作固定资产经济寿命表格,如图 10.26 所示。

	A	B	C	D	E	F	G	H	I
1	固定资产经济寿命								
2	原值	200000	元		年利率	9%			
3	年份	原值	预计残值	残值现值	运行成本	运行成本现值	更新运行成本现值	现值总成本	平均年成本
4	1								
5	2								
6	3								
7	4								
8	5								

图 10.26　原始表格

(2)输入固定资产原值、运行成本、预计残值等信息,如图 10.27 所示。

	A	B	C	D	E	F	G	H	I
1	固定资产经济寿命								
2	原值	200000	元		年利率	9%			
3	年份	原值	预计残值	残值现值	运行成本	运行成本现值	更新运行成本现值	现值总成本	平均年成本
4	1	200000	180000		9000				
5	2	200000	160000		19000				
6	3	200000	130000		28000				
7	4	200000	70000		38000				
8	5	200000	38000		59000				

图 10.27　输入固定资产原值、运行成本、预计残值

(3)计算残值现值,在 D4 单元格中输入公式"=−PV($F$2,A4,,C4)",按回车键即可得到第 1 年的残值现值,向下填充公式到 D8,即可得到各年度的残值现值,如图 10.28 所示。

	A	B	C	D	E	F	G	H	I
1	固定资产经济寿命								
2	原值	200000	元		年利率	9%			
3	年份	原值	预计残值	残值现值	运行成本	运行成本现值	更新运行成本现值	现值总成本	平均年成本
4	1	200000	180000	¥165,137.61	9000				
5	2	200000	160000	¥134,668.80	19000				
6	3	200000	130000	¥100,383.85	28000				
7	4	200000	70000	¥49,589.76	38000				
8	5	200000	38000	¥24,697.39	59000				

图 10.28　计算残值现值

(4)计算运行成本现值,在 F4 单元格中输入公式"=−PV($F$2,A4,,E4)",按回车键即可得到第 1 年的运行成本现值,向下填充公式到 F8,即可得到各年度的运行成本现值,如图 10.29 所示。

	A	B	C	D	E	F	G	H	I
1	固定资产经济寿命								
2	原值	200000	元		年利率	9%			
3	年份	原值	预计残值	残值现值	运行成本	运行成本现值	更新运行成本现值	现值总成本	平均年成本
4	1	200000	180000	¥165,137.61	9000	¥8,256.88			
5	2	200000	160000	¥134,668.80	19000	¥15,991.92			
6	3	200000	130000	¥100,383.85	28000	¥21,621.14			
7	4	200000	70000	¥49,589.76	38000	¥26,920.16			
8	5	200000	38000	¥24,697.39	59000	¥38,345.95			

图 10.29　计算运行成本现值

(5)计算更新运行成本现值。在 G4 单元格中输入公式"=SUM($F$4:F4)",按回车键即可得到第 1 年的更新运行成本现值,向下填充公式到 G8,即可得到各年度的更新运行成本现值,如图 10.30 所示。

	A	B	C	D	E	F	G	H	I
1	固定资产经济寿命								
2	原值	200000	元		年利率	9%			
3	年份	原值	预计残值	残值现值	运行成本	运行成本现值	更新运行成本现值	现值总成本	平均年成本
4	1	200000	180000	¥165,137.61	9000	¥8,256.88	¥8,256.88		
5	2	200000	160000	¥134,668.80	19000	¥15,991.92	¥24,248.80		
6	3	200000	130000	¥100,383.85	28000	¥21,621.14	¥45,869.94		
7	4	200000	70000	¥49,589.76	38000	¥26,920.16	¥72,790.10		
8	5	200000	38000	¥24,697.39	59000	¥38,345.95	¥111,136.05		

图 10.30　计算更新运行成本现值

(6)计算现值总成本。在 H4 单元格中输入公式"=B4-D4+G4",按回车键即可得到第 1 年的现值总成本,向下填充公式到 H8,即可得到各年度的现值总成本,如图 10.31 所示。

	A	B	C	D	E	F	G	H	I
1	固定资产经济寿命								
2	原值	200000	元		年利率	9%			
3	年份	原值	预计残值	残值现值	运行成本	运行成本现值	更新运行成本现值	现值总成本	平均年成本
4	1	200000	180000	¥165,137.61	9000	¥8,256.88	¥8,256.88	¥43,119.27	
5	2	200000	160000	¥134,668.80	19000	¥15,991.92	¥24,248.80	¥89,580.00	
6	3	200000	130000	¥100,383.85	28000	¥21,621.14	¥45,869.94	¥145,486.09	
7	4	200000	70000	¥49,589.76	38000	¥26,920.16	¥72,790.10	¥223,200.33	
8	5	200000	38000	¥24,697.39	59000	¥38,345.95	¥111,136.05	¥286,438.66	

图 10.31　计算现值总成本

(7)计算平均年成本。在 I4 单元格中输入公式"=H4/(-PV($F$2,A4,1))",按回车键得到第 1 年的平均年成本,向下填充公式到 I8,即可得到各年度的平均年成本,如图 10.32 所示。计算结果表明,第 5 年的现值总成本为 286438.66,平均年成本为 73641.22 元。

	A	B	C	D	E	F	G	H	I
1	固定资产经济寿命								
2	原值	200000	元		年利率	9%			
3	年份	原值	预计残值	残值现值	运行成本	运行成本现值	更新运行成本现值	现值总成本	平均年成本
4	1	200000	180000	¥165,137.61	9000	¥8,256.88	¥8,256.88	¥43,119.27	¥47,000.00
5	2	200000	160000	¥134,668.80	19000	¥15,991.92	¥24,248.80	¥89,580.00	¥50,923.44
6	3	200000	130000	¥100,383.85	28000	¥21,621.14	¥45,869.94	¥145,486.09	¥57,474.97
7	4	200000	70000	¥49,589.76	38000	¥26,920.16	¥72,790.10	¥223,200.33	¥68,894.95
8	5	200000	38000	¥24,697.39	59000	¥38,345.95	¥111,136.05	¥286,438.66	¥73,641.22

图 10.32　计算平均年成本

4. 建立更新决策模型

理论上固定资产的使用寿命到期了就需要更换,但实际上我们可以比较使用新设备与继续使用旧设备哪一种方式更节省成本,从而判断哪一种方式更划算以及是否需要更换新设备。假设某设备已经使用了 4 年,更换新设备与继续使用此设备的相关财务数据如表 10.1 所示。

表 10.1　更换新设备与继续使用相关财务数据

类型	设备原值/元	税法残值/元	使用寿命/年	已使用年限/年	还可使用年限/年
更换使用新设备	65000	6500	5	0	5
继续使用旧设备	75000	7500	7	3	4

类型	每年运行成本/元	最终残值/元	当前变现价值/元	大修成本/元	折旧方法
更换使用新设备	5500	5800	70000		直线折旧法
继续使用旧设备	8500	7000	40000	两年后 6000	直线折旧法

(1)依据上述数据可采取进一步决策分析,先建立基本数据分析表,再分别计算新旧设备的折旧额。

① 构建基本数据分析表,如图 10.33 所示。

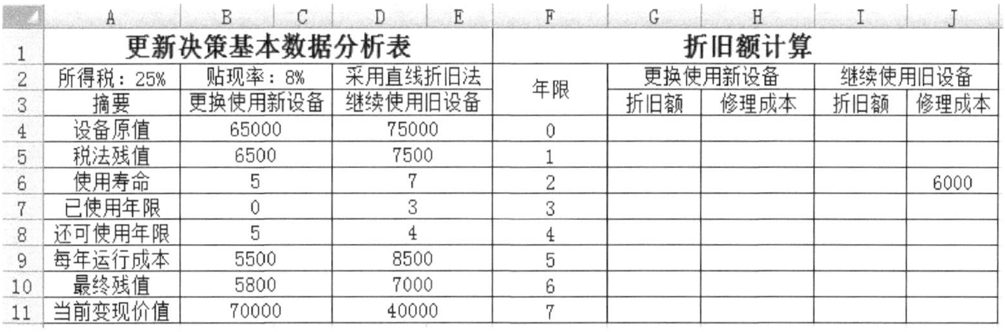

图 10.33　构建基本数据分析表

② 计算更换使用新设备的折旧额。在 G5 单元格中输入公式"＝IF(F5＜＝$B$8,SLN($B$4,$B$5,$B$6),0)",按回车键得到更换使用新设备后第 1 年的折旧额,将 G5 单元格公式向下填充到 G11,结果如图 10.34 所示。

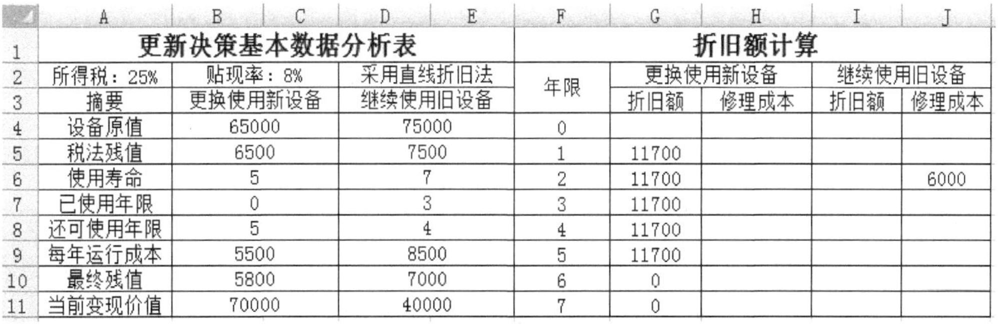

图 10.34　计算更换使用新设备的折旧额

③计算继续使用旧设备的折旧额。在 I5 单元格中输入公式"＝IF(F5＜＝＄D＄8,SLN(＄D＄4,＄D＄5,＄D＄6),0)",按回车键得到继续使用旧设备后第 1 年的折旧额,将 I5 单元格公式向下填充到 I11,结果如图 10.35 所示。

	A	B	C	D	E	F	G	H	I	J
1	**更新决策基本数据分析表**						**折旧额计算**			
2	所得税: 25%	贴现率: 8%		采用直线折旧法		年限	更换使用新设备		继续使用旧设备	
3	摘要	更换使用新设备		继续使用旧设备			折旧额	修理成本	折旧额	修理成本
4	设备原值	65000		75000		0				
5	税法残值	6500		7500		1	11700		9642.857	
6	使用寿命	5		7		2	11700		9642.857	6000
7	已使用年限	0		3		3	11700		9642.857	
8	还可使用年限	5		4		4	11700		9642.857	
9	每年运行成本	5500		8500		5	11700		0	
10	最终残值	5800		7000		6	0		0	
11	当前变现价值	70000		40000		7	0		0	

图 10.35　计算继续使用旧设备的折旧额

(2)构建固定资产投资决策模型,步骤如下:

①构建固定资产投资决策分析表,如图 10.36 所示。

	A	B	C	D	E	F	G	H	I	J
1					**固定资产投资决策**					
2		项目	现金流量	现值	大修成本	现金流量	现值	每年折旧抵税	现金流量	现值
3	第1种方	变现价值			第1年			第1年		
4	案: 继续	变现损失减税			第2年			第2年		
5	使用旧固	每年付现成本			第3年			第3年		
6	定资产	残值变现收入			第4年			第4年		
7		残值收入纳税			第5年			第5年		
8		项目	现金流量	现值	大修成本	现金流量	现值	每年折旧抵税	现金流量	现值
9	第2种方	变现价值			第1年			第1年		
10	案: 购买	变现损失减税			第2年			第2年		
11	新固定资	每年付现成本			第3年			第3年		
12	产	残值变现收入			第4年			第4年		
13		残值收入纳税			第5年			第5年		

图 10.36　构建固定资产投资决策分析表

②计算变现价值的现值与现金流量。在单元格 C3 中输入公式"＝－更新决策数据表!D11",按回车键即可得到继续使用旧设备变现价值的现金流量。在 D3 单元格中输入公式"＝C3",按回车键即可得到继续使用旧设备变现价值的现值,如图 10.37 所示。

	A	B	C	D	E	F	G	H	I	J
1					**固定资产投资决策**					
2		项目	现金流量	现值	大修成本	现金流量	现值	每年折旧抵税	现金流量	现值
3	第1种方	变现价值	-40000	-40000	第1年			第1年		
4	案: 继续	变现损失减税			第2年			第2年		
5	使用旧固	每年付现成本			第3年			第3年		
6	定资产	残值变现收入			第4年			第4年		
7		残值收入纳税			第5年			第5年		
8		项目	现金流量	现值	大修成本	现金流量	现值	每年折旧抵税	现金流量	现值
9	第2种方	变现价值			第1年			第1年		
10	案: 购买	变现损失减税			第2年			第2年		
11	新固定资	每年付现成本			第3年			第3年		
12	产	残值变现收入			第4年			第4年		
13		残值收入纳税			第5年			第5年		

图 10.37　计算变现价值的现值与现金流量

③计算变现损失减税的现值与现金流量。在 C4 单元格中输入公式"＝(更新决策数据

表！D11－更新决策数据表！I4）＊8％",按回车键即可得到变现损失减税的现金流量。在 D4 单元格中输入公式"＝C4",按回车键即可得到变现损失减税的现值,如图 10.38 所示。

		项目	现金流量	现值	大修成本	现金流量	现值	每年折旧抵税	现金流量	现值
1				固定资产投资决策						
2		项目	现金流量	现值	大修成本	现金流量	现值	每年折旧抵税	现金流量	现值
3	第1种方	变现价值	−40000	−40000	第1年			第1年		
4	案：继续	变现损失减税	3200	3200	第2年			第2年		
5	使用旧固	每年付现成本			第3年			第3年		
6	定资产	残值变现收入			第4年			第4年		
7		残值收入纳税			第5年			第5年		
8		项目	现金流量	现值	大修成本	现金流量	现值	每年折旧抵税	现金流量	现值
9	第2种方	变现价值			第1年			第1年		
10	案：购买	变现损失减税			第2年			第2年		
11	新固定资	每年付现成本			第3年			第3年		
12	产	残值变现收入			第4年			第4年		
13		残值收入纳税			第5年			第5年		

图 10.38　计算变现损失减税的现值与现金流量

④计算每年付现成本的现值与现金流量。在 C5 单元格中输入公式"＝－更新决策数据表！D9＊（1－25％）",按回车键即可得到每年付现成本的现金流量。在 D5 单元格中输入公式"＝－PV（8％,更新决策数据表！D8,C5）",按回车键即得到每年付现成本的现值,如图 10.39 所示。

		项目	现金流量	现值	大修成本	现金流量	现值	每年折旧抵税	现金流量	现值
1				固定资产投资决策						
2		项目	现金流量	现值	大修成本	现金流量	现值	每年折旧抵税	现金流量	现值
3	第1种方	变现价值	−40000	−40000	第1年			第1年		
4	案：继续	变现损失减税	3200	3200	第2年			第2年		
5	使用旧固	每年付现成本	−6375	¥−21,114.81	第3年			第3年		
6	定资产	残值变现收入			第4年			第4年		
7		残值收入纳税			第5年			第5年		
8		项目	现金流量	现值	大修成本	现金流量	现值	每年折旧抵税	现金流量	现值
9	第2种方	变现价值			第1年			第1年		
10	案：购买	变现损失减税			第2年			第2年		
11	新固定资	每年付现成本			第3年			第3年		
12	产	残值变现收入			第4年			第4年		
13		残值收入纳税			第5年			第5年		

图 10.39　计算每年付现成本的现值与现金流量

⑤计算残值变现收入的现值与现金流量。在 C6 单元格中输入公式"＝更新决策数据表！D10",按回车键即可得到残值变现收入的现金流量。在 D6 单元格中输入公式"＝－PV（8％,更新决策数据表！D8,,C6）",按回车键即可得到残值变现收入的现值,如图 10.40 所示。

		项目	现金流量	现值	大修成本	现金流量	现值	每年折旧抵税	现金流量	现值
1				固定资产投资决策						
2		项目	现金流量	现值	大修成本	现金流量	现值	每年折旧抵税	现金流量	现值
3	第1种方	变现价值	−40000	−40000	第1年			第1年		
4	案：继续	变现损失减税	3200	3200	第2年			第2年		
5	使用旧固	每年付现成本	−6375	¥−21,114.81	第3年			第3年		
6	定资产	残值变现收入	7000	¥5,145.21	第4年			第4年		
7		残值收入纳税			第5年			第5年		
8		项目	现金流量	现值	大修成本	现金流量	现值	每年折旧抵税	现金流量	现值
9	第2种方	变现价值			第1年			第1年		
10	案：购买	变现损失减税			第2年			第2年		
11	新固定资	每年付现成本			第3年			第3年		
12	产	残值变现收入			第4年			第4年		
13		残值收入纳税			第5年			第5年		

图 10.40　计算残值变现收入的现值与现金流量

⑥计算残值收入纳税的现值与现金流量。在 C7 单元格中输入公式"＝更新决策数据表！D5－C6"，按回车键即可得到残值收入纳税的现金流量。在 D7 单元格中输入公式"＝PV(8％,更新决策数据表！D8,,C7)"，按回车键即可得到残值收入纳税的现值,如图 10.41 所示。

	A	B	C	D	E	F	G	H	I	J
1				固定资产投资决策						
2		项目	现金流量	现值	大修成本	现金流量	现值	每年折旧抵税	现金流量	现值
3	第1种方	变现价值	-40000	-40000	第1年			第1年		
4	案：继续	变现损失减税	3200	3200	第2年			第2年		
5	使用旧固	每年付现成本	-6375	¥-21,114.81	第3年			第3年		
6	定资产	残值变现收入	7000	¥5,145.21	第4年			第4年		
7		残值收入纳税	500	¥-367.51	第5年			第5年		
8		项目	现金流量	现值	大修成本	现金流量	现值	每年折旧抵税	现金流量	现值
9	第2种方	变现价值			第1年			第1年		
10	案：购买	变现损失减税			第2年			第2年		
11	新固定资	每年付现成本			第3年			第3年		
12	产	残值变现收入			第4年			第4年		
13		残值收入纳税			第5年			第5年		

图 10.41　计算残值收入纳税的现值与现金流量

⑦计算第 1 年的折旧抵税相关金额。在 I3 单元格中输入公式"＝效果 24！I5 * 25％"(注："效果 24"为"更新决策数据表"操作完成后新生成的表格,后同),按回车键即可得到第 1 年的折旧抵税现金流量。在 J3 单元格中输入公式"＝－PV(8％,更新决策数据表！F5,,I3)",按回车键即可得到第 1 年的折旧抵税现值,如图 10.42 所示。

	A	B	C	D	E	F	G	H	I	J
1				固定资产投资决策						
2		项目	现金流量	现值	大修成本	现金流量	现值	每年折旧抵税	现金流量	现值
3	第1种方	变现价值	-40000	-40000	第1年			第1年	2410.714	¥2,232.14
4	案：继续	变现损失减税	3200	3200	第2年			第2年		
5	使用旧固	每年付现成本	-6375	¥-21,114.81	第3年			第3年		
6	定资产	残值变现收入	7000	¥5,145.21	第4年			第4年		
7		残值收入纳税	500	¥-367.51	第5年			第5年		
8		项目	现金流量	现值	大修成本	现金流量	现值	每年折旧抵税	现金流量	现值
9	第2种方	变现价值			第1年			第1年		
10	案：购买	变现损失减税			第2年			第2年		
11	新固定资	每年付现成本			第3年			第3年		
12	产	残值变现收入			第4年			第4年		
13		残值收入纳税			第5年			第5年		

图 10.42　计算第 1 年的折旧抵税相关金额

⑧计算第 2 年及以后各年的折旧抵税相关金额。选中单元格区域 I3:J3,向下公式填充到 I7:J7,即可得到第 2～5 年折旧抵税的现值和现金流量,如图 10.43 所示。

	A	B	C	D	E	F	G	H	I	J
1				固定资产投资决策						
2		项目	现金流量	现值	大修成本	现金流量	现值	每年折旧抵税	现金流量	现值
3	第1种方	变现价值	-40000	-40000	第1年			第1年	2410.714	¥2,232.14
4	案：继续	变现损失减税	3200	3200	第2年			第2年	2410.714	¥2,066.80
5	使用旧固	每年付现成本	-6375	¥-21,114.81	第3年			第3年	2410.714	¥1,913.70
6	定资产	残值变现收入	7000	¥5,145.21	第4年			第4年	2410.714	¥1,771.95
7		残值收入纳税	500	¥-367.51	第5年			第5年	0	¥0.00
8		项目	现金流量	现值	大修成本	现金流量	现值	每年折旧抵税	现金流量	现值
9	第2种方	变现价值			第1年			第1年		
10	案：购买	变现损失减税			第2年			第2年		
11	新固定资	每年付现成本			第3年			第3年		
12	产	残值变现收入			第4年			第4年		
13		残值收入纳税			第5年			第5年		

图 10.43　计算第 2 年及以后各年的折旧抵税相关金额

⑨计算第 1 年大修成本的现值与现金流量。在 F3 单元格中输入公式"＝效果 24！J5 ＊
(1－25％)"，按回车键即可得到第 1 年大修成本的现金流量。在 G3 单元格中输入公式
"＝－PV(8％,效果 24！F5,,F3)"，按回车键即可得到第 1 年大修成本的现值,如图 10.44
所示。

	A	B	C	D	E	F	G	H	I	J
1					固定资产投资决策					
2		项目	现金流量	现值	大修成本	现金流量	现值	每年折旧抵税	现金流量	现值
3	第1种方	变现价值	-40000	-40000	第1年	0	¥0.00	第1年	2410.714	¥2,232.14
4	案：继续	变现损失减税	3200	3200	第2年			第2年	2410.714	¥2,066.80
5	使用旧固	每年付现成本	-6375	¥-21,114.81	第3年			第3年	2410.714	¥1,913.70
6	定资产	残值变现收入	7000	¥5,145.21	第4年			第4年	2410.714	¥1,771.95
7		残值收入纳税	500	¥-367.51	第5年			第5年	0	¥0.00
8		项目	现金流量	现值	大修成本	现金流量	现值	每年折旧抵税	现金流量	现值
9	第2种方	变现价值			第1年			第1年		
10	案：购买	变现损失减税			第2年			第2年		
11	新固定资	每年付现成本			第3年			第3年		
12	产	残值变现收入			第4年			第4年		
13		残值收入纳税			第5年			第5年		

图 10.44　计算第 1 年大修成本的现值与现金流量

⑩计算第 2 年及以后各年大修成本的现值与现金流量。选中单元格区域 F3：G3,向下公
式填充到 F7：G7,即可得到第 2～5 年大修成本的现值与现金流量,如图 10.45 所示。

	A	B	C	D	E	F	G	H	I	J
1					固定资产投资决策					
2		项目	现金流量	现值	大修成本	现金流量	现值	每年折旧抵税	现金流量	现值
3	第1种方	变现价值	-40000	-40000	第1年	0		第1年	2410.714	¥2,232.14
4	案：继续	变现损失减税	3200	3200	第2年	4500	¥3,858.02	第2年	2410.714	¥2,066.80
5	使用旧固	每年付现成本	-6375	¥-21,114.81	第3年	0	¥0.00	第3年	2410.714	¥1,913.70
6	定资产	残值变现收入	7000	¥5,145.21	第4年	0	¥0.00	第4年	2410.714	¥1,771.95
7		残值收入纳税	500	¥-367.51	第5年	0	¥0.00	第5年	0	¥0.00
8		项目	现金流量	现值	大修成本	现金流量	现值	每年折旧抵税	现金流量	现值
9	第2种方	变现价值			第1年			第1年		
10	案：购买	变现损失减税			第2年			第2年		
11	新固定资	每年付现成本			第3年			第3年		
12	产	残值变现收入			第4年			第4年		
13		残值收入纳税			第5年			第5年		

图 10.45　计算第 2 年及以后各年大修成本的现值与现金流量

⑪采用同样的计算方法可以得到购买新固定资产各项目的现值与现金流量,如图 10.46
所示。

	A	B	C	D	E	F	G	H	I	J
1					固定资产投资决策					
2		项目	现金流量	现值	大修成本	现金流量	现值	每年折旧抵税	现金流量	现值
3	第1种方	变现价值	-40000	-40000	第1年	0	¥0.00	第1年	2410.714	¥2,232.14
4	案：继续	变现损失减税	3200	3200	第2年	4500	¥3,858.02	第2年	2410.714	¥2,066.80
5	使用旧固	每年付现成本	-6375	¥-21,114.81	第3年	0	¥0.00	第3年	2410.714	¥1,913.70
6	定资产	残值变现收入	7000	¥5,145.21	第4年	0	¥0.00	第4年	2410.714	¥1,771.95
7		残值收入纳税	500	¥-367.51	第5年	0	¥0.00	第5年	0	¥0.00
8		项目	现金流量	现值	大修成本	现金流量	现值	每年折旧抵税	现金流量	现值
9	第2种方	变现价值	-70000	-70000	第1年	0	¥0.00	第1年	2925	¥2,708.33
10	案：购买	变现损失减税	5600	5600	第2年	0	¥0.00	第2年	2925	¥2,507.72
11	新固定资	每年付现成本	-4125	¥-16,469.93	第3年	0	¥0.00	第3年	2925	¥2,321.96
12	产	残值变现收入	5800	¥3,947.38	第4年	0	¥0.00	第4年	2925	¥2,149.96
13		残值收入纳税	700	¥-476.41	第5年	0	¥0.00	第5年	2925	¥1,990.71

图 10.46　计算购买新固定资产的各项目的现值与现金流量

⑫计算第1种决策方案的现值合计金额。合并单元格区域 A14:C14,输入文本"方案1现值合计";合并单元格区域 D14:E14,输入公式"＝SUM(D3:D7)＋SUM(G3:G7)＋SUM(J3:J7)",按回车键即可得到第1种方案的现值合计金额,如图 10.47 所示。

	A	B	C	D	E	F	G	H	I	J
1				固定资产投资决策						
2		项目	现金流量	现值	大修成本	现金流量	现值	每年折旧抵税	现金流量	现值
3	第1种方	变现价值	-40000	-40000	第1年	0	¥0.00	第1年	2410.714	¥2,232.14
4	案:继续	变现损失减税	3200	3200	第2年	4500	¥3,858.02	第2年	2410.714	¥2,066.80
5	使用旧固	每年付现成本	-6375	¥-21,114.81	第3年	0	¥0.00	第3年	2410.714	¥1,913.70
6	定资产	残值变现收入	7000	¥5,145.21	第4年	0	¥0.00	第4年	2410.714	¥1,771.95
7		残值收入纳税	500	¥-367.51	第5年	0	¥0.00	第5年	0	¥0.00
8		项目	现金流量	现值	大修成本	现金流量	现值	每年折旧抵税	现金流量	现值
9	第2种方	变现价值	-70000	-70000	第1年	0	¥0.00	第1年	2925	¥2,708.33
10	案:购买	变现损失减税	5600	5600	第2年	0	¥0.00	第2年	2925	¥2,507.72
11	新固定资	每年付现成本	-4125	¥-16,469.93	第3年	0	¥0.00	第3年	2925	¥2,321.96
12	产	残值变现收入	5800	¥3,947.38	第4年	0	¥0.00	第4年	2925	¥2,149.96
13		残值收入纳税	700	¥-476.41	第5年	0	¥0.00	第5年	2925	¥1,990.71
14		方案1现值合计		¥-41,294.50						

图 10.47　计算第 1 种决策方案的现值合计金额

⑬计算第2种决策方案的现值合计金额。合并单元格区域 F14:H14,输入文本"方案2现值合计";合并单元格区域 I14:J14,输入公式"＝SUM(D9:D13)＋SUM(G9:G13)＋SUM(J9:J13)",按回车键即可得到第2种方案的现值合计金额,如图 10.48 所示。

	A	B	C	D	E	F	G	H	I	J
1				固定资产投资决策						
2		项目	现金流量	现值	大修成本	现金流量	现值	每年折旧抵税	现金流量	现值
3	第1种方	变现价值	-40000	-40000	第1年	0	¥0.00	第1年	2410.714	¥2,232.14
4	案:继续	变现损失减税	3200	3200	第2年	4500	¥3,858.02	第2年	2410.714	¥2,066.80
5	使用旧固	每年付现成本	-6375	¥-21,114.81	第3年	0	¥0.00	第3年	2410.714	¥1,913.70
6	定资产	残值变现收入	7000	¥5,145.21	第4年	0	¥0.00	第4年	2410.714	¥1,771.95
7		残值收入纳税	500	¥-367.51	第5年	0	¥0.00	第5年	0	¥0.00
8		项目	现金流量	现值	大修成本	现金流量	现值	每年折旧抵税	现金流量	现值
9	第2种方	变现价值	-70000	-70000	第1年	0	¥0.00	第1年	2925	¥2,708.33
10	案:购买	变现损失减税	5600	5600	第2年	0	¥0.00	第2年	2925	¥2,507.72
11	新固定资	每年付现成本	-4125	¥-16,469.93	第3年	0	¥0.00	第3年	2925	¥2,321.96
12	产	残值变现收入	5800	¥3,947.38	第4年	0	¥0.00	第4年	2925	¥2,149.96
13		残值收入纳税	700	¥-476.41	第5年	0	¥0.00	第5年	2925	¥1,990.71
14		方案1现值合计		¥-41,294.50			方案2现值合计			¥-65,720.28

图 10.48　计算第 2 种决策方案的现值合计金额

⑭得出最优决策方案。合并单元格区域 A15:F15,输入文本"最优决策方案";合并单元格区域 G15:J15,输入公式"＝IF(D14＞I14,"继续使用旧固定资产","购买新固定资产")",按回车键即可得到最优决策方案,如图 10.49 所示。

	A	B	C	D	E	F	G	H	I	J
1				固定资产投资决策						
2		项目	现金流量	现值	大修成本	现金流量	现值	每年折旧抵税	现金流量	现值
3	第1种方	变现价值	-40000	-40000	第1年	0	¥0.00	第1年	2410.714	¥2,232.14
4	案:继续	变现损失减税	3200	3200	第2年	4500	¥3,858.02	第2年	2410.714	¥2,066.80
5	使用旧固	每年付现成本	-6375	¥-21,114.81	第3年	0	¥0.00	第3年	2410.714	¥1,913.70
6	定资产	残值变现收入	7000	¥5,145.21	第4年	0	¥0.00	第4年	2410.714	¥1,771.95
7		残值收入纳税	500	¥-367.51	第5年	0	¥0.00	第5年	0	¥0.00
8		项目	现金流量	现值	大修成本	现金流量	现值	每年折旧抵税	现金流量	现值
9	第2种方	变现价值	-70000	-70000	第1年	0	¥0.00	第1年	2925	¥2,708.33
10	案:购买	变现损失减税	5600	5600	第2年	0	¥0.00	第2年	2925	¥2,507.72
11	新固定资	每年付现成本	-4125	¥-16,469.93	第3年	0	¥0.00	第3年	2925	¥2,321.96
12	产	残值变现收入	5800	¥3,947.38	第4年	0	¥0.00	第4年	2925	¥2,149.96
13		残值收入纳税	700	¥-476.41	第5年	0	¥0.00	第5年	2925	¥1,990.71
14		方案1现值合计		¥-41,294.50			方案2现值合计			¥-65,720.28
15		最优决策方案					继续使用旧固定资产			

图 10.49　得出最优决策方案

第 11 章　Excel 在审计中的应用

审计工作需要对大量的数据进行处理和分析,以发现异常情况,评估风险点,进行深入的调查。Excel 作为一种广泛使用的数据处理和分析工具,具有强大的功能和灵活性,可以满足审计工作的各种需求。通过对数据的快速、准确处理和分析,审计人员可以更好地了解公司的财务状况,发现异常情况,并进行深入的分析和调查。同时,Excel 还可以通过制作图表等方式直观地呈现数据,让审计人员更好地理解数据的含义和关系。Excel 在审计中的具体应用包括数据导入和整理、数据分析、数据预测和自动化检查。随着信息技术的不断发展,Excel 在审计中的应用前景非常广阔。未来,我们期待看到更多的审计软件和工具集成 Excel 的功能,以提供更加全面和高效的服务。同时,随着大数据和人工智能技术的不断发展,Excel 也可能会与这些技术相结合,为审计工作带来更多的便利。

11.1　直接复核与勾稽关系复核

直接复核和勾稽关系复核都是审计中重要的环节,但它们的目的和侧重点有所不同。直接复核主要是对审计结果进行直接的审查和核对,以确保审计结果的准确性和完整性。这包括对审计证据、审计工作底稿、审计报告等材料进行审核,以确保这些材料的真实性和合规性。直接复核可以保证审计结果的客观性和公正性,防止出现错误或舞弊行为。勾稽关系复核则是对审计结果中各项数据之间、各个科目之间、各个指标之间以及审计报告与审计证据、审计工作底稿之间的勾稽关系进行审查和核对。这种复核侧重于检查数据的一致性、逻辑性、合理性以及科目、指标的对应关系,以防止出现数据不一致、逻辑混乱、科目或指标不对应等问题。

11.1.1　直接复核

审计中的直接复核也称为详细复核,是指审计人员对被审计单位经济活动和财务报表所进行的详细的审查和核对。在直接复核中,审计人员需要对被审计单位的原始凭证、记账凭证、会计账簿、财务报表等文件进行全面、逐笔、逐项的审查和核对,以发现可能存在的错误或舞弊行为。图 11.1 列示了员工的工资详情,包括每一位员工的应发工资和实发工资的计算过程,所有员工的基本工资、岗位工资、绩效工资、应发工资、扣社保费、扣公积金、扣个税、实发工资的汇总数。现在需要对这些数据进行直接复核。

在 E33 单元格中输入"=SUM(E2:E31)",在 E34 单元格中输入"=IF(E33=E32, "yes","no")",之后将单元格 E33 和 E34 公式向右填充即可。同理,在 M2 单元格中输入"=SUM(E2:G2)-SUM(I2:K2)",在 N2 单元格中输入"=IF(L2=M2,"yes","no")",之后将单元格 M2 和 N2 公式向下填充即可,部分截图如图 11.2 所示。从图 11.2 可看出,单元格 H34 和 L34 的"合计处"有误,单元格 N18 和 N32 的"实发工资"有误,应进一步追查原因。

员工编号	员工姓名	所属部门	职工类别	基本工资	岗位工资	绩效工资	应发工资	扣社保费	扣公积金	扣个税	实发工资
1	李军强	行政部	总经理	5000.00	4,000.00	2,000.00	11,000.00	1,133.00	660.00	81.21	9,125.79
2	周晓莉	行政部	部门经理	4000.00	3,500.00	2,000.00	9,500.00	978.50	570.00	—	7,951.50
3	高春霞	行政部	管理人员	3000.00	3,000.00	2,000.00	8,000.00	824.00	480.00	5.88	6,690.12
4	刘继雪	财务部	部门经理	4000.00	3,500.00	2,000.00	9,500.00	978.50	570.00	58.54	7,892.96
5	张云	财务部	管理人员	3000.00	3,000.00	2,000.00	8,000.00	824.00	480.00		6,696.00
6	张芎	技术部	部门经理	4500.00	3,500.00	2,500.00	10,500.00	1,081.50	630.00	8.65	8,779.85
7	李丽玲	技术部	管理人员	3500.00	3,000.00	2,000.00	9,000.00	927.00	540.00	33.99	7,499.01
8	李莉	采购部	部门经理	4000.00	3,500.00	2,000.00	9,500.00	978.50	570.00	13.54	7,937.96
9	何树坤	采购部	采购人员	3000.00	3,000.00	2,000.00	8,000.00	824.00	480.00	20.88	6,675.12
10	刘玉霞	采购部	采购人员	3000.00	3,000.00	2,000.00	8,000.00	824.00	480.00		6,696.00
11	余静	销售部	部门经理	4000.00	3,500.00	3,000.00	10,500.00	1,081.50	630.00	53.65	8,734.85
12	谢宏	销售部	销售人员	3000.00	2,500.00	3,000.00	8,500.00	875.50	510.00	48.43	7,066.07
13	潘东阳	销售部	销售人员	3000.00	2,500.00	3,000.00	8,500.00	875.50	510.00	18.43	7,096.07
14	孙文彬	销售部	销售人员	3000.00	2,500.00	3,000.00	8,500.00	875.50	510.00	3.43	7,111.07
15	李林	生产车间	部门经理	4000.00	3,500.00	2,000.00	9,500.00	978.50	570.00	13.54	7,937.96
16	尹林翠	生产车间	高级工人	3500.00	3,000.00	2,000.00	8,500.00	875.50	510.00	18.43	7,096.07
17	孙玉敏	生产车间	高级工人	3500.00	3,000.00	2,000.00	8,500.00	875.50	510.00	—	7,034.50
18	王琳	生产车间	高级工人	3500.00	3,000.00	2,000.00	8,500.00	875.50	510.00	—	7,114.50
19	孙瀑炜	生产车间	高级工人	3500.00	3,000.00	2,000.00	8,500.00	875.50	510.00	18.43	7,096.07
20	汪利娟	生产车间	高级工人	3500.00	3,000.00	2,000.00	8,500.00	875.50	510.00	18.43	7,096.07
21	王慧	生产车间	生产人员	3000.00	2,500.00	2,000.00	7,500.00	772.50	450.00		6,277.50
22	李艳	生产车间	生产人员	3000.00	2,500.00	2,000.00	7,500.00	772.50	450.00		6,277.50
23	张晓琦	生产车间	生产人员	3000.00	2,500.00	2,000.00	7,500.00	772.50	450.00		6,277.50
24	赵彦花	生产车间	生产人员	3000.00	2,500.00	2,000.00	7,500.00	772.50	450.00		6,277.50
25	谢涛	生产车间	生产人员	3000.00	2,500.00	2,000.00	7,500.00	772.50	450.00		6,277.50
26	邢娟	生产车间	生产人员	3000.00	2,500.00	2,000.00	7,500.00	772.50	450.00		6,277.50
27	邢秋月	生产车间	生产人员	3000.00	2,500.00	2,000.00	7,500.00	772.50	450.00		6,277.50
28	杨倩倩	生产车间	生产人员	3000.00	2,500.00	2,000.00	7,500.00	772.50	450.00		6,277.50
29	殷硕	生产车间	生产人员	3000.00	2,500.00	2,000.00	7,500.00	772.50	450.00		6,277.50
30	尹殿静	生产车间	生产人员	3000.00	2,500.00	2,000.00	7,500.00	772.50	450.00		6,277.50
	合计			101500.00	87500.00	65000.00	253000.00	26162.00	15240.00	415.46	211602.54

图 11.1　员工的工资详情

员工编号	员工姓名	基本工资	岗位工资	绩效工资	应发工资	扣社保费	扣公积金	扣个税	实发工资		
1	李军强	5000.00	4,000.00	2,000.00	11,000.00	1,133.00	660.00	81.21	9,125.79	9,125.79	yes
2	周晓莉	4000.00	3,500.00	2,000.00	9,500.00	978.50	570.00	—	7,951.50	7,951.50	yes
3	高春霞	3000.00	3,000.00	2,000.00	8,000.00	824.00	480.00	5.88	6,690.12	6,690.12	yes
4	刘继雪	4000.00	3,500.00	2,000.00	9,500.00	978.50	570.00	58.54	7,892.96	7,892.96	yes
5	张云	3000.00	3,000.00	2,000.00	8,000.00	824.00	480.00		6,696.00	6,696.00	yes
6	张芎	4500.00	3,500.00	2,500.00	10,500.00	1,081.50	630.00	8.65	8,779.85	8,779.85	yes
7	李丽玲	3500.00	3,000.00	2,000.00	9,000.00	927.00	540.00	33.99	7,499.01	7,499.01	yes
8	李莉	4000.00	3,500.00	2,000.00	9,500.00	978.50	570.00	13.54	7,937.96	7,937.96	yes
9	何树坤	3000.00	3,000.00	2,000.00	8,000.00	824.00	480.00	20.88	6,675.12	6,675.12	yes
10	刘玉霞	3000.00	3,000.00	2,000.00	8,000.00	824.00	480.00	—	6,696.00	6,696.00	yes
11	余静	4000.00	3,500.00	3,000.00	10,500.00	1,081.50	630.00	53.65	8,734.85	8,734.85	yes
12	谢宏	3000.00	2,500.00	3,000.00	8,500.00	875.50	510.00	48.43	7,066.07	7,066.07	yes
13	潘东阳	3000.00	2,500.00	3,000.00	8,500.00	875.50	510.00	18.43	7,096.07	7,096.07	yes
14	孙文彬	3000.00	2,500.00	3,000.00	8,500.00	875.50	510.00	3.43	7,111.07	7,111.07	yes
15	李林	4000.00	3,500.00	2,000.00	9,500.00	978.50	570.00	13.54	7,937.96	7,937.96	yes
16	尹林翠	3500.00	3,000.00	2,000.00	8,500.00	875.50	510.00	18.43	7,096.07	7,096.07	yes
17	孙玉敏	3500.00	3,000.00	2,000.00	8,500.00	875.50	510.00	—	7,034.50	7,114.50	no
18	王琳	3500.00	3,000.00	2,000.00	8,500.00	875.50	510.00	—	7,114.50	7,114.50	yes
19	孙瀑炜	3500.00	3,000.00	2,000.00	8,500.00	875.50	510.00	18.43	7,096.07	7,096.07	yes
20	汪利娟	3500.00	3,000.00	2,000.00	8,500.00	875.50	510.00	18.43	7,096.07	7,096.07	yes
21	王慧	3000.00	2,500.00	2,000.00	7,500.00	772.50	450.00	—	6,277.50	6,277.50	yes
22	李艳	3000.00	2,500.00	2,000.00	7,500.00	772.50	450.00	—	6,277.50	6,277.50	yes
23	张晓琦	3000.00	2,500.00	2,000.00	7,500.00	772.50	450.00	—	6,277.50	6,277.50	yes
24	赵彦花	3000.00	2,500.00	2,000.00	7,500.00	772.50	450.00	—	6,277.50	6,277.50	yes
25	谢涛	3000.00	2,500.00	2,000.00	7,500.00	772.50	450.00	—	6,277.50	6,277.50	yes
26	邢娟	3000.00	2,500.00	2,000.00	7,500.00	772.50	450.00	—	6,277.50	6,277.50	yes
27	邢秋月	3000.00	2,500.00	2,000.00	7,500.00	772.50	450.00	—	6,277.50	6,277.50	yes
28	杨倩倩	3000.00	2,500.00	2,000.00	7,500.00	772.50	450.00	—	6,277.50	6,277.50	yes
29	殷硕	3000.00	2,500.00	2,000.00	7,500.00	772.50	450.00	—	6,277.50	6,277.50	yes
30	尹殿静	3000.00	2,500.00	2,000.00	7,500.00	772.50	450.00	—	6,277.50	6,277.50	yes
		101500.00	87500.00	65000.00	253000.00	26162.00	15240.00	415.46	211602.54	212,182.54	no
		101500.00	87500.00	65000.00	254000.00	26162.00	15240.00	415.46	212102.54		
		yes	yes	yes	no	yes	yes	yes	no		

图 11.2　直接复核

11.1.2　勾稽关系复核

勾稽关系复核是审计中的一种重要方法,主要用于对审计结果中各项数据之间、各个科目之间、各个指标之间以及审计报告与审计证据、审计工作底稿之间的勾稽关系进行审查和核对。勾稽关系复核可以检查数据的一致性、逻辑性、合理性以及科目、指标的对应关系,防止出现数据不一致、逻辑混乱、科目或指标不对应等问题。这种复核方法有助于审计人员发现潜在的问题和风险,并对其进行深入的分析和评估。审计过程中经常会检查账、证、表的勾稽关系,例如资产账中的期末余额审计,会用到如下公式:"期末余额＝期初余额＋本期借方金额－本期贷方金额"或"期末余额＝期初余额＋本期贷方金额－本期借方金额"。如图 11.3 所示(部分截图),需要复核期末余额的正确性。

科目编号	科目名称	期初余额		本期发生额		期末余额		期末余额	
		借方	贷方	借方	贷方	借方	贷方	借方	贷方
1001	库存现金	5000		3000	2200	5800	0	5800	0
1002	银行存款	20000		27000	13000	34000	0	34000	0
1101	交易性金融资产			0	0	0	0	0	0
1121	应收票据			0	0	0	0	0	0
1122	应收账款	30000		0	20000	10000	0	10000	0
1123	预付账款			0	0	0	0	0	0
1221	其他应收款			0	0	0	0	0	0
1231	坏账准备			0	0	0	0	0	0
1401	材料采购			10000	2000	8000	0	8000	0
1403	原材料	1000		2000	0	3000	0	3000	0
1405	库存商品	2000		0	0	2000	0	2000	0
1501	持有至到期投资			0	0	0	0	0	0
1511	长期股权投资			0	0	0	0	0	0
1601	固定资产	2000		109000	0	110000	0	111000	0
1602	累计折旧			0	800	0	800	0	800
1603	在建工程			0	0	0	0	0	0
1701	无形资产			0	0	0	0	0	0
1801	长期待摊费用			0	0	0	0	0	0
1901	待处理财产损溢			0	0	0	0	0	0
2001	短期借款			0	0	0	0	0	0
2201	应付票据			0	0	0	0	0	0
2202	应付账款		20000	800	0	0	19200	0	19200
2203	预收账款			0	0	0	0	0	0

图 11.3　原始数据

在 I4 单元格中输入"＝IF((C4－D4)＋(E4－F4)>＝0,(C4－D4)＋(E4－F4),0)",按回车键;在 J4 单元格中输入"＝IF((C4－D4)＋(E4－F4)<0,ABS((C4－D4)＋(E4－F4)),0)",按回车键;在 K4 单元格中输入"＝IF(G4＝I4,"yes","no")",按回车键;在 L4 单元格中输入"＝IF(H4＝J4,"yes","no")",按回车键;对 I4:L4 区域向下进行公式填充,部分截图如图 11.4 所示。单元格 K17 和 L44 2 处期末余额有误,应进一步追查原因。

图 11.5 列示了某企业的部分银行存款日记账截图(标 * 处为省略的相应时间和摘要),现在需要复核期末余额的正确性,可以运用勾稽关系复核。银行存款为资产类科目,其会计恒等式为:资产类账户期末余额＝借方期初余额＋借方本期发生额－贷方本期发生额,利用该恒等式可以判断 T 列银行存款余额的正确性。

在 U6 单元格中输入公式"＝T6",按回车键;在 U7 单元格中输入公式"＝T6＋R7－S7",按回车键,之后向下填充公式到 U53;在 V6 单元格中输入公式"＝IF(T6＝U6,"yes","no")",按回车键,之后向下填充公式到 V53,部分截图如图 11.6 所示。从图 11.6 中可以发现 V23、V24、V32、V33 4 处银行存款余额有误,应进一步追查原因。

	A	B	C	D	E	F	G	H	I	J	K	L
1							试算平衡表					
2	科目编号	科目名称	期初余额		本期发生额		期末余额		期末余额			
15	1501	持有至到期投资			0	0	0	0	0	0	yes	yes
16	1511	长期股权投资			0	0	0	0	0	0	yes	yes
17	1601	固定资产	2000		109000	0	110000	0	111000	0	no	yes
18	1602	累计折旧			0	800	0	800	0	800	yes	yes
19	1603	在建工程			0	0	0	0	0	0	yes	yes
20	1701	无形资产			0	0	0	0	0	0	yes	yes
21	1801	长期待摊费用			0	0	0	0	0	0	yes	yes
22	1901	待处理财产损溢			0	0	0	0	0	0	yes	yes
23	2001	短期借款			0	0	0	0	0	0	yes	yes
24	2201	应付票据			0	0	0	0	0	0	yes	yes
25	2202	应付账款		20000	800	0	0	19200	0	19200	yes	yes
26	2203	预收账款			0	0	0	0	0	0	yes	yes
27	2211	应付职工薪酬			0	0	0	0	0	0	yes	yes
28	2221	应交税费			0	0	0	0	0	0	yes	yes
29	2231	应付利息			0	600	0	600	0	600	yes	yes
30	2232	应付股利			0	0	0	0	0	0	yes	yes
31	2241	其他应付款			0	0	0	0	0	0	yes	yes
32	2401	递延收益			0	0	0	0	0	0	yes	yes
33	2501	长期借款			0	0	0	0	0	0	yes	yes
34	2502	应付债券			0	0	0	0	0	0	yes	yes
35	4001	实收资本			0	109000	0	109000	0	109000	yes	yes
36	4002	资本公积			0	0	0	0	0	0	yes	yes
37	4101	盈余公积			0	0	0	0	0	0	yes	yes
38	4103	本年利润			0	0	0	0	0	0	yes	yes
39	4104	利润分配			0	0	0	0	0	0	yes	yes
40	5000	成本类			0	0	0	0	0	0	yes	yes
41	5001	生产成本			0	0	0	0	0	0	yes	yes
42	5101	制造费用			0	0	0	0	0	0	yes	yes
43	6001	主营业务收入			0	0	0	0	0	0	yes	yes
44	6051	其他业务收入		40000	0	7000	0	46000	0	47000	yes	no

图 11.4　试算平衡表勾稽关系复核

	O	P	Q	R	S	T
3			银行存款日记账			
4						
5	时间		摘要	借方	贷方	余额
6			期初余额			2000
7	2021.1.6		收到货款	5000		7000
8	2021.1.10		支付租金		1000	6000
9	2021.1.10		购买空调		2000	4000
10	2021.1.15		维修电脑		500	3500
11	2021.1.20		收到货款	4000		7500
12	2021.1.22		支付水电费		400	7100
13	***		***	251		7351
14	***		***	8000		15351
15	***		***		651	14700
16	***		***		410	14290
17	***		***	563		14853
18	***		***	510		15363
19	***		***		520	14843
20	***		***		410	14433

图 11.5　原始数据

	O	P	Q	R	S	T	U	V
3			银行存款日记账					
4								
5	时间		摘要	借方	贷方	余额	审计复核	
6			期初余额			2000	2000	yes
7	2021.1.6		收到货款	5000		7000	7000	yes
8	2021.1.10		支付租金		1000	6000	6000	yes
9	2021.1.10		购买空调		2000	4000	4000	yes
10	2021.1.15		维修电脑		500	3500	3500	yes
11	2021.1.20		收到货款	4000		7500	7500	yes
12	2021.1.22		支付水电费		400	7100	7100	yes
23	***		***		412	15200	15280	no
24	***		***		520	14760	14680	no
25	***		***		410	14350	14350	yes
26	***		***	410		14760	14760	yes
27	***		***	533		15293	15293	yes
28	***		***	2000		17293	17293	yes
29	***		***		322	16971	16971	yes
30	***		***		521	16450	16450	yes
31	***		***		631	15819	15819	yes
32	***		***		410	15300	15409	no
33	***		***		411	14998	14889	no
34	***		***		741	14257	14257	yes

图 11.6　银行存款日记账勾稽关系复核

11.2　验算复核

验算复核是审计工作中的重要环节，指审计人员通过采用一定的技术方法对已审财务报表和其他相关资料进行的核验、核对和计算，以验证其准确性、完整性和真实性的过程。会计处理业务中有大量的计算工作，如固定资产的折旧计算、存货计价的计算和利息的计算等，审计过程中经常会对这些数据结果进行重新计算，检查这些结果是否正确。

(1)图 11.7 列示了某企业的银行贷款利息计算表。现在需要复核季息和累计季息的正确性，可以对相关利息数据进行验算复核。

	A	B	C	D	E	F	G	H	I
1	银行贷款利息计算表　(单位:元)								
2									
3	结息日	年	月	日	月利率/%	贷款收付	贷款余额	季息	累计季息
4		2012	12	21	5.31	40000	40000		
5		2013	1	11	5.31	20000	60000		
6	3.20	2013	3	20	5.31		60000	8708.4	8708.4
7		2013	4	10	5.31	-20000	40000		
8	6.20	2013	6	20	5.31		40000	7057	15765.4
9		2013	7	12	5.31	-40000	0		
10	9.20	2013	9	20	5.31		0	1557.6	17323
11		2013	10	6	5.31	3000	3000		
12	12.20	2013	12	20	5.31		3000	398.25	17721.25

图 11.7　原始数据

①如图 11.8 所示(部分截图)，在第 3 行的 K 列到 P 列编辑好标题方便后续复核计算。

②如图 11.8 所示，先确定计息天数。在 K5 单元格中输入公式“=DATE(B5,C5,D5)－DATE(B4,C4,D4)”，按回车键，之后向下填充公式到 K12。

③计算积数。在 L5 单元格中输入公式“=G4 * K5”，按回车键，之后向下填充公式到 L12。

④计算利息。在 M5 单元格中输入“=L5 * (E5/100/30)”，括号内为计算的日利率，按回

车键,之后向下进行公式填充到 M12。

图 11.8　输入第 3 行的 K 列到 P 列标题

⑤计算累计积数。在 N5 单元格中输入"＝N4＋L5",按回车键,之后向下填充公式到 N12。

⑥计算累计利息。在 O5 单元格中输入"＝O4＋M5",按回车键,之后向下填充公式到 O12。

⑦在 P 列计算相应季息。第 1 季度的利息即 3 月 20 日的利息,第二季度的利息即用 6 月20 日的累计利息减去 3 月 20 日的累计利息,第 3、4 季度的利息计算方法与第二季度类似。最终部分截图如图 11.9 所示。通过比较计算结果与原始数据可知,原始数据中第二季度的季息,以及第二、三、四季的累计季息有误,应进一步追查原因。

图 11.9　银行利息验算复核

(2)图 11.10(部分截图)列示了某企业的固定资产折旧计算表。现在需要核对累计折旧和净值的正确性,可以对相关折旧数据进行验算复核。

图 11.10　原始数据

①如图 11.11 所示,在第 4 行 AH 列到 AK 列编辑好标题方便后续复核计算。

	R	S	T	U	V	W	X	Y	Z	AA	AB	AC	AD	AE	AF	AG	AH	AI	AJ	AK
1								固定资产折旧计算表												
2	单位名称:	***股份有限公司																		
3	期:	2016年1月31日			折旧方法:		年限平均法						单位:元							
4	编号	名称	入账日期	原币单价	购进原值	使用年限	残值率	预计净残值	已使用月份	本月折旧	累计折旧	净值	实际计算截止日期	累计折旧计算值	上月累计折旧计算值		累计折旧计算值	核对	净值计算值	核对
5		设备合计		47946580	63480580			3174029		435436	29823794	33656786		29823794	29388358					
6	1	激光粒度分布仪	2010/3/1	10000	10000	10	5%	500	70	79	5542	4458	2016/1/31	5542	5463					
7	2	分光密度仪	2010/3/31	12000	24000	10	5%	1200	70	190	13300	10700	2016/1/31	13300	13110					
8	3	平滑度仪	2010/3/31	11000	22000	10	5%	1100	70	174	12192	9808	2016/1/31	12192	12018					
9	4	固盘割离实验机	2010/3/31	22000	44000	10	5%	2200	70	348	24383	19617	2016/1/31	24383	24035					
10	5	掌握实验机	2010/3/31	12000	24000	10	5%	1200	70	190	13300	10700	2016/1/31	13300	13110					
11	6	张力控制器	2010/3/31	9000	9000	10	5%	450	70	71	4988	4013	2016/1/31	4988	4916					
12	7	纠偏机	2010/3/31	8000	8000	10	5%	400	70	63	4433	3567	2016/1/31	4433	4370					
13	8	白度仪	2010/3/31	15000	30000	10	5%	1500	70	238	16625	13375	2016/1/31	16625	16388					
14	9	显微镜	2010/3/31	11000	22000	10	5%	1100	70	174	12192	9808	2016/1/31	12192	12018					
15	10	D65-标准光源	2010/3/31	12000	12000	10	5%	600	70	95	6350	5350	2016/1/31	6650	6555					

图 11.11　输入第 4 行的 AH 列到 AK 列标题

②计算累计折旧。在 AH6 单元格中输入公式"＝(V6－Y6)/W6/12 * Z6",按回车键,之后向下填充公式到 AH61。

③核对累计折旧。在 AJ6 单元格中输入"＝IF(ABS(AB6－AH6)<1,1,0)",按回车键,之后向下填充公式到 AJ61。考虑到有些数值差异很小(小于 1 元),我们认为折旧无误。同时,上述公式中 1 和 0 未加引号,表示返回的是数值,而不是数字文本。

④计算净值。在 AJ6 单元格中输入公式"＝V6－AB6",按回车键,之后向下填充公式到 AJ61。

⑤核对净值。在 AK6 单元格中输入公式"＝IF(ABS(AC6－AJ6)<1,1,0)",按回车键,之后向下填充公式到 AK61。最终结果如图 11.12(部分截图)所示。计算 AI 列的数据之和为54(56 个数据)、AK 列的数据之和为 52,由此可知,原始数据中累计折旧有 2 处错误,净值有 4处错误,应进一步追查原因。

	S	T	U	V	W	X	Y	Z	AA	AB	AC	AD	AE	AF	AG	AH	AI	AJ	AK
1							固定资产折旧计算表												
2	名称:	***股份有限公司																	
3		2016年1月31日			折旧方法:		年限平均法						单位:元						
4	名称	入账日期	原币单价	购进原值	使用年限	残值率	预计净残值	已使用月份	本月折旧	累计折旧	净值	实际计算截止日期	累计折旧计算值	上月累计折旧计算值		累计折旧计算值	核对	净值计算值	核对
5	设备合计		47946580	63480580			3174029		435436	29823794	33656786		29823794	29388358					
11	张力控制器	2010/3/31	9000	9000	10	5%	450	70	71	4988	4013	2016/1/31	4988	4916		4988	1	4013	1
12	纠偏机	2010/3/31	8000	8000	10	5%	400	70	71	4433	3567	2016/1/31	4433	4370		4433	1	3567	1
13	白度仪	2010/3/31	15000	30000	10	5%	1500	70	238	16625	13375	2016/1/31	16625	16388		16625	1	13375	1
14	显微镜	2010/3/31	11000	22000	10	5%	1100	70	174	12192	9808	2016/1/31	12192	12018		12192	1	9808	1
15	D65-标准光源	2010/3/31	12000	12000	10	5%	600	70	95	6350	5350	2016/1/31	6650	6555		6650	0	5650	0
16	可视吸收专用取	2010/3/31	9000	9000	10	5%	450	70	71	4988	4013	2016/1/31	4988	4916		4988	1	4013	1
17	频闪仪	2010/3/31	7000	14000	10	5%	700	70	111	7758	6242	2016/1/31	7758	7647		7758	1	6242	1
18	静态发色仪	2010/3/31	16000	32000	10	5%	1600	70	253	17733	14267	2016/1/31	17733	17480		17733	1	14267	1
19	动态发色仪	2010/3/31	16000	32000	10	5%	1600	70	253	17733	14267	2016/1/31	17733	17480		17733	1	14267	1
20	粘度计	2010/3/31	6000	12000	10	5%	600	70	95	6650	5350	2016/1/31	6650	6555		6650	1	5350	1
21	分散仪	2010/3/31	5000	5000	10	5%	250	70	40	2771	2829	2016/1/31	2771	2731		2771	1	2229	0
22	实验压光机	2010/3/31	15000	15000	10	5%	750	70	119	8313	6688	2016/1/31	8313	8194		8313	1	6688	1
23	纸张褶皱检测仪	2010/3/31	25000	50000	10	5%	2500	70	396	27708	22292	2016/1/31	27708	27312		27708	1	22292	1
24	纸张景色在线检检	2010/3/31	427000	854000	10	5%	42700	70	6761	473258	380742	2016/1/31	473258	466497		473258	1	380742	1
25	小型涂布机	2010/3/31	3800000	3800000	10	5%	190000	70	30083	2105833	1694167	2016/1/31	2105833	2075750		2105833	1	1694167	1
26	DCS在线监测系统	2010/3/31	450000	450000	10	5%	22500	70	3563	249375	200625	2016/1/31	249375	245813		249375	1	200625	1
27	小型轮转印刷机	2010/3/31	500000	500000	10	5%	25000	70	3958	277083	222917	2016/1/31	277083	273125		277083	1	222917	1
28	可变数据打印机	2010/3/31	300000	300000	10	5%	15000	70	2375	166750	133750	2016/1/31	166250	163875		166250	0	133250	0
29	BMB涂布机 (160)	2010/3/31	4500000	4500000	10	5%	225000	70	35625	2493750	2006250	2016/1/31	2493750	2458125		2493750	1	2006250	1

图 11.12　固定资产折旧验算复核

11.3　分析性复核

分析性复核,从字面意思上理解,就是对被审计单位的重要财务数据或趋势进行深入的分析,这个过程包括对异常变动的调查,以及异常变动与预期数值和相关信息的比较,目的是找出其中可能存在的不合理因素。分析性复核是一种重要的审计方法,它通过对财务数据的深入分析,可以有效地发现可能存在的问题,并帮助审计人员更好地确定审计的重点。分析性复核可以采用多种方法,其中最常用的方法包括比较分析法、比率分析法和趋势分析法。

11.3.1　比较分析法复核

比较分析法复核是一种审计技术,主要是将被审计单位的相关财务数据、指标或比率与既定标准进行比较,以获取审计证据并发现可能存在的问题。这种比较可以是历史数据之间的比较,比如将本期的数据与上期或历史平均水平进行比较,以发现异常变动;也可以是实际数据与预算或计划数据的比较,以评估实际业绩与预期业绩的差异;还可以是被审计单位的数据与同行业标准或竞争对手的数据的比较,以评价被审计单位在行业中的表现。

图 11.13 列示了某企业 1—12 月的销售收入。现在需要确定销售收入应重点关注哪些月份,可以通过比较分析法复核来解决。

先在第 1 行制作如图 11.14 所示的表头,方便进一步复核分析。

本例通过拟合回归方程进行预测,将拟合值与实际销售收入进行对比,从而找到需要重点关注的销售收入月份。先进行线性回归,计算拟合系数,因为只有 1 个变量,选择一个 5 行 2 列的单元格区域作为结果输出区域(需要返回统计值,如不需要返回统计值则选中 2 个相连单元格即可)。选中 C16:D20 作为结果输出区域,输入公式" = LINEST(C2:C13,B2:B13,,

	A	B	C
1	会计期间	时间序列	销售收入
2	2020年1月	1	53349772
3	2020年2月	2	44879544
4	2020年3月	3	44012086
5	2020年4月	4	46796911
6	2020年5月	5	50828338
7	2020年6月	6	44293008
8	2020年7月	7	54873853
9	2020年8月	8	56372259
10	2020年9月	9	54768926
11	2020年10月	10	50816720
12	2020年11月	11	57429962
13	2020年12月	12	62758971

图 11.13　原始数据

TRUE)",同时按下 Ctrl+Shift+Enter 组合键即可得到回归结果,如图 11.15 所示,由此得到拟合直线 $y=1157902.35x+44238663.89$。

	A	B	C	D	E	F	G
1	会计期间	时间序列	销售收入	预测值	差值(实际-预测)	差异率(差值/实际)	关注情况
2	2020年1月	1	53349772	45396566			

图 11.14　制作表头

	C	D
15	回归系数	常数
16	1157902.35	44238663.89
17	367819.962	2707081.618
18	0.49773961	4398487.007
19	9.90999148	10
20	1.9173E+14	1.93467E+14

图 11.15　线性回归结果

(1)计算预测值。在 D2 单元格中输入公式" = \$C\$16 * B2+ \$D\$16",按回车键,之后向下填充公式到 D13。

(2)计算差值。在 E2 单元格中输入公式" = C2-D2",按回车键,之后向下填充公式到 E13。

(3)计算差异率。在 F2 单元格中输入公式" = E2/C2",按回车键,之后向下填充公式到 F13。

(4)在 G2 单元格中输入公式"＝IF(ABS(F2)＞10％,"重点关注","正常")",按回车键,之后向下填充公式到 G13。假设当差异率大于 10％时,我们要重点关注,否则认为是正常的。结果如图 11.16 所示,可知 1 月和 6 月需要重点关注,应进一步追查原因。

	A	B	C	D	E	F	G
1	会计期间	时间序列	销售收入	预测值	差值(实际－预测)	差异率(差值/实际)	关注情况
2	2020年1月	1	53349772	45396566	7953206	14.91%	重点关注
3	2020年2月	2	44879544	46554469	−1674925	−3.73%	正常
4	2020年3月	3	44012086	47712371	−3700285	−8.41%	正常
5	2020年4月	4	46796911	48870273	−2073362	−4.43%	正常
6	2020年5月	5	50828338	50028176	800162	1.57%	正常
7	2020年6月	6	44293008	51186078	−6893070	−15.56%	重点关注
8	2020年7月	7	54873853	52343980	2529873	4.61%	正常
9	2020年8月	8	56372259	53501883	2870376	5.09%	正常
10	2020年9月	9	54768926	54659785	109141	0.20%	正常
11	2020年10月	10	50816720	55817687	−5000967	−9.84%	正常
12	2020年11月	11	57429962	56975590	454372	0.79%	正常
13	2020年12月	12	62758971	58133492	4625479	7.37%	正常

图 11.16　基于线性回归的比较分析法复核

图 11.17 列示了某企业的利润表信息,现在需要确定利润表中本期应重点关注的项目。

	M	N	O	P
1		利润表		
2	编制单位：大路有限责任公司	2023 年 12 月		单位：万元
3	项　目	行次	本期金额	上期金额
4	一、营业收入	1	629,800.00	572,000.00
5	减：营业成本	2	377,320.00	343,200.00
6	税金及附加	3	12,160.64	10,982.40
7	销售费用	11	14,200.00	13,000.00
8	管理费用	14	89,459.36	90,417.60
9	财务费用	18	4,170.00	4,000.00
10	其中：利息费用（收入以"−"号填列）	19	−	−
11	加：投资收益（损失以"−"号填列）	20	−	−
12	二、营业利润（亏损以"−"号填列）	21	132,490.00	110,400.00
13	加：营业外收入	22	−	−
14	其中：政府补助	23	−	−
15	减：营业外支出	24	580.00	500.00
16	三、利润总额（亏损总额以"−"号填列）	30	131,910.00	109,900.00
17	减：所得税费用	31	32,977.50	27,475.00
18	四、净利润（净亏损以"−"号填列）	32	98,932.50	82,425.00

图 11.17　原始数据

(1)计算各项目的增长幅度。在 R4 单元格中输入公式"＝(O4−P4)/P4",按回车键,之后向下填充公式到 R18。

(2)评价各项目关注状况。在 S4 单元格中输入公式"＝IF(ABS(R4−10％)＜3％,"正常","需要关注")",按回车键,之后向下填充公式到 S18(有 4 行不填充)。(**注意**:上面公式里的 3％是自己判断设置的临界值,读者也可以根据自己的审计判断确定其他的临界值。)最终结果如图 11.18 所示。由此可知,管理费用、财务费用、营业外支出以及营业利润、利润总额、净利润等通过计算而得出的项目需要关注,考虑到这些通过计算而得出的项目金额可能主要是由于其他项目导致的错误,所以我们重点关注管理费用、财务费用、营业外支出即可。又考虑到财务费用、营业外支出的金额变动很小,所以最终需要重点关注的是管理费用。

	M	N	O	P	Q	R	S
1	利润表						
2	编制单位：大路有限责任公司	2023	年 12 月		单位：万元		
3	项 目	行次	本期金额	上期金额		增长幅度	结论
4	一、营业收入	1	629,800.00	572,000.00		10.10%	正常
5	减：营业成本	2	377,320.00	343,200.00		9.94%	正常
6	税金及附加	3	12,160.64	10,982.40		10.73%	正常
7	销售费用	11	14,200.00	13,000.00		9.23%	正常
8	管理费用	14	89,459.36	90,417.60		-1.06%	需要关注
9	财务费用	18	4,170.00	4,000.00		4.25%	需要关注
10	其中：利息费用（收入以"-"号列）	19	–	–			
11	加：投资收益（损失以"-"号填列）	20	–	–			
12	二、营业利润（亏损以"-"号填列）	21	132,490.00	110,400.00		20.01%	需要关注
13	加：营业外收入	22	–	–			
14	其中：政府补助	23	–	–			
15	减：营业外支出	24	580.00	500.00		16.00%	需要关注
16	三、利润总额（亏损总额以"-"号填列）	30	131,910.00	109,900.00		20.03%	需要关注
17	减：所得税费用	31	32,977.50	27,475.00		20.03%	需要关注
18	四、净利润（净亏损以"-"号填列）	32	98,932.50	82,425.00		20.03%	需要关注

图 11.18 利润表比较分析法复核

11.3.2 比率分析法复核

比率分析法复核注重对具体财务数据进行分析，它通过对财务报表上的具体项目进行计算，生成比率或指数，以便更好地理解财务状况。例如，通过对流动比率和速动比率的计算，可以了解企业的短期偿债能力。

图 11.19 列示了某公司 1—12 月的主营业务收入和主营业务成本，现在我们需要找出需要重点关注的月份。分析：已知 1—12 月份的主营业务收入和主营业务成本金额，找出需要重点关注的月份，可以采用比率分析法来解决，可以考虑的比率指标是毛利率。毛利率是毛利与销售收入（或营业收入）的百分比，用公式表示为：毛利率=毛利/营业收入×100%=（主营业务收入－主营业务成本）/主营业务收入×100%。

（1）合计 1—12 月的主营业务收入和主营业务成本。在 B14 单元格中输入公式"=SUM(B2:B13)"，按回车键并向右填充公式到 C14 单元格。

（2）计算各月份的毛利率。在 D2 单元格中输入公式"=（B2－C2)/B2"，按回车键，之后向下填充公式到 D14 单元格，接着设置 D 列的数据格式为百分数，结果如图 11.20 所示。

	A	B	C
1	月份	主营业务收入	主营业务成本
2	1	7800	7566
3	2	7600	6764
4	3	7400	6512
5	4	7700	6768
6	5	7800	6981
7	6	7850	6947
8	7	7950	7115
9	8	7700	6830
10	9	7600	6832
11	10	7900	7111
12	11	8100	7280
13	12	18900	15139
14	合计		

图 11.19 原始数据

	A	B	C	D
1	月份	主营业务收入	主营业务成本	毛利率
2	1	7800	7566	3.00%
3	2	7600	6764	11.00%
4	3	7400	6512	12.00%
5	4	7700	6768	12.10%
6	5	7800	6981	10.50%
7	6	7850	6947	11.50%
8	7	7950	7115	10.50%
9	8	7700	6830	11.30%
10	9	7600	6832	10.11%
11	10	7900	7111	9.99%
12	11	8100	7280	10.12%
13	12	18900	15139	19.90%
14	合计	104300	91845	11.94%

图 11.20 计算毛利率

由此可知，全年的平均毛利率为 11.94%，而 1 月和 12 月的毛利率为 3.00% 和 19.90%，这 2 个月的毛利率与其他月份存在明显的差异，所以这 2 个月需要重点关注。12 月的毛利率明显偏高,而 1 月的毛利率明显偏低,有可能是将 1 月的收入提前在 12 月确认了。当然,究竟是什么原因还需进一步调查。

11.3.3　趋势分析法复核

趋势分析法复核将重点放在对一个指标连续几年(或连续几月)的数据进行分析,从而找出可能的变动趋势。这种方法可以帮助审计人员理解该指标的发展方向和变化趋势,从而找到可能的重大错报领域。比如,如果一个企业的销售额连续几年都在增长,那么审计人员可能会认为这是一个积极的变动趋势。

图 11.21 列示了某公司 2021—2023 年的销售费用明细表,现在我们需要找出审计时应重点关注哪些明细项目。

项目	2023	2022	2021
工资	1570130	1311411	1112000
附加费	39793.18	20000	15000
仓储费	236761.15	452000	300000
广告费	621351.4	556292	500000
保险费	111780	98750	88000
运输费	2089999.6	1852311.5	1600000
收账费用	360000	280000	200000
其他费用	12567.75	6523	8000
合计	5042383.1	4577287.5	3823000

图 11.21　原始数据

(1)先制作好如图 11.22 所示的表头,方便进一步复核分析。

项目	2023	2022	2021	2023-2022差异	比重	2022-2021差异	比重
工资	1570130	1311411	1112000				

图 11.22　制作表头

(2)计算 2022 年和 2023 年的差异。在 E5 单元格中输入公式"=B5-C5",按回车键并向下填充公式到 E13 单元格。

(3)计算差异比重。在 F5 单元格中输入公式"=E5/C5",按回车键并向下填充公式到 F13 单元格。

(4)计算 2021 年和 2022 年的差异。在 G5 单元格中输入公式"=C5-D5",按回车键并向下填充公式到 G13 单元格。

(5)计算差异比重。在 H5 单元格中输入公式"=G5/D5",按回车键并向下填充公式到 H13 单元格。最终结果如图 11.23 所示。由此可知,仓储费和其他费用出现负数,与其他项目变动方向不一致,需要重点关注。另外,附加费和收账费用波动幅度较大,也需要特别关注。

	A	B	C	D	E	F	G	H
1								
2			销售费用					
3								
4	项目	2023	2022	2021	2023-2022差异	比重	2022-2021差异	比重
5	工资	1570130	1311411	1112000	258719	20%	199411	18%
6	附加费	39793.18	20000	15000	19793.18	99%	5000	33%
7	仓储费	236761.15	452000	300000	-215238.85	-48%	152000	51%
8	广告费	621351.4	556292	500000	65059.4	12%	56292	11%
9	保险费	111780	98750	88000	13030	13%	10750	12%
10	运输费	2089999.6	1852311.5	1600000	237688.11	13%	252311.53	16%
11	收账费用	360000	280000	200000	80000	29%	80000	40%
12	其他费用	12567.75	6523	8000	6044.75	93%	-1477	-18%
13	合计	5042383.1	4577287.5	3823000	465095.59	10%	754287.53	20%

图 11.23 趋势分析法复核

11.4 分类汇总复核

Excel 分类汇总复核是一种对分类汇总结果进行核对和确认的过程,以确保数据的准确性和完整性。在进行分类汇总复核时,需要对分类汇总的结果进行逐项检查,确认各项数据是否按照预期进行了正确的分类和汇总。这个过程有助于发现可能存在的错误或不一致之处,并进行及时的纠正,从而保证数据的可靠性和准确性。

Excel 分类汇总是一种数据分析和处理方法,通常用于整理和分析大量数据。在 Excel 中,分类汇总允许用户将数据分成不同的类别,然后对每个类别执行各种计算和分析。复核则是对这些计算结果进行再次检查和确认的过程,以确保数据的准确性和可靠性。在分类汇总复核过程中,用户需要关注数据的排序、分类字段的选择、汇总方式的选择以及选定汇总项的准确性等方面,以确保分类汇总的结果符合预期;同时,还需要注意对分类汇总后的数据进行保护和备份,以避免数据丢失或损坏。

图 11.24 列示了某学校的学生收费信息表(部分截图),现在我们需要核对相同专业学生收费的一致性,可以通过分类汇总复核来实现。

	A	B	C	D	E	F	G	H	I	J	K	L
1	系部	专业	二级专业	班级	已缴杂费总金额	已缴学费金额	已缴住宿费金额	已缴书费金额	已缴体检费金额	已缴行李费金额	已缴运动服费金额	已缴运管服费金额
2	国际商学院	工程造价	造价	08303	1510	16000	1200	850	40	330	80	210
3	国际商学院	工程造价	造价	(国际) 0930	1510	16000	500	850	40	330	80	210
4	国际商学院	工程造价	造价	(国际) 0930	1510	16000	500	850	40	330	80	210
5	国际商学院	工程造价	造价	08303	1510	16000	500	850	40	330	80	210
6	国际商学院	工程造价	造价	08303	1510	16000	500	850	40	330	80	210
7	国际商学院	工商企业管理	企管	08302	0	12000	1200	0	0	0	0	0
8	国际商学院	工商企业管理	企管	08302	0	12000	1200	0	0	0	0	0
9	国际商学院	工程造价	造价	08304	0	12000	1200	0	0	0	0	0
10	国际商学院	工程造价	造价	08304	0	12000	1200	0	0	0	0	0
11	国际商学院	工程造价	造价	08304	0	12000	1200	0	0	0	0	0
12	国际商学院	工程造价	造价	(国际) 0930	1510	12000	1200	850	40	330	80	210
13	国际商学院	工程造价	造价	(国际) 0930	1510	12000	1200	850	40	330	80	210
14	国际商学院	工程造价	造价	(国际) 0930	1510	12000	1200	850	40	330	80	210
15	国际商学院	工程造价	造价	(国际) 0930	1510	12000	1200	850	40	330	80	210
16	国际商学院	工程造价	造价	(国际) 0930	1510	12000	1200	850	40	330	80	210
17	国际商学院	工程造价	造价	08303	1510	12000	1200	850	40	330	80	210
18	国际商学院	会计	会计	(国际) 0931	1510	12000	1200	850	40	330	80	210
19	国际商学院	会计	会计	(国际) 0931	1510	12000	1200	850	40	330	80	210

图 11.24 原始数据

首先对"已缴学费金额"进行排序。(**注意**:排序是分类汇总操作的前提。)选中 F 列,再选择"数据"/"排序",弹出如图 11.25 所示对话框,点击"排序"。

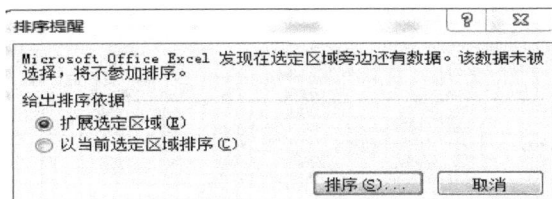

图 11.25　排序依据

如图 11.26 所示,在排序对话框的关键字选择"已缴学费金额",次序选择降序,点击"确定"。

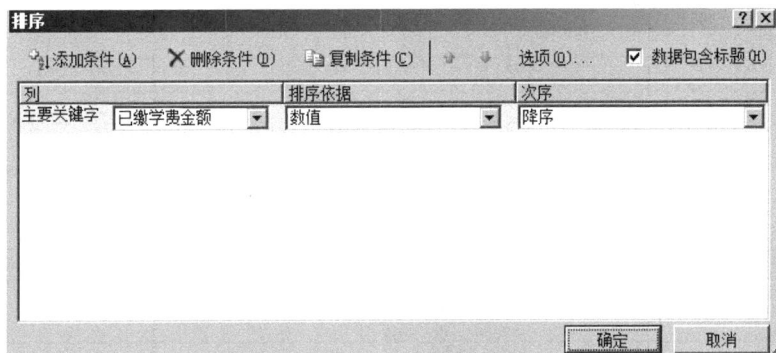

图 11.26　设置排序条件

选中数据区域 A～L 列,选择"数据"/"分类汇总",在弹出的对话框中选择"分类字段"为"已缴学费金额",在"选定汇总项"中选择"已缴学费金额",汇总方式为"计数",如图 11.27 所示,点击"确定"。

图 11.27　分类汇总设置

分类汇总结果如图 11.28(部分截图)所示。

点击图 11.28 左上角的"2",结果显示,学费 16000 计数的有 5 个,学费 12000 计数的有 260 个,学费 8445 计数的有 1 个……,如图 11.29 所示。**注意**:左上角的"1""2""3"代表了不同的汇总方式,"1"显示总计数,"2"显示具体的汇总情况(左边的＋可以点击展开汇总),左上角的"3"为详细信息分类汇总。

	A	B	C	D	E	F	G	H	I	J	K	L
1	系部	专业	二级专业	班级	已缴杂费总金额	已缴学费金额	已缴住宿费金额	已缴书费金额	已缴体检费金额	已缴行李费金额	已缴运动服费金额	已缴运管服费金额
2	国际商学院	工程造价	造价	08303	1510	16000	1200	850	40	330	80	210
3	国际商学院	工程造价	造价	(国际) 0930	1510	16000	500	850	40	330	80	210
4	国际商学院	工程造价	造价	(国际) 0930	1510	16000	500	850	40	330	80	210
5	国际商学院	工程造价	造价	08303	1510	16000	500	850	40	330	80	210
6	国际商学院	工程造价	造价	08303	1510	16000	500	850	40	330	80	210
7					16000 计数	5						
8	国际商学院	工商企业管理	企管	08302	0	12000	1200	0	0	0	0	0
9	国际商学院	工商企业管理	企管	08302	0	12000	1200	0	0	0	0	0
10	国际商学院	工程造价	造价	08304	0	12000	1200	0	0	0	0	0
11	国际商学院	工程造价	造价	08304	0	12000	1200	0	0	0	0	0
12	国际商学院	工程造价	造价	08304	0	12000	1200	0	0	0	0	0
13	国际商学院	工程造价	造价	(国际) 0930	1510	12000	1200	850	40	330	80	210
14	国际商学院	工程造价	造价	(国际) 0930	1510	12000	1200	850	40	330	80	210
15	国际商学院	工程造价	造价	(国际) 0930	1510	12000	1200	850	40	330	80	210
16	国际商学院	工程造价	造价	(国际) 0930	1510	12000	1200	850	40	330	80	210
17	国际商学院	工程造价	造价	08303	1510	12000	1200	850	40	330	80	210
18	国际商学院	工程造价	造价	08303	1510	12000	1200	850	40	330	80	210
19	国际商学院	会计	会计	(国际) 0931	1510	12000	1200	850	40	330	80	210
20	国际商学院	会计	会计	(国际) 0931	1510	12000	1200	850	40	330	80	210
21	国际商学院	汽车技术服务	汽销		1510	12000	1200	850	40	330	80	210
22	国际商学院	汽车技术服务	汽销	(国	1510	12000	1200	850	40	330	80	210
23	国际商学院	汽车技术服务	汽销	(国	1510	12000	1200	850	40	330	80	210
24	国际商学院	汽车技术服务	汽销	(国	1510	12000	1200	850	40	330	80	210

图 11.28　分类汇总结果

	A	B	C	D	E	F	G	H	I	J	K	L
1	系部	专业	二级专业	班级	已缴杂费总金额	已缴学费金额	已缴住宿费金额	已缴书费金额	已缴体检费金额	已缴行李费金额	已缴运动服费金额	已缴运管服费金额
7					16000 计数	5						
268					12000 计数	260						
270					8445 计数	1						
273					7500 计数	2						
370					7000 计数	96						
373					6945 计数	2						
543					6800 计数	169						
545					6500 计数	1						
992					6000 计数	446						
1991					5800 计数	998						
2145					5500 计数	153						

图 11.29　显示具体的汇总情况

从图 11.30 容易看出，同年级、同专业的学生学费居然不一样，如汽车技术服务与营销专业，有的学生已缴学费 1000 元，有的已缴学费 945 元，应进一步追查原因。可以采用相同方法进一步查看住宿费同年级、同专业的学生是否一致。

	A	B	C	D	E	F	G	H	I
1	系部	专业	二级专业	班级	已缴杂费总金额	已缴学费金额	已缴住宿费金额	已缴书费金额	已缴体检费金额
6986					1100 计数	2			
6987	汽车工程系	汽车技术服务与营销	汽销	08366	0	1000	500	0	0
6988	管理工程系	会计电算化	会对	07358	0	1000	500	0	0
6989	电子工程系	图形图像制作	图形	08332	0	1000	500	0	0
6990	道路与桥梁工程	道路桥梁工程技术	路桥	05515	0	1000	500	0	0
6991	道路与桥梁工程	道路桥梁工程技术	路桥	07360	0	1000	500	0	0
6992	道路与桥梁工程	工程造价	造价	07370	0	1000	500	0	0
6993					1000 计数	6			
6994	外语系	应用日语（汽车）	日语	08302	0	945	500	0	0
6995	汽车工程系	汽车技术服务与营销	汽销	07356	0	945	500	0	0
6996	汽车工程系	汽车技术服务与营销	汽销	08367	0	945	500	0	0
6997	汽车工程系	汽车运用技术	汽运	07350	0	945	500	0	0
6998	管理工程系	物流管理	物流	09375	890	945	500	850	40
6999	道路与桥梁工程	道路桥梁工程技术	路桥	08385	0	945	500	0	0
7000	汽车工程系	汽车检测与维修技术	汽检	07346	0	945	0	0	0
7001	汽车工程系	汽车检测与维修技术	汽检	07346	0	945	0	0	0
7002	汽车工程系	汽车检测与维修技术	汽检	07346	0	945	0	0	0
7003	汽车工程系	汽车检测与维修技术	汽检	07346	0	945	0	0	0
7004	汽车工程系	汽车检测与维修技术	汽检	07346	0	945	0	0	0
7005	汽车工程系	汽车检测与维修技术	汽检	07346	0	945	0	0	0
7006	汽车工程系	汽车检测与维修技术	汽检	08357	0	945	0	0	0

图 11.30　详细信息分类汇总

11.5　高级筛选复核

　　Excel 高级筛选复核是一种在数据处理中使用的技术，主要用于从大量数据中筛选出满足特定条件的数据，并对筛选结果进行复核以确保准确性和完整性。它是相对于普通筛选而言的更高级、更复杂的筛选方法。通过高级筛选复核，用户可以更加高效地进行数据处理和分析，提高工作效率和准确性。

　　图 11.31 列示了某药店的医保刷卡销售记录，现在我们需要审查有无冒名看病的情形。这里的冒名看病主要是指未参加医保的患者以已参加医保的人的名义开具处方、报销费用等，主要表现为夫妻和子女之间。所以，可以查找有无"男用女药""女用男药""成人用儿童药"等情形。

	A	B	C	D	E	F	G	H	I	J	K
1	医保号	姓名	医院名称	处方日期	项目名称	单价	数量	金额	出生日期	年龄	性别
2	10042353	赵某敏	某大药房	2011-12-08	葡萄糖酸钙	0.3000	1.00	0.30	1973年10月22日	38	女
3	10042353	赵某敏	某大药房	2011-12-08	婴儿素	58.0000	3.00	174.00	1973年10月22日	38	女
4	10042353	赵某敏	某大药房	2011-12-08	氟康唑	200.0000	1.00	200.00	1973年10月22日	38	女
5	10042353	赵某敏	某大药房	2011-12-08	尼莫地平	1.7000	1.00	1.70	1973年10月22日	38	女
6	10042353	赵某敏	某大药房	2011-12-08	婴儿素	58.0000	3.00	174.00	1973年10月22日	38	女
7	10042353	赵某敏	某大药房	2011-12-08	新雪预粒	9.0000	1.00	9.00	1973年10月22日	38	女
8	10042353	赵某敏	某大药房	2011-12-08	尿素乳膏	0.7000	1.00	0.70	1973年10月22日	38	女
9	10042353	赵某敏	某大药房	2011-12-08	脑得生丸	5.0000	4.00	20.00	1973年10月22日	38	女
10	10078005	刘某刚	某大药房	2011-07-03	布洛芬	6.0000	1.00	6.00	1974年06月27日	37	男
11	10078005	刘某刚	某大药房	2011-07-03	西黄丸 (胶囊)	30.0000	1.00	30.00	1974年06月27日	37	男
12	10078005	刘某刚	某大药房	2011-07-03	前列回春胶囊	26.0000	1.00	26.00	1974年06月27日	37	男
13	10078005	刘某刚	某大药房	2011-07-03	奥美拉唑	10.0000	2.00	20.00	1974年06月27日	37	男
14	10078005	刘某刚	某大药房	2011-07-03	阿奇霉素	7.0000	1.00	7.00	1974年06月27日	37	男
15	10078005	刘某刚	某大药房	2011-07-03	牛黄上清丸(胶)	0.3000	1.00	0.30	1974年06月27日	37	男
16	10004891	姚某金	某大药房	2011-08-24	安神补脑液	17.0000	1.00	17.00	1935年02月16日	76	男
17	10004891	姚某金	某大药房	2011-08-24	去痛片(索米痛)	0.5000	1.00	0.50	1935年02月16日	76	男
18	10004891	姚某金	某大药房	2011-08-24	西黄丸	30.0000	1.00	30.00	1935年02月16日	76	男
19	10004891	姚某金	某大药房	2011-08-24	环丙沙星	1.2000	2.00	2.40	1935年02月16日	76	男
20	10004891	姚某金	某大药房	2011-08-24	人免疫球蛋白	150.0000	4.00	600.00	1935年02月16日	76	男
21	10004891	姚某金	某大药房	2011-08-24	人免疫球蛋白	150.0000	4.00	600.00	1935年02月16日	76	男
22	10004891	姚某金	某大药房	2011-08-24	溴隐亭	50.0000	1.00	50.00	1935年02月16日	76	男
23	10004891	姚某金	某大药房	2011-08-24	葡萄糖	1.0000	1.00	1.00	1935年02月16日	76	男

图 11.31　原始数据

　　先筛查"男用女药"和"女用男药"的情形，设置如图 11.32 所示的高级筛选条件内容。**注意**：筛选条件里面的表头必须与要筛选的原始数据中的表头一致，* 为通配符，即药品里面有相关字即可，字的位置不限定，即模糊查找。

	L	M
5	项目名称	性别
6	*妇*	男
7	*前列*	女

图 11.32　高级筛选条件

　　如图 11.33 所示，点击菜单"数据"/"排序和筛选"/"高级"。设置如图 11.34 所示的列表区域（即筛选的原始数据区域）和条件区域（即筛选的条件区域），在原区域显示筛选结果，点击"确定"，结果如图 11.35 所示，可知有四笔冒名看病的记录。

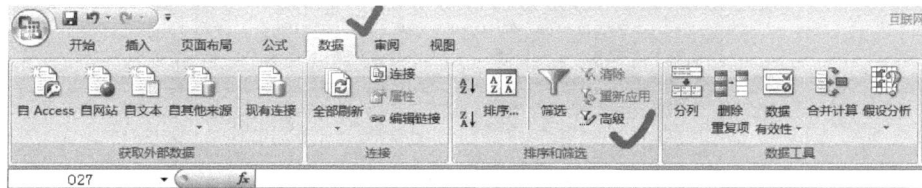

图 11.33　高级筛选工具

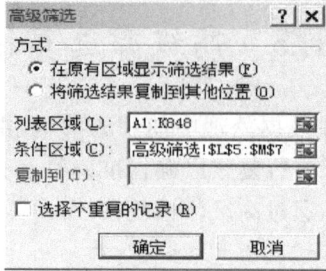

图 11.34　设置高级筛选条件

	A	B	C	D	E	F	G	H	I	J	K
1	医保号	姓名	医院名称	处方日期	项目名称	单价	数量	金额	出生日期	年龄	性别
31	10005303	张某志	某大药房	2011-08-21	妇炎洁	11.0000	5.00	55.00	1937年09月01日	73	男
65	10102447	苏某艳	某大药房	2011-06-03	前列回春胶囊	26.0000	2.00	52.00	1947年01月14日	64	女
96	10600397	王某兴	某大药房	2011-09-08	妇炎洁	11.0000	2.00	22.00	1950年07月13日	61	男
292	10093086	安某娟	某大药房	2011-12-16	前列回春胶囊	26.0000	1.00	26.00	1960年05月04日	51	女

图 11.35　高级筛选结果

接下来查一下有无为子女购药的情形。首先,需要撤销刚才的筛选结果,使数据资料返回到原始状态。点击"排序和筛选"工具栏上方的"清除"按钮,使数据恢复到原始状态。其次,设置如图 11.36 所示的高级筛选条件内容。再次,点击菜单"数据"/"排序和筛选"/"高级",设置"列表区域"和"条件区域",如图 11.37 所示。设置将筛选结果复制到其他位置,可设置复制到 N1 区域(输入存放筛选结果区域的最左上角的一个单元格引用即可)。

	L	M
10	项目名称	年龄
11	*小儿*	>18
12	*婴儿*	>18
13	*儿童*	>18

图 11.36　高级筛选条件

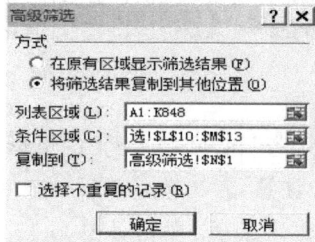

图 11.37　设置高级筛选条件

高级筛选结果部分截图如图 11.38 所示。结果显示,有 57 条为子女购药的情形,说明父母或爷爷奶奶为婴幼儿购药的情形较常见。

	N	O	P	Q	R	S	T	U	V	W	X
1	医保号	姓名	医院名称	处方日期	项目名称	单价	数量	金额	出生日期	年龄	性别
2	10042353	赵某敏	某大药房	2011-12-	婴儿素	58.0000	3.00	174.00	1973年10月22日	38	女
3	10042353	赵某敏	某大药房	2011-12-	婴儿素	58.0000	3.00	174.00	1973年10月22日	38	女
4	10011428	林某全	某大药房	2011-12-	婴儿素	58.0000	1.00	58.00	1943年04月28日	68	男
5	10011428	林某全	某大药房	2011-12-	婴儿素	58.0000	3.00	174.00	1943年04月28日	68	男
6	10011428	林某全	某大药房	2011-12-	婴儿素	58.0000	1.00	58.00	1943年04月28日	68	男
7	10102447	苏某艳	某大药房	2011-05-	儿童感冒	25.0000	4.00	100.00	1947年01月14日	64	女
8	10102447	苏某艳	某大药房	2011-05-	小儿咳嗽	25.0000	1.00	25.00	1947年01月14日	64	女
9	10102447	苏某艳	某大药房	2011-07-	儿童感冒	25.0000	2.00	50.00	1947年01月14日	64	女
10	10082090	杨某士	某大药房	2011-12-	婴儿素	58.0000	3.00	174.00	1951年03月05日	60	男
11	10082090	杨某士	某大药房	2011-12-	婴儿素	58.0000	1.00	58.00	1951年03月05日	60	男
12	10020985	袁某俊	某大药房	2011-08-	小儿咳嗽	25.0000	2.00	50.00	1951年06月06日	60	男
13	10031864	江某虹	某大药房	2011-06-	儿童感冒	21.0000	3.00	63.00	1954年05月08日	57	男
14	10084856	乔某涛	某大药房	2011-12-	婴儿素	58.0000	3.00	174.00	1956年07月08日	55	男
15	10084856	乔某涛	某大药房	2011-12-	婴儿素	58.0000	3.00	174.00	1956年07月08日	55	男
16	10084856	乔某涛	某大药房	2011-12-	婴儿素	58.0000	2.00	116.00	1956年07月08日	55	男
17	10023776	王某贡	某大药房	2011-12-	婴儿素	58.0000	1.00	58.00	1958年12月21日	52	男
18	10093086	安某娟	某大药房	2011-12-	婴儿素	58.0000	3.00	174.00	1960年05月04日	51	女
19	10093086	安某娟	某大药房	2011-12-	婴儿素	58.0000	3.00	174.00	1960年05月04日	51	女
20	10032828	覃某臣	某大药房	2011-12-	婴儿素	58.0000	3.00	174.00	1962年04月25日	49	男
21	10032828	覃某臣	某大药房	2011-12-	婴儿素	58.0000	1.00	58.00	1962年04月25日	49	男

图 11.38　高级筛选结果

11.6　条件格式设置复核

条件格式设置复核是在 Excel 中对单元格进行格式设置的方法,它可以根据单元格的值或其他特定条件来自动改变单元格的颜色、字体或边框等样式。通过条件格式设置复核,用户可以快速识别出符合条件的单元格,并对其进行突出显示或其他自定义的格式设置。这种方法可以帮助用户更好地分析和处理数据,提高工作效率。

图 11.39 列示了某公司的出租车燃油补贴数据,现在我们需要复核有无套取燃油补贴的情形。分析:要复核有无套取燃油补贴的情形,只需要分析营运证号有没有重号即可,即是否存在重复领取燃油补贴的情形。可以先将重复的数据标记上醒目的颜色,再筛选出这些数据即可。

序号	单位名称	车牌号码	车牌颜色	营运证号	车辆型号	车辆注册登记时间	车龄	排量	排放标准	燃料类型	日均载客次数	日均载客里程	日均运营里程	年初公里	年末公里	全年行驶里程	全年汽油消耗总量	百公里油耗	补贴标准	补贴金额
1	出租车个体	江K62319	蓝色	88550349	夏利	200409	6.3	1	国II	汽油	32	185	240	480000	566400	86400	6912	8	1.192	8236
2	出租车个体	江K62353	蓝色	88550247	夏利	200409	6.3	1	国II	汽油	32	185	222.2	480000	560000	86400	6912	8	1.192	8236
3	出租车个体	江K61274	蓝色	88550220	夏利	200507	5.4	1	国II	汽油	32	185	240	400000	486400	86400	6912	8	1.192	8236
4	出租车个体	江K67814	蓝色	88550002	夏利	200212	8	1	国II	汽油	32	185	222.2	640000	720000	86400	6912	8	1.192	8236
5	出租车个体	江K67474	蓝色	88550352	夏利	200310	7.2	1	国II	汽油	32	185	222.2	560000	640000	86400	6912	8	1.192	8236
6	出租车个体	江K62175	蓝色	88550287	夏利	200401	6.9	1	国II	汽油	32	185	240	480000	566400	86400	6912	8	1.192	8236
7	出租车个体	江K62178	蓝色	88550062	夏利	200401	6.9	1	国II	汽油	32	185	240	480000	566400	86400	6912	8	1.192	8236
8	出租车个体	江K64714	蓝色	88550121	夏利	200402	6.8	1	国II	汽油	32	185	240	480000	566400	86400	6912	8	1.192	8236
9	出租车个体	江K62103	蓝色	88550001	夏利	200402	6.8	1	国II	汽油	32	185	240	480000	566400	86400	6912	8	1.192	8236
10	出租车个体	江K64643	蓝色	88550365	夏利	200402	6.8	1	国II	汽油	32	185	222.2	480000	560000	86400	6912	8	1.192	8236
11	出租车个体	江K62165	蓝色	88550459	夏利	200402	6.8	1	国II	汽油	32	185	240	480000	566400	86400	6912	8	1.192	8236
12	出租车个体	江K62141	蓝色	88550292	夏利	200404	6.7	1	国II	汽油	32	185	240	480000	566400	86400	6912	8	1.192	8236
13	出租车个体	江K62153	蓝色	88550177	夏利	200404	6.7	1	国II	汽油	32	185	240	480000	566400	86400	6912	8	1.192	8236
14	出租车个体	江K62772	蓝色	88550205	夏利	200404	6.7	1	国II	汽油	32	185	222.2	480000	560000	86400	6912	8	1.192	8236
15	出租车个体	江K62150	蓝色	88550475	夏利	200404	6.7	1	国II	汽油	32	185	240	480000	566400	86400	6912	8	1.192	8236
16	出租车个体	江K62793	蓝色	88550202	夏利	200404	6.7	1	国II	汽油	32	185	222.2	480000	560000	86400	6912	8	1.192	8236
17	出租车个体	江K62792	蓝色	88550262	夏利	200404	6.7	1	IV以	汽油	32	185	222.2	480000	560000	86400	6912	8	1.192	8236
18	出租车个体	江K62812	蓝色	88550233	夏利	200405	6.6	1	国II	汽油	32	185	240	480000	566400	86400	6912	8	1.192	8236
19	出租车个体	江K64408	蓝色	88550173	夏利	200309	7.3	1	国II	汽油	32	185	222.2	560000	640000	86400	6912	8	1.192	8236
20	出租车个体	江K61656	蓝色	88550082	夏利	200309	7.3	1	国II	汽油	32	185	240	560000	646400	86400	6912	8	1.192	8236

图 11.39　原始数据

选中营运证号这一列(E 列),点击菜单"开始"/"条件格式"/"突出显示单元格规则"/"重复值",弹出"重复值"设置对话框,选择默认设置即可,点击"确定"完成条件格式设置。因为数据太多,查看结果不是很方便,可以筛选上述操作结果。

选中数据区域 A1:U2427,点击菜单"数据"/"筛选",在营运证号这一列的下拉箭头中选择"按颜色筛选",再选择"按单元格颜色筛选",如图 11.40 所示。

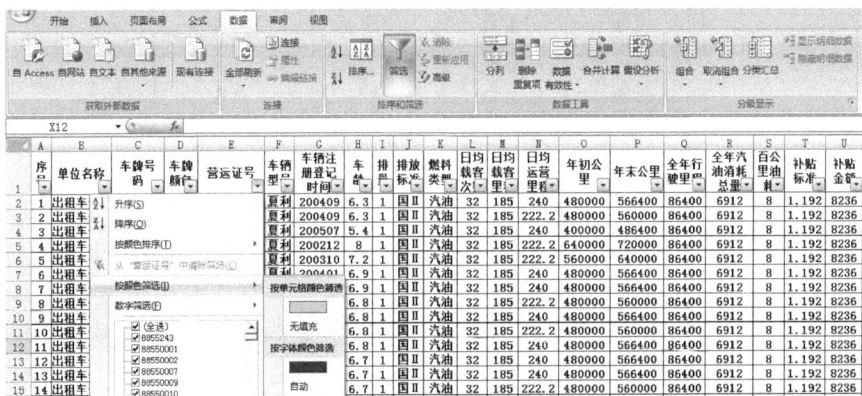

图 11.40　设置筛选条件

筛选结果如图 11.41 所示,可知,有 2 个营运证号为 88551079 的车辆领取了补贴,补贴金额分别为 5401 元和 8236 元,应进一步追查哪一个为弄虚作假。

	A	B	C	D	E	F	G	H	I	J	K	L	M	N	O	P	Q	R	S	T	U
1	序号	单位名称	车牌号码	车牌颜色	营运证号	车辆型号	车辆注册登记时间	车龄	排量	排放标准	燃料类型	日均载客次	日均载客里	日均运营里程	年初公里	年末公里	全年行驶里程	全年汽油消耗总量	百公里油耗	补贴标准	补贴金额
1037	1036	出租车个体	江K6T940	蓝色	88551079	夏利	201004	0.7	1	国Ⅱ	汽油	32	185	222.2	0	56666	56666	4533	8	1.192	5401
1900	1899	B公司	江K69595	白色	88551079	101A	200902	1.8	1	国Ⅲ	汽油	30	205	240	75840	162240	86400	6912	8	1.192	8236

图 11.41　筛选结果

11.7　数据透视表复核

数据透视表复核是在 Excel 中使用数据透视表进行数据分析和核对的过程。它允许用户对多个数据表或数据源进行汇总、过滤和计算,以便更好地理解和解释数据。数据透视表复核可以帮助用户发现数据中的异常值、错误或不一致之处,并进一步深入调查和分析。它还可以帮助用户验证数据透视表中的数据是否与原始数据源一致,以及是否满足特定的数据分析要求。

图 11.42(部分截图)列示了某企业一周的销售业绩数据(该数据有四个维度,适合进行数据透视表分析)。现在需要分析项目甲和项目乙哪些业务员的业绩最好。

	A	B	C	D
1	一周业绩统计表			
2	日期	业务员	项目	销售量
3	星期一	张三	甲	15
4	星期一	张三	乙	5
5	星期一	李四	甲	12
6	星期一	王五	甲	25
7	星期一	王五	乙	8
8	星期一	刘六	甲	18
9	星期二	张三	甲	12
10	星期二	李四	甲	8
11	星期二	李四	乙	4
12	星期二	王五	甲	22
13	星期二	王五	乙	11
14	星期三	李四	乙	6
15	星期三	王五	甲	18

图 11.42　原始数据

(1)选中数据区域(A2:D27),然后点击菜单"插入"的"数据透视表",再选"数据透视表"。

(2)如图 11.43 所示,首先,打开"创建数据透视表"窗口后,在"选择一个表或区域"部分,选择要分析的数据区域[因为第(1)步已选好区域 A2:D27,这里不需要再选择]。其次,在"选择放置数据透视表位置"部分,点击工作表单元格选择结果存放位置,这里选择"现有工作表"的"F2"位置。最后,点击"确定"。

(3)这时在 F2 单元格中出现透视表模型,单击后,Excel 工作表右侧显示"数据透视表字段列表"窗口。在"数据透视表字段列表"窗口的"选择要添加到报表的字段"栏,勾选需要分析的数据字段,这里全选了"日期""业务员""项目""销售量"字段。透视表模型出现了变化,部分截图如图 11.44 所示。

图 11.43　创建数据透视表

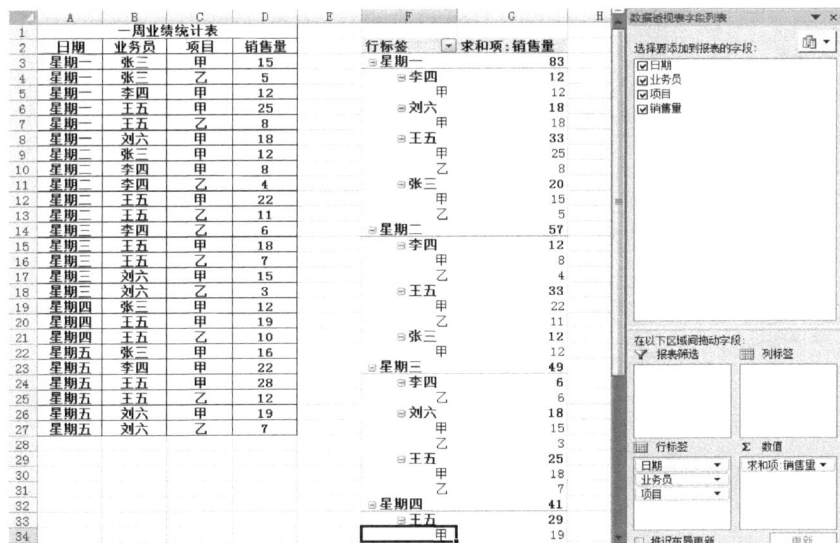

图 11.44　数据透视表字段列表

　　(4)在"数据透视表字段列表"窗口的右下方"在以下区域间拖动字段"部分,将"项目"字段拖到"报表筛选"区域(此时数据透视表最上方将出现"项目"下拉框),将"业务员"字段拖到"列标签"区域,将"日期"字段拖到"行标签",将"销售量"字段拖到"Σ 数值"区域,结果如图 11.45 所示。

　　读者需要细心比较,在"数据透视表字段列表"中拖动字段后,数据透视表的结构变化,如字段列表中行标签、列标签变化以后,数据透视表将如何变化。"求和项"就是数据透视表中列示的数值,而"报表筛选"就是设置数据透视表最上方的选择下拉框。点击这个选择下拉框后面的倒三角图标按钮,选择"甲"或"乙"项目进行分类统计查看,如图 11.46 所示。

　　只显示甲项目的筛选结果如图 11.47 所示,只显示乙项目的筛选结果如图 11.48 所示。最终可知,无论是甲项目还是乙项目,都是王五的销售业绩最好。

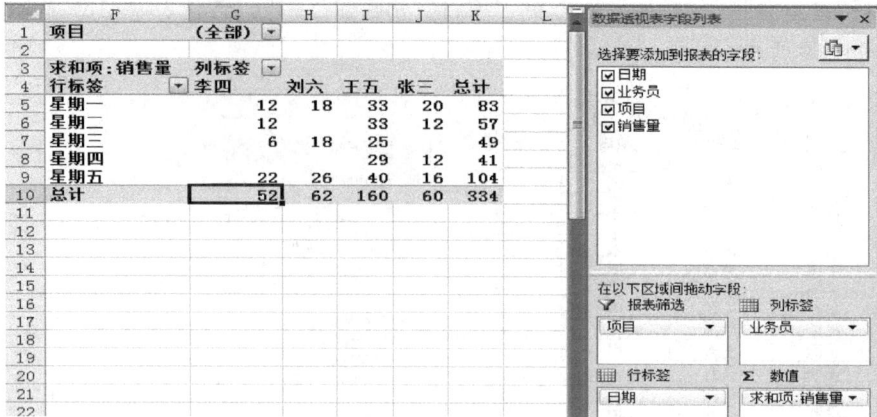

图 11.45　拖动字段

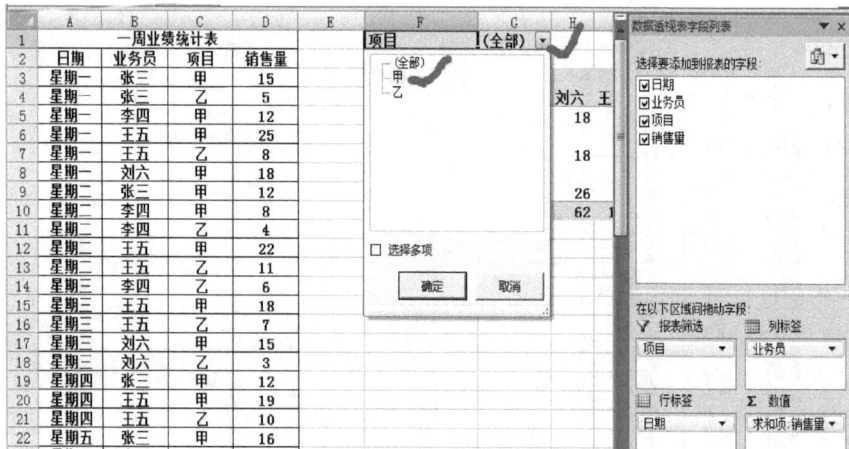

图 11.46　选择"甲"或"乙"项目进行分类统计查看

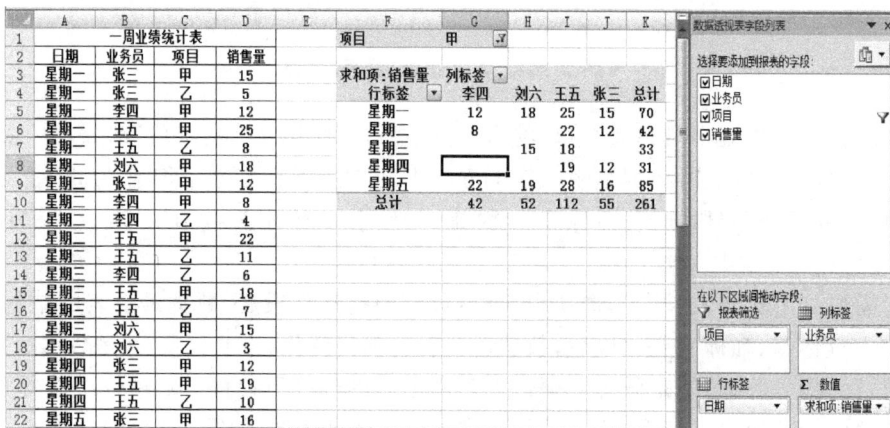

图 11.47　只显示甲项目的筛选结果

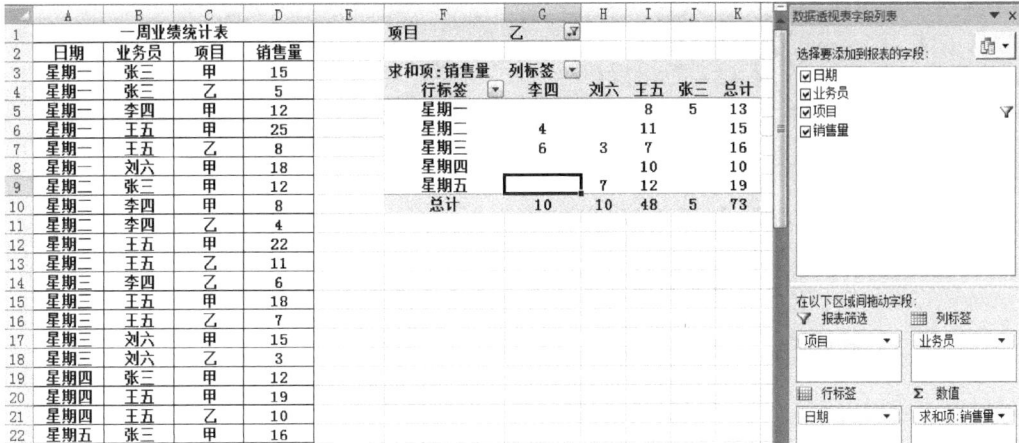

图 11.48　只显示乙项目的筛选结果

11.8　数据透视图复核

数据透视图复核是一种利用数据透视图进行数据分析和核对的方法。在这个过程中,数据透视图被用作一种可视化工具,帮助用户更直观地理解和分析数据,以便更容易地发现数据中存在的问题或异常值。

图 11.49(部分截图)列示了某银行的农村贷款记录,试确定应重点关注的村别和年份。

	贷款账号	贷款日期	村别号	贷款金额
1	贷款账号	贷款日期	村别号	贷款金额
2	20180001	2000/3/13	A060201004	4.39
3	20180002	2001/2/27	A060201001	0.21
4	20180003	2001/3/22	A060201005	2.45
5	20180004	2001/4/5	A060201008	2.79
6	20180005	2001/6/21	A060201001	3.29
7	20180006	2002/3/7	A060201004	2.25
8	20180007	2002/3/8	A060201005	1.53
9	20180008	2003/11/28	A060201002	2.46
10	20180009	2004/2/2	A040402002	3.62
11	20180010	2004/11/23	A040402002	1.19
12	20180011	2005/3/31	A040402002	3.68
13	20180012	2005/8/1	A040402002	3.17
14	20180013	2005/8/25	A040402002	0.21
15	20180014	2005/8/26	A060201001	1.86

图 11.49　原始数据

先选中数据区域 A1:D146,点击“插入”/“表”/“数据透视表”/“数据透视图”,在弹出窗口设置数据区域(这里已经填好,不需要修改),将存放位置为“新工作表”,如图 11.50 所示。

点击“确定”,结果如图 11.51 所示。在图 11.51 右上角选择“贷款日期”和“贷款金额”,系统自动把它添加到右下角的轴字段和求和项(也可以直接把右上角的字段拖移到右下角的框中),结果如图 11.52 所示。

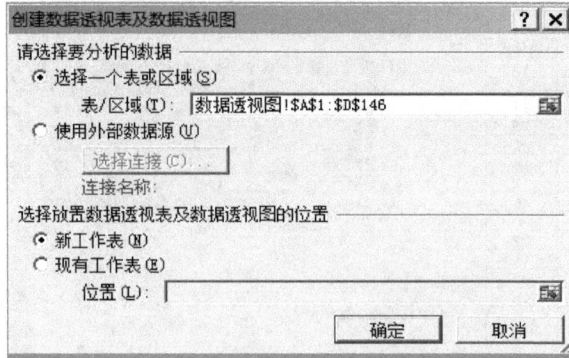

图 11.50　数据透视图设置

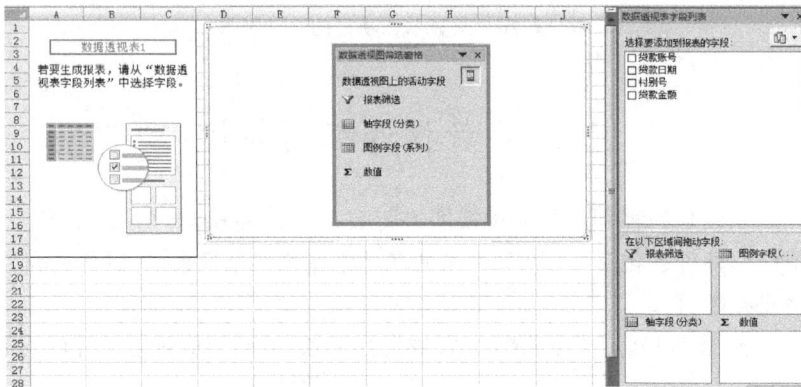

图 11.51　原始数据透视图

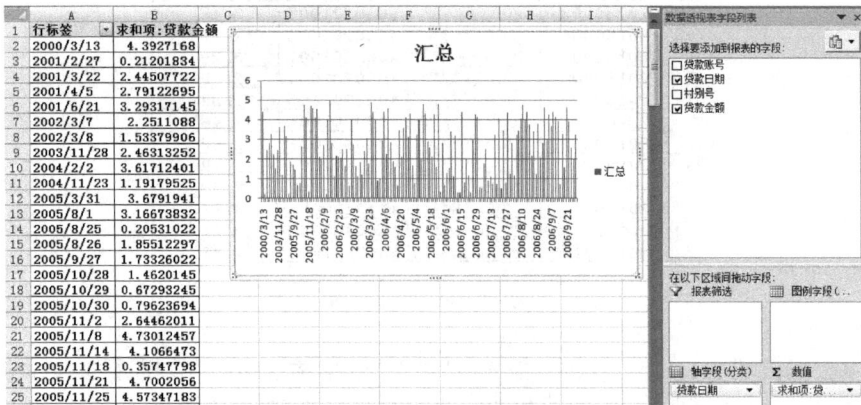

图 11.52　添加到报表的字段

　　数据透视图可以对行标签（图形横轴）进行排序、筛选和组合，这里可以对行标签（图形横轴）的时间进行组合，将具体的年月日格式时间组合为仅显示年份的行标签（图形横轴）时间。点击行标签中的任意单元格，点击鼠标右键选择"组合"，如图 11.53 所示。在弹出的"分组"对话框中选择"步长"为"年"，如图 11.54 所示。

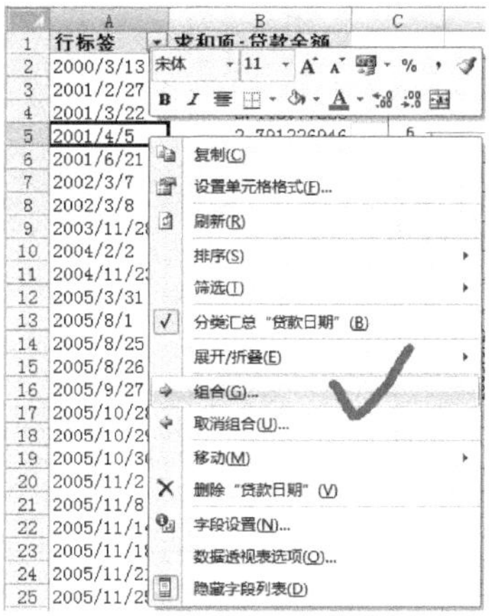

图 11.53　组合设置 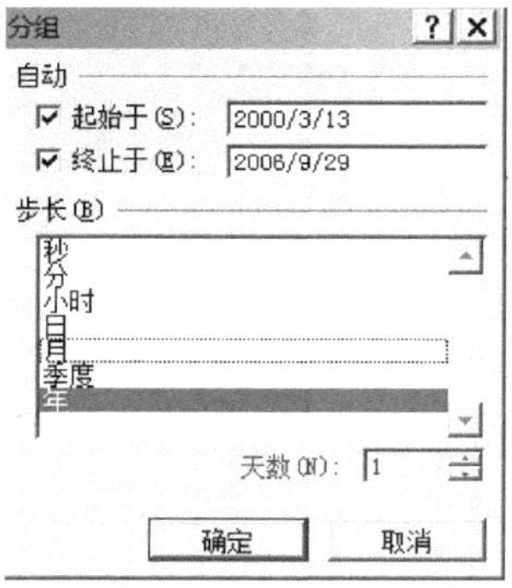　　　　　　　　　图 11.54　分组设置

最终的效果图如图 11.55 所示，很明显 2006 年的贷款金额最大，应重点关注。

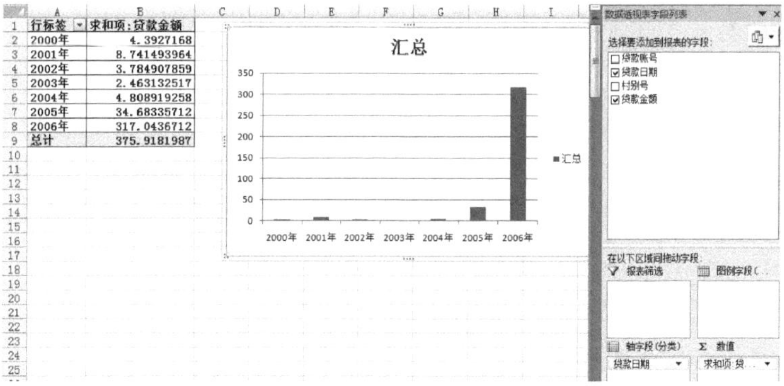

图 11.55　最终效果图

继续审查自然村的贷款情况。将"村别号"字段添加到报表，同时设置"报表筛选"为贷款日期、"行标签"为村别号、求和项为贷款金额，结果如图 11.56 所示。

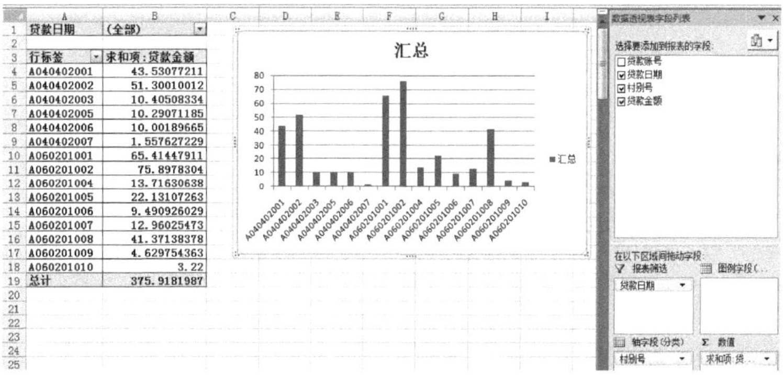

图 11.56　调整字段后的数据透视图

由图 11.56 可知，贷款最多的村庄分别是 A060201002、A060201001、A040402002 和 A040402001，应该重点关注这 4 个村庄。

参考文献

[1] 张军翔,等.Excel 2007 函数·公式查询与应用宝典[M].北京:机械工业出版社,2009.

[2] 赛贝尔资讯.Excel 数据处理与分析[M].北京:清华大学出版社,2008.

[3] 孙玥璠,张真昊.Excel 在财务管理中的应用[M].北京:中国人民大学出版社,2021.

[4] 杨维忠,庄君,黄国芬.Excel 在会计和财务管理中的应用[M].4 版.北京:机械工业出版社,2019.

[5] 孔繁胜.Excel 在审计实务中的应用与操作[M].北京:中国时代经济出版社,2016.

[6] 神龙工作室,宋正强.Excel 2010 在会计与财务管理日常工作中的应用[M].北京:人民邮电出版社,2014.